Hans J. Kleinsteuber · Sabine Nehls (Hrsg.)

Media Governance in Europa

Hans J. Kleinsteuber
Sabine Nehls (Hrsg.)

Media Governance in Europa

Regulierung – Partizipation –
Mitbestimmung

VS VERLAG

Bibliografische Information der Deutschen Nationalbibliothek
Die Deutsche Nationalbibliothek verzeichnet diese Publikation in der
Deutschen Nationalbibliografie; detaillierte bibliografische Daten sind im Internet über
<http://dnb.d-nb.de> abrufbar.

Gedruckt mit freundlicher Unterstützung der Hans-Böckler-Stiftung.

1. Auflage 2011

Alle Rechte vorbehalten
© VS Verlag für Sozialwissenschaften | Springer Fachmedien Wiesbaden GmbH 2011

Lektorat: Dorothee Koch | Monika Mülhausen

VS Verlag für Sozialwissenschaften ist eine Marke von Springer Fachmedien.
Springer Fachmedien ist Teil der Fachverlagsgruppe Springer Science+Business Media.
www.vs-verlag.de

Umschlaggestaltung: KünkelLopka Medienentwicklung, Heidelberg
Gedruckt auf säurefreiem und chlorfrei gebleichtem Papier
Printed in Germany

ISBN 978-3-531-17558-4

Inhalt

6

Vorwort

Hans J. Kleinsteuber/Sabine Nehls

Dieses Buch hat eine eigentümliche Entstehungsgeschichte. Am Beginn stand ein Forschungsauftrag der Hans-Böckler-Stiftung. Es ging darum, die Arbeit der Arbeitnehmervertreterinnen und -vertreter in den Rundfunkräten der deutschen öffentlichen Rundfunkanstalten und den Medienräten der Landesmedienanstalten zu untersuchen. Sabine Nehls, die schon seit vielen Jahren ihre Erfahrungen mit der Arbeitnehmerseite von Medien und Öffentlichkeit gemacht hatte, übernahm das Forschungsprojekt. Organisatorisch wurde es in der Arbeitsstelle Medien und Politik an der Universität Hamburg angedockt, die Hans J. Kleinsteuber leitet. Die Erträge aus dem eigentlichen Forschungsprojekt präsentierte Sabine Nehls in ihrem Buch Mitbestimmte Medienpolitik – Gewerkschaften, Gremien und Governance in Hörfunk und Fernsehen, das 2009 im gleichen Verlag erschien. Wir hatten der Stiftung aber auch eine öffentliche Präsentierung der Ergebnisse zugesagt, die wir als internationales Symposion im Juni 2009 in Hamburg unter dem Titel Media Goverance in Europe – Regulation, Participation, Codetermination durchführten. Dabei war uns eine europäische Einbettung der Ergebnisse wichtig, denn die Aufsichtsgremien in Rundfunk- und Landesmedienanstalten sind eine genuin deutsche Entwicklung, dagegen wird die Frage, wie die jeweiligen nationalen Aufsichtsregime organisiert werden, in ganz Europa gestellt und vielfältig beantwortet. So lag es nahe, dass wir diese Tagung international gestalteten, mit Wissenschaftlern aus insgesamt fünf außerdeutschen Staaten, dazu deutsche Beiträge mit einem europäischen Fokus. Wichtig war uns dabei, wie bereits im Forschungsprojekt, die Verbindung zwischen Wissenschaft und Praxis zu schaffen. Deshalb hatten wir auch zahlreiche Praktikerinnen und Praktiker eingeladen. Die Erträge dieser Tagung werden in diesem Sammelband dokumentiert, die englischsprachigen Beiträge wurden übersetzt.

Die Besonderheiten der deutschen Rundfunkaufsicht in einen größeren Zusammenhang einzubetten, das war eine der Aufgaben, die Sabine Nehls in ihrer Projektarbeit zu bewältigen hatte. Sie schaffte diese Aufgabe, indem sie die Analyse unter das Konzept der Governance stellte, genauer der Media Governance, wie sie in diesen Jahren viel diskutiert wird. Damit gelang es ihr, ein gedankliches Gerüst zu schaffen, dass Vergleiche ermöglichte, sowohl in Richtung auf verwandte Strukturen innerhalb Deutschlands, wie auch mit anderen Staaten Europas. Dazu kommt die Europäische Union, die seit Jahren Verfahren der

Regulierung und der Governance favorisiert. So entstand aus einem eigentlich auf Rundfunkräte und Deutschland fokussierten Projekt quasi in einem zweiten Schritt der Übergang zur europäischen Perspektive.

Mit dem vorliegenden Band schließen wir das Projekt ab und hoffen, dass wir der breit laufenden Debatte zur Media Governance eine vor allem zivilgesellschaftliche Perspektive hinzufügen können.

Wir danken der Hans-Böckler-Stiftung für die finanzielle Unterstützung.

Hans J. Kleinsteuber/Sabine Nehls

Hamburg/Haan im April 2011

Zur Einleitung

Hans J. Kleinsteuber

Wie die Beiträge in diesem Buch dokumentieren, gibt es viele Zugänge und Sichtweisen bei der Medien Governance. Das beginnt schon mit dieser eigentümlichen Verbindung eines deutschen mit einem angloamerikanischen Terminus. Derartiger Begriffsimport aus der englischsprachigen Welt lässt häufig auf Trendworte schließen – das gilt sicher auch für Governance. Darüber hinaus operieren wir mit einer Begriffskombination, die das Dilemma verdoppelt, denn weder sind wir uns in der Wissenschaft einig, was genau Medien sind, noch worum es bei Medien Governance geht. Diese Einleitung soll einige Definitionen und Begriffszuweisungen anbieten und diese zueinander in Beziehung setzen. Damit soll nicht mehr als ein grobes Raster angeboten werden, denn keiner der Fachtermini ist unumstritten. Auch die hier versammelten Autoren würden wohl nicht immer zustimmen.

Medien

Was den Ausgangsbegriff Medien anbetrifft, so handelt es sich um die traditionellen, also vordigitalen Medien, die einem gerichteten Sender-Empfänger-Schema tätig sind und aus Zentren der Produktion ein disperses Publikum von Konsumenten mit Inhalten/Content versorgen. In diesem Bereich kommen ganz spezifische Probleme auf – etwa schwieriger Marktzutritt, Vermachtung der Märkte, Konzentrationstendenzen, Bedrohung von Freiheiten etc. – die unter Einsatz staatlicher und gesellschaftlicher Mittel zu lösen sind In diesem Sammelband wird immer wieder thematisiert, wie mit Mitteln der Governance und der Regulierung Probleme angegangen werden (sollen).

Uns ist klar, dass mit der Digitalisierung und dem Internet ganz neue Rahmenbedingungen für Medien entstehen. Einerseits geht es um die traditionellen Medien, die inzwischen auch das Internet nutzen, dies aber meist ihren überkommenen Regeln. Inzwischen hat das Netz selbst mit seinen Millionen von Nutzern, die oft von Konsumenten zu Produzenten werden massenmediale Dimensionen angenommen – Manuel Castells spricht in diesem Zusammenhang von „mass self-communication". (Castells 2009). Die so entstehenden Strukturen erfordern wahrscheinlich ganz neue Formen der Regelung, dabei gilt, dass im

Umfeld des Internet Ansätze der Governance relativ hoch entwickelt sind. Oft sitzen Stakeholder verschiedener Akteursbereiche hier zusammen und planen die Zukunft. Auf absehbare Zeit werden aber die konventionellen Medien Gegenstand von Regulierung und Governance bleiben, auch wenn hier von der Internet Governance gelernt werden kann.

Abbildung 1:   Definitionen

Medien	"mainstream" Massenmedien, Ansätze begrenzt auf neue Internet basierte Medien anwendbar.
Governance	Verstanden als Gegensatz zu Government Politisches Handeln unter Einbeziehung von Akteuren: "Stakeholders" aus Politik, Wirtschaft, Zivilgesellschaft.
Europa	als Mehrebenensystem (Ebenen: Europäische Union, Nationalstaat, Region/Land, lokale Ebene).

Governance

Mit Governance beschreiben wir ganz allgemein ein Handeln unter Einbezug verschiedener Akteure, der Stakeholder. Governance-Strukturen sind in den Bereichen Politik, Wirtschaft und Gesellschaft vorfindbar und aus diesen Großbereichen kommen – ganz allgemein gesagt – auch die Akteure. In der Politik wird dieser Prozess besonders deutlich, wo wir einen Übergang vom herkömmlichen Governent des Interventionsstaates zur Governance des Kooperationsstaates feststellen können. Während es im politikwissenschaftlichen Umfeld eher um wertfreie Beschreibung beobachtbarer Veränderungen geht, stammen aus der Ökonomie normative Ansätze einer Good Governance, die auf ethisch akzeptables Handeln zielen. In diesem Sammelband sind Ansätze aus beiden Richtungen – deskriptiv und normativ – zu finden.

Auslöser für den Aufbau von Governance-Strukturen ist häufig der mehr oder minder gleichberechtigte Einbezug von Vertretern aus der Zivilgesellschaft in medienpolitische Entscheidungsprozesse. Dies erscheint naheliegend, weil es ein Gebot moderner Demokratie Bürger vielfältig an Entscheidungen zu beteiligen. Zudem erweist sich deren Beteiligung als zunehmend erforderlich, da ge-

stellte Aufgaben vom Staat allein nicht mehr gelöst werden können. Dieser Bedeutungsanstieg des Bürgers als Akteur ist ein Reflex auf die Erfahrung, dass
Aufgaben zunehmend nicht mehr allein von Macht und Markt, von Staat und
Politik erledigt werden können. Es geht also um (was für ein seltsames Wort)
„ehrenamtliche Tätigkeit", um bürgergesellschaftliches Engagement, um Handeln unter non-profit Bedingungen. Während Governance auf vielen Aktionsfel-
dern diskutiert wird, zeigt der Bereich Medien zumindest eine Besonderheit, hier
geht es nicht nur um Beteiligung an den Entscheidungen anderer, es geht auch
um das Selbermachen, um den Bürger als Medienmacher – aus gesellschaftlicher
Verantwortung oder einfach nur aus Begeisterung.

Europa

Überträgt man die beiden Kategorien Medien und Governance auf Europa – hier
gemeint als die Europäische Union (EU) – so wird deutlich, dass beide darin eine
erhebliche Rolle spielen. Seit Ende der 1980er Jahre hat sich die EU als eigene
medienpolitische Kraft etabliert, wurde 1989 mit ihrer Richtlinie „Fernsehen
ohne Grenzen" selektiv aktiv und etablierte sich damit zugleich als eine Art
„Überregulierer" gegenüber den Mitgliedsstaaten, später förderte sie zudem
Formen der Selbst- und Koregulierung in Mediensektoren. Jenseits dieser europäischen Komponente findet das Gros aller Medienregulierung allerdings weiterhin im nationalen Gehäuse der Mitgliedsstaaten statt. Allerdings wird auch die
oft wenig transparente Einflussnahme aus Europa in die Regulierungsregime der
Nationalstaaten betont. Soweit Regulierung in den Nationalstaaten verankert ist,
zeigt sie – unterschiedlichen Traditionspfaden folgend – eine erhebliche Variationsbreite, einerseits innerhalb Westeuropas, aber dann auch zwischen West-
und Osteuropa.

Mehrebenensystem

Mit dem Erfolg des europäischen Integrationsprojekts entstand in Europa eine
Mehrebenensituation, will sagen, dass Entscheidungen zunehmend zwischen den
verschiedenen Ebenen des europäischen Gebäudes oszillieren, sich also zwischen dem lokalen und dem kontinentalen Raum bewegen. Dabei kommt die
Besonderheit Deutschlands hinzu, in dem – einmalig in Europa – die Bundesländer zu der zentralen medienpolitischen Arena geworden sind. Handeln in Mehr-
ebenensystemen bedeutet, dass Akteure sich zusammenschließen, um gemeinsam zu Entscheidungen zu kommen – wenn erforderlich, über alle staatliche
Grenzen hinweg. Faktisch findet so Medienpolitik heute auf allen Ebenen statt,

dort treten neben Regierungen auch Unternehmen, Lobbys und Bürgergruppen auf, sie verbünden und bekämpfen sich und suchen die Ebene, die ihnen zuständig erscheint, aber auch die, die sich als besonders offen gegenüber ihren Anliegen erweist.

Abbildung 2:   Governance und Makrobereich

	Institutionen (Makrobereich)	Normen
	EU-Kommission/EU-Parlament	Richtlinien
Top Down		
Government,	Bundesregierung/Bundestag	Bundesgesetze
hoheitlich		
handelnder „Staat"	Landesregierung/Landtag	Landesgesetze
(Makrobereich)		Staatsverträge
	Rundfunkanstalt	
	Landesmedienanstalt	Lizenzverfahren

Makro, Meso und Mikro

Es erweist sich als sinnvoll, die Handlungsbereiche je nach ihrer Größe und Zuordnung zur Gesellschaft zu unterscheiden, eine naheliegende Unterscheidung geht von Systemen (= Makro), Akteuren (= Meso)und Individuen (= Mikro) aus. Im Makro-Bereich finden wir die Institutionen und Arenen, in denen sich die verbandlich organisierten Bürger treffen, um gemeinschaftlich Entscheidungen zu fällen, in Parlamenten, in Aufsichtsgremien (z. B. Rundfunk- und Medienräte), in Expertenrunden, aber auch in Regierungen oder den Hinterzimmern der Verwaltungen. Im Mesobereich finden wir die Zusammenschlüsse von Bürgern, die gemeinsam antreten um Einfluss auszuüben, in Parteien, in Lobbys, in Non-Governmental Organizations (NGOs), in Unternehmen. Gemeinsam konstituieren sie einen „intermediären" Bereich, in dem ein Großteil von Governance-Aktion angesiedelt ist. Schließlich gibt es den Mikrobereich der Individuen, die in ganz unterschiedlicher Rolle in Erscheinung treten können, als Staatsbürger (z. B. Wähler), als Konsument (z. B. Leser oder Zuschauer), als Investor (z. B. Aktionär), Produzent (z. B. professioneller Journalist), als bürgerlich engagierter Medienmacher oder auch in wechselnden Rollen.

Abbildung 3:   Governance und Meso-/Mikrobereich

	Individuen (Mikroebene) Allgemein: Bürger	Akteure (Mesoebene) Allgemein: Intermediäre Organisationen
Bottom Up **Governance,** **Akteure** **→Politik,** **Wirtschaft,** **Zivilgesellschaft**	Staatsbürger Medienproduzenten Medienkonsumenten Journalisten Medienmacher aus Zivilgesellschaft	Parteien Unternehmen Verbände Lobbys NGOs Gewerkschaften Berufsverbände Bürgermedien

Input und Output

Hier geht es um ein Verständnis von Entscheidungshandeln und Governance, das mit den Begriffen Input und Output beschrieben werden kann. Es sind demnach Akteure aus Politik, Wirtschaft und Gesellschaft, die mit ihren Interessen, Leitvorstellungen und Forderungen ihren Input in verschiedenen Arenen leisten, um damit in Verhandlungsprozesse einzu treten, die schließlich in Entscheidungen umgesetzt werden. Darauf können sie als Output verstanden werden, welche die Form von Gesetzen, Staatsverträgen, Regulationen, Unternehmensentscheidungen, Codes etc. annehmen. Input und Output stehen in einem zyklischen Verhältnis zueinander, der Output der letzten Runde wird zum Input der darauffolgenden.

Verbindet man diese Ansätze mit der oben beschriebenen Mehrebenenstruktur, so wird deutlich,d dass diese Input-Output-Prozesse auf verschiedenen Ebenen ablaufen können und Akteure einerseits auf mehreren Ebenen antreten, andererseits die Ebene suchen, von der sie sich besondere Durchschlagskraft versprechen. Wegen der zunehmenden Bedeutung der EU haben sich früher national operierende Meso-Akteure wie Parteien, Lobbys, NGOs, Unternehmen europäisiert und treten zusätzlich als europäische Akteure an. So können sie ihre „Bataillone" auf verschiedenen Ebenen in den Kampf um den für sie optimalen Output schicken.

Top down und bottom up

Ein weiteres Konzept fragt nach der Richtung der Entscheidungsfällung. Die beiden Grundrichtungen sind „top down" und „bottom" up. Es geht hier um die Spitzen und die Basis unserer Gesellschaften. Wird eine Entscheidung top down gefällt, so geht sie von einem Zentrum aus, das überwiegend autonom entscheiden kann, entsprechend gering ist der damit verbundene Entscheidungsaufwand. Geschieht dies dagegen bottom up, so beruht sie auf dem Ausgleich unter verschiedenen Akteuren, die Entscheidungen gemeinsam aushandeln. vorbereiten, entsprechend größer sind Zeit- und Kostenaufwand. Andererseits ist es für die Legitimität und Durchsetzbarkeit von Entscheidungen zunehmend wichtig, dass sie auf breiter Basis ausgehandelt wurden und Zustimmung finden. Auch wenn die EU anderes behauptet, so finden die meisten ihrer Aktionen top down statt, bottom up-Ansätze kommen dagegen eher von der Basis, von lokalen Ebenen, sie suchen verschiedene Stakeholder in einen Kompromiss einzubinden. Das in der EU eher abstrakt vertretene Prinzip der Subsidiarität legt eine bottum up-orientierte Politik nahe. Governance identifiziert sich vor allem mit bottom up-Ansätzen.

Abbildung 4:   Richtung Medienbezogener Willns- und Entscheidungsbildung

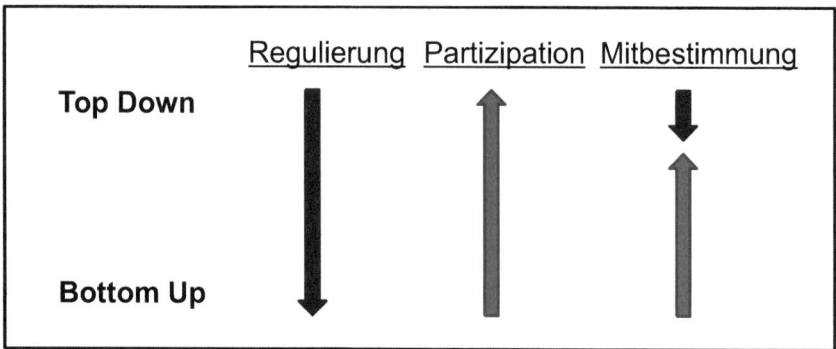

Regulierung, Partizipation, Mitbestimmung

Die diesem Buch zugrunde liegende Tagung gliederte das Gebiet der Governance in drei Schlüsselbegriffe;
  • Regulierung,
  • Partizipation,
  • Mitbestimmung.

Regulierung bedeutet dabei Regelsetzung durch staatliche Organe und hat damit im Output eine überwiegende top down-Struktur.
Partizipation meint dagegen Teilhabe der Bürger an sie betreffenden Prozessen, sie ist bottom up orientiert.
Mitbestimmung beschreibt eine besondere Mittellage, bei der durch gesetzliche Regelung – also top down – Partizipation im Unternehmen ermöglicht wird, die wiederum bottom up bei der Unternehmensleitung ankommt.

Abbildung 5: Normenrahmen, Governance und Menschenbild

	Regulierung	Partizipation	Mitbestimmung
Normen-rahmen	Medienrecht Regulierungsrecht	Vereinsrecht Genossen-schaftssrecht	Mitbestimmungs-recht
	⬇ ⬆	⬇ ⬆	⬇ ⬆
Governance-Akteur	Unternehmen Lizenznehmer	Vereine, Genossen-schaften	Gewerkschaften, Journalistenverbände
Menschenbild	Staatsbürger Unternehmer	Aktivbürger Medienmacher	Arbeitnehmer Journalist

Was hier als abstrakte Begrifflichkeit entwickelt wurde, soll in Bezug auf die nachfolgenden Beiträge dieses Sammelbandes konkretisiert werden.

Beiträge in diesem Sammelband

Wolfgang Hoffmann-Riem, Professor (em.) der Universität Hamburg und ehemaliger Richter am Bundesverfassungsgericht eröffnet mit seinem Beitrag zur Nachvollziehenden Medienregulierung die Perspektive insbesondere auf den Modus der Problembewältigung im Rahmen von Governance. Wichtig sei nicht nur die Erfassung des Problems selbst, sondern auch die der Rahmenbedingungen, der Handlungs- und Verkehrsformen sowie der vielfältigen Abhängigkeiten unterschiedlicher Akteure. Die Regulierung habe sich den veränderten Strukturen der Märkte und den Interessen der Medienunternehmen „nachvollziehend" angepasst, also nicht gegengesteuert, sondern mitgerudert. Er plädiert dafür, überkommene Regelungskonzepte immer wieder auf den Prüfstand zu stellen und gegebenenfalls Modifikationen anzubringen. Neben Trägern hoheitlicher

Regulierung seien auch zivilgesellschaftliche Akteure als Gegengewicht nötig. Auch dabei seien aber Governance-Probleme zu bewältigen, wie also eine Gemeinwohlsicherung der Medien in einer pluralen, international geöffneten Gesellschaft möglich ist.

Werner Meier, Senior Researcher und Lecturer an der Universität Zürich, stellt Demokratie und Media Governance in Europa in den Mittelpunkt. Er unterstreicht, dass sich Medienpolitik zunehmend von der nationalen auf die europäische und globale Ebene bewegt, sich also im Mehrebenensystem zentralisiert. Der Trend geht hin zu einer europäischen Medienpolitik, in der ein neuartiges, viel breiter angelegtes Regulierungsregime wirksam wird, in dem verstärkt Selbst- und Co-Regulierung praktiziert wird. Unter dem Konzept der Governance sieht er eine Bewegung weg von staatlich auferlegten harten Regeln hin zu neuen, weicheren Regelungen in Netzwerken der Macht. Fragt man nach den Möglichkeiten einer demokratischen und partizipativen Governance, so fällt Europa weit hinter seine Möglichkeiten zurück.

Hans J. Kleinsteuber, Prof. (em.) der Universität Hamburg, setzt die Schlüsselbegriffe Regulierung und Governance zu einander in Beziehung und sucht gezielt nach Elementen des Einbezugs von Akteuren der Zivilgesellschaft in medienpolitische Entscheidungsprozesse. Im internationalen Vergleich umreißt er, dass Elemente bürgerlichen Engagements und damit eines bottom up seit den ersten Tagen des Funkens zu finden sind. Schaut man sich verschiedene Modelle in der Welt an, so bietet sich ein Reichtum an Modellen zur Stärkung der Bürgerseite, darunter Transparenz zur Sicherung von Bürgerbeteilung, Bürgervertreter als „sozial relevante Gruppen" in Aufsichtsorganen oder zivilgesellschaftliches Organisieren und Produzieren in eigenen Community-Medien. Der Artikel plädiert für mehr bottom up in den Medien, gerade auch in Deutschland.

Peter Humphreys, Professor an der Universität Manchester, berichtet von den Ergebnissen eines größeren Projekts, das der britische Economic and Social Research Council unterstützt hatte. Er vergleicht nationale Regulierungsregime auf der Grundlage des von den Kanadiern Peter S. Grant und Chris Wood entwickelten Konzepts von „kulturpolitischen Toolkits" des Staates, der mit Mitteln wie öffentlich-rechtlicher Rundfunk, Produktionssubventionen, Programmquoten oder Konzentrationsbestimmungen steuern eingreifen kann. Die drei untersuchten Staaten Großbritannien, Frankreich und Deutschland blieben insgesamt ihren vertrauten Toolkits verpflichtet, wobei das UK und Deutschland auf starke öffentliche Anbieter setzen, Frankreich dagegen auf eine aktive Förderungs- und Quotenpolitik. Im europäischen Mehrebenensystem findet Humphreys sowohl Ausprägungen von „Aufwärtsregulierung", mit Zügen einer bottom up-Politik, sieht aber auch einen marktgesteuerten „Abwärtswettlauf" aus der EU, der top down auf die Staaten zurück wirkt.

Stanislaw Jedrejewski, Professor an der Universität Kozminski in Warschau, stellt Entwicklungen des öffentlich-rechtlichen Rundfunks in Mittel- und Osteuropa sowie speziell in seinem Heimatland Polen dar. Ausgangspunkt ist das im Westen entwickelte öffentliche Modell. Im Osten stellt sich die Aufgabe, einen ehemals staatlichen Rundfunk in einer Phase der Veränderung zu überführen, da der Staat stark bleibt, die Zivilgesellschaft wenig Stärke zeigt, Korruption ein Problem darstellt und demokratische Identifikation gering entwickelt ist. Manche Beobachter fürchten deshalb, dass dort die Entwicklung in Richtung Italien und Berlusconi abgleitet und Rundfunk eine Beute von Politikern und Oligarchen bleibt. Der Autor endet damit, die Mediengesetzgebung in Polen nachzuzeichnen und Ungewissheiten des aktuellen Regulierungsmodells zu erörtern. Ihm erscheint es notwendig, in der Gesetzgebung auf zivile und parlamentarische Kerne zu achten. Im Vergleich ist interessant, dass es um genuin nationale Auseinandersetzungen geht, während Europa kaum eine Rolle spielt.

Jo Bardoel von der Universität Amsterdam und *Marit Vochteloo* vom Niederländischen Ministerium für Bildung, Kultur und Wissenschaft in Den Haag betonen das ständige Spannungsverhältnis von Wettbewerb und Kultur in der europäischen Medienpolitik. Sie verdeutlichen dies am Beispiel der EU-Politik für staatliche Beihilfen und der Bedrohung des öffentlichen Rundfunks. Sie beobachten eine ständige Expansion der EU auf Kosten nationalstaatlicher Regulierung. Im europäischen Mehrebenensystem konnte die zentrale EU-Ebene immer mehr Kompetenzen auf sich konzentrieren und Entscheidungen top down den Mitgliedsstaaten aufzwingen. Eigentlich stellt das Amsterdamer Protokoll von 1997 fest, dass der öffentliche Rundfunk zur Wahrung des Medienpluralismus in Europa unentbehrlich ist. Tatsächlich gewannen Kräfte in der EU die Oberhand, die Wettbewerb in den Mittelpunkt stellen und damit den öffentlichen Rundfunk zum Sonderfall erklären, der besonderer Legitimation bedarf. Immer neue Aushandlungsprozesse führten schließlich dazu, dass ex-ante Prüfungen wie Public Value-Test und Drei-Stufen-Test einseitig dem öffentlichen Rundfunk auferlegt wurden (wie ihn unten Wolfgang Schulz in den Mittelpunkt seiner Analyse stellt).

Wolfgang Thaenert, Europabeauftragter der Direktoren der Landesmedienanstalten und Direktor der hessischen Landesmedienanstalt, schaut auf die Wandlungen der audiovisuellen Medienregulierung zwischen Karlsruhe und Brüssel. Er geht von Ordnungsprinzipien aus und nennt Ziele wie ein vielfältiges Medienangebot, redaktionelle Unabhängigkeit von Staaten und Dritten, ein barrierefreier Zugang der Bürger zu vielfältigen Programmangeboten sowie der Schutz von Verbrauchern und Nutzern. Diese Grundlagen ändern sich unter dem Druck von Digitalisierung, Konvergenz und Globalisierung. Der Autor unterscheidet dabei zwischen repressiver Regulierung und Formen der Co-

Regulierung, der Selbstkontrolle, der Kooperation und den Einsatz partizipativer Steuerungsinstrumente. Governance meint in diesem Kontext ein Steuerungselement, das über hoheitliche Regulierung hinaus zivilgesellschaftliche Kräfte und Interdependenzen berücksichtigt.

Christiane Eilders, Professorin für Kommunikations- und Medienwissenschaft an der Heinrich-Heine-Universität Düsseldorf untersucht Potentiale und Grenzen unterschiedlicher Beteiligungsformen. Die Forderung nach einer Beteiligung der Zivilgesellschaft im Medienbereich betrifft zwei grundsätzlich unterschiedliche Arten der Teilhabe. Zum einen geht es um Steuerung oder Regulierung, also um die Mitwirkung der Zivilgesellschaft an der Organisation und Kontrolle von Medieninstitutionen sowie nicht institutionalisierten Netzwerk-Strukturen. Zum anderen geht es um eine Teilhabe am medial vermittelten Diskurs, indem etwa zivilgesellschaftliche Akteure ihre Anliegen durch die Medien einem Publikum zur Kenntnis bringen. Hier werden besonders häufig die erweiterten Möglichkeiten zivilgesellschaftlicher Artikulation in den Online-Medien genannt. Häufig aus dem Blick gerät die Rolle der konventionellen Massenmedien für die Partizipation der Zivilgesellschaft. Hier werden die Anliegen der Zivilgesellschaft zwar nur über den Umweg journalistischer Vermittlung öffentlich, erreichen allerdings ein weit größeres Publikum und können so in der Regel mehr Einfluss auf politische Entscheidungen entwickeln.

Thomas Kupfer (verst.), freier Radiojounalist, Publizist und Medienpädagoge, stellt das Community Media Forum Europe vor. Community Media (CM) – also nicht kommerzielle, gemeinnützige Rundfunkmedien – sind seit geraumer Zeit in der europäischen Medienlandschaft präsent und blicken auf eine ebenso lange Geschichte der Selbstorganisation zurück. Seit 2002 ist jedoch eine unzureichende Präsenz der Community Media auf politischer Ebene in Europa zu verzeichnen. Aus diesem Grunde haben Vertreter der nationalen Verbände, Medienaktivisten, Medienschaffende und Wissenschaftler 2004 das Community Media Forum Europe (CMFE) initiiert, das 2006 als aktionsorientiertes Netzwerk von Organisationen und Einzelpersonen im CM-Bereich formell gegründet wurde, um das Potential der CM innerhalb der europäischen Medienlandschaft zu präsentieren.

Barbara Hemkes, bis 2010 Pressesprecherin beim DGB Bezirk NRW, spürt den Bedingungen und Möglichkeiten für Beteiligungen der Gewerkschaften im Mediensystem nach. Ausgangspunkte dafür sind die rasanten Veränderungen der Medienlandschaft und die wachsende Bedeutung von Präsenz im medial vermittelten gesellschaftlichen Diskurs. Gewerkschaften beteiligen sich im Medienbereich über Medienpolitik, Öffentlichkeitsarbeit und Interessenvertretung der Beschäftigten. Eine eigene Beteiligung an (Massen)Medien gibt es nicht. Neben ökonomischen Restriktionen sind im System Gewerkschaft selbst Haltungen und

Strukturen zu finden, die eher hemmend auf eigene Beteiligungen in der Medienlandschaft wirken. Dabei sind Chancen gewerkschaftlicher Beteiligung am Medienbetrieb zwischen Rundfunkrat und Pressemitteilung gar nicht schlecht. Sie
zu nutzen, ist weniger eine Frage von Ressourcen sondern von Strukturen der
gewerkschaftlichen Kommunikation. Gewerkschaften müssen den Diskurs nach
innen und nach außen öffnen und als Chancen für ihre Organisations- und politischen Ziele erkennen.

Burchard Bösche, geschäftsführendes Vorstandsmitglied des Zentralverbandes deutscher Konsumgenossenschaften, gibt einen Einblick in genossenschaftliche Organisation und deren Bedeutung für die Medien. Genossenschaften
sind Unternehmen, die ihren Kunden gehören. Die Kunden wollen damit kein
Geld verdienen, sondern gute Waren zu einem angemessenen Preis. Damit eignet
sich die Genossenschaft gut als wirtschaftliche Form für Medienfreiheit und
kulturelle Vielfalt. Die Zahl der Menschen, die in der Lage sind, für eine solche
Genossenschaft Geld zu erübrigen, ist beträchtlich. Es geht auch darum, privaten
Reichtum öffentlichen Zwecken nutzbar zu machen. Das Stimmrecht nach Köpfen und nicht nach Kapitalbeteiligung sichert dabei die demokratische Struktur.
Mediengenossenschaften müssen ihre Mitglieder einbeziehen. Sie müssen die
Chance bieten, Einfluss auf die Inhalte zu nehmen, sich wieder zu erkennen. In
anderen europäischen Ländern, wie etwa Italien, sind genossenschaftliche Medien selbstverständlicher Bestandteil der Informationskultur. Es wäre wichtig,
sich stärker zu vernetzen, einen europäischen und vielleicht weltweiten Zusammenhang zu bilden.

Sabine Nehls, Kommunikationswissenschaftlerin, Journalistin und medienpolitische Beraterin, geht davon aus, dass Medienpolitik ein Feld ist, das sowohl
die Arbeitnehmer und Arbeitnehmerinnen, als auch ihre Interessenvertretungen,
die Gewerkschaften, in besonderer Weise betrifft: Als Akteure, als „Lieferanten"
von Nachrichten, sind sie Teil des Mediensystems, als Rezipienten sind sie
„Käufer" der Produktionen und als „Kontrolleure" gestalten sie die Bedingungen
mit, unter denen dieser Austausch stattfindet. Sie berichtet über das Forschungsprojekt Mitbestimmte Medienpolitik, das die Gewerkschaften als Akteure von
Medienpolitik in den Blick genommen hat. Insbesondere die Analyse, wie
Arbeitnehmerorganisationen (DGB und seine Mitgliedsgewerkschaften, DJV
und der DBB), als gesellschaftlich relevante Gruppen medienpolitisch – auch in
den Kontrollgremien des öffentlich-rechtlichen Rundfunks – agieren, meist aber
über die gewerkschaftliche Politik hinausweisen. Das Projekt hat sowohl Ausgangslage und Rahmenbedingungen gewerkschaftlicher Medienpolitik untersucht, als auch Perspektiven entwickelt, um eine fundierte und engagierte arbeitnehmerorientierte Medienpolitik zu diskutieren. Ergebnisse aus einer Gremienbefragung und mehreren Fallstudien haben Anforderungen an und Informations-

bedarfe von mitbestimmungspolitischen Akteuren in den Aufsichtsgremien aufgezeigt.

Josef Trappel, Professor an der Universität Salzburg stellt erste Ergebnisse
des Projekts Media for Democracy Monitor vor, wobei der Fokus speziell auf
Mitbestimmung und Unabhängigkeit im Mikrobereich der Redaktionen liegt, es
geht um Elemente eines bottom up. Das Projekt war in Kooperation mit anderen
Kommunikationswissenschaftlern in fünf europäischen Ländern durchgeführt
worden, deren Ergebnisse vergleichend ausgewertet wurden. Der Autor geht von
einer normativen Orientierungsmarke aus, danach sollen Medien grundlegende
Funktionen in westlichen Demokratien erfüllen. Dafür müssen sie staatsfern
organisiert werden, politische Informationsaufgaben übernehmen, als Vermittler
zwischen verschiedenen Auffassungen wirken und Machtinhaber überwachen.
Für die empirische Umsetzung werden drei Indikatoren in den Mittelpunkt gestellt, (1) der Schutz vor interner und (2) externer Einmischung in redaktionelle
Angelegenheiten sowie (3) redaktionelle Mitentscheidungsregeln. Auf der Mi-
kroebene wird nach Verhaltenscodizes in den Unternehmen gefragt. Existenz,
Ausgestaltung und Wirksamkeit dieser Regeln werden im Rahmen der Media
Governance diskutiert, die wiederum auf Konzepte der Corporate Governance
zurückführt. Die Studie kommt zu dem Ergebnis, dass in den Referenzstaatener-
hebliche Unterschiede bestehen.

Wolfgang Schulz, Direktor des Hans-Bredow-Instituts für Medienforschung
an der Universität Hamburg, bringt bei diesem Thema auch praktische Erfahrungen ein, weil er die Bundesländer im Verfahren gegen die Bundesrepublik betreffend staatliche Beihilfe für Rundfunkanstalten unterstützte. Ähnlich wie im Beitrag Thaenert setzt er sich mit den Grundlagen des deutschen Rundfunks angesichts europäischer Herausforderungen auseinander. Anfangs war die Ausprägung des dualen Systems in Deutschland massiv von der privat-kommerziellen
Konkurrenz kritisiert worden. Sowohl die Vorgeschichte der Auseinandersetzung um Beihilfen wie auch der mit der EU erzielte Kompromiss zeigen Elemente von Mehrebenenpolitik, wobei öffentliche Anbieter in der Defensive standen. In Umsetzung des erreichten Kompromisses wurden ein Public Value-
Verfahren mit einem Drei-Stufen-Test eingeführt. In diesen Verfahren wächst
den Rundfunkräten, die zustimmen müssen, eine neue Aufgabe zu, was sie inso-
weit auch stärkt. Die Durchsetzung des Kompromisses geschah eher top down,
mit dem Einbezug der sozial breit aufgestellten Rundunkräte beim Public-Value-
Test sind auch Elemente von bottom up in den Prozess eingebaut.

Heinrich Bleicher-Nagelsmann, Bereichsleiter Kunst und Kultur beim Bundesvorstand der Dienstleistungsgewerkschaft ver.di und Präsident von UNI-MEI,
hat nicht nur als langjähriges Mitglied im Rundfunkrat der Deutschen Welle
Erfahrungen mit Governancestrukturen. Er berichtet über den Sozialen Dialog

und die medienpolitischen Initiativen von UNI-MEI, der europäischen Region von UNI-MEI, einer globalen Gewerkschaft für Medien und Kunst. Dabei werden die vielfältigen Themen deutlich, über die sich die unterschiedlichen Akteure im Rahmen des Sozialen Dialogs als Beispiel für einen Geovernanceprozess auf europäischer Ebene auseinandersetzen. Er geht auch auf die Möglichkeiten der Einflussnahme in Gesetzgebungsverfahren ein.

Tina Kolbeck, Pressesprecherin beim DGB Niedersachsen – Bremen – Sachsen-Anhalt, schreibt auch als erfahrenes Mitglied in den Aufsichtsgremien privat-kommerzieller und öffentlich-rechtlicher Medien. Sie wirft einen Blick auf die Arbeit der Gremien und meint, die Praxis zeige, dass Rundfunkräte ihren Anstalten verbunden und loyal sind, aber zugleich bedacht auf ihre Unabhängigkeit und Kritikfähigkeit. Als Gebührenzahler und Mediennutzer sind Rundfunkräte zudem Experten des Medien-Alltags. Die Drei-Stufen-Tests stärken die Position der Gremien. Dies zeigt exemplarisch der bundesweit erste Drei-Stufen-Test, den der NDR-Rundfunkrat zur Einführung der NDR-Mediathek freiwillig gestartet hat. Arbeitsebenen, Entscheidungsabläufe und Kompetenzen sind neu geschaffen worden. Die Kritik an der Arbeit des Gremiums ist von den Interessen kommerzieller Anbieter geleitet und zielt darauf ab, die Gremien in den laufenden Tests zu verunsichern. Im Vordergrund stehen nicht die marktlichen Auswirkungen, sondern das Interesse der Allgemeinheit. Es geht darum, Bürgerinnen und Bürgern den freien Zugang zu hochwertigen und vielfältigen öffentlich-rechtlichen Telemedienangeboten zu garantieren.

Renate Schröder, Co-Direktorin der Europäischen Journalistenorganisation EJF und der Internationalen Journalistenorganisation IJF wirft einen Blick auf die Arbeit der internationalen Journalistenorganisationen. Dabei steht die Krise der Medien im Mittelpunkt. Sie erläutert das Vorgehen der Organisationen, um die Bedingungen journalistischer Arbeit in Zeiten der Krise zu schützen und zu verbessern.

Castells, Manuel (2009) Communication Power. Oxford: Oxford University Press.

Nachvollziehende Medienregulierung[1]

Wolfgang Hoffmann-Riem

Abstract

Der Text thematisiert den Modus von Regulierung. Die im Zusammenspiel von Technikentwicklung und Ökonomie erzeugte Dynamik im Mediensektor lässt regulatorischer Einwirkung nur begrenzte Chancen. Es werden Trends des Um- und vor allem Abbaus von Regulierung aufgezeigt, die verdeutlichen, dass Regulierung sich meist veränderten Strukturen der Märkte und Strategien der Akteure anpasst. Auf eine Verfehlung normativ gesetzter publizistischer Ziele reagiert sie am ehesten mit Zielanpassung und sie verzichtet weitgehend auf eine wirksame Gegensteuerung. Gefährdet ist vor allem die Medienzugangsfreiheit in ihren verschiedenen qualitativen Dimensionen.

I

Governance ist seit langem ein Modebegriff. Seine Verwendungsweisen sind immer noch vielfältig und schillernd. Ich beziehe ihn auf das „Wie" der Bewältigung eines Problems, insbesondere auch des „Regierens" als hoheitlicher Beitrag zum Umgang mit gesellschaftlichen Problemen. Der Governance-Begriff ist aber nicht auf den staatlichen Bereich begrenzt, sondern betrifft auch – und im Mediensektor sogar vorrangig – die nicht staatlichen „Stakeholders". Wird Media Governance gleichwohl – wie auf dieser Tagung – vorrangig auf die hoheitliche Regulierung bezogen, muss der Blick dennoch weit gezogen werden, da solche Regulierung sich in vielem auf privatwirtschaftliche Akteure bezieht. Vor allem aber erfolgen Problembewältigungen häufig in kooperativer Abstimmung zwischen hoheitlichen und privaten Trägern, also denen aus Politik, Wirtschaft, Gesellschaft u. ä.

Geht es bei Governance letztlich um das Wie der Problembewältigung bei der Sicherung (auch) gemeinwohlorientierter Ziele durch verschiedene Akteure, gerät der Modus der Problembewältigung in den Blick. Wichtig ist nicht nur die

---

[1] Keynote auf der Internationalen Fachtagung: Media Governance in Europe. Regulation, Partizipation, Co-Determination am 20. Juni 2009 in Hamburg

Erfassung des Problems selbst, sondern auch die der Rahmenbedingungen, der Handlungs- und Verkehrsformen sowie der vielfältigen Abhängigkeiten unterschiedlicher Akteure. Verschiedene Handlungsebenen (regional, national, europäisch und global), eine Pluralität betroffener Interessen, die Ausdifferenzierung von Akteuren, die große Komplexität vieler zu bewältigender Probleme und verschiedene Verflechtungen und Interdependenzen, aber auch ein häufig weit gefächertes Instrumentenarsenal sind zu erfassen und darauf zu besehen, wie sie unter Problemlösungsaspekten einander optimal zugeordnet werden können. Von all dem können im Folgenden nur einzelne Fragen angesprochen werden.

II

Hoheitliche Aktivitäten rechtfertigen sich, wenn sie bestimmten erwünschten Zielen dienen und einen Beitrag zur Zielerreichung bringen können, der erwartbar besser ist als die Überlassung der Problemlösung an den privaten Bereich, d. h. im Mediensektor an den ökonomischen Markt. Die nicht weiter thematisierte Prämisse meiner folgenden Überlegungen ist die im Bereich der Medienökonomie, auch weiterhin der Netzwerkökonomie, m. E. hinreichend plausibilisierte Annahme, dass die Ziele, auf die das Mediensystem jedenfalls nach deutschem Verfassungsrecht ausgerichtet sein soll, allein marktmäßig nicht hinreichend erreicht werden können. Zu den Zielen zählen eine hinreichende inhaltliche, gegenständliche, der Pluralität und Heterogenität von Interessen in modernen Gesellschaften gerecht werdende Vielfalt im Medienangebot, aber auch die Sicherung von Zugangschancengleichheit der Rezipienten in einer auf ihre Kommunikationsinteressen und -verhaltensmöglichkeiten abgestimmten und nicht manipulativen Weise. Dazu gehört aber auch der Schutz von Interessen, die mit Medienbetätigung kollidieren können, wie etwa Jugendschutz, Schutz persönlicher Integrität, Privatheit oder Verbraucherschutz.

III

Der Wegfall der Knappheit an Übertragungswegen, die Vermehrung und Ausdifferenzierung der Programmangebote und Vertriebsmöglichkeiten, etwa durch Computerisierung, Digitalisierung, Datenkompression und -dekompression, sowie weitere technologische Möglichkeiten und neue Dienste haben keineswegs bewirkt, dass die erwähnten Ziele sich quasi automatisch einstellen. Im Folgenden beschränke ich meine Betrachtung auf die Massenkommunikation, obwohl mir bewusst ist, dass dies eine nicht mehr stets angemessene Vorgehensweise ist oder dass jedenfalls die Grenzen zwischen Individual- und Massenkommunikation zwar nicht aufgehoben sind, sich aber doch in relevanten Bereichen nur schwer ausmachen lassen und nicht stets als Anlass für normative Differenzierungen taugen.

Als Grundannahme gehe ich davon aus, dass elektronische Massenmedien aufgrund ihrer Breitenwirkung, Suggestivkraft und Möglichkeit zur Aktualität und vor allem zur Vermittlung von – oder zumindest zur Vermittlung des Anscheins von – Authentizität für die Meinungsbildung weiter Teile der Bevölkerung weiterhin hervorragende Bedeutung haben. Unter Rückgriff auf diese Charakteristika von Massenmedien hat das Bundesverfassungsgericht die Besonderheiten der Regulierung dieser Medien gerechtfertigt. Sie sind auch bei der Verlagerung massenkommunikativer Angebote in das Internet nicht als solche obsolet.

Die Ausdifferenzierung der Angebote und Verbreitungswege, aber auch die ungeheure Fülle verfügbaren Materials vermitteln Chancen einer stärker auf die Interessen der betroffenen Rezipienten, aber auch auf die Interessen der Kommunikatoren und insbesondere ihre ökonomischen Interessen ausgerichteten Medienbetätigung. Sie verursachen zugleich Risiken. Der Kampf um die Aufmerksamkeit der Nutzer sowie deren faktische Unmöglichkeit, sich vor dem Medienkonsum über die zu erwartenden Inhalte zu orientieren, haben beispielsweise in den Suchmaschinen und Navigatoren neue Akteure geschaffen, die für den Nutzer hilfreich sein, aber auch mit Risiken selektiver Steuerung oder gar Manipulation verbunden sein können.

Mit der Ausdifferenzierung der Medienordnung ist die Sicherung des chancengleichen Zugangs eher schwerer geworden, und zwar nicht nur für die Rezipienten, sondern teilweise auch für Medienakteure, etwa hinsichtlich der Zugänglichkeit zu attraktiven Rechten und Ereignissen und der Zugänglichkeit von Übertragungswegen zu fairen Bedingungen. Konzentrationsprozesse, die Medienregulierung seit jeher kontrollieren musste oder hätte kontrollieren sollen, gibt es unter den Bedingungen der Netzwerkökonomie zwar unter veränderten Erscheinungsformen, aber es gibt sie doch, wenn auch Monopole oder Oligopole nicht mehr so stabil sein dürften wie früher. Der vermehrte Zugang von Medienunternehmen, die kein besonderes Interesse an der jeweiligen publizistischen Leistung haben, sondern durch vorrangige Renditeerwägungen geprägt sind, hat im Übrigen die Medienszene verändert – so etwa durch die Aktivitäten von Finanzinvestoren und Hedgefonds. Mancher sehnt sich nach der Zeit zurück, als publizistisch engagierte Verleger wie Axel Springer jedenfalls ein publizistisches Ziel verfolgten, ungeachtet der Frage, ob es jeweils persönlich gebilligt wurde.

Ein Rückblick auf die Medienentwicklung der vergangenen 30 Jahre lässt bestimmte Trends auch in der Medienregulierung erkennen. Wie auch im Ausland war die externe Medienaufsicht in Deutschland nur sehr begrenzt erfolgreich bei dem Versuch, publizistische, etwa an dem Demokratieprinzip und seinen Vielfaltsdimensionen ausgerichtete Orientierungen gegen ökonomische Interessen der Wirtschaftsunternehmen durchzusetzen. Die Regulierung hat sich in der Folge den veränderten Strukturen der Märkte und den Interessen der Medienunternehmen „nachvollziehend" angepasst, also nicht gegengesteuert, sondern mitgerudert, so durch Rücknahme regulativer Vorgaben, durch Abschwächung der Aufsicht, insbesondere durch verstärktes Vertrauen auf Selbstkontrolle, aber auch durch sonstige Änderungen im Regulie-rungskonzept.

IV

Stichwortartig nenne ich zehn ausgewählte – aus meiner Sicht exemplarisch charakteristische – Entwicklungen und Erscheinungen, ganz ohne Anspruch auf Vollständigkeit:

1. Medienregulierung als Rundfunkregulierung erfolgte in der deutschen dualen Rundfunkordnung rundfunkspezifisch durch zwei unterschiedliche Konzepte: die Einrichtung gemeinwirtschaftlicher Rundfunkveranstalter im öffentlich-rechtlichen Bereich mit weitgehend binnenorganisatorischer Aufsicht und die Ermöglichung privatwirtschaftlichen Rundfunks mit externer Medienaufsicht durch unabhängige Landesmedienanstalten. Das ist grundsätzlich noch so geblieben, obwohl die Strukturgegensätzlichkeit auch schon vielfach aufgeweicht ist. Meine folgenden Überlegungen betreffen in erster Linie allerdings nur die Regulierung des privatwirtschaftlichen Sektors der Massenmedien, gelegentlich mit einem Seitenblick auf öffentlich-rechtlichen Rundfunk.

2. Während früher bei der Rechtfertigung der Medienregulierung und insbesondere re-gulativer Interventionen vor allem auf die kulturelle Dimension der Medien gesehen wurde, erfolgt hinsichtlich der Regulierung privaten Rundfunks zunehmend eine Einengung des Blicks auf die ökonomische Dimension und dabei zunächst auf die Ermöglichung kostendeckender und damit gewinnbringender Betätigung und erst danach auf die Sicherung ökonomischen Wettbewerbs, kaum aber gezielt auf die Sicherung auch publizistischen Wettbewerbs als eigenständige Kategorie.

3. Parallel dazu hat sich das Freiheitsverständnis im Bereich der Medien von einer kommunikativen und damit auf Inhalte bezogenen, auf die Meinungsbildung ausgerichteten Freiheit zu einer vorrangig wirtschaftlichen Entfaltungsfreiheit der Anbieter gewandelt.

4. Regulierung ist – soweit sie es überhaupt noch gibt – zunehmend aus einem sektorspezifischen Fachrecht herausgenommen und in das allgemeine Wettbewerbsrecht integriert oder in den Telekommunikationssektor ausgelagert worden. Soweit sektorspezifisches Medienrecht erhalten blieb, wurden zu-

nehmend Regelungsansätze sehr verdünnter Art gewählt, wie etwa für den Teil des Rundfunks, der nach dem 12. Rundfunkänderungsstaatsvertrag aufgrund der Vorgaben der EU den Telemedien zugeordnet wird.

5. Die Erteilung von Rundfunklizenzen an privaten Rundfunk in Deutschland wird zu-nehmend von der früheren Anbindung an die Frequenzzuteilung abgekoppelt. Wie etwa das sog. Führerscheinmodell zeigt, wird in verschiedenen Bundesländern die Entscheidung über die grundsätzliche Zulassungsfähigkeit getrennt von der Entscheidung über die Verfügbarkeit von Frequenzen getroffen.

6. Die hoheitliche Regelungsverantwortung wird auch in Bereichen zurückgeschraubt, in denen es um den Schutz kollidierender Rechtsgüter geht. Ein prominentes Beispiel ist der Jugendmedienschutz, der zunehmend in die Selbstverantwortung der betroffenen Rundfunkwirtschaft gelegt wird, allerdings noch regulativ umhegt ist und mit einer rechtlichen Auffangordnung für den Fall versehen wird, dass die Selbstregulierung defizitär wird. Parallel dazu wird die Regulierung aber auch aufgestockt, wie die Verpolizeilichung der Bekämpfung von Kinderpornografie zeigt, die zudem noch durch technologische Innovationen unterstützt wird, wie entsprechende Filterprogramme. Das zur Zeit in China eingeführte (wenn auch zunächst – vor allem wegen technischer Unzulänglichkeiten – noch gestoppte) Gebot, neu verkaufte Computer müssten die Software „Grüner Damm" installiert haben, die grundsätzlich geeignet ist, Internetinhalte für alle möglichen und damit auch für politische Zwecke wirksam zu sieben, deutet auf Gefährdungslinien, die auch Massenkommunikation erfassen. Ein Hongkonger Medienaktivist hat dies wie folgt beschrieben: „Das ist so, als lade man sich Spionagesoftware auf den eigenen Computer und die Regierung ist der Spion". Es ist keineswegs gesichert, dass solche politisch zu Recht viel gescholtenen chinesischen Pionierleistungen nicht auch in westlichen Ländern auf Anwendungsfelder hin ausgewertet werden.

7. Neue Geschäftsmodelle oder doch Verbreitungsformen – wie Pay TV, Paketvermarktung oder die Bereitstellung von Plattformen – haben nicht zu einer Anpassung in der Regulierung geführt, die auf die Erreichung der ursprünglichen Ziele der Rundfunkregulierung ausgerichtet ist, obwohl die Tätigkeiten bei der Verwirklichung solcher Geschäftsmodelle für die Entwicklung der Medienordnung und die Sicherung der Meinungsbildungsfreiheit der Bürger ähnlich folgenreich sein können wie früher das Verhalten traditioneller Rundfunkveranstalter.

8. Ebenfalls gibt es keine neuen, insbesondere keine maßgeschneiderten, regulativen Antworten auf den Befund immer stärkerer Fragmentierung des Fernsehkonsums und darauf ausgerichteter Programmdiversifizierungen.

Eine mögliche Antwort könnte z. B. in der Verlagerung regulatorischer Aufmerksamkeit auf funktionale Äquivalente der früher über Vollprogramme erfolgten Programmzusammenstellung bestehen. In den Blick gerät insbesondere der Einsatz elektronischer Programmführer, die zumindest Anforderungen an die Transparenz über die von ihnen eingelegten Kriterien und deren Praktizierung im Hinblick auf die konkreten Programmangebote nahelegen.

9. Neue Technologien, etwa die Nutzung digitaler Recorder oder Empfangssoftware zur Ausblendung oder zum Überspringen von Werbung, aber auch etwa von Pornografie oder sonst persönlich unerwünschten Inhalten, müssten ebenfalls die Aufmerksamkeit von Regulierung verändern. Die Möglichkeit des Überspringens von Werbebotschaften gefährdet bekanntlich Geschäftsmodelle der werbefinanzierten Veranstalter und der Werbewirtschaft und ist eine Mitursache dafür, dass zunehmend Ausweichverhalten erfolgt, so wenn Product Placement (weiterhin aber auch Schleichwerbung) praktiziert, teilweise sogar legalisiert, jedenfalls aber nur selektiv sanktioniert wird. Traditionelle berufsethische Regeln wie die Trennung von Werbung und Programm haben – vor allem in der privatwirtschaftlichen Praxis – weitgehend nur noch eine sehr begrenzte Bedeutung. Hoheitliche Medienregulierung ist in diesem Feld weitgehend zur selektiven Symbolpolitik geworden.

10. Die Veränderungen im Regelungsumfeld und in den Regelungsansätzen sind nicht nur durch technologische Entwicklungen und ökonomische Interessen, sondern auch durch eine mit ihnen verbundene Europäisierung und Internationalisierung der Medienaktivitäten und -akteure gespeist. Sie werden aber auch durch die Europäische Union gezielt in Richtung auf eine ökonomische Liberalisierung forciert. Motiv ist dabei auch eine europazentrierte Standortpolitik – die weiterhin durch die seit langem gewohnte nationale und regionale Standortpolitik ergänzt wird –, aber vor allem durch das Bemühen, den Gemeinsamen Markt (verstanden als ökonomischer Markt, nicht etwa als „Marktplatz der Meinungen") zu verwirklichen. Die Europäische Union ordnet wirtschaftspolitische Ziele grundsätzlich publizistischen vor.

V

Dies sind nur einige der beobachtbaren Trends. Für die Konzeption von Media Governance war in Deutschland lange Zeit das Konzept der Medienfreiheit als einer der Meinungsbildung der Rezipienten dienenden Freiheit bestimmend. Die gleiche Erwartung lag der Vorstellung zugrunde, dass privatwirtschaftliche Medienunternehmer subjektiv-rechtlich durch das Grundrecht der Medienfreiheit begünstigt sind, dass diese aber als gebundene („dienende") Freiheit zu verstehen ist.

Medienveranstalter wurden früher nicht nur – wie es jetzt im Rundfunkstaatsvertrag heißt – mit dem Blick auf ihre „Angebote" in Bewegtbild oder Ton erfasst, sondern in der Gesamtheit ihres Betätigungsfeldes. Rundfunkveranstalter sind zugleich Produzenten, Redakteure, Vermarkter usw. Die gesetzliche Regelung der Rundfunk„-Veranstaltung" betraf direkt oder mittelbar all diese Funktionen. Auch heute gibt es diese verschiedenen Funktionen, zum Teil verteilt auf mehrere Akteure, zum Teil konzentriert. Die Ausdifferenzierung der Medienmarktes hat eine Vielzahl der dem Angebot von Medieninhalten vor- und nachgelagerten Bereichen geschaffen, die aus dem Blick zu geraten drohen, wenn Rundfunk nur als „Veranstaltung und Verbreitung von Angeboten" definiert wird. Auch auf solchen Ebenen wird Einfluss auf kommunikative Inhalte genommen. Ein regulativer Zugriff auch auf diesen Ebenen ist aber weitgehend nicht beabsichtigt und erst recht nicht gesichert, wenn Regulierung nur an die „Angebote" von Programmen oder Sendungen anknüpft. Schleichwerbung, die durch ausgelagerte Produzenten bewerkstelligt wird, ist nur eines von mehreren Beispielen: Greift Medienregulierung hier nur beim sog. Anbieter zu, ist es erheblich erschwert, wenn nicht gar unmöglich, die in vorgelagerten Bereichen wirksam werdenden Selektivitäten oder subtilen Manipulationen zu entdecken und gegebenenfalls zu ahnden.

Vergleichbare, aber noch verschärfte Probleme stellen sich in der Verbreitungsphase, so durch die schon erwähnte Möglichkeit selektiver Steuerung, und dies nicht nur durch Suchmaschinen. Die selektive, kaum erkennbare Steuerung des Nutzerverhaltens kann schon mit der technologischen Konfiguration beginnen, die sichern kann, dass bestimmte Inhaltsangebote leichter oder gar ausschließlich von den Rezipienten wahrgenommen werden. Selektive Steuerung erfolgt auch, wenn inhaltliche Angebote mit Botschaften der Werbewirtschaft unerkennbar oder (aus praktischen Gründen) kaum ausweichbar für den Empfänger verbunden werden.

Hinzu kommen weitere Gefährdungen, so durch die Nutzung der vielen Daten für weitere Geschäftsvorgänge, insbesondere der Daten, die bei einer elektronischen Vermittlung von Kommunikationsvorgängen anfallen. Sie taugen zugleich etwa zum Erkennen von Nutzervorlieben, deren Kenntnis nicht nur zu maßgeschneiderten Programmangeboten an den jeweiligen Rezipienten, sondern auch zu maßgeschneiderter Werbung und Aufmerksamkeitssteuerung genutzt werden kann. Es kann auch Grundlage für die Erstellung von Persönlichkeitsprofilen sein, die sich in verschiedenen Kontexten nutzen und dementsprechend auch vermarkten lassen. Hier kann anschließend auch der Staat als Trittbrettfahrer aufspringen, etwa wenn er die unzähligen Daten für eigene Zwecke, etwa die Verfolgung von Straftätern oder die Terrorismusbekämpfung, nutzen will und sich deshalb Zugriffsrechte sichert.

Soll der Staat nach dem Konzept jedenfalls des Bundesverfassungsgerichts bei der Regulierung des Medienbereichs in erster Linie als Garant von Freiheit – als Gewährleister – verstanden werden, so muss jetzt gefragt werden, ob er auf diese Weise auch zum Gefährder von Freiheit wird. Einen gewissen Vorgeschmack liefert das im Gesetz zur Erschwerung des Zugangs zu kinderpornografischen Inhalten in Kommunikationsnetzen vorgesehene (wenn auch gegenüber ursprünglichen Plänen jetzt abgeschwächte) Zusammenspiel von Bundeskriminalamt als Polizeibehörde und den Access-Providern im Internet bei der Bekämpfung von Kinderpornografie. Restringiert wird der Zugang zu Medienangeboten, auch um auf diese Weise mittelbar auf Medieninhalte einzuwirken, hier: keinen Anreiz zu unerwünschten Inhalten zu geben. Solche Zugriffe sind nicht nur wegen möglicher Abgrenzungsprobleme prekär, sondern auch wegen der Versuchung, sie immer stärker auszuweiten. Sollten solche Kooperationen Schule machen, drohte eine unheilvolle Allianz zwischen Ordnungsbehörden und den modernen Gatekeepern der netzgebundenen Kommunikation und damit ein Governance-Problem neuer Art. Insbesondere bedürfen solche Kooperationen hinreichender rechtsstaatlicher Sicherungen, die sich nicht nur auf die Maßnahmen der Ordnungsbehörden, sondern auch auf die der Provider beziehen müssen und dort insbesondere für hinreichende Transparenz sichernde Vorkehrungen sorgen.

VI

Im Folgenden möchte ich an einzelnen ausgewählten Beispielen zeigen, dass es vielfältige Anlässe gibt, überkommene Regelungskonzepte immer wieder auf den Prüfstand zu stellen und gegebenenfalls Modifikationen anzubringen.

1. Für privatwirtschaftliche Medien ist die Programmverbreitung unter Nutzung von Verschlüsselungstechniken aus einer Reihe von Gründen vorteilhaft, so nicht nur zur Sicherung des Digital Rights Management, sondern evtl. auch, um etwa bei den Nutzern leichter Entgelte erheben zu können. Die – gegenwärtig wohl erst einmal auf Eis gelegten – Pläne großer deutscher Privatveranstalter zur ausschließlich verschlüsselten Übertragung hatten offenbar auch den Nebenzweck, auf diese Weise neue Finanzquellen öffnen zu können. Für das duale System der Bundesrepublik hätte dies bedeutet, dass die Bürger für bisher frei empfangbare Programme Entgelte zu entrichten hätten, obwohl sie schon durch die Rundfunkgebühr an der Finanzierung der Gesamtveranstaltung Rundfunk mitwirken und – im digitalen Rundfunk – schon viele entgeltliche Angebote

privater Anbieter nutzen können. Die Verwirklichung der Pläne zur grundsätzlichen Verschlüsselung auch aller bisher frei zugänglichen Programme hätte erhebliche Akzeptanzprobleme für die Gebührenfinanzierung verursachen können. Damit aber hätte sich das Risiko einer Unterminierung der Finanzgrundlagen öffentlich-rechtlichen Rundfunks und damit der Funktionsweise der dualen Rundfunkordnung verwirklichen können.

Diese ist ohnehin vielfältig gefährdet, so in Deutschland auch durch die Erosion der bisherigen Rechtfertigung der Erhebung von Gebühren, anknüpfend (nur) an das Bereithalten eines Empfangsgeräts. Angesichts der Multifunktionalität von Computern und der Schwierigkeit bis Unmöglichkeit zur Abklärung, wieweit sie als Rundfunkempfangsgeräte genutzt werden, sowie des bisherigen Fehlens einer rechtlich und politisch überzeugenden Neukonzeption des Gebührensystems offenbart sich hier eine neue Gefahrenquelle für die Finanzierung öffentlich-rechtlichen Rundfunks. Hier besteht eine regulative Herausforderung ersten Ranges, da das duale System gefährdet ist, wenn hier keine überzeugende Neukonzeption gelingt.

2. Zunehmend ist die EU Mitakteur auch im nationalen Medienbereich geworden, wie jetzt die Forderung nach dem Drei-Stufen-Test erneut zeigt. Das schon lange zurückliegende Drängen auf ein „Fernsehen ohne Grenzen", die erfolgte Liberalisierung der Telekommunikationsmärkte und nunmehr auch die Einwirkungen auf den öffentlich-rechtlichen Rundfunk insbesondere durch Beanstandung der Gebührenfinanzierung verdeutlichen, wie sehr Medienregulierung zwischenzeitlich in den europäischen Mehrebenenverbund eingebettet ist. Wie sehr dies aber auch auf die nationalen Regulierungsbeziehungen einwirkt, kann an dem Drei-Stufen-Test gezeigt werden. Seine Einführung ist Teil des Kompromisses, der die EU davon abgehalten hat, die öffentlich-rechtliche Rundfunkgebühr als EG-widrige Beihilfe einzuordnen. Durch den Drei-Stufen-Test sollen die öffentlich-rechtlichen Rundfunkveranstalter veranlasst werden, den spezifischen meritorischen Beitrag ihrer Angebote von Telemedien, insbesondere deren Leistung im publizistischen Wettbewerb, zu belegen, offenbar mit dem Ziel darzulegen, dass solche Programmangebote nur oder doch am ehesten bei ihnen zu erwarten sind, also nicht in vergleichbarer Qualität durch privatwirtschaftliche Unternehmen erbracht werden. Selbst wenn dieser Nachweis gelingt, sollen als Korrektiv u. a. die „marktlichen Auswirkungen" des geplanten Angebots wirken können. Sollte diese Normierung dahin zu verstehen sein, dass der Beitrag des Angebots zur Sicherung der demokratischen, sozialen und kulturellen Bedürfnisse der Gesellschaft gegebenenfalls zurückzutreten hat, weil dieses Angebot marktliche Erfolgschancen privatwirtschaftlicher Konkurrenten gefährdet, wäre offensichtlich, dass die Initiatoren der Regelung den Test nicht in erster Linie um der publizistischen Dimension von Programmangeboten willen vorsehen. Für

diese Sichtweise sprechen auch andere Regelungen, so die zeitliche Beschränkung der Zugänglichkeit von Online-Angeboten. Aus Rezipientensicht lässt sich
dies nicht rechtfertigen, insbesondere deshalb nicht, weil diese Programmangebote ja ohnehin von den Gebührenzahlern schon finanziert worden sind und die
fortdauernde Zugänglichkeit im Internet keine relevanten Kosten verursacht. Es
handelt sich offenbar ausschließlich um Konkurrentenschutz für privatwirtschaftliche Anbieter.

Der Drei-Stufen-Test gilt bisher nur einem kleinen Teil der Rundfunkpro-
gramme (nämlich soweit sie vom Staatsvertrag als „Telemedien" definiert werden). Aber auch diese sind Rundfunk im verfassungsrechtlichen Sinne, so dass
Regulierung sich an Art. 5 Abs. 1 Satz 2 GG zu rechtfertigen hat. Dies bedeutet
die Vorrangigkeit des Kriteriums publizistischer Qualität als Orientierungspunkt
der Sicherung der Meinungsbildungsfreiheit aller. Eine Mitberücksichtigung der
„marktlichen Auswirkungen" darf aus verfassungsrechtlicher Sicht nicht dazu
führen, dass die publizistische Betätigung öffentlich-rechtlicher Rundfunkveranstalter inhaltlich den Interessen konkurrierender Medienunternehmen geopfert
wird. Insbesondere wird darauf zu achten sein, dass der Prüfgegenstand nicht
einzelne Sendungen sein dürfen, sondern ein komplexes Angebot, das auch dann
dem Programmauftrag entsprechen kann, wenn es einzelne Sendungen erfasst,
die isoliert betrachtet so auch von privatwirtschaftlichen Anbietern bereitgestellt
werden oder jedenfalls werden können.

Der Drei-Stufen-Test kann, bei Anerkennung seiner publizistischen Orientierung, die wünschenswerte Folge haben, dass in den öffentlich-rechtlichen
Rundfunkanstalten auch über den Bereich der Telemedien hinaus vermehrt darüber nachgedacht wird, was eigentlich die spezi-fische Qualität ihres Angebots
ausmacht und wie die Beachtung der entsprechenden Qualitätsstandards auch in
der täglichen Arbeit gesichert werden kann. Qualitätssicherung bekommt dadurch eine neue Dimension. Werden die Prüfvorkehrungen – bei deren Handhabung im Übrigen bürokratische Einengungen zu vermeiden sind – und insbesondere die Kriterien und Vorgehensweisen mit hinreichender Transparenz versehen, bestehen auch Chancen einer Interaktion mit der Öffentlichkeit über das
Programm und damit z. B. auch mit NGOs und anderen Vertretern partikularer
oder universaler medienbezogener Interessen.

Bei den Anstalten bekommen die Rundfunkräte eine neue Verantwortung,
da sie staatsvertraglich zur Garantieinstanz der Public Value-Sicherung gemacht
worden sind. Dies kann die Berücksichtigung des pluralen Interessenspektrums
der Gesellschaft stärken und ist insofern eine Herausforderung für die Kräfte, die
schon bisher als Repräsentanten von Öffentlichkeit Funktionen in den Gremien
wahrgenommen haben. Möglicherweise wird dies auch die Diskussion um eine
unter den gegenwärtigen Bedingungen legitimierbare, also auch den zwischen-

zeitlichen gesellschaftlichen Veränderungen gerecht werdende, gegebenenfalls also zu verändernde plurale Zusammensetzung der Gremien und um ihre Verfahrensweisen beleben.

Es besteht aber auch das Risiko, dass die neue Einwirkungsmacht der Gremien (konkret der Rundfunkräte) dieselben Akteure auf den Plan ruft, die schon früher um eine Instrumentalisie-rung ihrer Mitwirkungsmacht zugunsten bestimmter, häufig auch partikularer, Interessen bemüht waren. Auch wenn parteipolitischer Einfluss in manchen Gremien in der jüngeren Vergangenheit weniger bedeutsam geworden ist, gibt es ihn immer noch, wie jüngst das Verhalten einzelner Politiker im ZDF-Verwaltungsrat gezeigt hat. Aber auch Vertreter anderer Interessen waren und sind nicht frei von der Versuchung, ihre Mitgliedschaft nicht nur zur Sicherung der Gemeinwohlaufgabe des öffentlich-rechtlichen Rundfunks zu nutzen. Der Drei-Stufen-Test kann das Risiko verstärken, dass die Mitglieder der Gremien ihre Mitwirkungsmacht als Hebel nutzen, um auf die Ausrichtung und die konkrete Gestaltung des Telemedienangebots öffentlich-rechtlicher Veranstalter Einfluss zu nehmen. Konkrete Programmentscheidungen sind bisher mit gutem Grund in die professionelle Autonomie der redaktionellen Mitarbeiter bis hin zum Intendanten mit seiner programmlichen Letztverantwortung gelegt worden. Zu vermeiden ist jetzt das Risiko, dass durch die Neujustierung der binnenorganisatorischen Aufgabenverteilung die Wirkkraft relativ autonomer redaktioneller Orientierungen zurückgeschraubt und publizistische Verantwortung partiell auf Träger verlagert wird, die ihre Verantwortung – weil sie nicht selbst redaktionell tätig sind – nur als Vorsorge-, Interventions- und Beanstandungsverantwortung einsetzen können.

Erfolgreiche Programmgestaltung im professionellen Rundfunk bedarf professioneller Autonomie und setzt professionalisiertes Handwerk, aber auch freie Kreativität voraus. Es muss darauf geachtet werden, dass die gesteigerte Einflussnahme der Rundfunkräte dies nicht gefährdet. Der Drei-Stufen-Test gewährt den Gremien Mitwirkungsmacht nur auf der konzeptionellen Ebene von Telemedienangeboten, nicht aber zu mittelbaren oder gar unmittelbaren Einwirkungen auf die konkreten Programme. Diese Begrenzungen zu beachten ist eine Herausforderung für die Rundfunkräte beim Definieren und Ausfüllen ihrer neuen Rolle. Zu widerstehen ist insbesondere der (aufgrund früherer Erfahrungen leider naheliegenden) Versuchung zu zensurähnlich wirkenden Interventionen oder auch nur zur Stimulierung antizipativer Selbstanpassung der Redaktionen.
3. Medienregulierung der Gegenwart und Zukunft muss – weil sich die Rahmenbedingungen grundlegend verändert haben – gegenüber der traditionellen Rundfunkregulierung neue Akzente setzen und dabei die Medienfreiheit insbesondere als Zugangs-, Verbreitungs- und Empfangschancengerechtigkeit absichern. Aus Sicht der Nutzer sind dabei auch Vorkehrungen gegen manipulativen

Technologieeinsatz wichtig, etwa im Hinblick auf die schon erwähnte Gestaltung der Benutzeroberfläche oder bei Navigationssystemen. Auch soweit die Gesellschaft derartige Vorkehrungen in Eigenregie bereitstellt, bedarf dies einer regulatorischen Umhegung nach dem Modell hoheitlich regulierter gesellschaftlicher Selbstregulierung.

4.   Gegenstand regulatorischer Aufmerksamkeit müssen weiterhin die Vorgänge in den Medienmärkten sein. Horizontale, diagonale und vertikale Verflechtungen entsprechen vielfach ökonomischer Logik, können aber auch heute, und zwar auch angesichts der Fragmentierung der Märkte, dem Ziel der Begrenzung kommunikativer Macht und der Manipulationsabwehr widersprechen. Auch wenn eine gewisse Konzentration unvermeidbar und für eine Reihe von Diensten auch förderlich sein kann, bleiben Maßnahmen der Machtbegrenzung wichtig, und zwar auch durch solche „weichen" Regulierungsinstrumente wie Vorkehrungen für Transparenz und etwa die Möglichkeit, die Öffentlichkeit als Wächter einschalten zu können. Wer die öffentliche Kommunikationsversorgung zum eigenen Unternehmenszweck macht und dadurch auf die faktisch wirksame gesellschaftliche Kommunikationsverfassung einwirkt, muss selbst zum Objekt dieser Öffentlichkeit werden, und zwar auch im Hinblick auf seine internen Strukturen und Verhaltensorientierungen, da ohne eine solche Transparenz keine hinreichende Verantwortungsrückkoppelung möglich wird.

5.   Die der dualen Rundfunkordnung zugrunde liegende Grundidee ist auch und gerade in der Gegenwart verallgemeinerungsfähig. Unterschiedlich strukturierte und finanzierte Medienteilordnungen können nämlich genutzt werden, um strukturelle Vorteile des einen Sektors zur Kompensation von strukturellen Nachteilen des anderen einzusetzen und dabei auch Ziele verwirklichen zu helfen, die bei einer reinen Marktorientierung ebenso notwendig zu kurz kommen wie bei einer ausschließlich öffentlich-rechtlich geprägten Medienstruktur. Die Idee, durch unterschiedliche Strukturen für eine größere Spannbreite der Verhaltensorientierungen der Medienakteure und für Möglichkeiten eines wechselseitigen Ausgleichs möglicher Nachteile durch Vorteile im anderen Sektor zu sorgen, kann und sollte auch auf die der Rundfunkveranstaltung vor- und nachgelagerten Bereiche erstreckt werden, dabei natürlich auch auf solche modernen Gatekeeper wie Navigationshilfen.

VII

Zusammenfassend gilt: Media Governance ist nicht nur ein Thema bei staatlicher Regulierung, sondern auch bei der Herausbildung von Strukturen durch die Medienakteure selbst. Zu fragen ist aber auch, wie sich eine veränderte Regulierung und wie sich deren veränderte Rahmenbedingungen auf das Verhalten der Regulierungsadressaten auswirken. Hier geht es wie bei Governance allgemein um das „Wie" der Problembewältigung. Insofern reicht es nicht, wenn Medienregulierung nur nacheilend nachvollzieht, was sich in der Medienwirtschaft schon ereignet hat und es dadurch gewissermaßen normativ absegnet. Auch dort, wo mit guten Gründen mehr auf Selbstregulierung vertraut wird, bleibt staatliche Regulierung als Regulierung solcher Selbstregulierung meist wichtig. Ein entsprechender Trend zur regulierten Selbstregulierung ist in vielen wirtschaftlichen Bereichen zu beobachten und ist angesichts der strukturell verankerten Überforderung regulativer imperativer Politik auch vielfach sachangemessen.

Eine Akzentverlagerung weg von traditioneller hoheitlicher Regulierung zu regulierter Selbstregulierung muss sich zum einen auf Governance als Analysekonzept auswirken, aber sich zum anderen auch auf ein normatives Konzept von Governance hinbewegen, das sich auf die Bewältigung der Probleme richtet, die mit Hilfe von Regulierung bearbeitet werden sollen.

Media Governance im Kontext regulierter Selbstregulierung heißt dann, nach den Bedingungen zu fragen, unter denen Selbstregulierung einen Beitrag zur Problembewältigung leistet, und weiter zu überlegen, ob und wie diese Bedingungen durch hoheitliche Regulierung – soweit sie normativ angezeigt ist – verbessert werden können. Ein Bedarf für hoheitliche Regulierung besteht, soweit die Funktionsfähigkeit der Medienordnung andernfalls gefährdet ist, und zwar im Hinblick auf die Freiheitsverwirklichung. Auch dort, wo Selbstregulierung durch die Medienwirtschaft einen wichtigen Beitrag leisten kann, muss durch einen geeigneten Rahmen und entsprechende normative Orientierungen deren Ausrichtung an diesem Ziel gesichert sein. Hoheitliche und zivilgesellschaftliche Verantwortung greifen ineinander.

Der Verweis auf eine verbleibende Verantwortung auch hoheitlicher Entscheidungsträger gilt heute allerdings nach Meinung vieler nicht als „modern". Deshalb gibt es ein Akzeptanzproblem für ein solches Verantwortungskonzept. Akzeptanzdefizite sind allerdings gut nachvollziehbar, sofern die entsprechende Medienregulierung nicht angemessen auf empirische und normative Veränderungen der Medienumwelt reagiert. Deshalb bedarf es stets der Prüfung, welche Art von Regulierung den gegenwärtigen Bedingungen gerecht wird. Akzeptanzverlust kann aber auch ein Produkt der Medienarbeit selbst sein. Massenmedien sind immer noch ein zentraler Faktur der kulturellen Sozialisation; diese sind aber zunehmend in privatwirtschaftliche Trägerschaft geraten oder doch privatwirtschaftlichen Kalkülen ausgesetzt. Derartige Unternehmen haben aus nachvollziehbaren Gründen wenig Interesse daran, ein nicht primär auf den unternehmerischen Nutzen bezogenes Verantwortungskonzept als normativ erwünscht darzustellen und dafür zu werben oder sogar für seine Praktizierung zu sorgen.

Soll ein solches Konzept aber auch in Zukunft bedeutsam bleiben, sind andere Kräfte als Gegengewicht nötig, so neben den traditionellen Trägern hoheitlicher Regulierung auch zivilgesellschaftliche Akteure. Aber auch diese sind vielfach partikular orientiert und daher nicht immer „naturgeboten" Verbündete im Ringen um pluralistische Offenheit und Diversität. Auch beim Einsatz zivilgesellschaftlicher Kräfte sind Governance-Probleme zu bewältigen, hier Probleme des „Wie" einer Gemeinwohlsicherung der Medien in einer pluralen, international geöffneten Gesellschaft. Insofern gilt es auch, die produktive Kraft von gesellschaftlicher Heterogenität zu nutzen, dabei auch die Existenz konkurrierender Teilöffentlichkeiten anzuerkennen, Heterogenität ist aus publizistischer Perspektive eine wichtige produktive Kraft als Grundlage von Pluralität, gesellschaftlichem Wandel und gegebenenfalls auch von Innovationen in der Art der Bewältigung gesellschaftlicher Probleme. Inhaltliche Heterogenität aber ist unter Bedingungen marktwirtschaftlichen Wettbewerbs in Gefahr, durch geschickte Aufmerksamkeitsstrategien und die Lenkung des Nutzerverhaltens vorrangig unter Vermarkungsaspekten abgeschliffen oder im Sog des weit verbreiteten Nachahmungswettbewerbs gelähmt zu werden.

Demokratie und Media Governance in Europa

Werner A. Meier

Abstract

Medienpolitik vollzieht sich traditionellerweise in erster Linie auf staatlicher Ebene. Parlamente, Regierungen und Behörden bemühen sich mit Verfassungsartikeln und Gesetzen zu einzelnen Medien, um deren Rolle, Aufgaben, Ihre Rechte und Pflichten zu umschreiben. Dabei haben im Vorfeld von Gesetzesvorlagen alle Stakeholder von Medien ihre Erwartungen an die Medienordnung im Allgemeinen und die speziellen regulatorischen Arrangements formuliert und bekann tgegeben. In diesem Sinne bezieht sich Medienpolitik auf Zielsetzungen und Normen, die zu Instrumenten führen, die Medienstrukturen, Medienakteure und Medienleistungen zu beeinflussen, steuern und kontrollieren vermögen. Verwaltung und Parlament entwickeln spezifische Regulierungsinstrumente, die zur Bewältigung der gestellten Aufgaben und Zielsetzungen eingesetzt werden. Mit Medienpolitik ist demnach jenes staatliche Handeln gemeint, welches auf die Herstellung und Durchsetzung allgemein verbindlicher Regeln und Entscheidungen über Medienorganisationen und die öffentliche Kommunikation traditioneller und neuer Medien abzielt (vgl. Puppis 2007: 34). Medienpolitik eng gefasst fokussiert auf parlamentarische Aktivitäten und auf Handeln von Regierung, Behörden und Verwaltung. Diese Engführung berücksichtigt allerdings zu wenig, dass im Zuge von Internationalisierung und Globalisierung sich die Rolle des Staates in den letzten 30 Jahren stark verändert hat (vgl. Van Cuilenburg/McQuail 2003). Jedenfalls findet Medienpolitik nicht nur auf nationaler, sondern auch auf europäischer und globaler Ebene statt. Gleichzeitig sind dadurch neue Akteure und neue Formen der Regulierung dazugekommen. Die vielerorts neoliberal imprägnierte Medienpolitik auf allen drei Ebenen hat nicht nur die Vielfalt von Regulierungsformen vergrößert, sondern auch gleichzeitig die Rolle des Staates neu definiert. Mit der Etablierung von Ko-Regulierung und Selbstregulierung bzw. regulierter Selbstregulierung sind vor allem Medienunternehmen, aber fallweise auch zivilgesellschaftliche Gruppierungen stärker in die medienpolitischen Entscheidungsprozesse eingebunden worden. Mit dem Begriff Media Governance soll daher verstärkt zum Ausdruck gebracht werden, dass Medienpolitik zukünftig viel weiter gefasst werden sollte als bis anhin. Für Des Freedman (2008: 14-15) bezieht sich Media Governance „to the sum total of mechanisms, centralised and dispersed, that aim to organise media systems according to the resolution of media policy debates." Eine ähnlich breite Definition findet sich bei Denis McQuail, der Media Governance definiert als Erfassung „all means by which the mass media are limited, directed, encouraged, managed, or called into account, ranging from the most binding law to the most resistible of pressures and self-chosen disciplines" (2003: 91).

Es stellt sich nun die zentrale Frage, inwieweit es einem sich herausbildenden neuen Regulierungsregime, das unter dem Schlagwort „Media Governance" nachfolgend beschrieben und differenziert erfasst wird, gelingt, die in den vergangenen Jahren konstatierten Defizite in der Medienpolitik zu reduzieren.

Medienpolitik in Europa ist keine Erfolgsgeschichte

Aus der Sicht der Öffentlichkeit, des öffentlichen Interesse und der Zivilgesellschaft ist die nationale wie die europäische Medienpolitik alles andere als eine Erfolgsgeschichte. Jedenfalls kommt Hardy in seinem Buch Western Media System beim Thema Medienpolitik zu einem nicht sehr schmeichelhaften Urteil, wenn er schreibt, dass Medienpolitik schon immer Mängel aufgewiesen hätte: „It has always been deficient; the actual public has too often been ignored, displaced and patronized, but it has provided an idea that was consequential, as Habermas writes of the bourgeois public sphere." (Hardy 2008: 239). Die von Habermas beschriebene Kolonialisierung der Lebenswelt hat sich mit der unternehmerischen Vermachtung auch in der Medienwelt durchgesetzt. Jedenfalls identifizieren Van Cuilenburg and McQuail (2003) einen Wandel der Medienpolitik von gesellschaftlicher zu unternehmerischer Wohlfahrt. Die beiden Forscher stellen fest, dass die zentralen Normen in der Medienpolitik sich von einem wünschbaren Ausgleich zwischen politischen, soziokulturellen und wirtschaftlichen Werten zu einer Vorherrschaft der letzteren hinbewegen würden. Themen wie Wettbewerb, Arbeitsplätze und Innovationen nähmen immer einen wichtigeren Platz bei der Formulierung und Durchsetzung von Medienpolitik ein, während soziale, politische, gesellschaftliche und kulturelle Anliegen regulatorisch kaum mehr berücksichtigt würden. Die Ausnahme von der Regel stellt der Konsumentschutz dar, „where issues of morality, taste, human rights and potential harm to young people and society are concerned" (Van Cuilenburg & McQuail 2003: 200). Die kaum griffigen Vorschriften zur Eigentumskonzentration haben – bewusst oder unbewusst – zu einer Stärkung der führenden nationalen und europäischen Medienkonzerne geführt. Die staatlich verordnete Deregulierung hat die multimediale Medienkonzentration nicht etwa verlangsamt sondern akzeleriert. Seit den

90er Jahren haben die Behörden in Nordamerika und Europa den Medienkonzernen neue Märkte geöffnet, ohne deren publizistischen und politischen Folgen näher zu betrachten. Das Wettbewerbsrecht war den Medienpolitikern ein größeres Anliegen als die Folgen sinkenden Medienpluralismus und Vielfalt. Besonders die EU-Kommission zeigt kein Interesse, sich Kompetenzen zum Schutz vielfältiger Institutionalisierungsformen und Eigentümerstrukturen in der europäischen Medienlandschaft zu erwerben. Der Schutz der Medien- und Meinungsvielfalt wird den Mitgliedsstaaten überlassen.

Für Denis McQuail sollten die nachfolgenden Problemlagen in der Medienpolitik fokussiert werden (2008: 25):

- Achieving due accountability for ethical, moral and professional standards of media performance, as decided by the larger community;
- Protecting individuals and society from potential harm of many kinds that can occur by way of communication systems;
- Setting positive expectations and goals for public social and cultural communication and steering the development of systems accordingly;
- Maintaining essential freedoms of communication under conditions of total surveillance and registration;
- Managing relations between State and political power on the one hand and communicative power on the other, according to democratic principles.

Die Bewältigung solcher Problemlagen verdeutlicht, dass die neuen Governance Konzepte vor einer schwierigen Bewährungsprobe stehen.

Governance

In Theorie und Praxis wird Governance oft als ein Prozess beschrieben, bei dem Machtverschiebungen bei politischen Entscheidungen im Gange sind. Die Macht verschiebt sich von der Legislative und der Exekutive zu einem Netzwerk unterschiedlicher Stakeholdern aus Wirtschaft und Zivilgesellschaft. Es findet ein Wandel von einer staatszentrierten Art des Regierens im Sinne von „Command and Control" zu einer ko- und/oder selbst-regulierten Form Art der Entscheidungsfindung statt. Mit Governance ist das neue Netzwerk gemeint, das sich weniger auf gesetzliche Normen dafür mehr auf informelle Entscheidungsmechanismen in unterschiedlichen Arenen abstützt. Vor dem Hintergrund vielfältiger und widersprüchlicher Zielsetzungen der im Netzwerk beteiligten Akteure soll die Auseinandersetzung um Macht und Einfluss bei der Formulierung, Durchsetzung und Implementierung von Politik problemadäquater und transparenter erfolgen.

Vor dem Hintergrund komplexer Organisationen und Gesellschaften beschäftigt sich seit Anfang der 1990er Jahre eine wachsende Zahl von Politikern und Wissenschaftlern mit deren Steuerung. Vereinfacht geht es einerseits um die Suche nach effizienten und tragfähigen Entscheidungsprozessen in Staat und Wirtschaft und andererseits um die Legitimation von Entscheidungen, die innerhalb und außerhalb der staatlichen Sphäre im Rahmen von Government oder – genauer – Governance gefällt werden. Nicht nur aus einer neoliberalen sondern auch aus einer zivilgesellschaftlichen Perspektive wuchs die Überzeugung, dass der Staat nicht notwendigerweise der alles entscheidende Akteur bei der Bewältigung zentraler gesellschaftlicher Probleme sei und dass sowohl traditionelle als auch neue Formen der Interaktion zwischen Staat, Wirtschaft und Zivilgesellschaft notwendig sind (vgl. Kooiman 2002:75).

Tabelle 1:   Alte vs. Neue Kontroll-, Regelungs- und Steuerungsarten

Alte, staatlich auferlegte, harte Regelungen	Neue, weiche Regelungen in Netzwerken der Macht
Gesetzliche Regelung im Rahmen eines für- und vorsorglichen Staates	Ko-Regulierung, regulierte Selbstregulierung und Selbstregulierung unter Beteiligung staatlicher Akteure
Staats- und Verwaltungsakteure als dominierende Akteure in gesetzlich institutionalisierten Prozessen	Alle Stakeholder beteiligen sich in einem offenen Verfahren bei den laufenden Prozesse der Entscheidungsfindung
Zentrale Strukturen und Steuerungsmechanismen	Dezentrale Strukturen und Steuerungsmechanismen
Vertikale und hierarchische Prozesse: Steuern durch „command and control"	Offene und horizontale heterarchische Prozesse: Verbindliche Vereinbarungen über Diskurse
Kurzfristig irreversible Entscheidungen im Rahmen gouvernementaler Prozesse	Vorläufige, kurzfristig revidierbare, Entscheidun-gen im Rahmen institutionalisierter Diskurse
Intransparente Auseinandersetzung ausgewählter Akteure um Macht und Einfluss hinter verschlossenen Türen	Transparente Machtspiele in verschiedenen Arenen mit unterschiedlichen Stakeholdern

Die postulierte Governance-Perspektive ist daher alles andere als revolutionär, sondern tritt lediglich aufgrund wachsender Unregierbarkeit etwas aus seinem bisherigen Schattendasein heraus. Für Jessop manifestiert sich diese steigende gesellschaftliche Komplexität „in worries about the governability of economic, political, and social life in the face of globalisation and conflicting identities. It implies that important new problems have emerged that cannot be managed or resolved readily, if at all, through top down State planning or market-mediated anarchy" (2003:103).

Aus politischer Sicht kann Governance daher als Antwort auf die zunehmende gesellschaftliche Komplexität gesehen werden, mit welcher die Regierungen auf der ganzen Welt konfrontiert sind, wenn es um politische, wirtschaftliche, gesellschaftliche oder technische Probleme geht. Aus einer unternehmerischen Perspektive, kann Governance als einen gangbaren Weg gesehen, um das Management von Firmen und Unternehmen zu verbessern, so dass ihre Rechenschaftspflicht und Verantwortung gegenüber den Aktionären erhöht werden kann. Schließlich kann Governance aus einer zivilgesellschaftlichen Sicht als Möglichkeit ins Auge gefasst werden, um alte und neue Formen der Partizipation an politischen Entscheidungsprozessen einzuüben.

Bemerkenswert in der Diskussion und Darstellung von Governance als eine neue Methode des Regierens und Organisierens moderner Gesellschaften, ist die überaus positive Bewertung. Durch die Modernisierung von staatlichem und Verwaltungshandeln sollen Rechenschaftspflicht und Verantwortlichkeit der Regierung gegenüber der Zivilgesellschaft und dem Unternehmertum verbessert werden. Als Alternative zu hierarchischer Entscheidungsfindung werden Bottom-up-Ansätze und horizontale Mitbestimmung vorgeschlagen. Durch Governance, so wird argumentiert, könnten die unterschiedliche Aspekte und Probleme einer zunehmend globalisierten und interdependenten Welt besser aufgefangen werden. Dies soll durch Beteiligung und Einbezug vielfältiger Interessengruppen gelingen, welche mehr Informationen und bessere Kenntnisse im Entscheidungsprozess einbringen können als Regierungsbeamte, Politiker und Bürokraten. So schlägt die EU-Kommission in ihrem Weißbuch „Europäisches Regieren" vor, „die politische Entscheidungsfindung zu öffnen und mehr Menschen und Organisationen in die Gestaltung und Durchführung der EU-Politik einzubinden" (Europäisches Regieren, 2001: 4). Sie plädiert für mehr Offenheit sowie für eine größere Verantwortung und Rechenschaftspflicht aller Beteiligten. Zusätzlich will die Kommission weniger Eingriffe „von oben" vornehmen und die klassischen Politikinstrumente durch nichtgesetzgeberische Maßnahmen ergänzen.

Zusammenfassend kann Governance erstens als eine Antwort auf die neue Unübersichtlichkeit im Rahmen des Wandels von Staatlichkeit gesehen werden. Allerdings bedeutet dies nicht notwendigerweise eine Entstaatlichung. Zweitens kann Governance als Ursache und Folge zunehmender Verwischung von vormals erfassten Grenzen zwischen

a. national / supranational / transnational,
b. staatlich / öffentlich / privat,
c. innen / außen,
d. formal / informell,
e. hierarchisch / heterarchisch,
f. Struktur / Akteur, g) Staat / Markt,
g. Begrenzung / Entgrenzung,
h. autoritativ / demokratisch sowie
i. staatlicher Regulierung / Ko-Regulierung / Selbstregulierung

aufgefasst werden. Drittens geht es bei Governance um neue institutionelle Arrangements und Regimes mit einer Vielzahl von neuen Normen und Regelungsstrukturen. Viertens stehen neue Akteurskonstellationen im Vordergrund. Neben Staat und Wirtschaft ist es insbesondere die Zivilgesellschaft, die sich einzuschalten versucht oder eingebunden werden soll. Fünftens stehen neue Formen von Entscheidungsprozessen im Zentrum und damit auch neue Formen und Instrumente der Kontrolle, der Koordination, des Wissens und der Kommunikation.

Governance kann demnach als eine alte und neue Form von Korporatismus bzw. Neo-Korporatismus, betrachtet werden, wo sich gesellschaftliche Gruppierungen und der Staat um Macht und Herrschaft „streiten". Governance ermöglicht eine ständige Austarierung von Macht und Herrschaft zwischen Staat, Wirtschaft und (Zivil-) Gesellschaft.

Wenn es im Kern um eine neue Auseinandersetzung und Re-Allokation von Macht und Herrschaft bei Entscheidungsprozessen auf unterschiedlichen Ebenen und institutionellen Regimes geht, müssen durch den Wandel neue Legitimations- und Legitimitätskonzepte entwickelt werden und zwar je nach den spezifischen legitimatorischen Anforderungen. Jedenfalls sichert auch die vermehrte Teilnahme der   Zivilgesellschaft an Entscheidungsprozessen über die Re-Allokation von Macht und Herrschaft grundsätzlich weder grössere Legitimität noch Effizienz und Effektivität. Da in den akademischen Debatten wie in der politischen Praxis Governance vorwiegend als gesellschaftlich wünschenswert, fortschrittlich, modern, demokratiegerecht, sozialverträglich, problemlösend und nachhaltig betrachtet wird, scheint es jedenfalls abklärungsbedürftig, inwieweit diese Vorschusslorbeeren für eine neue Art des Regierens gerechtfertigt erscheinen.

Media governance

Die Governance-Forschung geht von der Grundannahme aus, dass ein Wandel von Government zu Governance stattfindet bzw. empirisch gezeigt werden kann. Auch die Media Governance Forschung will in ihren Bemühungen über Regierungen, Märkte und Unternehmen hinausgehen und konzentriert sich auf nichtstaatliche Modi der Institutionalisierung und Organisation, auf zivilgesellschaftliche Organisationen sowie auf die Öffentlichkeit. Media Governance betont die Modi von Selbst- und Ko-Regulierung in der Medienpolitik ohne zu unterschlagen, dass der Staat sogar in der Institutionalisierung von nichtstaatlichen Ansätzen ein zentraler Akteur ist und bleibt (vgl. Puppis 2010).

Daher sollte sich Media Governance sowohl auf die stärker institutionalisierten als auch auf die weniger institutionalisierten Machtverhältnisse einerseits innerhalb Medienorganisationen sowie andererseits zwischen den Medien als politische, wirtschaftliche und kulturelle Institutionen und der Gesellschaft konzentrieren. McQuail (2008: 18) erklärt den Übergang von der alten Ordnung der Medienpolitik – gekennzeichnet durch starke staatliche Kontrolle des Rundfunks und eine klare Trennung zwischen Print- und elektronischen Medien – zur neuen Ordnung der Public Governance durch den höheren Kommerzialisierungsgrad von allen Formen der öffentlichen Kommunikation, die höhere „Zentralität und Allgegenwart" der elektronischen Medien und als Ergebnis des Rückgangs der nationalen Souveränität über die Verbreitung von Medieninhalten. Die Entstehung von Media Governance markiert demnach den Übergang von der klassischen Top-down Medienpolitik zur horizontalen Steuerung und den zunehmenden Machtverlust des Gesetzgebers in der Formulierung, Durchsetzung und Implementierung von Medienpolitik. Für Donges (2007: 326) bezieht sich Media Governance „to the dynamic structure of rules between actors that are linked in different networks and permanently forced to negotiate, without a centre that has the power to command and control". Held (2007) geht einen Schritt weiter und führt das wachsende Interesse an Media Governance als neue ordnungspolitische Alternative auf Versagen der traditionellen „command and control – Regulierung" zurück. Das Scheitern hängt gemäß Held mit der Tatsache zusammen, dass „traditional regulation ignores the interests of the regulated objects and that initiative, innovation, and commitment cannot be imposed by law, the increasing knowledge gap of the regulating State, globalisation as well as difficulties in intervening in autonomous social systems"(2007: 356).

Media Governance beinhaltet sowohl Ko-Regulierung als auch Selbstregulierung. Ko-Regulierung bezieht sich auf private Akteure, sowohl unternehmerische als auch zivilgesellschaftliche und den Staat, welche zusammen die Formulierung einer bestimmten Politik koordinieren, während die Selbstregulierung auf

Medienorganisationen und -verbände zutrifft, die ihre eigenen internen Vorschriften entwickeln und implementieren. Für Puppis liegen die Beweggründe für eine Neufassung der Regulierung in der Unvereinbarkeit von Medienregulierung mit der Medienfreiheit. „While there are legitimate societal, economic, and technical justifications for media regulation, in democratic societies the media should be devoid of governmental influence. Accordingly, media freedom restricts the scope of media regulation. Non-statutory media regulation may be a solution for this dilemma of media regulation: media freedom is respected because the media regulate themselves"(Puppis 2007: 332). McQuail (1997: 511) schließlich argumentiert, dass „the principal dilemma faced is how to reconcile the increasing significance of media with the declining capacity to control them..." Laut McQuail hat der Triumph der liberalen Marktideologie in Verbindung mit Deregulierung und Privatisierung dazu geführt, dass es für Gesellschaften immer schwieriger wird, zu intervenieren und zu kontrollieren. (1997: 511).

Defizite im akademischen Diskurs

Es fällt auf, dass sich die Media Governance Forschung überhaupt nicht einig darüber ist, welche Ursachen und Triebkräften für die verstärkte Etablierung von Media Governance Konzepten verantwortlich sind und inwieweit diese Neuausrichtung demokratiepolitisch gerechtfertigt werden kann. Wenig vertrauensbildend ist auch die Tatsache, dass die damit zusammenhängenden Macht- und Demokratieprobleme nur am Rande thematisiert werden.

Die Fokussierung auf Regeln und Netzwerke in der Media Governance Forschung führt dazu, dass die Ausübung von Macht und Herrschaft im Rahmen dieser neuen, mit unterschiedlichen Akteuren ausgestalteten Netzwerken wenig Beachtung findet (vgl. Puppis 2010). Obwohl die Media Governance Forschung die Bedeutung der Partizipation aller beteiligten Stakeholder und die Koordinierung zwischen ihnen im Hinblick auf einen effizienten Output betont, werden die Machtressourcen der beteiligten und betroffenen Akteure und die daraus entstehenden Machtverhältnisse kaum thematisiert. Die Netzwerkstruktur begrenzt die Machtressourcen der dominanten Akteure nur sehr bedingt, sondern zwingt diese lediglich zu einem veränderten Einsatz ihrer Mittel. Auch an einem Verhandlungstisch – physisch und bloss als Metapher – haben nicht alle beteiligten Gruppierungen aus Staat, Medienwirtschaft und Zivilgesellschaft die gleichen Möglichkeiten der Mitbestimmung. Netzwerke medienpolitischer Macht sind vielfältig vermachtet.

Ein zweiter Aspekt ist die Überschätzung der Bereitschaft gesellschaftlicher Akteure sich im Rahmen von Governance-Strukturen und -Netzwerken zu beteiligen. Zivilgesellschaftliche Organisationen verfügen nicht über gleiche Res-

sourcen wie Medienorganisationen oder Behörden. Kommt hinzu, dass Governance-Strukturen und Netzwerke vielfach nur konsultativen Charakter haben und
den zivilgesellschaftlichen Gruppierungen im besten Falle lediglich eine Plattform zur Artikulation von Interessenstandpunkten, Kritik oder Unbehagen ermöglichen. Wenn die blosse Teilnahme im Rahmen konsultativer Gremien mit
einer neuen Form des demokratischen Verhandelns gleichgesetzt wird, werden
demokratische Verhandlungsmechanismen nicht nur trivialisiert sondern fallweise auch entwertet.

Ohne die Möglichkeit, die Medienkonzerne für ihre Art und Weise der Bereitstellung öffentlicher Güter zu kritisieren oder zu sanktionieren, stellen reine
Konsultationsstrukturen nicht viel mehr als ein Kanalisierungsinstrument von
Kritik dar. Die propagierten Media Governance Strukturen ermöglichen in erster
Linie mehr Selbstregulierung auf unternehmerischer Ebene, weil sich die vormals staatlichen Kompetenzen nur in geringem Masse sich auf die Öffentlichkeit
verschoben haben. Mehr Selbstorganisation bedeutet unter dem Strich möglicherweise weniger faktische Mitbestimmung der Zivilgesellschaft.

Zusammenfassend lässt sich sagen, dass die meisten Media Governance-
Studien von einem Rückzug von Command and Control-Netzwerken ausgehen
und deliberative Multistakeholder-Netzwerke im Vormarsch sehen, ohne allerdings genau abgeklärt zu haben, welche Auswirkungen ein solcher Wandel auf
die einzelnen Akteure hat. Diese Studien neigen dazu, die Problemlösungsfähig-
keit von Ko-und Selbstregulierung zu überschätzen und die Demokratie- und
Legitimitätsprobleme zu unterschätzen. Schließlich scheinen Media Governance
Studien solche sozialen Akteure zu übersehen, die ressourcenmässig nicht bereit
oder nicht gewillt sind, in vorgegebenen Governance-Netzwerken mitzuwirken
(vgl. Hintz 2009).

Demokratische und partizipatorische Media Governance

Warum sind demokratische, partizipative, ja sogar emanzipatorische Governan-
ce-Konzepte für Medienpolitik wichtig? Wenn es zutrifft, und dafür gibt es ständig empirische Evidenzen, dass Medien als Instrumente der Macht zu betrachten
sind, so ist es absolut zentral für die Zivilgesellschaft, dass sie sich an der Auseinandersetzung über die Institutionalisierung von Medien wirkungsvoll beteiligen
kann. Dies umso mehr, als die Zivilgesellschaft in der Rolle des Publikums und
der Konsumenten kaum in der Lage ist, ihre Bedürfnisse durchzusetzen. Das
herrschende *businessmodel* in der Medienwelt ist primär auf die werbetreibenden
Wirtschaft ausgerichtet und viele Medienkonzerne in Europa haben beispielsweise mit den Pendlerzeitungen im vergangenen Jahrzehnt vor allem ein unterneh-
merisches, nicht aber publizistisch überzeugendes Modell geschaffen. Darüber

hinaus haben sie die rückläufigen Werbeeinahmen durch fallweise überpropor-
tionale Personaleinsparungen kompensiert, sodass sogar die „Bankenkrise" und
die daraus entstandene Werbekrise zu keinen massiven Gewinneinbrüchen geführt haben. Eigentlich erstaunlich wie Grossbanken und Großmedien fast unge-
straft sich leisten können, zentrale zivilgesellschaftliche Stakeholder-Interessen
systematisch zu missachten. Obwohl beide Branchen scheinbar für das wirtschaftliche und politische Wohlergehen von ganzen Gesellschaften für zuständig
erklärt werden, fehlen genau solche Governance-Strukturen, die eine nachhaltige
Verantwortungskultur im Rahmen privatwirtschaftlich-kommerzieller Bedingungen auf lokaler, regionaler oder nationaler Ebene sicherstellen. Daher scheint
es notwendig, sich auf solche Governance Ansätze zu fokussieren, die weder die
traditionellen organisierten Interessen aus Staat und Wirtschaft auf der einen
Seite, noch eine autokratische Expertokratie favorisieren, sondern die Hand-
lungs- und Partizipationskompetenzen der Zivilgesellschaft zugunsten von demokratischen und solidarischen Zielsetzungen stärken. Jedenfalls bleibt die Art
und Weise der Mitbestimmung der Zivilgesellschaft in politischen und wirtschaftlichen Entscheidungen das zentrale Thema im Rahmen einer demokratischen, partizipativen Media Governance Perspektive. In Anlehnung an die Kriterien von Walk (2008: 118) lassen sich folgende Dimensionen bei der Analyse
von Governance Konzepten formulieren:

- Inklusion: Identifizierung beteiligter und nicht beteiligter zivilgesellschaftli-
  cher Gruppierungen,
- Kompetenzen: Identifizierung von Rechte und Pflichten im Rahmen von
  Entscheidungsstrukturen und Prozessen,
- Legitimität: Identifizierung aller Akteure bezüglich ihrer Repräsentativität
  im Rahmen von Entscheidungsprozessen,
- Transparenz: Identifizierung von versteckten und offenen Zielkonflikten
  zwischen den beteiligten und nicht beteiligten Akteuren,
- Macht: Identifizierung von Herrschafts- und Interessenstrukturen,
- Strategien: Identifizierung der Kommunikations- und Aktionsformen der
  Akteure bezüglich Kooperation respektive Konfrontation,
- Emanzipation: Identifizierung von emanzipatorischen Prozessen bei den
  Akteuren,
- Demokratisierung: Identifizierung und Evaluation partizipativer, kollabora-
  tiver bzw. demokratiefördernder Prozesse.

Selbstverständlich ist dieser Dimensionierungsversuch bewusst allgemein gehalten und bedarf der Konkretisierung je nach der jeweiligen aktuellen Problemstel-
lung (vgl. Meier/Perrin 2007 für Eigentumskonzentration).

Europäische Media Governance

Im nachfolgenden zweiten Teil geht es darum, vor dem Hintergrund der Debatte um ein neues Regulierungsregime, die Medienpolitik der EU-Kommission einer Evaluierung aus einer zivilgesellschaftlichen Perspektive zu unterziehen. Angesprochen werden die Richtlinie über audiovisuelle Mediendienste, die Förderprogramme, die Wettbewerbspolitik, die Initiativen zum Aufbau einer europäischen Informationsgesellschaft sowie das Verhältnis der EU zum öffentlichen Rundfunk. Auch wenn dies hier nur kursorisch erfolgt, so sollte zum Schluss eine vorläufige erste Bilanz dennoch gezogen werden können.

Richtlinie über audiovisuelle Mediendienste

Die Richtlinie kann insofern als einen Erfolg verbucht werden, da es der EU gelang, zwei unterschiedliche Strategien zu verbinden, nämlich einerseits ein wirtschaftliches und kulturelles „Bollwerk" gegenüber den hegemonistisch agierenden USA zu etablieren und auf der anderen Seite die Förderung der kulturellen und politischen Integration in Europa voranzutreiben. Jedenfalls sind in der alten und neuen Richtlinie nicht nur neoliberal geprägte handelspolitische Visionen, sondern auch kulturalistische und kommunalistische integriert (vgl. Collins 2008). Allerdings sind die Visionen nicht oder nur sehr schwach umgesetzt werden. Vor allem die politischen und die kulturalistischen Visionen blieben auf der Strecke. Die wachsende wirtschaftliche Integration wurde begleitet von einer kulturellen Desintegration – nicht zuletzt als Abwehr zur wachsenden Globalisierung und als Folge der weitverbreiteten Migration und zunehmenden Identitätsproblemen auf nationaler und regionaler Ebene. Der inhärente Widerspruch zwischen der Förderung der kulturellen Identität auf der einen Seite und der zunehmenden Desintegration auf der anderen konnte von der EU nicht kreativ aufgefangen werden. Die Kommission überschätzte von Beginn weg die für sie positiven Folgen der Medienförderung, obwohl die wissenschaftlichen Grundlagen und Erkenntnisse keineswegs für eine optimistische Beurteilung sprachen. Der Widerspruch, einerseits die Harmonisierung der Märkte anzustreben und andererseits mit einem höchst umstrittenen Quotenprogramm der europäischen kulturellen Identität mittels kultureller Vielfalt Vorschub leisten zu wollen, konnte bis heute nicht aufgelöst werden. Die forcierte Suche nach dem gemeinsamen Markt hat die Sicht auf das kulturelle Europa gleichzeitig erschwert. In Anbetracht der bescheidenen Erfolge muss die Etablierung von Quoten eher als symbolischer Akt als eine ernsthafte kulturpolitische Maßnahme begriffen werden, sind doch deren Zielsetzungen bis heute umstritten geblieben. Die Implementierung der Quoten beim Fernsehen wurde zwar von der Kommission beobachtet, aber man

überließ den Vollzug den Veranstaltern. Sanktionen bei Nichteinhaltung der
Vorschriften wurden keine angeordnet. Der Kompromiss zwischen wirtschaftlichen und kulturellen Zielsetzungen zeigte wenig Wirkung, da es sich herausstell-
te, dass nur schon die nationalen Programme in der Regel mehr als die Hälfte der
eingeforderten europäischen Programme ausmachen. Die Ironie dabei besteht
darin, dass besonders die von der EU verschmähten öffentlichen Fernsehveranstalter die besten Ergebnisse erzielten. Es gibt keine Indikatoren, die darauf hin-
deuten, dass die Quota-Vorgabe das Handelsdefizit mit den USA zu reduzieren
vermocht hätte noch dass der innereuropäische Programmaustausch dadurch
verstärkt worden wäre (vgl. Michalis 2010:42). Auch Biltereyst und Pauwels
kommen zum Schluss, „that their structural impact, whether at the economic or
at the cultural level, has remained limited". (2007:36). Die Position der EU
scheint jedenfalls kaum gestärkt worden zu sein. Dies hängt nicht zuletzt vom
Druck der Mitgliedstaaten ab, die ihre Autonomie bezüglich Kultur ständig absichern und die Bedeutung der Subsidiarität der supranationalen Ebene betonen.
Auf der anderen Seite kommt der Druck von der globalen Ebene, sei es von der
WTO oder von der UNESCO, die wenig Verständnis für die europäischen Quoten bzw. die Dominanz privat-kommerzieller Interessen europäischer Medienpolitik aufbringen.

Förderprogramme

Was speziell die Förderprogramme der EU betreffen, kann ähnlich bilanziert
werden. Die wirtschaftlichen und kulturellen Auswirkungen sind bescheiden
geblieben. Jedenfalls ist der Import amerikanischer Filme nicht zurückgegangen,
die grenzüberschreitenden europäischen Produktionen haben sich zuschauermä-
ßig nicht ausgewirkt und der amerikanische Markt hat sich für die europäischen
Produzenten nicht geöffnet. Anders herum formuliert: Weder konnte das Handelsdefizit reduziert, noch die starke Position der USA auf der globalen Ebene
durch die EU herausgefordert werden (Biltereyst/Pauwels 2007:58). Darüber
hinaus führte die Förderung des Angebots in Europa keineswegs zu einer entsprechenden Nachfrage.

Wettbewerbspolitik

Was die Wettbewerbspolitik betrifft, so wird in der einschlägigen Literatur festgestellt, dass die Förderung und Integration des europäischen Medienmarktes nur
sehr langsam fortschreitet. Bremsen tun auch hier die Mitgliedstaaten und die
kommerziellen Medienkonzerne, die kontextspezifische Ziele verfolgen. Brem-

sen tun auch die strukturellen Konflikte zwischen kulturellen und wirtschaftlichen Zielsetzungen, die genauso „unlösbar" scheinen wie die eingebauten Spannungen zwischen den Kompetenzen der Mitgliedsländern und der EU-Kommission. Biltereyst/Pauwels stellen fest, dass die Aufgabe der EU-Wettbewerbspolitik Widersprüche hervorruft. Auf der einen Seite geht es darum, die führenden europäischen Konzerne unternehmerisch beim Aufbau des internen Marktes zu fördern und auf der anderen Seite sollte ein fairer Wettbewerb herrschen, der Vielfalt und Pluralismus nicht nur sichert sondern auch hervorbringt (2007:46). In der politischen Praxis will die EU-Kommission nichts mit den letzteren Zielsetzungen zu tun haben. Auf der diskursiven Ebene hingegen spielen die kulturelle Vielfalt und Medienpluralismus eine wichtige Rolle. So hält die EU-Kommission in der aktuellen Richtlinie für audiovisuelle Mediendienste in Artikel fünf fest, dass diese gleichermaßen Kultur- und Wirtschaftsdienste und deshalb regelungsbedürftig seien: „Ihre immer größere Bedeutung für die Gesellschaften, die Demokratie — vor allem zur Sicherung der Informationsfreiheit, der Meinungsvielfalt und des Medienpluralismus — die Bildung und die Kultur rechtfertigt die Anwendung besonderer Vorschriften auf diese Dienste" (Version vom 15.4.2010). Es wirkt zynisch, einerseits die gesellschaftliche Bedeutung von Informationsfreiheit, Meinungsvielfalt und Medienpluralismus mit der Ausweitung der Gesetzgebung zu rechtfertigen und auf der anderen Seite zugunsten von diesen Zielsetzungen die Hände in den Schoß zu legen und medienpolitisch keine entsprechenden Leistungen zu erbringen. Der EU-Kommission gelang es jedenfalls zu keinem Zeitpunkt, erfolgsversprechende Initiativen zugunsten von Medienpluralismus, vielfältigen Medieneigentum und der Bekämpfung von Medienkonzentration zu starten, geschweige denn umzusetzen. Die Begründung für den einkalkulierten Misserfolg ist rasch zur Hand. Die mangelnde Legitimität der EU, die mangelnde Ernsthaftigkeit bezüglich eigener Initiativen sowie der Widerstrand der betroffenen Medienkonzerne selbst und der starken Positionen der Mitgliedstaaten, die ihre unternehmerischen und regulatorischen Privilegien nicht angetastet haben wollten, erstickten jeglichen Effort. Auch hier zeigte sich, dass der EU in diesen Feldern im besten Falle lediglich eine unterstützende und komplementäre Rolle zugebilligt wird.

Europäische Informationsgesellschaft

Was die Initiativen zur Etablierung einer Europäischen Informationsgesellschaft betrifft, so ist die EU-Politik auf die Interessen und Bedürfnisse der Medien- und IKT-Unternehmen ausgerichtet. Die Kommission hat die Initiative „i2010-europäische Informationsgesellschaft" gestartet, um Wachstum und Beschäftigung in der Informationsgesellschaft und in der Medienindustrie zu fördern.

Nach Maßgabe der EU-Kommission wird dieses Ziel grundsätzlich dadurch erreicht, „dass man es der Industrie ermöglicht, bei nicht mehr als absolut erforderlicher Regulierung zu wachsen, und es kleinen neu gegründeten Unternehmen, die in der Zukunft für Wohlstand und Beschäftigung sorgen werden, ermöglicht, in einem freien Markt zu florieren, Neuerungen einzuführen und Arbeitsplätze zu schaffen" (vgl. Richtlinie über audiovisuelle Mediendienste, kodifizierte Fassung vom 26.1.2010, S. 7). Abgesehen davon, dass wirtschaftliche Ziele im Vordergrund stehen, findet sich auch hier ein Plädoyer für eine minimale Regulierungsanspruch, das als Soft Governance betrachtet werden kann. Auch in der aktuellen Richtlinie für Mediendienste finden sich Hinweise für die Rolle der Ko-Regulierung und unternehmerische Selbstregulierung als mögliche Alternativen zu verbindlichen Rechtsvorschriften. So könnten beispielsweise Koregulierungs- als auch Selbstregulierungsinstrumente, die in Einklang mit den unterschiedlichen Rechtstraditionen der Mitgliedstaaten angewandt werden, eine wichtige Rolle bei der Gewährleistung eines hohen Verbraucherschutzes spielen. Auch die Maßnahmen zur Erreichung der im öffentlichen Interesse liegenden Ziele im Bereich der neuen audiovisuellen Mediendienste sind nach Ansicht der EU wirksamer, wenn sie mit der aktiven Unterstützung der Dienstanbieter selbst ergriffen werden. Jedenfalls fördere diese Richtlinie die Nutzung der Koregulierung und der Selbstregulierung (Richtlinie vom 15.4.2010, Art. 44). Umgekehrt artikuliert die EU auch ein Misstrauen den neuen Regulierungsformen gegenüber wenn sie schreibt: „Die Selbstregulierung sollte jedoch, obwohl sie eine ergänzende Methode zur Durchführung bestimmter Vorschriften dieser Richtlinie sein könnte, die Verpflichtung des nationalen Gesetzgebers nicht ersetzen." Neben der Freiwilligkeit der Selbstregulierung zweifelt die EU auch an der Durchschlagskraft der Ko-Regulierung, obwohl dort eine rechtliche Verbindung zu den nationalen Gesetzgebern auch in ihrer Minimalform gegeben ist: „Bei der Koregulierung sollten weiterhin staatliche Eingriffsmöglichkeiten für den Fall vorgesehen werden, dass ihre Ziele nicht erreicht werde" (Richtlinie vom 15.4.2010, Art. 44). Zwar schaffen Selbstregulierung und Ko-Regulierung die Möglichkeit, dass sich Unternehmen, Gewerkschaften, Nichtregierungsorganisationen oder weitere Gruppierungen durch systematische Konsultation auf gemeinsame Leitlinien untereinander verständigen, aber ob die Gruppierungen der Zivilgesellschaft sich tatsächlich einbringen können, bleibt offen. So merkt Harcourt kritisch an, dass das Direktorat „Informationsgesellschaft und Medien" zwar eine Reihe von Kontakten mit zivilgesellschaftlichen Gruppierungen für sich reklamiert. Beim genaueren Hinsehen entpuppen sich diese ebenfalls als Repräsentanten der Industrie (Harcourt (2008: 27). Für diese Autorin sind solche Vorkommnisse beunruhigend, wenn man bedenkt, dass es darum geht die europäische Integration und die Bildung von Zivilgesellschaften zu fördern. Gerade deshalb sei der eingeschlagene Weg in Richtung von „Soft Governance" problematisch: „Key variables missing from the soft governance model are transparency, legitimacy and democratic input to policy making processes.(....) Soft governance and self-regulation are essentially weak instruments of control as they are neither binding nor legally legitimate and do not hold up in court."

Was den öffentlichen Rundfunk in Europa betrifft, so sind die Entwicklungen nicht nur aber auch vor dem Hintergrund der EU-Medienpolitik zu verstehen. Jedenfalls hat die EU-Medienpolitik in den vergangenen zwanzig Jahren den öffentlichen Rundfunk mehr herausgefordert als gefördert (vgl. Michalis 2010). Die dezidierte Bevorzugung von Liberalisierung, Deregulierung und Privatisierung öffentlicher Institutionen, das Primat des Wettbewerb, des gemeinsamen Marktes und marktbasierter Lösungen, die Favorisierung des Konsumenten anstelle des Bürgers und die gezielte Zerschlagung nationaler Wohlfahrtsstaaten durch europäische und globale Regulierungsregimes sowie die Förderung einer europäischen anstelle einer nationalen Identität sind deutliche Indikatoren für das schwierige und konfliktive Verhältnis der EU zum öffentlichen Rundfunk. Anders herum formuliert: Der öffentliche Rundfunk ist und bleibt ein Fremdkörper im Projekt Europa der EU, allen Beteuerungen kultureller Vielfalt zum Trotz. Im Amsterdamer Vertrag von 1997 kommt ja zum Ausdruck, dass der grenzüberschreitende Wettbewerb die Regel und die nationale Lösung die Ausnahme sei. Immerhin konzediert sie dem öffentlichen Rundfunk eine demokratische, kulturelle und soziale Rolle in den nationalen Gesellschaften. Die EU hat mittels Kriterien die „Staatshilfe"(!) für den öffentlichen Rundfunk zugelassen und sanktioniert. Die EU hat nach eigenen Angaben den Versuch aufgegeben, selbst zu bestimmen, was die Mission und die Aufgaben des öffentlichen Rundfunks sind und konzentriert sich auf die Beanstandung von Missbräuchen. Die Regelung der Details überlässt sie den Mitgliedstaaten. Dennoch wird von Seiten der EU seit längerem der Versuch unternommen – in Ermangelung von eigenen Kompetenzen im Bereich des öffentlichen Rundfunks – die Aktivitäten und Entwicklungsmöglichen einzuschränken, insbesondere was die multimedialen Plattformen in der digitalen Welt betrifft. Die EU hält nach wie vor den öffentlichen Rundfunk zugunsten kommerzieller Veranstalter an der kurzen Leine. Durch die Richtlinie für Mediendienste kommt der öffentliche Rundfunk nicht nur auf der europäischen sondern auch auf der nationalen Ebene unter verstärkten Rechtfertigungsdruck, da die Mitgliedsländer eine wichtige Rolle bei der Implementierung auf der nationalen Ebene spielen.

Fazit

Nach dieser Evaluierung können aus einer zivilgesellschaftlichen Sicht einige
Schlüsse gezogen werden.

▪ Auch wenn die EU-Kommission den Eindruck zu erwecken versucht, die
wirtschaftlichen und kulturellen Zielsetzungen würden in einem ausgeglichen Verhältnis verfolgt und seien kompatible, werden faktisch die wirtschaftlichen und wettbewerbspolitischen Zielsetzungen auf Kosten der soziokulturellen durchgesetzt (vgl. Michalis 2010). Zwar hat die EU durch
ihre grenzüberschreitende Strategie, durch Wettbewerbspolitik und durch
die Schaffung eines audiovisuellen europäischen Raums das Europäische
Fernsehen in wirtschaftlicher Hinsicht maßgeblich geprägt, aber sie hat es
verpasst, bezüglich Inhalte, Eigentum und Konzentration ihren Einfluss geltend zu machen. Dieses Feld hat die EU-Kommission kampflos den Mitgliedstaaten überlassen.

▪ Der EU ist es nicht gelungen – allen anderslautenden Beteuerungen zum
Trotz – neue medienpolitische Akzente im öffentlichen Interesse – und
nicht nur im unternehmerischen – zu setzen. Die EU-Fernsehpolitik manifestierte sich in erster Linie durch wettbewerbspolitische und gerichtliche
Entscheidungen. Neue legislatorische Grundlagen oder neue zivilgesellschaftlich ausgerichtete Media-Governance Konzepte sind nicht geschaffen
worden. Genau dort, wo die EU-Kommission ihren Tatbeweis einer soziopolitischen und soziokulturellen Betrachtungsweise des Fernsehens und der
neuen Medien zur Anwendung hätte bringen können, hat sie versagt. Sie hat
noch nicht begriffen, dass der öffentliche Rundfunk in vielen Mitgliedsländern eine weit wichtigere Rolle zu spielen hat, als allfällige Löcher zu stop-
fen, die durch Marktversagen der kommerziellen Veranstalter verursacht
worden sind. Die Favorisierung der kommerziellen Veranstalter auf Kosten
der öffentlichen im Zuge digitaler Konvergenz macht deutlich, dass die EU
weder in der Lage noch willens ist, neue, auf die kulturellen und politischen
Bedürfnisse der Zivilgesellschaft ausgerichtete Zielsetzungen einzugehen.
Diese allzu penetrant zur Schau gestellte Inaktivität medienpolitischer Pro-
blemlösungen und Obstruktionspolitik gegenüber den Anliegen des öffentlichen Rundfunks ist auch eine Missachtung zivilgesellschaftlicher Anliegen. Die EU hat in gut zwanzig Jahren es immer noch nicht geschafft, den
elektronischen Rundfunk nicht nur als Handelsware, sondern auch als öffentliches Gut zu betrachten: „In effect, the EU's neoliberal competition policies may enhance market opportunities, but they fail to recognise the cultural complexities of an audio-visual and communications public sphere in

which diverse range of voices is required to encourage representation and aid participation for European citizens" (Wheeler 2010: 60).

- Für Gollmitzer (2008) hängt dieses demokratische Defizit auch damit zusammen, dass das europäische Parlament eine vergleichsweise schwache Position im Gesetzes- und Entscheidungsprozess hat, verglichen zum Rat und zur Kommission, deren Mitglieder kein demokratisches Mandat von den Bürgerinnen und Bürger haben. Umgekehrt besitzt die Kommission eine ausgeprägte Machtposition: „The Commission as such fulfils the role of executor, judge and even legislator, and can take decisions without interference by the European Parliament or the council of Ministers (vgl. Biltereyst/Pauwels 2007:44). Es die Kommission, die das Monopol bezüglich gesetzlicher Initiativen verfügt, während das Parlament lediglich Gesetze ergänzen, annehmen oder zurückweisen kann (vgl. Gollmitzer 2008: 334). Kommt hinzu, dass zwischen den Interessen der Bürokraten in Brüssel und den Bedürfnissen der Zivilgesellschaft durch Komplexität und fehlende Transparenz eine eigentliche Entfremdung eingesetzt hat oder wenigstens als solche wahrgenommen wird (vgl. Gollmitzer 2008: 333). Jedenfalls sorgte die Kommission bei der Erarbeitung der neuen Richtlinie über audiovisuelle Mediendienste dafür, dass Wahl und Verantwortung beim Konsumenten stiegen, die Zahl an Regeln für die Veranstalter aber zurückgingen. So hat sie verordnet, dass Regeln, die in der Praxis nicht eingehalten werden, einfach gestrichen werden sollten (vgl. Gollmitzer 2008:337). Die Kommission brachte es auch fertig, den parlamentarischen Vorstoß, Kinderprogramme, Nachrichtenprogramme und Doku-Programme von Product Placement zu befreien, zurückzuweisen. Dazu passt, dass die Kommission in ihrem Vorschlag nie von Bürgerinnen und Bürgern spricht, sondern immer nur von „users or consumers". (vgl. Gollmitzer 2008:342)

- Wenn man das Regulierungsregime betrachtet, so scheint der Weg in Richtung „Soft Governance" zu gehen (vgl. Harcourt 2008: 29). Dies ist deshalb beunruhigend, weil sich die EU-Kommission in ihren Regulierungsbemühungen fast ausschließlich auf Markt- und Technologieentwicklungen abstützt. Da allerdings die europäische Identität nicht nur über den gemeinsamen Markt sondern auch über die gemeinsamen Werte und Prinzipien wie Menschenrechte, Demokratie und Freiheit, und spezifisch eine hohe Qualität für öffentliche Infrastrukturen und Dienstleistungen, offener Zugang, Nutzerrechte etc. definiert werden (vgl. Michalis 2010:43), ergibt sich aus zivilgesellschaftlicher Perspektive bei „Soft Governance" kein neues Partizipation und Demokratiepotenzial. Die wissenschaftliche Media Governance Debatte sollte daher das offensichtliche Macht- und Demokratieproblem viel stärker in den Mittelpunkt rücken als bis anhin.

Literatur

Biltereyst, Daniel & Pauwels, Caroline (2007): Our Policies Keep on Reinventing the Past: An Overview of EU Policy-Making in the Audiovisual Domain. In: Leen d'Haenens & Frieda Saeys (eds.): Western Broadcast Models. Structure, Conduct and Performance, Beerlin: Gruyter, S.25-59.

Collins, Richard (2008): Misrecognitions: Associative and Communalist Visions in EU Media Policy and Regulations. In: Ib Bondebjerg und Peter Masden (eds.) Media, Democracy and European Culture. Bristol and Chicago: Intellect, S.

Donges, Patrick (2007): 'The New Institutionalism as a theoretical foundation of media governance', Communications, 32:3, S. 325–30.

Eumann, Marc Jean/Stadelmaier, Martin (Hg.) (2009): Media-Governance und Medienregulierung. Plädoyers für ein neues Zusammenwirken von Regulierung und Selbstregulierung. Berlin.

Freedman, D., The politics of media policy, Cambridge, Polity Press, 2008.

Gollmitzer, Mirjam (2008): Industry versus democracy: the new Audiovisual Media Services Directive as a site of ideological struggle. International Journal of Media and Cultural Politics Vol. 4 Number 3,S. 331-348.

Harcourt, Alison (2008): Institutionalizing Soft Governance in the European Information Society. In: David Ward (ed.): The European Union and the Culture Industries. Regulation and the Public Interest. Hampshire, S..7-31.

Hardy, Jonathan (2008): Western media systems. London: Routledge.

Haus, Michael (2010): Von government zu governance? Bürgergesellschaft und Engagementpolitik im Kontext neuer Formen des Regierens. In: Thomas Olk et al. : (Hrsg.): Engagementpolitik. Die Entwicklung der Zivilgesellschaft als politische Aufgabe. Wiesbaden, VS, S. 210-232.

Held, Thorsten (2007): 'Co-Regulation in European Union member States', Communications, 32:3, S. 355–62.

Hintz, Arne (2009): Civil Society Media and Global Governance. Intervening into the World Summit on the Information Society. Berlin: Lit.

Jessop, Bob (2003): 'Governance and Metagovernance: On Reflexivity, Requisite Variety, and Requisite Irony', in: Bang, H. P. (ed.) Governance as social and political communication, Manchester, Manchester Univ. Press, S. 101-116.

Kooiman, Jan (2002): 'Governance. A social-political perspective', in, J.R. Grote & B. Gbikpi (eds.) Participatory Governance. Political and Social Implications, Opladen. Leske+Budrich; S. 71-96.

McQuail, Denis (1997): 'Accountability of Media to Society', European Journal of Communication, 12:4, S. 511–92.

McQuail, Denis (2003): Media accountability and freedom of publication. New York, Oxford: Oxford University Press.

McQuail, Denis (2008): 'The Current State of Media Governance in Europe', in G. Terzis (ed.) European Media Governance: national and regional dimensions. Bristol, Chicago: Intellect, S. 17-26.

Meier, Werner. A. & Perrin, Irene (2007): 'Media Concentration and Media Governance', Communications, 32:3, S. 336–43.

Michalis, Maria (2010): EU-Broadcasting Governance and PSB: Between a Rock and a Hard Place. In: Petros Iosifidis (ed.): Reinventing Public Service Communication, Basingstoke: Palgrave, S.36-48.

Puppis, Manuel (2010): Media Governance: A New Concept for the Analysis of Media Policy and Regulation. Communication, Culture & Critique 3, S. 134-149.

Puppis, Manuel (2007): Media Governance as a Horizontal Extension of Media Regulation: The Importance of Self- and Co-Regulation, Communications, 32:3, S. 330–36.

Puppis, Manuel (2007): Einführung in die Medienpolitik. Konstanz: UVK.

Van Cuilenburg, Jan & McQuail, Denis (2003): Media Policy Paradigm Shifts: Towards a new communications policy paradigm. European Journal of Communication, 18:2, S. 181–207.

Walk, Heike (2008): Partizipative Governance. Beteiligungsformen und Beteiligungsrechte im Mehrebenensystem der Klimapolitik. Wiesbaden: VS.

Wheeler, Mark (2010): The European Union's Competition Directorate: State Aids and Public Service Broadcasting. In: Petros Iosifidis (ed.): Reinventing Public Service Communication, Basingstoke: Palgrave, S. 49-62.

Regulierung und Governance: Zivilgesellschaft in die Medienpolitik

Hans J. Kleinsteuber

Im Jahr 1998 hielt der frischgebackene Ministerpräsident von Nordrhein-Westfalen auf seinem Medienforum NRW Hof. Sein Stargast war der australisch-amerikanische Medientycoon Rupert Murdoch. SPD-Mann Wolfgang Clement bot den Staat als „public consultant" an. Murdoch bedankte sich mit Investment-Versprechungen für Deutschland. Im gleichen Jahr versprach der damalige Bundesminister für Bildung, Wissenschaft, Forschung und Technologie Jürgen Rüttgers (der Clement als Ministerpräsident nachfolgte), der Medienwirtschaft: „Deregulierung geht vor Regulierung". Die politische Karriere der beiden Ministerpräsidenten, die sich gern mit guten Industriekontakten brüsteten, ist beendet. Murdoch hat sein Versprechen eingehalten, den maroden Pay-TV Sender Premiere übernommen und in sein internationales Sky-Imperium übernommen – aber das wirtschaftliche Ergebnis ist weiterhin tiefrot. Clement hat seiner Partei den Rücken gekehrt und wettert nun, „Deutschland wird regiert von regulierungswütigen Eliten". (Die Welt v. 6. 9. 2010)

Diese Medientage gibt es weiterhin, auch wenn sie heute angesichts der Medienkrise nicht mehr so spektakulär ausfallen. In ihnen sitzen noch immer Spitzenpolitiker und Wirtschaftsführer beisammen und diskutieren die kommende Medienpolitik. Bürger kommen bestenfalls am Rande vor, vielleicht in einem Panel über Bürgermedien, wo sie sich dann unter Gleichgesinnten tummeln können. Am „runden Tisch" der Medienpolitik tauschen sich traditionell Politik und Wirtschaft aus – Bürger sitzen bestenfalls am Katzentisch. Diese Feststellung gilt zumindest für die traditionelle (vordigitale) Medienwelt, im Umfeld des Internet spielt zivilgesellschaftliche Selbstorganisation eine mitunter herausragende Rolle. Dieser Beitrag sucht nach einer wissenschaftlichen Analyse der Konzepte „Regulierung" und „Governance" Wege aufzuweisen, wie die in der Tat schwierige Repräsentanz der Bürger, das Gewicht der Civil Society, verbessert werden kann.

Einführung

Regulierung/regulation ist ein, wahrscheinlich sogar der zentrale Vorgängerbe-
griff zu Governance. Er wurde in Europa erst in den 1970er Jahren bekannt,
entstand aber bereits Jahrhunderte zuvor im britischen Common Law und begleitet die Verfassungsgeschichte der USA. Dort taucht der Terminus bereits im
Verfassungstext von 1787 in der Interstate Commerce Klausel auf, wo es heißt,
der Bundesstaat habe das Recht „to regulate Commerce...", also den Handel
zwischen den Einzelstaaten der Union zu regulieren (vgl. Art. 1, Sect. 8, Clause
3). Seit ca. 1890 zählt er zum festen Vokabular amerikanischer Politik, seit mindestens 1990 hat er seinen Stellenwert in Westeuropa und Deutschland. (Lepsius
2010: 5f) In den USA beschreibt er staatliche Intervention in bestimmten, kommerziell geführten Wirtschaftssektoren, in Europa waren die Assoziationen teilweise andere, da begleitete er eine Politik der Abkehr von Staatsmonopolen, hin
zu Privatisierung und Public-Private Projekten.

In den USA wird der Rundfunkbereich seit 1934 von der Kommunikationsbehörde Federal Communications Commission (FCC) reguliert, die damals die
erste ihrer Art in der Welt war. Wegen ihrer Leitfunktion werden hier die Besonderheiten einer derartigen Regulierungskommissionen vorgestellt. Nach dem Fall
der öffentlichen Sendemonopole in den 1980er Jahren wurden auch in vielen
europäischen Staaten nationale Regulierungsregime aufgebaut. Die EU entwickelte ab etwa 1980 eigene Interessen an Medienpolitik und verabschiedete 1989
erstmals die Richtlinie „Fernsehen ohne Grenzen". Sie schuf die Grundlagen für
eine europäische Regulierungsstruktur, allerdings wurde die Umsetzung nationalen Aufsichtsbehörden überlassen. Diese Struktur ist heute etabliert, die Mitgliedsstaaten der EU verfügen über eine ausgebaute nationale Regulierungsstruktur im Medienbereich, Europa selbst hält sich zurück, befürwortet aber Verfahren
der Regulierung, der Selbst- und Ko-Regulierung.

Governance folgte dem Regulierungsparadigma in den 90er Jahren nach, oft
über supranationale Organisationen befördert, wie etwa die Weltbank oder europäische Organisationen wie die OSZE. Beide Begriffe, Regulierung und Governance, haben inzwischen das Politikfeld Medien erreicht, sie gleichen sich darin,
dass sie in unterschiedlichen Disziplinen verwandt werden und dabei schillernd
und mehrdeutig antreten. Mit den großflächig realisierten Privatisierungen im
Kommunikationsbereich in den 90er Jahren sank der Stern des Regulierungsbegriffs, nun wird eher seine Nähe zur (in der deutschen Sprache) Reglementierung
betont, lautstark fordern regulierte Unternehmen mehr Gestaltungsfreiheit, also
Deregulierung. Das impliziert aber auch, dass die ausgeprägte Tendenz in der
Medienwirtschaft in Richtung mehr Kommerz und mehr Konzentration dem
Markt überlassen und nicht mehr gesteuert wird. Letztlich macht es die Medien-

unternehmen noch machtvoller und immunisiert sie zunehmend gegen jede staatliche Intervention. Die so entstehende Situation verstärkt die allgemeinen Beunruhigung über die Medienlandschaft in Europa und Deutschland, die mit bedrohten öffentlichen Anbietern, einer kommerzialisierten Expansion und wenig entwickelten Bürgermedien real so ganz anders aussieht. Die Realität liegt weit entfernt von den liberalen Versprechungen, mit denen Befürworter der Regulierung angetreten waren, die eine Abkehr vom monströsen Staat im Interesse der selbstbewusster werdenden Bürger versprachen.

Denn auch darum geht es: Über die Forderung nach Media Governance artikuliert sich der Wille der in den letzten Jahrzehnten erstarkten europäischen Bürgergesellschaft auf Teilhabe, da ihr bewusst wird, dass Medien nicht allein dem Markt und den Mächtigen überlassen werden können. Media Governance ist zudem eine Antwort auf die neuen Herausforderungen der Mediendemokratie, in der eine hegemoniale Rolle der Medien in der Politik konstatiert wird, was ihnen eine deutlich gewachsene, dazu weitgehend intransparent wirkende Macht verleiht. Entgegen allen Versprechungen wird Medienpolitik in Europa von kleinen Zirkeln in Politik und Wirtschaft beherrscht, Bürger wollen ihnen diese Vorherrschaft streitig machen. Regulierung und Governance wirken hier als Schlüsselbegriffe, um stärkere gesellschaftliche Verantwortung zu sichern. Sie stehen zueinander in zeitlicher Abfolge und Governance reagiert darauf, dass Regulierung ihre Versprechungen nicht einzuhalten vermochte. [1]

Dies alles ist allerdings weitaus komplizierter, weil beide Begriffe in unterschiedlichen Wissenschaftsdisziplinen eingesetzt werden, unterschiedlich argumentieren, deutliche transkulturelle Unterschiede aufweisen (innerhalb Europas und zwischen Europa und den USA), zudem unterschiedliche Interessen transportieren. In diesem Beitrag geht es um beide Leitbegriffe, ihre Herkunft, ihr Verhältnis untereinander und ihre politische Umsetzung. Abgeschlossen wir mit einigen Anforderungen an eine Medienpolitik, die Einsichten und Forderungen der Governance Ernst nimmt.

Die Quellen der Regulierung

Das Land mit der größten Erfahrung, was die staatliche Beaufsichtigung privatwirtschaftlicher Tätigkeit anbetrifft, sind die USA. Dieses Land, das vor mehr als zwei Jahrhunderten nach revolutionärer Abtrennung vom britischen Mutterland entstand, begann nicht nur mit einer gänzlich neuen – republikanischen – politischen Ordnung, es ging auch von Anbeginn eigene Wege in der Wirtschaftsord-

---

[1] Die Nähe beider Begriffe wird auch hierin deutlich: Seit einigen Jahren gibt der Verlag Wiley-Blacksell die Fachzeitschrift heraus: International Journal Regulation and Governance.

nung. Während sich in Europa wirtschaftliche Schlüsselbereiche meist in der
Hand des Landesherrschers und damit der Regierung bzw. der staatlichen Exekutive befanden, entschieden sich die USA von Anbeginn für staatliche Enthalt-
samkeit – lediglich der Briefpostdienst verblieb in öffentlicher Hand, alle anderen Geschäftsfelder wurden privat-kommerziell betrieben. Wenn aber private
Unternehmen in Sektoren tätig sind, die zur Entstehung von „natürlichen Monopolen" neigen, wie Transport-, Energie- oder (zumindest früher) Kommunikati-
ons-Infrastrukturen, in denen per definitionem Konkurrenz nicht möglich ist,
muss der Staat weiterhin ordnend eingreifen können. Diese Infrastrukturbereiche
werden entweder von monopolistischer Ausbeutung der Kunden oder – bei
mehreren parallelen Anbietern – von einen ruinösen Wettbewerb bedroht, was
jeweils einen verlässlichen Betrieb nicht zulässt und die Stabilität der gesamten
Volkswirtschaft bedroht. Dasselbe gilt auch für wirtschaftliche Kernbereiche,
etwa Banken und Börsen, deren reibungsloses Funktionieren für das Wirtschafts-
system konstitutiv ist. Die Finanzkrise von 2008 entstand nicht, weil diese Märkte in den USA unreguliert wären, sondern weil diverse Institutionen, etwa die
Zentralbank Federal Reserve, die Securities and Exchange Commission, die
staatliche Bankenaufsicht schlicht versagten. Ihre Aufsichtsmöglichkeiten waren
unter dem Druck der Regulierten immer mehr abgebaut („dereguliert") worden.
Nun versucht man mit neuen Regulierungen der Krise Herr zu werden.

Sehr früh in der Geschichte der USA begannen Einzelstaaten damit, örtliche
Monopolisten zu „regulieren", also z. B. die Betreiber eines Transportkanals
oder eines öffentlichen Versorgungsunternehmens zu beaufsichtigen. (Lepsius
2010) So waren bereits Erfahrungen vorhanden, als sich in den 1870ern, als
Folge einer dynamischen Wachstums- und Industrialisierungsphase, die Probleme auch auf nationaler Ebene häuften. In der zweiten Hälfte des 19. Jahrhunderts
galten Eisenbahnen als eigentliches Rückgrat des amerikanischen Wirtschafts-
aufstiegs, bei dem nationale Märkte mit hohem Transportaufkommen entstanden.
Ein weitgehend unkoordiniert und spekulativ betriebener Eisenbahnbau durch
Unternehmen ließ eine chaotische Gesamtsituation entstehen, bei der einerseits
eine monopolistische Ausbeutung (monopolistischer Bahnanschluss für die Far-
mer des agrarischen Westens) zu politischen Protesten führte, zum anderen sinn-
los erbaute Parallelstrukturen (etwa zahlreiche Bahnlinien zwichen New York
und Chicago) die Unternehmen in den Ruin trieben. Die Antwort darauf war
eine genuin amerikanische: Es wurde 1887 als erste nationale Regulierungskommission die Interstate Commerce Commission (ICC) errichtet, die bis 1995
bestand und ein Jahrhundert als zentrale Aufsichtsbehörde im Transportsektor
(Eisenbahnen, Straßengüterverkehr, Speditionen) fungierte. (Kleinsteuber 1977)

Damit war das Modell der *regulatory commissions* geschaffen worden,
einer Behörde, die unabhängig von der präsidentiellen Exekutive agiert und mit

einer kollegialen Führung (der Kommission) ausgestattet ist. Im Sinne von *checks and balances* wird die Unabhängigkeit der Behörde strukturell abgesichert, der Kongress schafft die gesetzliche Grundlage, Präsident und Kongress besetzen die Kommission, die Arbeitsweise ist gerichtsähnlich, die Kommission handelt gemeinsam wie eine Jury. Damit war ein Modell geschaffen worden, dass mehrfach kopiert wurde, etwa mit der Federal Trade Commission (1914), der Securities and Exchange Commission (1934) und der hier besonders interessierenden Federal Communications Commission (FCC, 1934).

Zur Kerntätigkeit dieser Regulierungsbehörden gehört seit ihrer Gründung – um es in der Sprache amerikanischer Juristen auszudrücken – neben der Regelsetzung (*rule-making*) das Aushandeln von allseits akzeptablen Lösungen (*adjudication*) zu sichern. (Lepsius 2010: 49) Die Errichtung dieser Kommissionen erfolgte in den USA einst in breitem politischen Konsens und wurde von der Wirtschaft nicht als Affront gesehen. Ihre zentrale Funktion liegt darin, einen Ausgleich, eine Art politischen Frieden zwischen den beteiligten Seiten – Anbieter und Nachfrager von Dienstleistungen, Produzent und Konsument – herzustellen. Die Kommission sollte einerseits die Refinanzierung der beteiligten Unternehmen am Markt ermöglichen, andererseits die Nutzer schützen und Missbrauch verhindern.

Regulation bedeutet dabei – wie es sich aus der Wortgeschichte ergibt – eine Art Vermittlung zwischen zwei gegenläufigen Positionen. (Heinzerling/Tushmet 2006) (So lebt es übrigens in der deutschen Bedeutung von „Schadensregulierung" im Versicherungswesen weiter, was einen Ausgleich zwischen einem Geschädigten und dem Verursacher bezeichnet.) Regulierung ist danach die Suche nach einem tragfähigen gesellschaftlichen Kompromiss in einer pluralistischen Gesellschaft, in der ständig organisierte Interessen gegeneinander antreten. Regulierung beruht vor allem auf der angloamerikanischen Vorstellung, dass der Staat kein Wesen jenseits der Bürger darstellt (wie in der alten deutschen Staatsphilosophie), der eigene Positionen durchzusetzen hat, er soll vorrangig den Bürgern dienen und sozialen Frieden sichern. Diese so verstandene Regulierung ist ein zutiefst politisch angelegter Aushandlungsprozess, für dessen Erklärung weniger juristische als politische Theorien geeignet sind, etwa die des Pluralismus.

Diese vermittelnde Grundfunktion von Regulierungsbehörden wird nicht nur in ihrer Jury-ähnlichen Struktur deutlich, sondern auch in den detaillierten Regeln, was Verfahrensweisen und Transparenz anbetrifft, wie hier am Beispiel der FCC erörtert wird. Der Bürger sitzt zwar nicht am Tisch der Kommission, gleichwohl ist er in spezifischer Weise ständig präsent: Alle Akten der Regulierungsarbeit sind öffentlich zugänglich und Bürger (bzw. Vereinigungen, Kommunen etc.) können mit ihren Anliegen vor der Kommission plädieren, beispielsweise vor der FCC eine Lizenzvergabe anfechten oder Auflagen einfordern. Was heißt dies konkret für die FCC? Jeder Bürger kann alle Bewilligungs-akten seines örtlichen Senders einsehen, kommt es zu Lizenzverlängerungen, kann er begründet Einspruch erheben. (Details unter: www.fcc.gov) Die öffentlichen Verhandlungen der FCC kann er im Internet verfolgen. Regulierung war in den USA immer ein exemplarisch bürgernaher und transparenter Prozess, was in der europäischen Rezeption fast vollständig verloren ging.

Regulierung: Cui Bono?

In den USA war die Regulierung seinerzeit nicht gegen die beaufsichtigte Industrie, sondern in Kooperation mit ihr entstanden. Deren Interessen werden dadurch gesichert, dass nicht ein Arm der präsidentiellen Exekutive, die Aufgabe übernimmt, sondern eine substanziell unabhängige Behörde, die im System der Gewaltenteilung sowohl Recht setzende, verwaltungsausführende wie auch schiedsrichterlich entscheidende Aufgaben wahrnimmt. Damit, so belehren uns amerikanische Historiker, wurde ein in den Industrien bereits bestehendes und erfolgreiches Verfahren der Selbstregulierung in eine spezielle Organisation übertragen, die Aushandlungen in den Vordergrund stellen soll, aber notfalls auch mit staatlicher Autorität Entscheidungen durchsetzen kann. Die so regulier-ten Industriesektoren rechneten zu Recht darauf, dass es ihnen gelinge, die ihre Belange betreffende Behörde „einzufangen" und ihren gemeinsamen Zielen zu unterwerfen. In den USA ist dieses Phänomen in *capture*-Theorien der Regulie-rung beschrieben worden. Mit Mitteln des Lobbyismus gelang es immer wieder, eigene Leute in die Kommissionen zu platzieren, die Industrieinteressen in den Vordergrund stellen, z. B. Marktabschottung gegen neue Konkurrenten durchset-zen und damit eine substanzielle Aufsicht zu verhindern. (Besen 1986). Indem die FCC alsbald in das Fahrwasser der Kommunikationsindustrie geriet, er-schwerte sie bürgerliche Beteiligung, die dennoch ein eigenständiger Faktor blieb. Gleichwohl werden immer einmal wieder Sendelizenzen wegen anhalten-der Bürgerproteste eingezogen.

Die symbolische Funktion der so „eingefangenen" Regulierung ist nicht zu unterschätzen. Die beteiligten Industrien haben kein Interesse an der Abschaf-fung dieser Kommissionen, sie sehen in ihnen eher institutionalisierte Vertretun-gen eigener Belange innerhalb des Staatsapparates. (Eisenach/May 2001) Die Regulierungskommissionen in den USA (und ähnlich die Aufsichtsbehörden in Europa) sind oft aus der regulierten Industrie als zu bürokratisch und formalis-tisch kritisiert worden, verbunden mit Forderungen nach Deregulierung. Letzt-lich ist es immer bei dieser leeren Forderung geblieben, selbst unter dem extrem konservativen Präsidenten Ronald Reagan blieb es wie es war. Er war 1980 mit der Forderung nach Auflösung des Regulierungsregime angetreten, in seinen Jahren änderte sich an der Arbeit der FCC gleichwohl nur wenig: Die Industrie schützte ihre Kommission im ureigensten Interesse vor politischen Schwächungen. (Einstein 2004) Auch derzeit – im Jahre 2010 – gilt sie als allerseits anerkannte Regulierungsbehörde, trotz des Endes von natürlichen Monopolen und der Entstehung heftig umkämpfter Märkte im Bereich von Netzen (terrestrisch, Kabel, Satellit, Internet, Mobilfunk). Während sie kommerzielle Anbieter kaum beaufsichtigt, schaut die FCC auf eine lange Geschichte der Drangsalierung kleiner nicht-kommerzieller Anbieter zurück, die auf eine dezidierte *decency*-Politik zurückgeht. Sobald gemeldet wird, im Programm seien sog. *four-letter-words* gefallen, sind Sanktionen fällig. (Ruschmann 2005) Dies geschieht naturgemäß vor allem in den zugangsoffenen, kaum zu kontrollierenden kleinen *community*-Sendern. Damit kann die Kommission insbesondere gegenüber konservativen Kräften demonstrieren, dass sie interventionsfähig ist, ohne dass Industrieinteressen tangiert werden.

Ein vehementer Kritiker der FCC den USA ist der Kommunikationswissenschaftler Robert W. McChesney, der diese Variante symbolischer Regulierung als Abschaffen von Restriktionen für privatwirtschaftliche Medienaktivität interpretiert, was letztlich mehr Konzentration, höhere Homogenität und weniger Festlegung auf die öffentliche Aufgabe der Medien bedeutet. Gerade in dieser schwierigen Situation sieht er Medienangebote des dritten Sektors als zwingend notwendig an. „We can have a pluralistic media system with a significant independent non-profit and non-commercial sector, as well as media markets that are no longer under the thumb of a small number of massive private corporations." (McChesney 2003: 132) Der Ausweg aus dem Dilemma eingefangener Regulierung sieht er wie viele andere in der Stärkung zivilgesellschaftlicher Medienakteure.

Regulierung in Europa

Der einst im britischen Common Law entstandene Begriff der Regulierung kehrte ab den 1970er Jahren des letzten Jahrhunderts von den USA nach Europa zurück, wo er die gerade anlaufende Privatisierungswelle begleitete. (Clifton 2003, Dyson 1980) Unternehmen, so hieß es, können staatsnahe Aufgaben besser ausführen, eine staatlich-hoheitliche Regulierung verhindere möglichen Missbrauch. Dabei wurde ein kontextloser Begriffsimport aus der amerikanischen Welt vorgenommen, wie es häufiger vorkommt (z. B. Information Society, Information Highway), ohne dahinter stehende Konzepte einzubeziehen. Der wohlklingende Begriff Regulierung wurde vor allem zum tagespolitischen Kampfbegriff von Kräften, die – oft mit neoliberalem Vorzeichen – eine neue, reduzierte Rolle des Staates forderten. Dabei wurde (und wird) dieser Ideentransfer in Europa unter den Vorzeichen der jeweils national dominierenden Argumentationskulturen vorgenommen, so haben sich seiner in Deutschland vor allem Juristen, in Großbritannien vor allem Ökonomen angenommen. Die oben geschilderten, genuin politischen Wurzeln des Begriffs, die auf Verhandlungsstrategien zielen, gingen dabei teilweise verloren, insbesondere wurden auch die Transparenzregeln nicht übernommen.

In ganz Europa wurden für die neu entstandenen liberalisierten Sektoren – neben Rundfunk auch Telekommunikation, Energie, Verkehr – neue Regulierungsregimes aufgebaut, die einerseits deutlich stärker an den Staat angebunden sind, als dies in USA der Fall ist, zum anderen weitaus intransparenter arbeiten, was den Einfluss wirtschaftlicher Interessen erleichtert. (Levy 2001) Gemeinsam war der europäischen Entwicklung auch, dass Rundfunkaufsicht in neu geschaffene Gremien ausgelagert wurde, was zumindest an der Oberfläche wie eine Kopie des US-Vorbilds FCC wirkte. Tatsächlich geschah der Aufbau in großer Variationsbreite, jeweils nationalen Mustern und Traditionen folgend. In Großbritannien wurde, ähnlich wie in den USA, mit dem Office of Communications (Ofcom) 2003 eine Behörde geschaffen, die neben öffentlichem und kommerziellem Rundfunk im Sinne der Konvergenz auch die Telekommunikationsbranche zu beaufsichtigen hat. Üblicher in Europa ist allerdings ein Modell, bei dem die Behörde nur für Lizenzvergabe im und Aufsicht über den Rundfunk zuständig ist, so der 1989 etablierte Conseil supérieur de l' audiovisuel (CSA) in Frankreich.

Was Regulierung in Europa betrifft, so kann man die Kontrollbehörden trotz vieler Unterschiede auf einen gemeinsamen Mindestnenner bringen. Baldwin/Cave verweisen in einer Analyse zum europäischen Stand auf drei zentrale Funktionen von Regulierung, es geht (1) um Normen in einem spezifischen Politikfeld, (2) um Formen der Staatsintervention in die Wirtschaft und (3) um Mechanismen der sozialen Kontrolle (Baldwin/Cave 1999: 3) Regulierung wird hier als ein neues Aktionsfeld des Staates beschrieben, in dem wegen der veränderten Aufgaben auch neue Organisationsformen erforderlich sind. Auf einem Spektrum zwischen dem anordnenden Staat und der Abwesenheit öffentlicher Kontrolle liegen diese regulierenden Behörden etwa in der Mitte. Es geht also weder um hoheitliche Anweisung noch um Nachtwächter-Laissez-Faire auf den Märkten. (Jordana/Levi-Faur 2004: 2ff) Diese partiell staatsferne Positionierung der Behörde erleichtert auch das Andocken von ausgelagerten Formen der Regulierung, bei der die Beteiligten zu Selbstregulierung oder Ko-Regulierung angeregt werden. So entwickelt sich allmählich ein europäisches Modell der Regulierung, bei dem ähnlich wie in den USA Staatsferne und mitunter auch kollektive Führung eingebaut sind, moderierende Aufgaben aber die Ausnahme werden. Der entscheidende Unterschied zu den USA bleibt aber, dass dort der Bürger als potentieller „Mit-Regulator" in das Prozedere eingebaut ist, während in Europa der Bürger regelhaft nur als Beobachter tätig werden kann.

Regulierung in Deutschland

Deutschland fällt bei der Einführung von Regulierung dabei durch einige Besonderheiten aus, die sich vor allem aus seinem weltweit einzigartigen Rundfunkföderalismus ergeben. Nach Lesart des Grundgesetzes, wie sie sich aus Urteilen des Bundesverfassungsgerichts ergibt, steht den Bundesländern die ausschließliche Entscheidung über die innere Organisation des öffentlichen wie auch privatkommerziellen Rundfunks zu. Die Länder hatten nach 1945 auf der Grundlage von Landesrundfunkgesetzen den öffentlichen Rundfunk geschaffen, nun folgten sie diesem Muster seit 1985 mit der Gründung von Landesmedienanstalten, die zuständig für den Bereich der kommerziellen Anbieter und – soweit vorhanden – nicht-kommerzielle Anbieter sind. Während der öffentliche Sektor unter der Regie von Rundfunkräten arbeitet – auch dies eine deutsche Besonderheit –, erhielten die Landesmedienanstalten mit neu geschaffenen Medienräten eine Variante dieses Modells.

Der Telekom-Sektor, der laut Grundgesetz in ausschließlicher Verantwortung des Bundes steht, erhielt – mit dem personellen Bestand des früheren Postministeriums – eine ebenfalls neu begründete Regulierungsbehörde für Telekommunikation und Post (RegTP), die 2006 auch Bahnverkehr und Energie übernahm und zur Bundesnetzagentur erweitert wurde. Im Ergebnis betreibt Deutschland im Bereich Medien ein einzigartig zerklüftetes Regulierungsregime mit ca. zwanzig Behörden (wenn man KEK, KEF etc. einbezieht) mit jeweils sektoraler oder regionaler Teilkompetenz. Die in anderen Ländern (USA, Großbritannien) realisierte und naheliegende Konvergenz von Rundfunk- und Kommunikationsbehörde, wurde seit den 1990er Jahren gefordert, steht aber immer noch in weiter Ferne.

In der deutschen Staatstradition wird diese Regulierungsszene in hohem Umfang von Verwaltungsjuristen kontrolliert, für die es mitunter Züge eines Beschäftigungsprogramm übernahm. Es fand eine spezifische Rezeption entlang eingefahrener Pfade deutscher Verwaltungstraditionen statt. Darauf spezialisierte Juristen gab es bereits, sie sind als Rundfunkreferenten in den Landesregierungen, Justiziare in den Rundfunkanstalten und Direktoren der Landesmedienanstalten vielfältig tätig und achten vor allem auf Einhaltung rechtlich korrekter Formen. In der Gründungsphase der Medienanstalten schrieben Referenten die Gesetze und wechselten dann in die selbst geschaffenen Direktorenposten. In der praktischen Politik konnte so eine Unabhängigkeit der Regulierung behauptet

werden, die in der Praxis oft nicht bestand. Die großen Linien der Medienpolitik
konnten weiter von den „Landesvätern" geschrieben werden, was sich dann in
empirischen Studien auch nachweisen lässt, z. B. für das Land Niedersachsen.
(Plaß 1999) Hinter dem kosmopolitisch klingenden Begriff der Regulierung
verbirgt sich ein Vorangehen entlang des Pfades teutonischer Besonderheit, eine
Juridifizierung der Regulierung. (zur „path dependency": Pierson 2000) Wie alle
Verwaltung findet auch Regulierung hinter verschlossenen Türen statt, entscheidende Gremien tagen in der Regel nicht öffentlich, Aktenvorgänge sind nicht
einsehbar und Unterlagen zur Lizenzvergabe fallen unter das Geschäftsgeheim-
nis.

Allerdings gilt auch für Deutschland längst, dass Medienpolitik in hohem
Maß ausgehandelte Politik ist, wobei – erinnert sei an das Eingangsbeispiel dieses Beitrags – zumeist in engen Zirkeln zwischen Staat und Wirtschaft Entscheidungen vorbereitet werden. Der vielfach verwandte Terminus Regulierung sug-
geriert dagegen, dass Entscheidungen in der Medienpolitik nach einem vorgege-
ben Regelwerk fallen, dass sie formal korrekt und unter Beachtung gesetzlicher
Vorgaben entstehen. Tatsächlich demonstriert die Praxis häufig, dass den Verfahren eher symbolische Bedeutung zukommt. Wie „verhandelte Politik" im
Medienbereich aussieht, hat Meike Isenberg in ihrer Arbeit am Beispiel Nord-
rhein-Westphalens untersucht. Informale Elemente überwiegen bei diesem Poli-
tikstil, ein Verhalten jenseits der formalen Verfahrensordnungen auf dem sog.
„kleinen Dienstweg" ist verbreitet, ohne dass rechtswidriges Handeln erkennbar
ist. (Isenberg 2007: 21-35) Ein konkretes Beispiel findet sich in der engen Ver-
klammerung der heute dominierenden zwei „Senderfamilien" mit ihren Stamm-
ländern, die sie jeweils großzügig förderten. Sie entstanden in den beiden bevöl-
kerungsreichsten und damit als Markt lukrativsten Bundesländern, RTL im so-
zialdemokratischen Nordrhein-Westfalen und ProSiebenSat.1 im CSU-regierten
Bayern: Wenn man so will, ist es Standortpolitik im medienpolitisch vertrauten
Proporz. Verständlich ist, dass alle Beteiligten weder ein Interesse haben, diese
Verhandlungen mit Dritten zu teilen, noch Formen der Transparenz bei der Entscheidungsfällung schätzen.

Die juristische Durchdringung des Begriffs Regulierung in Deutschland
setzte neue Markierungen. Regulierung wurde zu einem permanent hoheitlichen
Akt, was wiederum Forderungen nach Auslagerung in Form von Selbst- oder
Koregulierung entstehen ließ, als alternative Regulierungsformen zwischen Staat
und Markt. (Latzer et. al. 2002) Bei dieser von der EU geförderten Form der
Aufsicht werden Regulierungsfunktionen aus der Staatsverantwortung ausgelagert, die bisher Regulierten aus der Wirtschaft übernehmen nun nach staatlicher
Vorgabe (Koregulierung) oder in Eigenregie (Selbstreguierung) die Aufgaben
der Regelsetzung und Einzelentscheidung. Diese Richtung der Regulierung

(wenn man einmal von dem Deutschen Presserat absieht, der schon vor der modernen Regulierungswelle entstand) arbeitet weitgehend ohne Einbezug zivilgesellschaftlicher Akteure und kennt kaum Transparenz, sie kann daher auch nicht Governance genannt werden.

Die Welt der Governance

Governance ist unverkennbar ein Trendbegriff, so wie es Regulierung in der Phase zuvor gewesen war. Diese modischen Etiketten werden anfänglich politisch adoptiert, prägen eine Epoche, dann haben sie sich verschließen – nicht zuletzt, weil die mit ihnen einhergehenden Versprechungen nicht eingehalten wurden – und verschwinden aus dem öffentlichen Sprachgebrauch. Der Governance-Begriff hat zwar wissenschaftliche Wurzeln, verirrte sich aber schnell in ganz unterschiedlichen Kontexte, wobei auch verschiedene Disziplinen eigene Sichtweisen einbringen. Der Nutzen für die Politikwissenschaft ist besonders naheliegend, knüpft er doch unmittelbar an einen der Schlüsselbegriff des Faches, an *government* an. Während *goverment* funktional etwa zwischen der engeren Regierung und dem weiteren politisch-administrativem System steht, meint Governance ein erheblich breiteres Konzept unter Einbezug neuer nichtstaatlicher Akteure. Der Begriff bleibt auf jeden Fall „schillernd und mehrdeutig", wie es eine der Nestoren der Governance-Forschung in Deutschland, Renate Mayntz, beschreibt. (Mayntz 2009: 8)

Moderne Konzepte der Governance waren in den 1970er Jahren in der Ökonomie entstanden. Sie beschreiben hier den rechtlichen und fachlichen Ordnungsrahmen eines Unternehmens und seine Einbindung in das Umfeld. An entsprechender Regelsetzung sollten auch Akteure außerhalb der Unternehmensführung – Gesetzgeber, Mitarbeiter, Eigentümer – beteiligt werden. Neu war hierbei die Abkehr vom alleinigen Fokus auf die Unternehmensverfassung und der Einbezug zusätzlicher, auch externer Interessenten; 2002 wurde in Deutschland auf Anregung des Justizministeriums ein *Corporate Governance Codex* verabschiedet. (Schewe 2005) Politisch bedeutsam wurde dieser Ansatz dadurch, dass er von der Weltbank zu einem Ansatz von *Good Governance* weiterentwickelt wurde, bei der „gute Regierungsführung", also eine Orientierung an Werten wie Transparenz, Effizienz Verantwortlichkeit, zur Voraussetzung der Vergabe von Entwicklungshilfe an bedürftige Länder gemacht wurde. Als Verbündete bei der Verfolgung dieser Ziele wurden oft zivilgesellschaftliche Initiativen in den Nehmerländern gesehen. (Dolzer et. al. 2007) Diese Ansätze, die stark normativ orientiert sind, können durchaus Maßstäbe für das „gute" Verhalten von Medienunternehmen setzen. An diesem Punkt knüpfen auch einige kommunikationswissenschaftliche Governance-Ansätze an.

Da in diesem Beitrag das Thema primär von der politikwissenschaftlichen Seite angegangen wird, soll dieser Ansatz nicht weiter verfolgt werden. Wie auch Renate Mayntz unterstreicht, sollte die Governance-Forschung sich „von der definitorischen Kopplung an ein – wie auch bestimmtes – Gemeinwohl lösen". (Mayntz 2009: 11) Entsprechend geht es in diesem Beitrag auch nicht um das Ringen um eine gute Ordnung, sondern um Entscheidungsfindung im staatlich-hoheitlichen Umfeld und der Notwendigkeit bürgerlicher Beteiligung. Die Politikwissenschaft knüpft häufig an einen Governance-Begriff an, welcher der Institutionenökonomik entlehnt ist und an die oben beschriebene Regulierungsproblematik anknüpft. Es geht um die Einsicht, dass der neoklassische Mainstream mit seiner Orientierung auf den Markt nicht alle auftretenden Situationen zu beschreiben vermag, es handelt sich dabei um Modi der Handlungskoordination, die nicht marktfähig sind. (Benz et. al. 2007: 10f) Genau dieser Sachverhalt ließ ja die Regulierungsstrukturen in den USA mit der begleitenden Regulierungsökonomie entstehen, in der es letztlich immer um Interventionen in den nicht funktionsfähigen Markt geht, die hierarchisch, aber auch verhandlungsbasiert sein können.

In der Politikwissenschaft fand der Begriff früh Eingang im Bereich der internationalen Beziehungen, wo „Governance without Government" diagnostiziert wurde. (Rosenau/Czempiel 1992) Es ging darum, dass es keine Weltregierung gibt, gleichwohl in internationalen Beziehungen auch kein Chaos herrscht, sondern sich neue Formen der Handlungskoordination eingeschliffen haben. Die Erfahrung zeigt, dass sich in der Welt von Diplomatie und internationalen Organisationen die einseitig-vertikale Intervention als ungeeignet erwies, stattdessen stehen Verhandlungsstrukturen im Vordergrund. Ähnliche Einsichten bezogen sich auf die wachsende Europäische Union, die eigentlich über massive Interventionsrechte verfügt, freilich nur effektiv zu operieren vermag, wenn verschiedene Akteure „mit ins Boot" gezogen werden. Dies geschieht in Europa naturgemäß oft über verschiedene Politikebenen (EU. Nationalstaat, Länder und Regionen etc.), sodass eine Art Mehrebenen-Governance entsteht. (Marcks 1993)

Ein anderer Strang entstand in der Politikwissenschaft im Rahmen der Policy-Forschung, der an den Zusammenbruch früherer, planungsorientierter Ansätze aus den 1970er Jahren anknüpft. Seinerzeit gingen Beobachter davon aus, dass der Staat, z. B. vertreten durch seine Ministerialbürokratie, die notwendige Gestaltungsmacht besitze, um geplante politische Projekte auch konkret auf die Beine zu stellen. Es war vor allem Implementationsforschung, die nachwies, wie wenig von den Plänen tatsächlich realisiert wurde. Angesichts der deutlich reduzierten Steuerungsfähigkeit des Staates suchte man nach neuen leistungsfähigeren Strukturen und endete regelmäßig bei Konzepten der Governance. Die betonen nun nicht das Gegenteil von *government*, also dem klassischen Staatshandeln, sondern ergänzen es. Der Politikwissenschaftler Arthur Benz schlägt vor, Governance, „als Oberbegriff für sämtliche vorkommenden Muster der Interdependenzbewältigung zwischen Staaten sowie zwischen staatlichen und gesellschaftlichen Akteuren zu setzen und Hierarchie im Sinne von Government als ein Muster neben anderen zu verstehen." (Benz 2007: 13) Geht dieser Ansatz eher von Verfahren aus, so konzentriert sich der Ansatz von Mayntz stärker auf die Akteure, so wird „unter Governance eine Form des Regierens verstanden, bei der private (korporative) Akteure an der Regelung gesellschaftlicher Sachverhalte mitwirken". (Mayntz 2009: 8) Diese Beteiligung privater Akteure an der Regelung wird notwendig, weil sich der moderne Nationalstaat vom Interventionsstaat zum kooperativen Staat bewegt und nur noch entscheidungsfähig bleibt, wenn er weitere Akteure in seine Arbeit einbezieht.

Gemein ist den verschiedenen Ansätzen aus der Politikwissenschaft die Einsicht, dass frühere Vorstellungen von der Allzuständigkeit des Staates bei der Problemlösung angesichts entgegengesetzter Realitäten aufgegeben werden. Aus dieser Beobachtung wurden ganz unterschiedliche Schlüsse gezogen. Marktwirtschaftler forderten als Konsequenz dieses Staatsversagens den Rückzug des Staates einschließlich Bürokratieabbau und die Privatisierung bisher öffentlicher Wirtschaftstätigkeit. Die Institutionenökonomen wiederum machten deutlich, dass auch der Markt nicht alle Probleme zu lösen vermag. In jedem Fall wuchs das Interesse an weiteren „gesellschaftlichen Akteuren", ohne deren Einbezug keine tragfähigen Entscheidungen mehr gefällt werden können. Der „Stakeholder" wurde entdeckt, der als natürliche oder (häufiger) als juristische Person ein Interesse an Prozess und Ergebnis der Entscheidungsprozesse hat. Diese neuen Akteure sind – vereinfacht gesagt – Vertreter aus bisher vernachlässigten Sektoren, insbesondere aus der Zivilgesellschaft.

Governance und Zivilgesellschaft

Die Einsicht, dass weitere Akteure einbezogen werden müssen, eint die Ansätze der Governance. Diese neuen Sichtweisen reagierten auf tief greifende gesellschaftliche Wandlungen, deren Anfang mit der sog. 1968er-Bewegung bestimmt werden können, die erstmals demonstrierte, dass mit ihrem Konzept der Außerparlamentarischen Opposition (APO) neue Formen der politischen Einwirkung möglich sind. Ab Ende der 1970er Jahre kamen einerseits die auf Dauer angelegten Neuen Sozialen Bewegungen dazu, deren internationales Pendant die Non Governmental Organisations (NGO) sind, zum anderen die eher lokal, spontan und thematisch enger angelegte Bewegung der Bürgerinitiativen. Heute wissen wir, dass erfolgreiche Politik ohne den Einbezug dieser Kräfte kaum mehr denkbar ist. In diesem Beitrag wird argumentiert, dass dieses so beschriebene, selbstbewusste Auftreten organisierter Bürger an sich nicht neu ist (in Hamburg gibt es z. B. eine Patriotische Gesellschaft von 1765, die sich gern als älteste Bürgerinitiative bezeichnet), gleichwohl wurden diese Kräfte messbar stärker, zumal klassische Institutionen (Parteien, Verbände, Gewerkschaften) an Glaubwürdigkeit und Einfluss verloren haben. Um dieses neue Erwachen staatsbürgerlicher Selbstorganisation zu benennen, wird meist der Begriff der Zivilgesellschaft eingesetzt, der eigentlich aus der Frühzeit der politischen Theorienbildung stammt, ähnlich schon bei Aristoteles vorkommt und z. B. von Cicero als „societas civilis" geführt wird. In seiner modernen Form wird er oft auf britische Utilitaristen des 19. Jahrhunderts zurückgeführt, insbesondere auf John Stuart Mill, für den galt, dass eine genuine Civil Society die bürgerlichen Freiheiten der Bürger zu schützen habe.

Heute zeichnen sich Akteure der Zivilgesellschaft in negativer Abgrenzung dadurch aus, dass sie weder dem auf demokratische Entscheidungsfällung festgelegten Staat, der von Wählermehrheiten gelenkt wird, noch dem Wirtschaftssektor mit kommerzieller Zielsetzung und Steuerung durch den Markt zugehören. „Der dritte Sektor neben Markt und Staat umfasst all jene Organisationen, Handlungszusammenhänge und Aktionen, die dem privaten (zivil)gesellschaftlichen, nicht primär gewinnmaximierenden Bereich zuzuordnen sind." (Frantz/Martens 2006: 18) Organisationen aus diesem *third sector* zeichnen sich durch die Freiwilligkeit der Teilnahme und Non-Profit-Orientierung aus, durch gemeinsame Programmatik, eigene Interessen etc. sowie durch eine große Breite von konkreten Organisationsformen (Vereine, Verbände, Stiftungen, Genossenschaften etc.)

In einer simplen Annäherung an das Thema könnte man sagen, dass der früher übergeordnete und hierarchisch intervenierende Staat zunehmend durch eine Trias der Kräfte aus Politik, Wirtschaft und Gesellschaft ersetzt wird, die – an einem virtuellen runden Tisch sitzend – die anstehenden Probleme in gemeinsamen Verhandlungen zu lösen versucht. Dies ist sicherlich ein Idealbild, aber es mag als erste Orientierung dienen. Eine weitgehend direkte Umsetzung dieses Modells stellte die *Working Group on Internet Governance* (WGIG) der Vereinten Nationen dar, die von Generalsekretär Kofi Annan 2004 eingesetzt worden war und 2005 ihren Bericht vorlegte. Sie bestand aus 40 Experten aus aller Welt, die etwa gleichgewichtig aus den drei Akteursgruppen ausgewählt worden waren. Ihre zentrale Aufgabe bestand darin, dem Begriff der Internet Governance überhaupt erst einen Sinn zu geben. Sie kam zu diesem Ergebnis: „Internet governance is the development and application by Governments, the private sector and civil society, in their respective roles, of shared principles, norms, rules, decision-making procedures, and programmes that shape the evolution and use of the Internet." (WGIG 2005: 4) Damit waren die drei Akteursgruppen als gleichwertige Verhandlungspartner akzeptiert, im Mittelpunkt ihrer Arbeit steht die Suche nach Gemeinsamkeiten, wenn man so will, nach dem kleinsten gemeinsamen Nenner. Ein Internet Governance Forum führt die Arbeiten in einem Selbstverständnis von „multi-stakeholder global governance" fort. (Raboy/Landry/Shtern 2010) Wie das Beispiel WGIG zeigt, sind Konzepte der Governance im Umfeld des Internet weiter entwickelt, hier sind längst starke und selbstbewusste NGOs präsent (z. B,. Chaos Computer Club), die sich häufig und kompetent einmischen, zudem wegen ihres Sachverstands unentbehrlich sind. (Kleinsteuber 2004).

Governance und Medien

Nachfolgend wird der Versuch unternommen, die bisher gewonnenen Einsichten im Feld der Medien umzusetzen. Dabei wird weder behauptet, dass hier Prinzipien der Governance besonders erfolgreich wären – eher das Gegenteil ist der Fall – noch, dass die sehr ungleichen Erfahrungen dabei helfen, den diffusen Governance-Begriff zu präzisieren. Das wird nicht dadurch erleichtert, dass Media Governance mitunter als Fortsetzung der Medienpolitik interpretiert wird, sozusagen eine Medienpolitik unter Einbezug neuer gesellschaftlicher Akteure. (Donges 2007) Dem Autor dieser Zeilen geht es darum, darzustellen, dass manche der von der Governance-Forschung entdeckten Prinzipien bereits seit Generationen wirken, allerdings erst jetzt die Chance zum Durchbruch erhalten.

Den Konzepten Regulierung und Governance ist gemein, dass sie sich auf alle Politikfelder und –ebenen anwenden lassen, so wird es in Überblicksdarstellungen deutlich, die dies an vielen Bereichen wie Energie, Telekommunikation, Gesundheit, Schule etc. verdeutlichen. (allgemein für Regulierung: Fehling/Ruffert 2010, für Governance: Benz et. al. 2010) Das Politikfeld Medien fügt sich in diesen größeren Zusammenhang ein, wobei verschiedene Besonderheiten zu beachten sind. (zu Medienregulierung: Schuler-Harms 2010; zu Media Governance: Jarren/Donges 2007). Zuerst einmal spielen Medien in der Gesellschaft eine hervorgehobene Rolle, haben sie doch konstitutive Bedeutung für den Erhalt einer demokratischen Ordnung. Dies gilt sowohl auf der Grundrechtsebene, wo Presse- und Meinungsfreiheit festgeschrieben wind, wie auch für die publizistische Funktion der Medien als zentrale Instanz politischer Kommunikation zwischen der Sphäre der der Politik und der der Bürger. Schließlich sind Medien als eine Art „Vierte Macht" den klassischen drei Staatsgewalten beigestellt und sollen deren Arbeit kritisch und investigativ begleiten.

Der zentrale Unterschied zwischen vielen anderen Politikfeldern und dem Feld Medien ist, dass die Zivilgesellschaft selbst zum Medienmacher werden kann. Schon zu Zeiten der aufstrebenden bürgerlichen Öffentlichkeit des 19. Jahrhunderts Neuzeit, wie sie Jürgen Habermas in seinem „Strukturwandel der

Öffentlichkeit" idealisiert darstellt, bauten Bürger gezielt Medien außerhalb der feudalen Einflusssphäre auf und forderten zu deren Absicherung Medienfreiheit ein. (Habermas 1990). Im Gefolge wurde einerseits das frühere Medienmonopol des absolutistischen Herrschers gebrochen, andererseits waren es neu entstandene private Anbieter, die sich zunehmend kommerzialisierten und schließlich den öffentlichen Raum beherrschten. Es entstand eine (von Habermas beklagte) Hegemonie dieser Medien, die nun den *mainstream* der Medienordnung ausmachten. Im historischen Verlauf haben Bürger mehrfach mehr oder weniger erfolgreiche Gehversuche mit selbst organisierten Medien unternommen. Das Schweizer Qualitätsblatt *Neue Zürcher Zeitung* geht auf das Gründungsjahr 1780 zurück; 1400 Aktionäre sind heute an der sie tragenden Aktiengesellschaft beteiligt, niemand darf mehr als ein Prozent besitzen. Das sichert die finanzielle und organisatorische Unabhängigkeit dieser bürgerlich-konservativ orientierten Zeitung. Es lassen sich also durchaus Traditionslinien der zivilgesellschaftlichen Medieninitiative ausmachen. Schaut man nach Gemeinsamkeiten der *civil society media*, so sind zumindest zwei Elemente entscheidend: Zuerst einmal grenzen sie sich von Staat („non-governmental") und von Wirtschaft ab („noncommercial"), zudem stehen sie positiv für spezifisch bürgerliche Werte wie „diversity, autonomy, decentralisation, horizontality". (Hintz 2009: 29, 32)

Triale Governance

Wenn man diesen Ansatz systematisch weiterentwickelt, so kommt man auf einer prinzipielle Dreiteilung des Mediensektors, was dann auch impliziert, dass wir in Deutschland eigentlich über ein „triales" Rundfunksystem verfügen (und nicht ein „duales", wie es gemeinhin heißt).

Die drei Akteure der Governance lassen sich wie folgt auf eigene Medientätigkeit beziehen:

• Staat (schafft Rahmenbedingungen, richtet öffentlichen Rundfunk ein);
• Wirtschaft (betreibt kommerziell die Presse und den privaten Rundfunk);
• Zivilgesellschaft (schafft sich „Bürgermedien").

Die beiden ersten Akteure erscheinen naheliegend, dagegen bedarf der dritte Sektor der Erklärung. Es gilt, zivilgesellschaftliche Medientätigkeiten weiter aufzuschlüsseln: Dabei geht es sowohl um medienpolitische Einflussnahme wie auch Selbstorganisation von Medien (und den Wechselbeziehungen beider):

Zur Organisationsseite:

- Medienpolitisch aktiv sind oft gesellschaftliche Organisationen mit eigentlich anderer Zielsetzung, die in ihrem Sinne auf klassische Medien wirken wollen. Dies wird insbesondere durch die Bank der „gesellschaftlich relevanten Gruppen" in den Rundfunkräten öffentlicher Rundfunkanstalten befördert, mit denen sich viele Verbände aus Bereichen wie Sport, Kultur etc. an rundfunkpolitischer Entscheidungsfindung beteiligen können. Dazu kommen die großen Kirchen, die über diese Funktion hinaus auch eigene medienpolitische Positionen entwickelt haben und selbst in Maßen medienaktiv sind.

- Weiterhin finden wir Organisationen, die speziell zur medienpolitischen Einflussnahme gegründet wurden, deren gibt es allerdings nur wenige. Zu erwähnen sind hier Verleger- und Journalistenverbände, die mit eigener Programmatik antreten. Dazu kommen spezielle Vereinigungen, die medienpolitische Zielsetzungen verfolgen, etwa der kleine „Initiativkreis öffentlicher Rundfunk" in Köln. Auch die Bürgermedien verfügen über eigene Dachverbände. In Deutschland ist der Organisationsgrad insgesamt gering, in anderen Ländern oft deutlich stärker.

Zur Zielsetzung

- Zivilgesellschaftliche Gruppierungen zielen darauf, im medienpolitischen Prozess beteiligt zu sein und eigene Anliegen durchzusetzen. In der medienpolitischen Arena treffen sie bei der Interessenvertretung direkt auf Akteure aus dem Bereich Staat (z. B. Presseamt der Bundesregierung, Filmförderung) und aus dem Bereich Wirtschaft (z. B. die Lobbys BDZV, VPRT).
- Zivilgesellschaftliche Gruppierungen konstituieren sich selbst als Medienmacher. Hierzu zählen – um im deutschen Sprachgebrauch zu bleiben – „Bürgermedien", z. B. freie Radiostationen, Offene Kanäle etc. in bürgerlicher Trägerschaft, aber auch von Bürgern getragene, am Markt aktive Projekte wie die *tageszeitung*.

Eine derartige Rasterung versucht Ordnung zu schaffen, was bei einer vielgestaltigen Medienlandschaft nicht immer einfach ist, denn es gibt nicht wenige Grenzfälle. So treten z. B. die von Staatsseite errichteten Häuser ARD und ZDF und ihr europäisches Pendant European Broadcasting Union (EBU) auch als Lobbyisten zur Eigensicherung auf – sie sind also zugleich Staat und Wirtschaft, oder der Staat bietet Offene Kanäle (in einigen Bundesländern) an, die dann Bürgern zur Selbstartikulation dienen und damit Zivilgesellschaft stärken.

Die hier präsentierte Positionsbestimmung von Governance bei Massenmedien setzt sich von den Zuordnungen ab, die eher aus ordnungspolitischen He-
rangehensweisen stammen. (Jarren/Donges 2007) Dort wird auf die Besonderheiten publizistischer Märkte verwiesen, die besondere Organisationserfordernis-
se stellen, da der Markt nur unzureichend zu funktionieren vermag. Als typisches
Beispiel angewandter Governance gilt die Medienselbstkontrolle in
Form der insgesamt gut funktionierenden Deutschen Presserats mit Besetzung
durch Profis aus Verlegerschaft und Journalistenorganisationen. Aber auch
Spielformen der Selbstregulierung wie die Freiwilligen Selbstkontrolle Fernsehen (FSF), die im Verborgenen arbeitet und der zu Recht erhebliche Defizite
vorgeworfen werden. In der hier vorgetragenen Systematik würden sie überwiegend der Akteursgruppe Wirtschaft zugeordnet (ganz sicher die FSF), auch wenn
sie über Verhandlungsstrukturen und ein wechselndes, meist eher geringes Maß
an Transparenz verfügen.

In ihrer Sichtung der deutschen Situation gehen Otfried Jarren und Patrick
Donges davon aus, dass bürgerliche Selbstorganisation kaum vorhanden ist, sie
sprechen davon, dass ein „Nichtvorhandensein zivilgesellschaftlicher oder ge-
sellschaftspolitischer Akteure jenseits des engeren Bereichs von (Staats-)Politik"
konstatiert wird. (Jarren/Donges 2007: 458) Diese Sicht soll hier relativiert werden. Fraglos ist die Zivilgesellschaft in Deutschlands Medienwelt völlig unterrepräsentiert. Gleichwohl sind im internationalen Kontext richtungsweisende Ansätze nicht zu übersehen und sollen hier – vor allem am amerikanischen Beispiel
– thematisiert werden. Manche Ansätze finden sich stärker in anderen Ländern,
manche erweisen sich als unverkennbar deutsch.

Media Governance in Deutschland und im internationalen Vergleich

Oben wurde dargelegt, wie die an sich klug angelegte amerikanische Rundfunkregulierung zum Abwehrinstrument etablierter Unternehmensinteressen entarte-
te. Gleichwohl finden sich an den Rändern des Mediensystems interessante Entwicklungen, die unterstreichen, wie unter Bedingungen der Staatsabstinenz Frei-
räume entstanden sind, die zivilgesellschaftlich genutzt wurden und werden.

Funkamateure: In den USA (und einigen westeuropäischen Staaten) war die
früheste Entwicklung der Funktechnik mit dem Anspruch von Bürgern verbunden, selbst die seinerzeit faszinierend neue Technik einsetzen zu wollen. Diese
Amateurbewegung von Funkbastlern begann in den USA in den 1890er Jahren,
ihre nationale Organisation American Radio Relay League wurde bereits 1914
gegründet und besteht bis heute fort. Viele der technischen und professionellen
Standards waren seinerzeit im Umfeld der Hobbyfunker entstanden, sie erschlos-
sen z. B. als erste den Kurzwellenbereich und demonstrierten seinen Nutzen für

globale Funkverbindungen. Vergleichbare Tendenzen wurden in Deutschland fast vollständig vom repressiven Staat und politischer Polizei unterdrückt, dies umso mehr, weil die sog. Revolutionären Funker am Ende des Ersten Weltkriegs demonstrierten, welche autonome Macht in der Beherrschung von Funktechnik steckte. Legalisiert wurde die Hobby-Tätigkeit deutscher Amateurfunker überhaupt erst 1949 auf Druck der amerikanischen Besatzungsbehörden. Sie befürchteten – wahrscheinlich zu Recht –, dass nach Rückgabe der Verantwortung in deutsche Hände, konkret der Postverwaltung, die alte Verbotspolitik weitergeführt werde.

Die Tatsache, dass die Amateurfunker bereits die Leistungsfähigkeit einer interaktiven und zweiseitigen Funkkommunikation in analoger Technik demonstriert hatten, wirkte sich bei der experimentell-spielerischen Entwicklung des Internets aus früheren Militärnetzen in den USA seit den 1970er Jahren aus. Kommunikative Interaktivität war längt bekannt, sie setzte sich im Internet nur fort. Der Politikwissenschaftler Ithiel de Sola Pool argumentiert, dass in den USA „Technologies of Freedom", also Kommunikationstechniken in der Hand der Bürger besonders gute Startchancen haben, während Europa eher auf zentralistische und hierarchische Technik setzt. (de Sola Pool 1982) Dies mag idealisiert gesehen sein, tatsächlich wiederholt sich aber im Internet-Bereich, was einst die US-Radioentwicklung auszeichnete: Die frühen innovativen Impulse kamen aus der Zivilgesellschaft (beim Internet vor allem aus Universitäten), es entstand eine Aufbruchphase mit globaler Dynamik. Darauf entstand eine völlig neue Industrie, machte das Internet zu ihrem Geschäftsfeld und reagierte zunehmend restriktiv, um eigene Märkte zu schützen. Im Zeitalter des Radios waren dies Unternehmen wie die Radio Corporation of America (RCA) oder später die *network*-Betreiber CBS, NBC und ABC, die jahrzehntelang unter Protektion der FCC den Markt beherrschten. Ihre Äquivalente in der Internet-Ära sind nun Microsoft, Google, Apple & Co.

Radioaktivisten: Im Deutschland der 1920er Jahre gab es mitgliederstarke Radiobewegungen, gegründet von begeisterten Anhängern der neuen Technik, die oft in Gemeinschaft Empfangsgeräte bauten, gemeinsam Programme hörten (damals aus ganz Europa) und auch medienpolitische Forderungen auf Teilhabe am neuen Medium Radio stellten. Diese Ansprüche wurden von dem etatistisch geführten deutschen Rundfunk unter seinem Direktor Hans Bredow bereits im Vorfeld abgeblockt. Dies war umso einfacher, da seinerzeit die Radiobewegung (wie auch in anderen Bereich, z. B. Sport), zweigeteilt war und die beiden Akteure – die bürgerliche und die Arbeiter-Radiobewegungen – sich als politische Bewegung verstanden, bekämpften und selten gemeinsam handelten. (Dahl 1978) Die Radiobewegungen „von unten" wurden dann von der Nazi-Diktatur sofort und nachhaltig zerstört, über Abhörverbote wurde jede Initiative kriminalisiert, das Hören von „Feindsendern" unter härteste Strafe gestellt. So wurde jede Radiokompetenz in Bürgerhand unterdrückt und als subversiv verunglimpft.

Was wäre passiert, wenn die frühen Radiobewegungen in einem demokratischen Prozess in ein medienpolitisches Gesamtkonzept eingebunden worden wären? Das ist nicht nur eine hypothetische Frage: In den Niederlanden finden wir eine teilweise vergleichbare Ausgangssituation. Dort bestand eine „versäulte" Gesellschaft, wobei diese Säulen jeweils gegeneinander abgeschottete Segmente bezeichneten, darunter liberal/neutrale sowie unterschiedliche religiöse und parteipolitische Strömungen im Lande. Sie gründeten jeweils eigene Radiovereinigungen, die vom Staat zu einem öffentlichen Anbieter zusammengeschlossen wurden. Die Rundfunkgebühr wurde (und wird) an die Vereinigungen gezahlt, sie produzierten Programme und erhielten Sendezeiten entsprechend ihrer Größe. Im öffentlichen Rundfunk der Niederlande sind auch heute noch Elemente dieses „externen Pluralismus" zu finden. „Es war einzigartig in dem Sinne, dass der Rundfunk als Public Service nicht in den Händen von privaten Firmen oder nationalen Organisationen ist, sondern Vereinen von Zuschauern und Zuhörern gehörte." (Bardoel/Reenen 2009: 481) Angesichts dieser einzigartigen Frühgeschichte verwundert es wenig, dass in den Niederlanden heute neben dem öffentlichen Angebot ein besonders dichtes Netz nicht-kommerzieller Lokalmedien besteht, das aus Kommunen und der Zivilgesellschaft heraus betrieben wird.

Public broadcasting in den USA: Wie bereits ausgeführt, lagen die Wurzeln der frühen Radioentwicklung in den USA überwiegend in der Gesellschaft, der Staat verhielt sich weitgehend abstinent. Im Radio waren vor allem Tüftler und Enthusiasten aktiv, also Individuen oder Interessenten in den Universitäten des Landes, dazu Gemeinden, Bibliotheken und andere mehr oder minder öffentliche (nicht staatliche) Einrichtungen. Diese variationsreiche Szene war in den 1930er Jahren von der FCC weitgehend zerstört worden, indem sie Lizenzen einzog und an Kommerzstationen umverteilte; zur Kompensation sollten Stationen sog. *public service announcements* für Staat und Gesellschaft kostenfrei ausstrahlen (die es immer noch gibt). Amerikaner fragen heute, wie sich das System von Radio und Fernsehen entwickelt hätte, wenn dieses „Massaker" nicht geschehen wäre? (Hilliard/Keith 2005) In diesem hypothetischen Fall gäbe es heute sicherlich einen stärkeren, außerhalb des Staates aufgebauten zivilgesellschaftlichen Sektor mit einer Vielzahl von Anbietern, Finanzierungsquellen und Zielgruppen.

Nach dieser nachhaltigen Zerstörung konnte erst in den 1960er Jahren ein neuer Anlauf versucht werden, als die kommerzielle Hegemonie bereits fest etabliert war. Auf der Grundlage der *public broadcasting*-Gesetzgebung wurde 1967 mit dem Aufbau von *National Public Radio* (NPR) und *Public Broadcas-*

ting System (PBS-TV) begonnen. Dies sind jeweils *networks*, bestehend aus kooperierenden örtlichen Stationen und gemeinsamer nationaler Verbreitung, wobei die Programmeinspeisung mit wenigen Ausnahmen dezentral erfolgt. Als Spätankömmlinge verfügen sie nur über einen kleinen Marktanteil (ca. 3 %), sind aber für politische Nachrichten und das Kulturangebot von erheblicher Bedeutung. Faktisch sind NPR und PBS dominant zivilgesellschaftlich organisiert, basierend auf lokalen und nicht-kommerziellen Trägerorganisationen in Universitäten, Kommunen etc., Bürgern aus dem Sendegebiet sind intensiv einbezogen. Eine gemischte Finanzierung sichert ein hohes Maß an Unabhängigkeit, dabei sind – sehr interessant – die drei in der Governance genannten Akteursgruppen zu etwa gleichen Teilen involviert: der Staat (Union, Einzelstaaten, Gemeinden), die Wirtschaft (Sponsoring von Programmen) und die Zivilgesellschaft (fördernde Bürger). *Public Broadcasting* in den USA hat nichts mit dem Modell der öffentlich-rechtlichen Anstalten Deutschlands oder anderer Staaten Europas zu tun, bei ihm stehen Akteure aus der Zivilgesellschaft im Vordergrund. Nach wie vor spielt der Staat nur eine Randrolle.

    Community radios weltweit: Der internationale Gattungsbegriff von Radiostationen, die weder öffentlich noch kommerziell organisiert sind, ist der der *community radios*. Seine globale Verwendung geht zurück auf die Weltorganisation Association Mondiale des Radiodiffuseurs Communautaires (AMARC), gegründet 1983, in der über 4000 Stationen in 115 Ländern zusammengeschlossen sind. Nachdem dieser Typ in der westlichen Welt entstanden war (zuerst: *Pacifica* Stationen in den USA Ende der 1940er Jahre; Lateinamerikaner reklamieren noch ältere Stationen), ist er heute in buchstäblich jedem Weltwinkel verbreitet. In der transatlantischen Wohlstandsregion, aber auch in der armen Welt des Südens, in Lateinamerika und im südlichen Afrika hat er enorme Bedeutung. Die globalen Konferenzen der Organisation – 2006 in Jordanien, 2010 in Argentinien – sind die wohl größten Versammlungen zivilgesellschaftlicher Medienmacher, die weltweit stattfinden.

    Seit den 1970er konnte man in Europa großflächige Entwicklungen beobachten, die zur Entstehung heutiger *community radios* führten. Dabei zeigten sich auf dem Kontinent national sehr verschiedene Ausprägungen, etwa *radio libre* in Südeuropa, häufig mit radikalen Oppositionsbewegungen verbunden, *lokale omroep* lokale Medien in den Niederlanden, *community radios* in Großbritannien, Nahradios in Skandinavien. Der internationale Stellenwert dieses Radiotyps ist enorm, allein in Frankreich (dort *radio associative*) finden wir ca. 600 von ihnen, in Australien gibt es mehr Stationen des *community*-Formats als kommerzielle Anbieter. Dazu kommen Stationen mit spezielleren Aufgaben, oft betrieben von Universitäten (Campusradio), von Migranten, von Minderheiten etc. Erst vor dieser Folie werden Besonderheiten Deutschlands erkennbar.

Media Governance: negative Beispiele in Deutschland

Im internationalen Vergleich wird deutlich, dass Deutschland in mehrerer Hinsicht Entwicklungsland ist, schon der Weltterminus *community radio* ist fast unbekannt. Hier haben die verschiedenen Bundesländer jeweils eigenständige Rechtsrahmen geschaffen, die den dritten Rundfunksektor normieren (einige Landesmediengesetze ignorieren ihn auch). Die gesetzlich zugelassenen Modelle reichen von klassischen freien Radios (in Süddeutschland) über nicht-kommerzielle Lokalradios (z. B. Niedersachsen), Zwei-Säulen-Modelle (in Nordrhein-Westfalen), staatlich organisierte Bürger- und Ausbildungsradios (z. B. Hamburg), Offene Kanäle, Campusradios und Mischtypen davon. Die Buchführung über diese buntscheckige Landschaft führt die Arbeitsgemeinschaft der Landesmedienanstalten in der Bundesrepublik Deutschland (ALM), welche sie in der Summe als „Bürger- und Ausbildungsmedien" führt: Etwa 150 von ihnen werden in Deutschland verortet. Manche dieser Angebote sind allerdings nur stundenweise aktiv, nutzen z. B. Zeitfenster auf Kommerzstationen; in den meisten Fällen ist ihre Gesamtreichweite höchst gering. Was die Organisation anbetrifft, so reicht sie von dem ältesten Sender dieser Art, Freiburgs Radio Dreyeckland in der Tradition der *radio libre*, bis hin zu staatlich organisierten und finanzierten Ausbildungsstationen, wie sie in einzelnen CDU-Bundesländern gepflegt werden.

Was wie eine föderal gestützte Vielfalt aussieht, erweist sich als Ausdruck von medienpolitischer Vernachlässigung, verbunden mit bürokratischer Gängelung. Während im kommerziellen Bereich längst europaweit einheitliche Standards von der Politik garantiert werden, die ermöglichen, dass Senderfamilien in vielen europäischen Staaten nach denselben Vorgaben antreten können (die deutsche RTL ist in etwa einem Dutzend europäischer Staaten aktiv, ähnlich der französische Jugendsender Radio NRJ), müssen sich die sog. Bürgermedien nur schwer nachvollziehbaren, regional variierenden Vorgaben unterwerfen. Die Verbandsszene ist folgerichtig ein Spiegelbild der zerklüfteten Landschaft; die ALM nennt drei Verbände, die jeweils unterschiedliche Segmente zu organisieren suchen, getrennt nach Offenen Kanälen, Freien Radios sowie Bürger- und Ausbildungsmedien. (ALM 200: 331) Von diesen zeigt allein der Bundesverband Freier Radios, der nicht mehr als 30 Stationen umfasst, Nähen zum AMARC-Modell. Im Gegensatz zur deutschen Zerklüftung haben überall sonst in Europa Bürgerfunker schlagkräftige nationale Interessenvertretungen aufgebaut, in Österreich etwa der Verband Freier Radios Österreich (VFRÖ), die Repräsentation auf europäischer Ebene übernimmt das Community Media Forum Europe (CMFE).

Erst im Vergleich zeigt sich, dass der dritte Sektor in Deutschland massiv unterentwickelt ist. Dies ist weder deutscher Mentalität noch deutschem Desinteresse geschuldet, sondern einer kontinuierlichen Behinderung zivilgesellschaftlicher Medianaktivitäten, weil offensichtlich erhebliche Vorbehalte in der Politik gegen die mediale Selbstorganisation der Bürger gehegt werden.[2] In der Sprache dieses Beitrags: Der dritte, zivilgesellschaftliche Mediensektor wird durch Überregulierung niedrig gehalten, eine schlagkräftige Selbstorganisation der Medienmacher erscheint angesichts extremer Kleinstaaterei kaum möglich.

Media Governance: positive Beispiele in Deutschland

Damit ist nicht gesagt, dass Deutschland, was die Präsenz der Zivilgesellschaft in der Medienpolitik anbetrifft, in jeder Hinsicht Entwicklungsland wäre. Es gibt auch deutsche Sonderentwicklungen. Hier sollen die beiden Beispiele der öffentlichen Rundfunkaufsicht und der Tageszeitungsprojekt taz dargestellt werden.

Derselbe Hans Bredow, der als Direktor der Weimarer Reichs-Rundfunk-Gesellschaft in der Frühzeit des Radios jede gesellschaftliche Beteiligung am deutschen Hörfunk verhindert hatte, erdachte nach 1945 das Modell des Rundfunkrats und brachte es erfolgreich in die Debatte um die Neugestaltung des öffentlichen Rundfunks ein. Ihn interessierte „in welcher Form die Hörerschaft in die Rundfunkarbeit eingeschaltet werden könnte, um auf diese Weise einen wahren Volksrundfunk zu schaffen". Seinem Vorschlag zufolge sollten an der Spitze der neu gegründeten Anstalten Räte „aus Vertretern der Spitzenverbände und Fachleuten" stehen, wie er es in Denkschriften ab 1946 forderte. (zit. Kleinsteuber 2009) Als Vorbilder galten ihm Parlamente als Repräsentationsorte der Bürger oder auch Aufsichtsräte als Vertreter der Aktionäre. Dieser Vorschlag, der im Ausland so kein Vorbild hatte, nahm zentrale Forderungen späterer Governance vorweg, indem „sozial relevante Gruppen", also Repräsentanten aus

---

[2] Am 5. Jan. 2011 erklärte das Bundesverfassungsgericht einen Einsatz von Polizei, Staatsschutz und Staatsanwalt bei dem Sender Freies Sendekombinat (FSK) in Hamburg im Jahre 2003 für verfassungswidrig. Seinerzeit waren Polizeikontingente in den Sender eingedrungen, hatten den Sendebetrieb überwacht und umfängliches Material zum allgemeinen Sendebetrieb mitgenommen. Hintergrund war, dass ein FSK-Reporter ein telefonisches Gespräch mit dem damaligen Polizeisprecher ausgestrahlt hatte, ohne ihn darüber zu informieren. Das oberste Gericht rügte damit auch die Hamburger Gerichte, die den Einsatz für rechtens befanden und den betroffenen Journalisten zuvor wegen „Verletzung der Vertraulichkeit des Wortes" verurteilt hatten. Die Karlsruher Richter sagten in diesem Zusammenhang Wichtiges über den Stellenwert der Rundfunkfreiheit. (www.fsk-hh.org) In der Öffentlichkeit wurden sowohl der völlig übertriebene Polizeieinsatz wie auch die Verurteilung durch das oberste Gericht nur wenig zur Kenntnis genommen. In derselben Woche wurde die ungarische Führung – völlig zu Recht – für den Einsatz eines restriktiven Mediengesetzes kritisiert, die Ungarn beriefen sich zu ihrer Verteidigung u. a. auf vergleichbares deutsches Recht.

der Zivilgesellschaft in Entscheidungs- und Kontrollfunktionen des öffentlichen Rundfunks eingebunden wurden. Was dies bedeutet, soll am 17-köpfigen Rundfunkrat der Rundfunkanstalt Deutschen Welle demonstriert werden, dessen Zusammensetzung sich problemlos auf die drei „Bänke" der Governance zurückführen lässt: Auf der staatlichen Bank sitzen sieben Vertreter von Bundestag, -rat, und –regierung, eine Wirtschaftsbank umfasst zwei Arbeitgeber- und Gewerkschaftsvertreter und eine zivilgesellschaftliche Bank nimmt zehn Repräsentanten aus den Bereichen Kirchen, Kultur, Sport, Wissenschaft etc. auf.

Faktisch hat sich die Tätigkeit der Räte seit ihrer Gründung nur wenig verändert. Erst in den letzten Jahren begann eine Diskussion, in welche Richtung die Führungsstruktur des öffentlichen Rundfunks weiterentwickelt werden kann, zumal die Gremien mit der *public value*-Politik zusätzliche Verantwortung zu übernehmen haben. (Lilienthal 2009) Reformvorschläge fordern mehr Professionalität, den Einbezug neuer Organisationen und Initiativen (z. B. aus dem Bereich Umwelt) im Rat und vor allem mehr Transparenz, die völlig unterentwickelt ist. So tagen die Gremien fast immer hinter verschlossenen Türen und verhindern den Zugang zu internen Dokumenten. Die Anstalten gehen davon aus, dass sie nicht den Informationsfreiheitsgesetzen unterliegen und keine Informationspflicht gegenüber der Öffentlichkeit oder den Medien haben. (Kleinsteuber 2009) Ansätze von Governance bleiben so auf halber Strecke stecken.

Ein anderer, charakteristisch deutscher Bereich stellt das Projekt *tageszeitung* (taz) dar. In den 1970er Jahren, in denen in vielen Staaten Europas nach medialen Alternativen gesucht und anderswo die Grundlagen für eine dichte Landschaft von *community radios* gelegt wurden, entstand aus Initiativen unzufriedener Zeitungsleser das Projekt der *taz*, der seit 1979 werktäglich erscheinenden „links-alternativen" *tageszeitung*. Mit ihrer Organisation als Genossenschaft, ihren inzwischen über 10.000 Eignern, spezifischen Formen der Mitbestimmung durch ihre Genossen und Redaktionsangehörige sowie hoher Transparenz erscheint sie heute als prototypisches Konstrukt zivilgesellschaftlicher Selbstorganisation. Die *taz* hatte einst als Projekt zur Schaffung alternativer Öffentlichkeit begonnen, heute ist sie im Establishment ernstgenommener Qualitätszeitungen angekommen – 2009 wurde der früher gern im Blatt kritisierte Kai Diekmann, Chefredakteur der *Bild*-Zeitung, demonstrativ Mitglied der *taz*-Genossenschaft. Symbolisch bleibt sie gleichwohl ein unverkennbares Projekt der Zivilgesellschaft, so ignoriert sie demonstrativ Marktgesetze: Leser können das Abonnement zu unterschiedlichen Konditionen nach eigener Wahl erwerben – vom „ErmäßigtenPreis" über den „StandardPreis" bis zum spendablen „PolitischenPreis" (www.taz.de/Abo) Die fast vollständige Leserfinanzierung der *taz* macht sie gleichermaßen unabhängig und teuer, hält sie aber auch erstaunlich stabil; im

Unterschied zu allen anderen Zeitungen mit ihrer hohen Marktabhängigkeit ging die letzte Medienkrise fast spurlos an ihr vorbei.

Auch die inzwischen recht erfolgreiche Zeitschrift *Öko-Test*, die seit 1985 am Markt ist, begann mit gesellschaftlicher Unterstützung, heute verfügt sie neben einem Großaktionär über 900 Kleinstaktionäre, die damals Startkapital gaben und deren Mitspracherechte heute gering sind. Ihr Hauptkonkurrent ist das werbefreie Organ *Test* der staatlichen Stiftung Warentest, das – auch dies ungewöhnlich – in der hier zugrunde gelegten Systematik dem Akteur Politik zuzuordnen wäre.

Zur Stärke zivilgesellschaftlicher Medien

Die genannten Beispiele unterstreichen, dass die moderne Medienentwicklung von ständigen zivilgesellschaftlichen Vorstößen begleitet war. Zivilgesellschaftliche Medien verfügen aber über Besonderheiten. Zum einen sind sie besonders verletzlich, insbesondere wenn sie in Konkurrenz zur Staats- und Wirtschaftsseite stehen. Ohne Beachtung von Spielregeln der Fairness, wie sie zu Demokratie und Marktwirtschaft gehören, haben sie kaum eine Chance. Deswegen haben sie in autoritären Regimen – in denen staatliche und wirtschaftliche Medientätigkeit möglich sind – niemals eine Chance. Von der Staats- und Wirtschaftsseite werden sie oft als Fremdkörper, mitunter auch als Konkurrenz empfunden, da sie demonstrieren, dass Bürger ihre Belange auch in Selbstorganisation umzusetzen vermögen: Potenziell stellen sie damit die Handlungsfelder der anderen Akteure Politik und Wirtschaft in Frage. Erst wenn begriffen wird, dass zivilgesellschaftliche Lösungen eher eine Ergänzung, denn eine Bedrohung darstellen, vermag Konfrontation in Kooperation umzuschlagen. So entstand der heutige Bereich des *Public Broadcasting* in den USA mit erheblicher Unterstützung der kommerziellen Rundfunkindustrie, denn seine Offenheit ermöglicht ständiges kreatives Experimentieren, was im streng formatierten Kommerzfunk nicht möglich ist. Nach Jahren heftiger (publizistischer und juristischer) Auseinandersetzungen zwischen dem Springer Konzern und der *taz* (die in nächster Nachbarschaft zueinander in Berlin residieren) schlossen beide Seiten Frieden und beginnen nun sogar zu kooperieren.

    Im weltweiten Vergleich zeigt sich folgendes Bild. Kommerziell betriebene Medien, speziell im Bereich des Fernsehens, sind überwiegend großwirtschaftlich organisiert, so wird der private Teil des deutschen Fernsehmarktes von den zwei europaweit tätigen Unternehmen RTL und Pro7Sat.1 beherrscht. Sie bieten auf dem Kontinent insgesamt hochgradig standardisierte Produkte und Formate an. Diese Industrie erwartet und erhält in den verschiedenen Staaten Europas vergleichbare Regulierungsumwelten, was eine weitgehend deregulierte Aufsichtslandschaft entstehen ließ. Organisation und Produkte zeigen folglich in Europa nurmehr geringe Unterschiede.

Anders der Bereich der öffentlichen (*public service*) Medien, die national entstanden und eingebunden sind, meist nur einen nationalen Versorgungsauftrag haben und viele nationale Besonderheiten erkennen lassen, etwa das „versäulte" Modell der Niederlande, das werbefreie Angebot der BBC oder das föderale Modell Deutschlands. Gemeinsame Mindeststandards werden über die Dachorganisation EBU abgesichert.

Der Bereich, in dem Vielfalt, Pluralität und Experiment dominieren, findet sich im dritten, zivilgesellschaftlichen Sektor, der vom lokalen Bezug lebt, von den Menschen des Verbreitungsgebiets, die selbst für Medienversorgung in ihrem Nahraum sorgen. Dies ist aber keineswegs provinziell angelegt, wie schon der häufige Einbezug von Migranten oder ethnischen Minderheiten unterstreicht. Diese Stationen pflegen einen intensiven internationalem Programmaustausch, wie er insbesondere durch die Weltradioorganisation ARMAC forciert wird. Mit starkem Lokalbezug und globaler Vernetzung sind sie die eigentlich „glokalen" Medien.

Weil sie viel leichter beeinflussbar sind als staatliche und wirtschaftliche Akteure, sind es diese *community* Medien, die häufig die besondere Aufmerksamkeit der Regulierungsbehörden erfahren. Beispiele in verschiedenen Ländern bestätigen die Beobachtung, dass Regulierung gerade dort intensiv ansetzt, wo die publizistische Macht am geringsten ist und Regulierung deshalb eigentlich entbehrlich erscheint. Fast erhält man den Eindruck, dass Regulierungsbehörden – auch aus Interesse an der Selbsterhaltung – dort ihren Einfluss demonstrieren, wo sie am wenigsten Widerstand erwarten. Gibt es Abwehrmöglichkeiten dagegen? Sie liegt in einer selbstbewussten und schlagkräftigen Selbstorganisation des dritten Sektors, der immer wieder auf Gleichbehandlung pochen muss. Hier zeigt sich, dass der deutsche Markt der „Bürgermedien" so lange schwach bleiben wird, wie er in Gesetzgebung, Aufsicht, Organisationsmodellen und verbandlicher Absicherung hochgradig fragmentiert bleibt.

Governance und eine bürgernahe Medienpolitik

Mit neuen wissenschaftlichen Paradigmen werden immer einmal wieder Revolutionen ausgerufen. Es scheint mitunter, als wäre mit der Governance die Zivilgesellschaft als neuer Akteur erfunden worden. Der historische Rückgriff sollte zeigen, dass es eine lange Tradition gibt, was bürgerliche Ansprüche auf Medien anbetrifft, manchmal eher praktisch orientiert wie bei den Amateurfunkern, manchmal eher theoretisch wie es etwa Bertolt Brecht forderte, der argumentierte, dass im Radio nicht nur distribuiert, sondern auch kommuniziert werden solle. Im Medienbereich fand dieses Bedürfnis lange Zeit kaum Anknüpfungspunkte, das gilt zumal für Deutschland, wo schnell eine Herausforderung staatlicher Autorität gewittert wurde. Tatsächlich bestehen diese zivilgesellschaftliche Ansprüche auf Medien schon lange, nur hatten sie andere Namen, etwa Amateurvereinigungen, Radiobewegung, Hörerverbände, Zeitungsgenossenschaft.

Wir stehen heute in einer historischen Phase in der die Zivilgesellschaft erstmals die Chance hat, sich gegen Staat und Wirtschaft gleichgewichtig durchzusetzen. Das große Vorbild für die Media Governance ist das Feld der Netzpolitik, wo verlässliche Politik ohne ständigen Einbezug der *net community* und ihrer einzigartigen Kompetenz nicht mehr möglich ist. Eine erfolgreiche, von weit über 100.000 Bürgern unterzeichnete ePetition führte 2009 dazu, dass ein bereits beschlossenes Gesetz zu Netzsperrungen nicht praktiziert wird. In der 2010 eingesetzten Enquete-Kommission des Bundestages zu „Internet und digitale Gesellschaft" finden sich unter den Sachverständigen mehrere erklärte Vertreter der Netzgemeinde, also Experten aus der Zivilgesellschaft. Die gesellschaftliche Konfliktlage zum Bahnhofsbau Stuttgart 21 mündete 2010 in einem „runden Tisch", an dem erstmals kompetente Vertreter außerhalb von Politik und Wirtschaft deutlich machen konnten, wo ihre Betroffenheiten liegen und warum sie das Großprojekt in dieser Form ablehnen. Vielen Kommentaren ist zu entnehmen, dass derartige Planungen in Zukunft ohne gleichberechtigten Einbezug der Bürger nicht mehr zu stemmen sind. In diesem Umfeld erscheint die desolate Lage der Medienpolitik zunehmend anachronistisch. Es ist schon bedrückend, dass die ALM in ihren Jahresberichten seit Jahren die Kategorie „Bürger- und Ausbildungsmedien" als eine Art Restgröße führt und dabei ganz Unterschiedliches vermengt. Entweder haben „Bürger" ihren Sender in zivilgesellschaftlicher Selbstorganisation gegründet und füllen ihn mit lokalem Leben oder ein Sender dient der Ausbildung, was in der Verantwortung des Staates liegt und folgerichtig auch von ihm alimentiert wird. (ALM 2009: 320-347) Man erhält den Eindruck, dass es in der Medienpolitik nach wie vor kein wirkliches Gespür für die notwendige und längst anderer orten realisierte Autonomie bürgerlicher Selbstgestaltung gibt.

Dagegen wiegen positive Ansätze leider noch gering. Immerhin, der Ansatz nach 1945 mit den in Rundfunkräten agierenden „sozial relevanten Gruppen" markierte einen weiteren Markstein auf dem Weg zu mehr zivilgesellschaftlicher Präsenz. Allerdings bezog sich die eher auf fest gefügten, meist hierarchisch strukturierten Verbänden alten Stils. Moderne NGOs, Bügerinitiativen, die ganze Welt postmoderner Organisationsformen, sind in Deutschlands Medien nur wenig vertreten. Heute stehen wir vor der Aufgabe, diese bürgerlichen Formationen, Stakeholder mit zivilgesellschaftlichen Anliegen, endlich als gleichwertige Akteure und Partner in die Runde von Politik und Wirtschaft aufzunehmen.

Um diesen Medienaktiven eine Chance zu geben, wird es notwendig sein,
sie in die Verhandlungsstrukturen einzubinden, ihnen Stimme in den regulativen
Gremien zu geben und gleichberechtigt am „runden Tisch" zu platzieren. Ihre
Vertreter dürfen in keinem Medienrat einer Landesmedienanstalt fehlen, die
Bundesnetzagentur muss ein vergleichbares Leitungsgremium erhalten. Vorbild
für die weitere Entwicklung sollte die erstaunlich einflussreiche Selbstorganisation der Internet-Community sein, die sich schnell und machtvoll zu Wort mel-
det, wenn eigene Anliegen bedroht sind.

Wie kann es weitergehen?

Abschließend werden einige Forderungen formuliert, die in eine zukünftige, von
Governance geprägte Medienpolitik eingehen sollten, dabei werden oft „best
practice"-Beispiele aus Deutschland und der Welt angeführt.

- Transparenz: Soweit vertretbar, müssen alle Aktenvorgänge im Bereich der
  Medienregulierung für Bürger einsehbar sein, so wie es die europäische
  Freedom of Information-Normierung bzw. ihr deutsches Pendant, das In-
  formationsfreiheitsgesetz proklamieren. Dokumente wie Lizenzanträge,
  Verhandlungen, Lizenzerteilungen, Daten über Programmleistungen etc.
  müssen allgemein zugänglich sein. An diesem Punkt ist die amerikanische
  FCC vorbildlich aufgestellt, bei der neben den allgemeinen, auf Freedom of
  Information basierten Zugängen, spezielle Bestimmungen den ungehinder-
  ten Zugang zu Dokumenten regeln, darunter auch Zugriffe auf Datenbank,
  Archiv und eine für die Allgemeinheit offene Bibliothek. Auch die Arbeit
  der britischen Ofcom unterliegt den Transparenzregeln der britischen In-
  formationsfreiheitsgesetzgebung. Für die deutsche Medienaufsicht, für
  Rundfunkräte, Medienräte etc. sollte dies zur Selbstverständlichkeit werden.
- Öffentlichkeit: Alle Verhandlungen in den Organen der regulativen Aufsicht, in Deutschland Rundfunkräte und Medienräte, müssen öffentlich tagen und ihre Verhandlungen und die damit verbundenen Unterlagen und
  Protokolle im Internet Interessierten zugänglich machen. Auch hier ist die
  FCC Vorbild, deren frei zugängliche Verhandlungen zusätzlich aufgezeich-
  net werden und im Netz abrufbar sind. Der Rundfunkrat des Bayerischen
  Rundfunks tagt – eine große Ausnahme – öffentlich. Das sollte Standard
  werden. Die Räte, derzeit angehängt an Intendanzen oder Direktoren, sollten über einen eigenen administrativen Unterbau verfügen, der eine kritische Begleitung der laufenden Arbeit ermöglicht. Die Öffentlichkeit ist regelmäßig zu informieren, jährlich ist ein Rechenschaftsbericht fällig. Das
  Vorbild für Transparenz bietet die im Jahre 2010 eingesetzte Enquete-

Kommission des Deutschen Bundestages zu „Internet und digitale Gesellschaft", die vollständige Video-Mitschnitte ihrer Sitzungen in das Internet
stellt.

- Beteiligung der Zivilgesellschaft: Vertreter aus der dritten Säule der Gesellschaft müssen gleichberechtigt an allen Verhandlungen teilnehmen können,
die medienpolitische Konsequenzen haben. Dabei ist die in Deutschland üb-
liche Vertretung gesellschaftlich relevanter Gruppen ein Schritt in die richtige Richtung, allerdings erweist sich dieses Modell angesichts der von Par-
lamentsmehrheiten beschlossenen Quoren als Einfallstor der Politik, insbesondere der Parteien. Dies ließe sich durch schlichtes Verbot verhindern,
wie es z. B. der Staatsvertrag zur gemeinschaftlichen Medienanstalt von
Hamburg und Schleswig-Holstein (MA HSH) vorschreibt. Dort heißt es u.
a. im Paragrafen 43: „Mitglied des Medienrats kann nicht sein, wer ... den
gesetzgebenden oder beschließenden Organen der Europäischen Gemeinschaften, des Europarates, des Bundes oder eines der Länder angehört oder
Bediensteter einer obersten Bundes- oder Landesbehörde oder einer Ge-
bietskörperschaft ist,..." (MA HSH 2006) Statt der zumeist zahlreichen
politischen Repräsentanten sollten Vertreter aus der Zivilgesellschaft, von
NGOs, Bürgerinitiativen und anderen Gruppen, wie sie in den letzten Jahrzehnten entstanden sind, bei der Gremienbesetzung stärker berücksichtigt
werden (Umwelt, Frauen, Migranten etc.).
- Vereinigungen von Mediennutzern: In vielen europäischen Staaten gab es in
der Frühphase der elektronischen Medien, bei der Einführung des Radios in
den 20er Jahren mitgliederstarke Vereinigungen, die Radioenthusiasten und
ganz normale Hörer mit dem neuen Medium vertraut machten, so auch in
Deutschland. Diese Ansätze wurden in den NS-Jahren zerschlagen und
spielten beim Neuaufbau des Rundfunks 1945 keine Rolle mehr. In einigen
europäischen Staaten blieben Hörer- bzw. Seherorganisationen durchaus
eine politische Kraft, insbesondere in den Niederlanden und teilweise in
Skandinavien. Wen sich dieser Prozess bei uns auch nicht mehr nachholen
lässt, so sollten Verantwortliche alles tun, um Hörer und Seher aus der Passivität heraus zu holen und ihnen Angebote für mehr Beteiligung zu bieten.
In Rundfunkräten sollte eine feste Repräsentanz für Nutzervereinigungen
eingeräumt werden – das würde den Aufbau eines entsprechenden Unter-
baus unterstützen und Interessenten anziehen.
- Beteiligung von Experten: Wenn wir heute von einer Mediengesellschaft
sprechen, so meinen wir eine soziale Struktur, in die Medien an vielen Stellen eingeflochten und einflussreich, wenn nicht tonangebend sind. Mit dem
Bedeutungsanstieg der Medien geht auch ein Wachstum von Expertentum
einher, von Medienkundigen in Redaktionen und Journalistenvereinigun-

gen, Universitäten und Schulen etc. Medienkompetenz ist in wachsendem Umfang vorhanden und sollte eingesetzt werden. Bei Zeitungen in den USA und neuerdings auch bei uns (etwa WAZ) werden Journalistenveteranen als Ombudsleute eingesetzt, die bei Konflikten zwischen Leserschaft, Redaktion und Geschäftsleitung vermitteln. Vertreter in der neuen Aufsichtsstruktur der BBC, dem BBC Trust, müssen mediale Erfahrungen oder Expertise nachweisen. Dem steht in Deutschland das Prinzip der Laienaufsicht gegenüber, die zwar pluralistische und demokratische Prinzipien gut umsetzt, aber in den Aufsichtsgremien nicht für die Kompetenz sorgt, die notwendig ist, um den komplexen Herausforderungen – besonders in der Ära von *public value* und digitalen Universalmedien – gerecht zu werden.

▪ Ausbau von Bürgermedien: Mit diesem Aspekt entfernt sich das Konzept der Media Governance deutlich von anderen Politikfeldern der Governance. Es geht nicht nur darum, den Anteil zivilgesellschaftlicher Teilhabe am Medienbereich zu stärken, Ziel ist es auch, den autonomen Raum bürgerlicher Medienproduktivität zu sichern und zu stärken. Deutschland mit seinem wenig entwickelten *community*-Radiosektor kann hier von den Nachbarn viel lernen. Viel zu sehr lassen sich die zarten Gewächse in den verschiedenen Bundesländern von der regulativen Medienaufsicht gängeln, die föderale Zersplitterung lässt ein gemeinsames und geschlossenes Agieren kaum zu. Hier muss der Staat Hilfe zur Selbsthilfe geben, statt sich wie die restriktive Obrigkeit des 19. Jahrhunderts zu gebären. Er muss Stühle an den Verhandlungstisch der Medienpolitik heranrücken und Bürger zu fairer und gleichberechtigter Teilhabe einladen.

Die Diskussion der Begriffe Regulierung und Governance gibt uns die Möglichkeit, die Frage nach dem Platz der Bürger und der Bürgergesellschaft neu zu stellen, historische und nachbarschaftliche Erfahrungen auszuwerten und endlich Repräsentanten und Aktivisten – beide sind für die Civil Society typisch – einen gleichwertigen Platz am runden Tisch einzuräumen Nur so kann auch die in den Gewichten deformierte regulative Aufsicht modernisiert und entschlackt werden. Regulierung muss in Zukunft gemeinsame Willensbildung und Entscheidungsfällung unter Einbezug der Zivilgesellschaft bedeuten, Hauptziel muss es sein, die notwendigen Rahmenbedingungen für mehr bürgerliche Selbstorganisation zu schaffen – auch als Gegengewicht zu den globalen Medienkonzernen. Ziel ist es, dass die Bürger gleichberechtigt am Tisch sitzen – auch in den Medienforen unserer Ministerpräsidenten. Oder, besser noch, wir schaffen diese Orte der Selbstbespiegelung ganz ab und geben das eingesparte Geld den Bürgern als Hilfe zur autonomen Mediengestaltung zurück.

Literatur

ALM (Arbeitsgemeinschaft der Landesmedienanstalten in der Bundesrepublik Deutschland) (Hrsg.) (2009): ALM Jahrbuch 2008. Berlin: Vistas.

Baldwin, R./Cave M. (1999): Understanding Regulation. Theory, Strategy, and Practice. Oxford: Oxford University Press.

Bardoel, Jo/Reenen, Ben van (2009): Das Mediensystem der Niederlande. In: Hans-Bredow-Institut (Hrsg.): Internationales Handbuch Medien. Baden-Baden: Nomos, S. 476-490.

Benz, Arthur/Lütz, Susanne/Schimank, Uwe/Simoni, Georg (Hrsg.) (2007): Handbuch Governance. Theoretische Grundlagen und empirische Anwendungsfelder. Wiesbaden: VS Verlag.

Benz, Arthur (Hrsg.) (2004): Governance – Regieren in komplexen Regelsystemen- Eine Einführung. Wiesbaden: VS Verlag.

Besen, Stanley M. (1986): Misregulating Television: Network Dominance and the FC C Chicago IL: University of Chicago Press.

Clifton, Judith (ed.) (2003): Privatisation in the European Union: Public Enterprise and Integration. Dordrecht: Kluwer.

Dahl, Ronals (1978): Arbeitersender und Volksempfänger. Proletarische Radiobewegung und bürgerlicher Rundfunk bis 1945. Frankfurt: Syndikat.

Donges, Patrick (2007): Von der Medienpolitik zur Media Governance. Köln: Halem.

Dyson, Kenneth (1980): The State Tradition in Western Europe. Oxford: Martin Robertson.

Einstein, Mara (2004): Media Diversity: Economics, Ownership and the FCC. Mahaw NJ: Lawrence Erlbaum Associates.

Eisenach, Jeffrey A./May, Randolph J. (2001): Communication Deregulation and FCC Reform. New York NY: Springer.

Eisner, Marc Allen/Worsham, Jeffrey/Rinquist, Evan J. (2006): Contemporary Regulatory Policy. Washington DC: John Hopkins Press.

Fehling, Michael/Ruffert, Matthias (Hrsg.) (2010): Regulierungsrecht. Tübingen: Mohr Siebeck.

Frantz, Christiane/Martens, Kerstin (2006): Nichtregierungsorganisationen (NGOs). Wiesbaden: VS Verlag.

Habermas, Jürgen (1990): Strukturwandel der Öffentlichkeit. Frankfurt: Luchterhand (zuerst 1962).

Heinzerling, Lisa/Tushmet, Mark V. (2006): The Regulatory and Administrative State: Materials, Cases, Comments. Oxford: Oxford University Press.

Hilliard, Robert L./Keith, Michael C. (2005): The Quieted Voice. The Rise and Demise of Localism in American Radio. Carbondale IL: Southern Illinois University Press.

Hintz, Arne (2009): Civil Society Media and Global Governance. Intervening into the World Summit on the Information Society. Berlin: Lit.

HSH MA (2006): Medienstaatsvertrag HSH v. 13. Juni 2006 (in der Fassung vom 30. Juni 2009). Unter:
http://www.ma-hsh.de/cms/upload/downloads/Rechtsvorschriften/3._MStV_Internet.pdf

Isenberg, Meike (2007): Verhandelte Politik. Informale Elemente in der Medienpolitik. Berlin: Vistas.

Jarren, Otfried/Donges, Patrick (2007): Massenmedien. In: Benz/Lütz, S. 452-461.

Jordana, Jacint/Levi-Faur, David (2004): The Politics of Regulation. Institutions and Regulatory Reforms for the Age of Governance. Cheltenham Glos: Edward Elgar Publishing.

Kleinsteuber, Hans J. (2009): Alle Macht den Räten. Für mehr Zivilgesellschaft. In: Lilienthal, S. 115-227.

Kleinsteuber, Hans J. (2004): The Internet between Regulation and Governance. In: Christian Möller/Arnaud Amouroux (Eds.): The Media Freedom Internet Cookbook. Wien: OSCE Representative on Freedom of the Media, S. 61-75.

Kleinsteuber, Hans J.(1977):, Die Interstate Commerce Commission. Entstehung, Entwicklung und Gegenwartsstand des regulativen Staatseingriffe in den USA am Beispiel einer Regulierungskommission. Stuttgart: Metzler.

Kooiman, Jan (2003): Governing as Governance. London: Sage.

Lane, Jan-Erik (2000): The Public Sector: Concepts, Models and Approaches. London: Sage.

Latzer, Michael/Just, Natascha/Saurwein, Florian/Slominski, Peter (2002): Selbst- und Koregulierung im Mediamatiksektor. Wiesbaden: Westdeutscher Verlag.

Lepsius, Oliver (2010): Regulierungsrecht in den USA; Vorläufer und Modell. In: Fehling/Ruffert, S. 3-75.

Levy, David (2001): Europe's Digital Revolution: Broadcasting Regulation, the EU and the Nation State. London: Routledge.

Lilienthal, Volker, Hrsg. (2009): Professionalisierung der Medienaufsicht. Neue Aufgaben für Rundfunkräte. Die Gremiendebatte in epd medien. Wiesbaden: VS Verlag.

Marcks, G. (1993): Structural Policy and Multi-level Governance in the EC. In: Alan Cafruny/Glenda Rosenthal (eds.): The State of the European Community. Bolder CO: Lynne Rienner, S. 391-411.

Mayntz, Renate (2009): Über Governance: Institutionen und Prozesse politischer Regelung. Frankfurt: Campus.

McChesney, Robert W. (2003): Theses on Media Deregulation. In: Media, Culture & Society 25:1, 125-133.

Medienforum NRW (2010): Zwei Jahrzehnte Medienforum NRW unter:http://www.medienforum.nrw.de/kongress/rueckblick.html (23. 09. 10).

Pierson, Paul (2000): Increasing Returns, Path Dependency, and the Study of Politics. American Political Science Review 94:2, 259-274.

Plaß, Stefan (1999): Medienpolitik in Niedersachsen. Eine Politikprozess-Analyse zur Einführung nichtkommerziellen lokalen Hörfunks und Offener Kanäle. Münster: Lit.

Raboy, Marc/Landry, Norman/Shtern, Jeremy (2010): Digital Solidarities, Communication Policy and Multi-Stakeholder Global Governance. New York NY: Lang.

Ruschmann, Paul (2005): The FCC and Regulating Indecency. New York NY: Facts on File Publisher.

Schewe, Gerhard (2005): Unternehmensverfassung. Corporate Governance im Spannungsfeld von Leitung, Kontrolle und Interessenvertretung. Berlin: Springer 2005.

Schuler-Harms, Margarete (2010): Medien. In: Fehling/Ruffert, S. 597-677.

WGIG (Working Group on Internet Governance) (2005): Report of the WGIG, Chateau de Bossey. Unter: http://www.wgig.org/docs/WGIGREPORT.pdf
World Bank Group (2010): Governance Matters. Worldwide Governance Indicators 1996 – 2008. Unter: http://info.worldbank.org/governance/wgi/index.asp.

Regulierung des Fernsehens und das „Kulturpolitische Toolkit": Frankreich, Deutschland und Großbritannien im Vergleich und die EU-Dimension.

Peter Humphreys

Abstract

Der Beitrag berichtet über ein vom Economic and Social Research Council (ESRC) finanziertes Projekt, das den Einfluß der Globalisierung, des technologischen Drucks und des (De-)Regulierungswettbewerbs auf die Regulierung des Fernsehens untersucht hat. Fünf Länder wurden in das Projekt einbezogen – Kanada, Frankreich, Deutschland, Großbritannien und die USA. Der Schwerpunkt lag auf dem öffentlich-rechtlichen Rundfunk und anderen Elementen des „kulturpolitischen Toolkits" (Grant and Wood, 2004), wie etwa Produktionssubventionen, Programmquoten und Medienkonzentrationsbestimmungen.[1] Die Kernhypothese des Projekts lautete, dass – unter den Bedingungen eines grenzüberschreitenden Rundfunks – der Regulierungswettbewerb zwischen nationalen oder sogar subnationalen Zuständigkeiten (z.b. die deutschen Bundesländer), deren Ziel eine Maximierung der Medieninvestitionen ist, eine Deregulierung zugunsten des Marktes fördert. Dieser Vortrag konzentriert sich auf drei europäische Länder und beleuchtet darüber hinaus das Potential der Europäischen Union, den Druck des Deregulierungswettbewerbs zwischen den Mitgliedsstaaten zu verstärken oder zu mäßigen. Er liefert Beweise für eine durch den Wettbewerb motivierte Deregulierung der Medienkonzentrationsbestimmungen in diesen Ländern. Darüber hinaus blieben die drei Länder jedoch ihren jeweiligen kulturpolitischen Toolkits verpflichtet. Die öffentlich-rechtlichen Sender in Großbritannien und Deutschland verfügen über vergleichsweise gute Ressourcen und stellen sich der Herausforderung der Online-Umgebung. Frankreichs Über-

---

[1] Im Original der kanadischen Autoren Peter S. Grant und Chris Wood handelt es sich um ein „cultural toolkit", also etwa ein „kultureller Werkzeugsatz", hier übersetzt als kulturpolitisches Toolkit. Es geht um politische Maßnahmen, die eine Regierung einsetzen kann, um Kultur in der ganzen Breite („popular culture") zu fördern, ohne die Medienfreiheit zu untergraben.

tragung der Elemente seines protektionistischen Quoten- und Subventionssystems auf EU-Ebene und die Anpassung dieses Modells an das digitale Zeitalter können als signifikante Maßnahme einer Aufwärtsregulierungbetrachtet werden.

Einleitung

Die Internationalisierung der Märkte wird häufig als vielversprechender (De-)Regulierungswettbewerb zwischen „konkurrierenden Staaten" (Cerny, 1997) betrachtet, eifrig Investitionen in die Gebiete ihrer Regulierungszuständigkeit zu ziehen. Es wird argumentiert, dass sich Staaten einem deregulierenden „Abwärtswettlauf" (siehe Carey, 1974) aussetzen, um Investitionen anzuziehen. Im Medienbereich geht die Hypothese des Deregulierungswettbewerbs davon aus, dass die Entscheidungsträger der Medienpolitik den globalen Markt und die neuen technologischen Entwicklungen als Gelegenheiten betrachten und deregulierenden Maßnahmen in der Handels- und Wirtschaftspolitik Priorität zuweisen, selbst auf Kosten der sozial- und kulturpolitischen Ziele. Es ist jedoch möglich, dass Sorgen um die öffentlich-rechtliche und kulturelle Identität die Deregulierung beschränken oder verhindern und sogar dazu führen können, dass die Entscheidungsträger der audiovisuellen Politik effektivere regulierende Instrumente entwickeln, um öffentlich-rechtliche Ziele zu fördern und die kulturelle Identität zu schützen. Überdies hat die Europäische Union als supranationales Regime das Potential, den Deregulierungswettbewerb zwischen ihren Mitgliedsstaaten zu mäßigen. Ob sie diese Möglichkeit wahrnimmt, hängt vom Ergebnis der Politik und der politischen Entscheidungen auf EU-Ebene ab (Schmidt, 1999; Scharpf, 1997). Was läßt sich aus diesen Aussagen ableiten?

Die audiovisuelle EU-Politik in den drei Ländern: Bestätigung der Perspektive des Deregulierungswettbewerbs?

Es herrschte eine große Beunruhigung unter anderen europäischen Staaten, nicht zuletzt Frankreich, dass Großbritannien von den Bedingungen profitieren könnte, die der Europäische Binnenmarkt für die „Regulierungsarbitrage" seitens europäischer Satellitenfernsehgesellschaften bietet, von London angelockt, wo sie die strengeren nationalen Fernsehbestimmungen umgehen können. Einige Wissenschaftler unterstützen diese Überzeugung. Levy (1999: 34-35) hat beobachtet, dass Firmen eine Lizenz im Bereich Information and Communication Technologies (ICT) „mehr oder weniger auf Verlangen" erhielten, wodurch das Land zu einem attraktiven Standort für „Fernsehsender wurde, die ihre Signale in die benachbarten EU-Hoheitsgebiete ausstrahlen wollten, aber gleichzeitig die straffere Regulierung, der sie in solchen Staaten häufig unterworfen waren, zu umgehen suchten". Gleichermaßen hat Ward (2002: 62) darauf hingewiesen, dass die britische Regierung auf diese Weise den Londoner Markt für TV-Produktionen unterstützte. Die britische Stellung in der europäischen audiovisuellen Politik macht die Bedrohungen und Gelegenheiten einer Regulierungsarbitrage durch Medienfirmen innerhalb internationaler Märkte sicherlich deutlich, und London, als Medienzentrum, hat schlichtweg von den Bedingungen profitiert, die durch den EU-Rahmen eines Binnenmarktes für das Fernsehen geschaffen wurden.

Frankreich hat sich der Deregulierung jedoch widersetzt. Während der Verhandlungen zur EU-Richtlinie „Television Without Frontiers" (TWF) von 1989 bestand Frankreich auf der Einbeziehung von Quoten für Programminhalte „made in Europe" in die Richtlinie. Artikel 4 schrieb vor, dass ein Großteil der Sendezeit (ohne Berücksichtigung von Nachrichten, Sport, Spielen, Werbung und Teletext) für Programme „made in Europe" reserviert werden müsse, und Artikel 5 besagte, dass Sendeanstalten mindestens 10 Prozent ihres Programmbudgets oder ihrer Übertragungszeit europäischen Werken, die von unabhängigen Produzenten geschaffen werden, vorbehalten sein müssten. Großbritannien bestand darauf, dass der Wortlaut „wo dies durchführbar ist, und mit geeigneten Mitteln erfolgt" in diese Artikel aufgenommen werde. Deutschland bestand darauf, dass die Quoten als rein politisch, jedoch nicht als rechtsverbindlich zu betrachten seien (Michalis, 2007: 162; Krebber, 2002: 109 und 117). Großbritannien und Deutschland haben sich außerdem regelmäßig den französischen Versuchen entgegengestellt, das (von Frankreich angeregte) EU-Programm zur Produktionsförderung, MEDIA, großzügiger zu finanzieren (Humphreys, 2009: 189-192).

Polarisierte Perspektiven zur EU-Regulierungspolitik zwischen Großbritannien und Frankreich waren während der jüngsten Überarbeitung der audiovisuellen EU-Gesetzgebung offensichtlich, als die Richtlinie TWF in die *Richtlinie über audiovisuelle Mediendienste* (AVMD)[2] umgewandelt wurde, um die neuen technologischen Entwicklungen einzubeziehen, insbesondere Internet, Breitband und Mobilfunk sowie neue, sogenannte „nichtlineare" Dienste – d.h. nicht programmierte On-demand-Übertragung statt programmierter Übertragung. Während dieser Verhandlungen argumentierte Frankreich, dass die AVMD-Richtlinie marktkorrigierende neben marktschaffenden Zielen enthalten solle, indem man Maßnahmen, wie etwa protektionistische Quoten, einbeziehe. Großbritannien trat jedoch energisch gegen eine Ausdehnung EU-weiter Fernsehvorschriften auf neue Medien und Internetinhalte ein. In diesem Rahmen haben die britischen politischen Entscheidungsträger den ausdrücklichen Diskurs des Regulierungs-

---

[2] Richtlinie 2007/65/EG des Europäischen Parlaments und des Rates vom 11. Dezember 2007 zur Änderung der Richtlinie des Rates 89/552/EWG [„TWF"].

wettbewerbs übernommen, indem sie argumentierten, dass ein solcher Regulie-
rungsansatz die Innovation hemmen und die neue Medienbranche in vorteilhafte-
re Regulierungsumgebungen treiben würde (Michalis, 2007: 220-226).

Großbritannien und Frankreich nahmen gegensätzliche Positionen hinsichtlich des Prinzips des „Ursprungslands" ein, das Grundlage der gesamten Bin-
nenmarktgesetzgebung ist. Während der TWF-Überarbeitung strebten verschiedene europäische Länder, darunter Frankreich, Maßnahmen gegen die vorsätzli-
che Umgehung nationaler Fernsehbestimmungen an[3], Großbritannien kämpfte
jedoch gegen jegliche Schwächung des Prinzips des „Ursprungslands". Wie
bereits erwähnt, hatte Großbritannien ein starkes wirtschaftspolitisches Motiv.
Einer Schätzung zufolge hatte die Hälfte aller europäischen Fernsehsender ihre
Basis nach Großbritannien verlegt, um sich die dortigen liberalen Regulierungsrahmen für Satellitensender zunutze zu machen (Michalis, 2007: 226-228). Unter
Berücksichtigung der Empfindlichkeiten einiger Länder gegenüber einer Regulierungsarbitrage („Hopping zwischen Rechtssystemen") seitens der Medienfirmen führte Artikel 3 der überarbeiteten Richtlinie einige zusätzliche Schutzmaß-
nahmen gegen eine ungerechtfertigte Umgehung nationaler Gesetze ein (Humphreys, 2008a: 161-162). Frankreich hatte außerdem gefordert, dass die Programmquoten der Richtlinie TWF auf On-demand-Dienste erweitert werden
sollten. Da es sich jedoch bei On-demand-Diensten *per definitionem* nicht um
ein programmiertes Angebot handelt, waren solche Quoten auf der Basis von
Übertragungszeiten nicht geeignet. Entsprechend verlangte die Richtlinie von
den Anbietern der On-demand-Dienste lediglich, die Produktion europäischer
Werke und den Zugriff auf solche Werke zu fördern (Europäisches Parlament
und Rat 2007), was einen Spielraum für verschiedene nationale Umsetzungs-
praktiken ließ. Die Bestimmung enthielt dieselbe ungenaue Formulierung „wo
dies durchführbar ist, und mit geeigneten Mitteln erfolgt", die bereits die TWF-
Quotenbestimmungen geschwächt hatte (Humphreys 2008a: 162-163).

Öffentlich-rechtlicher Rundfunk in Frankreich, Deutschland und Großbritannien im Vergleich

Richtet man den Blick von der EU auf die nationale Ebene erscheinen die Stereotypen zweifelhaft, dass sich Großbritannien ausschließlich für Neoliberalismus und Frankreich für die öffentlich-rechtliche Variante einsetzt. In Deutschland und Großbritannien ist der öffentlich-rechtliche Rundfunk die Hauptstütze
der audiovisuellen „kulturpolitischen Toolkits", während der öffentlich-

---

[3] Lorraine Mallinder, „Culture ministers set to revisit old battle ground", *European Voice*, Bd. 12, Nr.
41, 9. November 2006.

rechtliche Rundfunk in Frankreich eine sehr viel schwächere Komponente darstellt und die Hauptstütze aus einem komplexen System protektionistischer Regulierung und interventionistischer Unterstützungsmaßnahmen besteht. Ein Bericht aus dem Jahre 2003, der vom französischen Kultusministerium in Auftrag gegeben wurde, äußert Bedenken, dass die Produktion von Spielfilmen, trotz des Bollwerks schützender Bestimmungen und Subventionen, in Frankreich nach wie vor schwächer war als in anderen großen europäischen Ländern. In einem Versuch, dies zu erklären, stellte der Bericht fest, dass die französischen Fernsehsender – private wie öffentliche – finanziell deutlich schwächer ausgestattet waren als die Sender in anderen großen europäischen Ländern, und dass die französischen Produktionsfirmen finanziell vergleichsweise schwach dastanden. Der Bericht stellte fest, dass dies paradox in einem Land erschien, das sich selbst an die Spitze eines globalen Kampfes zur Verteidigung nationaler kultureller Identitäten, angesichts der Dominanz der amerikanischen Produktionen, gestellt und ein sorgfältig ausgearbeitetes System zur Regulierung und interventionistischen Unterstützung entwickelt hatte (Schwarz, 2003).

Der Bericht des französischen Kultusministeriums weist auf ein deutliches Ungleichgewicht zwischen den Ressourcen der französischen Fernsehsender einerseits und der deutschen und britischen Sender andererseits hin (siehe Tabelle 1). Der Unterschied beim Umfang der Finanzierung des öffentlich-rechtlichen Rundfunks zwischen Frankreich einerseits und Deutschland und Großbritannien andererseits ist bemerkenswert.

Tabelle 2:   Ressourcen der Fernsehsender in Frankreich, Deutschland und Großbritannien 2000

Jahr 2000 (€ 1000 Mio.)	Frankreich		Deutschland		Großbritannien	
	Öffentlich	Privat	Öffentlich	Privat	Öffentlich	Privat
Gebühreneinnahmen	1,3		5,6		4.1	
Werbeeinnahmen	0,6	2,3	0,6	4.3		6.3
Abonnementseinnahmen		2,4		0.6		2.4
Andere Quellen		0,2				
Ingesamt	1,9	4,9	6,2	4.9	4.1	8.7
INSGESAMT (Land)	**6,8**		**11,1**		**12,8**	

Quelle: Antoine Schwarz, La Production Audiovisuelle Française et Sonn Financement. Rapport établi à la demande du ministre de la culture et de la communication, Dezember 2003, S. 15. Es sei darauf hingewiesen, dass diese Tabelle die Einnahmen der BBC aus ihrem kommerziellen Zweig, BBC Worldwide, nicht berücksichtigt. Neuere vergleichende Daten der britischen Regulierungsbehörde Ofcom zeigen, dass die Pro-Kopf-Einnahmen in Großbritannien nach wie vor signifikant höher als in Frankreich oder Deutschland sind. Deutschland und Großbritannien sind sehr viel großzügiger bei ihrer öffentlichen Finanzierung des Fernsehens als Frankreich.

Tabelle 3: Primäre Indikatoren des Fernsehmarktes, 2006

Jahr 2006	Frankreich	Deutschland	Großbritannien
TV-Gesamteinnahmen aus Werbung, Abonnements und öffentlichen Mitteln	£ 6,7 Milliarden	£ 9,0 Milliarden	£ 10,0 Milliarden
Einnahmen pro Kopf	£ 106	£ 109	£ 166
Werbung	£ 37	£ 34	£ 58
Abonnements	£ 50	£ 37	£ 67
Öffentliche Mittel	£ 20	£ 39	£ 41
Jährliche Gebühren pro Haushalt	£ 80	£ 140	£ 136
Penetration des digitalen Fernsehens	53%	24%	76%

Quelle: Die Daten stammen aus Ofcom, The International Communications Market 2007, S. 93. Abbildung 3.1 „Key television market indicators", 2006. Verfügbar unter: http://www.ofcom.org.uk/research/cm/icmr07/tv.pdf Abgerufen August 2008.

Eine Studie, die in achtzehn Ländern für die Canadian Broadcasting Corporation (Nordicity Group 2006) durchgeführt wurde, plazierte Frankreich in die Kategorie der „Länder mit mittlerer Finanzierung", während Deutschland und Großbritannien in der Kategorie „Länder mit hoher Finanzierung" obere Plätze einnahmen.

Die Vergleichszahlen zur öffentlichen Finanzierung geben jedoch kein komplettes Bild über öffentlich-rechtlichen Rundfunk. Es kann kaum einen deutlicheren Hinweis auf den niedrigeren Status des öffentlich-rechtlichen Rundfunks in Frankreich geben als die Privatisierung des öffentlich-rechtlichen Hauptsenders TF1 im Jahre 1987 durch eine konservative Regierung – ein politischer Akt, der wenig öffentlichen Widerstand hervorgerufen hat. Mehr noch, die Privatisierung von TF1 hat einen Trend zur Kommerzialisierung noch verstärkt, der zutage trat, als eine organisatorische Reform in den 1970er Jahren öffentlich-rechtliche Kanäle im direkten Wettbewerb um die Gunst eines Massenpublikums für Programme, die Werbeeinnahmen einbrachten, gegeneinander ausspielte. Anders als die BBC, haben französische und deutsche öffentlich-rechtliche Sender ihre Einnahmen über lange Zeit durch zusätzliche Werbeeinnahmen ergänzt. Wie die Tabellen 3 und 4 zeigen, hat sich Frankreich jedoch stärker auf diese Einnahmequelle verlassen. Dies hat dazu beigetragen, die vergleichsweise wenig großzügige öffentliche Finanzierung des französischen öffentlich-rechtlichen Rundfunks zu kompensieren, wobei die öffentlich-rechtlichen Sender in Frankreich, auch unter Berücksichtigung dieser nichtöffentlichen Zusatzeinnahmen, deutlich schlechter ausgestattet sind als in Deutschland und Großbritannien. Die Abhängigkeit von Werbeeinnahmen hat allerdings dazu geführt, dass die französischen öffentlich-rechtlichen Anstalten eine kommerziellere Programmstrategie verfolgen als die BBC und ARD/ZDF in Deutschland (Iosifidis, 2007: 62-70; Chaniac, 1999).

Tabelle 4:   Entwicklung der Ressourcen von France-Télévisions

Jahr	1999	2000	2001	2002	2003	2006
Gebühren pro Haushalt in €	113,4	114,5	114,5	116,5	116,5	116,5
Gebühreneinnahmen in Mio. €	1066	1227	1423	1461	1490	1834
Werbeeinnahmen (inkl. Sponsoring) in Mio. €	691	656	595	641	644	833
INSGESAMT (Mio. €)	1757	1883	2018	2102	2134	2667
% Werbung	39,3%	34,8%	29,5%	30,5%	30,2%	31,2%

Quelle: Loi des Finances. Antoine Schwarz, La Production Audiovisuelle Française et Son Financement. Rapport établi à la demande du ministre de la culture et de la communication, Dezember 2003, S. 18. Zahlen für 2006 abgerufen unter: http://www.matelepublique.fr/content/le-financement-actuel-de-france-t-l-visions, per 16.06.2009. Diese Webseite wurde von der Copé Commission eingerichtet.

Tabelle 5:   Entwicklung der Ressourcen von ARD und ZDF

Jahr	1999	2000	2001	2002	2003	2004	2005	2006
Gebühren pro TV-Haushalt	339 DM	339 DM	379 DM	194 €	194 €	194 €	204 €	204 €
Gebührenein-nahmen in Mio. €	2175,3	2224,7	2455,6	2501,1	2523,7	2558,5	2642,0	2700,3
Nettoeinnah-men aus Werbung in Mio. €	344,5	371,6	314,5	252,8	252,3	293,8	260,0	302,1
INSGESAMT (Mio. €)	2519,8	2596,3	2770,1	2753,9	2776,0	2852,3	2902,0	3002,4
% Werbung	15,8%	16,7%	12,8%	10,1%	9,9%	11,5%	9,8%	11,2%

Quelle: Media Perspektiven Basisdaten.

Derzeitige Entwicklungen des öffentlich-rechtlichen Rundfunks und die politischen Zwänge

Politische Entscheidungsträger passen ihre Modelle eines audiovisuellen kultur-politischen Toolkits in allen drei Ländern an das digitale Zeitalter an. In Großbri-tannien zeugt die Expansion der BBC – neue Digitalkanäle und neues Online-Angebot – von besonderem Unternehmensgeist. Der öffentlich-rechtliche Rund-funk in Großbritannien profitierte von der anhaltenden Unterstützung der politi-schen Entscheidungsträger, die die BBC als treibende Kraft der neuen Medien-technologien sehen – trotz einer ständigen Litanei der Kritik seitens der kom-merziellen Konkurrenz, die argumentierte, dass diese „Märkte" dem privaten Sektor überlassen werden sollten. Während der *Communications Act 2003* das Ziel der Deregulierung und Liberalisierung des breiteren britischen Kommunika-tionsmarktes verfolgte, um „sicherzustellen, dass Großbritannien Heimat für den Kommunikationsmarkt mit der größten Dynamik und dem stärksten Wettbewerb in der Welt [ist], ... und den britischen Wettbewerbsvorteil auf dem sich schnell verändernden internationalen Markt zu wahren" (DTI/DCMS 2000), enthielt es eine eindeutige Verpflichtung, den öffentlich-rechtlichen Rundfunk innerhalb der Umgebung der neuen konvergierenden elektronischen Kommunikationsmedien zu schützen.

   In Deutschland scheinen die öffentlich-rechtlichen Sender stärkeren Zwän-gen seitens der Politiker zu unterliegen, die sich des Widerstands des privaten

Sektors gegen ihr Engagement für neue Medien bewußt sind (Steemers, 2001; Humphreys, 2008). Die Standortpolitik (ein Begriff, der die Sorge um Regulierungsarbitrage durch private Investoren beschreibt) hat weiterhin Bedeutung für die deutsche Medienpolitik auf Länderbasis. In der Debatte über die zukünftige Rolle des öffentlich-rechtlichen Rundfunks und den Umfang, in dem es ARD und ZDF gestattet sein soll, ihre neuen Medieninitiativen zu entwickeln, scheinen die politischen Entscheidungsträger in einflußreichen Ländern mit großen privaten Medienindustrien – Bayern, Hamburg, Nordrhein-Westfalen – sensibel für die Interessen der privaten Presse und die Bedenken der Sendeveranstalter zu sein, die in ihren Zuständigkeitsgebieten ansässig sind. Eine Reihe von Faktoren hat jedoch zugunsten des öffentlich-rechtlichen Rundfunks gewirkt, nicht zuletzt die wichtige Rolle des Bundesverfassungsgerichts bei der Feststellung des verfassungsrechtlichen Rahmens für die Entwicklung eines deutschen Medienrechts und der dazugehörigen Bestimmungen (eine historische Übersicht findet sich in Humphreys, 1994). Die entscheidende zentrale Rolle der deutschen öffentlich-rechtlichen Sender – die Stärkung des demokratischen und soziokulturellen Pluralismus – wird von einer Reihe von Entscheidungen des Bundesverfassungsgerichts unterstrichen, das ihnen eine Bestands- und Entwicklungsgarantie zugesprochen und ihr Engagement für neue Medien für rechtmäßig erklärt hat. Darüber hinaus profitieren die deutschen öffentlich-rechtlichen Sendeanstalten nach wie vor von einer stabilen und vergleichsweise großzügigen finanziellen Unterstützung mit regelmäßigen Erhöhungen der Gebühren. Seit einer Entscheidung des Bundesverfassungsgerichts aus dem Jahr 1994 erfolgt dieser Prozess transparenter und weniger politisiert als zuvor und bezieht ein politisch unabhängiges Organ ein, das die Kosteneffizienz der Sender prüft und Empfehlungen zur Gebührenfestsetzung ausspricht. In der Tat bestätigte das Bundesverfassungsgericht mit einer wichtigen Entscheidung 2007 ein umfassendes Verständnis für die öffentlich-rechtliche Aufgabe, die Notwendigkeit einer angemessenen Finanzierung sowie die Erfordernis nicht politisierter Entscheidungsfindung bezüglich der Gebühren. Es bestätigte ausdrücklich das Recht der öffentlich-rechtlichen Sender, neue Medienaktivitäten zu entwickeln (Eifert, 2007).

Die Situation der öffentlich-rechtlichen Sendeanstalten in Frankreich ist nach wie vor weniger vorteilhaft. Wie Kuhn (2006, S. 19-22) beobachtet hat, genießt France-Télévisions nach wie vor „nicht den Status und die Legitimität in der französischen Medienlandschaft wie sie die BBC im UK hat". Weiter heißt es: „Während die heutige BBC sich nicht nur als *Sendeanstalt*, sondern als wichtiger öffentlich-rechtlicher *Kommunikationsakteur* betrachtet, ist France-Télévisions in vielfacher Hinsicht ein altmodischer Anbieter für Fernsehprogramme." Ihre Investitionen in digitale Medien sind geringer als die von BBC und ARD/ZDF, was die ständigen finanziellen Zwänge widerspiegelt, die wiederum auf die nach wie vor vergleichsweise niedrige Priorität schließen lassen, die öffentlich-rechtlichen Sendern innerhalb des französischen audiovisuellen kulturpolitischen Toolkits eingeräumt wird. Es gibt verschiedene Gründe für das vergleichsweise niedrige Niveau der allgemeinen Legitimität und des politischen Engagements für öffentlich-rechtlichen Rundfunk. Eine offensichtliche „kulturelle" Bevorzugung des Kinosektors hat den audiovisuellen Sektor in die Position eines „Stiefkindes" gedrängt (Dagnaud, 2006: 194). Das Vermächtnis der Politisierung in der Vergangenheit trägt zur Erklärung der geringeren öffentlichen Unterstützung für den öffentlich-rechtlichen Rundfunk bei, was wiederum eine Erklärung für die Zurückhaltung der Politiker sein kann, wenn es um die Bereitstellung höherer öffentlicher Mittel geht. Bereits erwähnte Kommerzialisierungs- und Privatisierungsmaßnahmen haben zu einem breiteren Konsens geführt, dass sich die Programme des öffentlich-rechtlichen Fernsehens dem des kommerziellen Sektors zu sehr angeglichen haben. Folglich lautet die zentrale politische Forderung, dass France-Télévisions ihre kulturelle und öffentlich-rechtliche Identität wiederentdeckt. Die von Präsident Sarkozy übernommene Lösung besteht aus einem Reformpaket, das Werbeeinnahmen öffentlicher Kanäle bis Ende November 2011 beenden soll. France-Télévisions erhält einen Ausgleich durch eine neue Abgabe für private Sender, die 3% ihrer Webeeinnahmen entspricht, sowie für Internetdiensteanbieter (ISPs) und Mobiltelefonbetreiber, die 0,9% ihres Umsatzes ausmacht. Um es den privaten Sendern zu ermöglichen, diese Abgabe zu zahlen, dürfen sie ihre Fernsehwerbung ausbauen.

Quoten und Subventionen

Wie bereits erläutert stellt in Frankreich, im Gegensatz zu Deutschland und Großbritannien, ein komplexes protektionistisches Quoten- und Subventionssystem eine zentrale Komponente des kulturpolitischen Toolkits dar. Im Jahre 2001 hat Frankreich 40% der direkten Gesamtsubventionen für Kinoproduktionen und audiovisuelle Produktionen innerhalb der EU mit 15 Mitgliedsstaaten aufgewendet (Cocq und Messerlin, 2005: 21-2, 28). 1947 bestand Frankreich auf einer Sonderbestimmung unter dem GATT, die es Ländern gestattet, Kinoquoten auf ausländische Filme festzulegen, wobei vorwiegend amerikanische Produktionen gemeint waren. Durch ein komplexes Quoten- und Subventionssystem, das durch Maßnahmen wie die „Sonderkinosteuer" (TSA) finanziert wurde, die auf jede verkaufte Kinokarte erhoben und vom Centre National de la Cinématographie (CNC) unter der Kontrolle des Kultusministeriums verwaltet wurde, förderte Frankreich seinen Kinosektor und machte das Land zu einem der wenigen internationalen Orte eines vergleichsweise erfolgreichen Widerstands gegen Hollywood. Es überrascht daher nicht, dass manch einer darauf verwiesen hat, dass das Kino ein privilegierter Sektor der Kulturindustrie in Frankreich sei, während das Fernsehen die Rolle des „Stiefkindes" einnehme (Dagnaud, 2006: 194). 1986 hat der sozialistische Kultusminister (1981-86) Jack Lang dem CNC die Aufgabe übertragen, die Produktion von audiovisuellen Werken und Kinofilmen über seinen Unterstützungsfonds zu subventionieren, den *Compte de Soutien à l'Industrie de programes* (COSIP), der durch eine Abgabe von 5,5% auf den Umsatz der Sendeanstalten finanziert wird. Während das COSIP-Modell den vergleichsweise schwächeren Status der öffentlich-rechtlichen Sendeanstalten sicherlich nicht ausreichend ausgeglichen hat, um die französische Fernsehproduktion auf das Niveau in Großbritannien und Deutschland anzuheben, gibt es keine Anzeichen, dass dieses französische Quoten- und Subventionsmodell derzeit unter Deregulierungsdruck steht. Tatsächlich scheint das Gegenteil der Fall zu sein. Im Januar 2007 hat Frankreich ein Gesetz erlassen – das sogenannte Gesetz zum „Fernsehen der Zukunft"[4] –, das die digitale Umstellung in Frankreich bis 30. November 2011 vorsieht und die Bedingungen für die Einführung neuer Angebote, wie hochauflösendes Fernsehen, Breitbandfernsehen und mobiles Fernsehen, festlegt. Das Gesetz erweitert die Verpflichtung zur Zahlung einer Gebühr auf den Umsatz in den COSIP-Produktionsfonds auf alle Vertreiber von audiovisuellen Inhalten, einschließlich jener Anbieter, die über mobiles Fernsehen und das Internet ausstrahlen. Bezeichnend für die Stärke des politischen Engagements für dieses Schlüsselelement des französischen kulturpolitischen Toolkits war, dass die Maßnahme in der französischen Nationalversammlung einstimmig unterstützt wurde. Die Internet-Diensteanbieter erhoben ziemlich einsam ihren Protest gegen das, was sie schnell als „Internet-Steuer" verurteilten.

Medienkonzentrationsbestimmungen

Alle drei Länder haben jedoch in den vergangenen Jahren eine Liberalisierung der Medienkonzentrationsbestimmungen erlebt, die entweder durch vorbehaltlosen Deregulierungswettbewerb (Deutschland) oder durch ein Element des (de)regulierenden Wettbewerbsdenkens (Frankreich, Großbritannien) motiviert war. In Frankreich hat der rechtliche Rahmen für das Zeitalter des Mehrkanalfernsehens (seinerzeit Kabel und Satellit), der durch das „Leotard-Gesetz" von 1986 geregelt wurde, einige recht restriktive Anti-Konzentrationsmaßnahmen für den privaten Fernsehsektor eingeführt. Die gaullistische Kohabitationsregierung (1993-1995) hat diese Konzentrationsgrenzen jedoch deutlich aufgeweicht, insbesondere für Satellitenkanäle. Laut Levy (1999: 102) rechtfertigte die Regie-

---

[4] Tatsächlich eine Überarbeitung des Gesetzes zur „Freiheit der Kommunikation" aus dem September 1986, das den gesetzlichen Rahmen für das französische audiovisuelle System festlegte.

rung die neue liberale Stimmung durch den Hinweis auf den „internationalen Aspekt des Satellitenfernsehens und die einfache Möglichkeit, mit der ein Betreiber ins Ausland gehen [könnte], wenn die französischen Bestimmungen zu streng [wären]". Die Sozialisten, die strengere Medienkonzentrationsbestimmungen versprachen, lehnten ihre Einführung ab, als sie 1997 wieder an die Macht kamen, da sie fürchteten, eine Einführung „würde den französischen Mediensektor nur destabilisieren und seine Fähigkeit zum Wettbewerb mit englischen, deutschen und amerikanischen Firmen schwächen" (Levy, 1999: 103). Das Grundprinzip des (De-)Regulierungswettbewerbs war deutlich zu erkennen.

Die Einführung des Privatfernsehens in Deutschland brachte ebenfalls recht restriktive Konzentrationsbestimmungen im ersten Rundfunkstaatsvertrag (1987) mit sich, der den rechtlichen Rahmen für nationales privates Fernsehen schuf. Ein dynamischer, durch die Standortpolitik herbeigeführter Deregulierungswettbewerb zwischen den Ländern wurde jedoch bald offensichtlich. Die Aufspaltung der Regulierung zwischen (seinerzeit) fünfzehn Länderaufsichtsbehörden für privates Fernsehen (Landesmedienanstalten), die sich jeweils gezwungen sahen, den Einfluß ihrer Entscheidungen auf die regionale Wirtschaft zu berücksichtigen, verhinderte die Umsetzung einer strikten und effektiven Regulierung. 1996 entwickelten die Länder ein neues Modell zur Kontrolle der Konzentration – ein Zuschaueranteilsmodell–, das die Vorherrschaft des privaten kommerziellen Fernsehens in Deutschland effektiv sanktionierte, die mittlerweile bereits von zwei großen „Senderfamilien", unter Kontrolle der Bertelsmann-Gruppe (RTL) und (seinerzeit) der Kirch-Gruppe, realisiert worden war. Das neue Gesetz konnte als größtenteils symbolische Re-Regulierung betrachtet werden, um einen äußerst offensichtlichen Prozess des Deregulierungswettbewerbs zu beenden (Humphreys und Lang, 1998; Humphreys, 1999). Der neue Staatsvertrag führte jedoch eine neue Aufsichtsbehörde der Länder ein, die Kommission zur Ermittlung der Konzentration im Medienbereich (KEK), deren Aufgabe die Verhinderung weiterer Medienkonzentration war. In jüngerer Zeit hat eine zusätzliche Aufsichtsbehörde der Länder, die Kommission für Zulassung und Aufsicht (ZAK), die für die Einräumung von Lizenzen und die Beaufsichtigung landesweiter privater kommerzieller Radio- und Fernsehprogrammdienste zuständig ist, jeden verbleibenden Anreiz für einen Deregulierungswettbewerb zwischen den Ländern – nämlich ihre Möglichkeit, attraktive allgemeine Regulierungsbedingungen anzubieten, um Medieninvestoren anzuziehen – beseitigt.

In Großbritannien brachte das *Communications Act 2003* der New Labour-Regierung mit der Beseitigung des regulatorischen Hindernisses für ein einziges ITV (dem ältesten kommerziellen Networks mit Public Service Lizenz) für England und Wales, durch Einführung eines ähnlichen Zuschaueranteilsmodellsl, eine schrittweise Deregulierung der Medienkonzentrationsbestimmun-gen zum Abschluß. Diese wurde von den Konservativen in den 1990er Jahren eingeleitet, als man feststellte, dass ITV bereits von zwei großen Unternehmen in England und Wales (Carlton und Granada) und einem Unternehmen (Scottish) in Schottland dominiert wurde. Diese Deregulierung, offensichtlich angetrieben von einem Deregulierungswettbewerb, wurde, was die politischen Entscheidungsträger offen zugaben, von der Wahrnehmung geleitet, dass die Förderung der wirtschaftlichen Effizienz und die Festlegung „eines Rahmens, der die wirtschaftliche Leistung der britischen Medienindustrie stärken würde", erforderlich waren (Doyle, 2002, S. 104-121, S. 113).

Frankreichs Einstellung zum Auslandsbesitz war schon immer – und bleibt weiterhin – typisch protektionistisch und begrenzt die Beteiligung, die Firmen aus Nicht-EU-Ländern an frei zu empfangenen französischen Fernsehsendern besitzen dürfen, auf 20%. Die Liberalisierung dieser Bestimmung wird nicht ernsthaft diskutiert. Deutschland hingegen hatte nie eine derartige Beschränkung zum Auslandsbesitz, und in Großbritannien kippte das *Communications Act 2003* den langjährigen Ausschluß des Besitzes von Channel 3 (ITV) und 5 durch Firmen aus Nicht-EU-Ländern. Eindrucksvoll verkündete die Regierung, dass sie „Investitionen aus Nicht-EWR-Quellen [außerhalb des Europäischen Wirtschaftsraums] zu fördern beabsichtigt[e], um zu ermöglichen, dass Großbritannien schnell von neuen Ideen und technologischen Entwicklungen profitiert, welche Beihilfe zur Effizienz und Produktivität leisten".[5]

Die EU: Verstärkung oder Mäßigung des Drucks eines Deregulierungswettbewerbs?

Welchen Einfluß hat die EU auf Regulierungstendenzen? Eine Reihe wissenschaftlicher Studien weist auf die technokratische, hierarchische, marktpflegende, vorwiegend „deregulierende" Art der EU-Rundfunkpolitik hin (Kleinsteuber, 1990; Wheeler 2004; Harcourt, 2005; Harrison und Woods, 2001 und 2007; Littoz-Monnet, 2007). Demgegenüber argumentiert Ward (2002), dass sich die audiovisuelle Politik der EU zu einem komplexen Regulierungsrahmen entwickelt hat, der von bestimmten „wirtschaftlichen, aber auch kulturellen und politischen [Erfordernissen] angetrieben und von ... demokratischen Werten gestützt wird" (S. ix). Was hat unsere Untersuchung ergeben?

Durch die Schaffung eines Rahmens für Regulierungsarbitrage seitens privater Medienfirmen hat die TWF-Richtlinie von 1989 einen deutlich deregulierenden Einfluß (Harcourt, 2005). Abgesehen vom Binnenmarkt bleibt die Kom-

---

[5] Tessa Jowell/Patricia Hewitt, *The Draft Communications Bill – The Policy*, 9.3.1. Jowell und Hewitt waren Staatssekretäre für Kultur, Medien und Sport bzw. Handel und Industrie.

petenz der EU im audiovisuellen Sektor jedoch klar begrenzt. Unter den Bedingungen des EU-Vertrags liegt die audiovisuelle Regulierung eindeutig weiterhin vorwiegend in der Zuständigkeit der Mitgliedsstaaten. Nirgends zeigen sich die begrenzten Möglichkeiten der EU deutlicher als in ihrem Scheitern, Bestimmungen zum Schutz und zur Förderung des Medienpluralismus auf europäischer Ebene einzuführen. Trotz erheblicher Bedenken hinsichtlich der Medienkonzentration erreichte die Kommission in ihrem einzigen Versuch, auf Initiative des Europäischen Parlaments eine Richtlinie zu verabschieden nicht mehr, als dass sich die Branchenlobbys und die Mitgliedsstaaten zum Widerstand zusammenschlossen. Damit wollte man der konkurrierenden Deregulierung der nationalen Konzentrationsbestimmungen, die auf der Ebene der Mitgliedsstaaten eindeutig feststellbar war, entgegenwirken..

Es gibt einen Bereich der Politik, in dem die EU einen weiten Interventionsspielraum besitzt. Auf dem Gebiet der Wettbewerbspolitik übt die Kommission sehr wesentliche und unmittelbare Zuständigkeiten aus. Man könnte erwarten, dass die EU hier eine starke deregulierende, marktfördernde Rolle spielt (Harrison und Woods, 2001: 498-9; Wheeler, 2004: 350). Gemäß Artikel 88 (3) des EG-Vertrags sind die Mitgliedsstaaten verpflichtet, die Kommission zu informieren, bevor sie staatliche Unterstützung bereitstellen – wobei im audiovisuellen Bereich dazu auch die Gebührenfinanzierung der öffentlich-rechtlichen Sender gehört. In der Praxis hat die Kommission die öffentlich-rechtlichen Sender jedoch von dieser Regelung unter Bezugnahme auf eine andere Bestimmung ausgenommen, nämlich Artikel 86 (2), der es „Diensten von allgemeinem wirtschaftlichen Interesse" (öffentliche Dienste) erlaubt, die ihnen zugewiesenen besonderen Aufgaben zu erfüllen. Der Vertrag von Amsterdam 1997 erkennt die Bedeutung der öffentlichen Dienste im allgemeinen ausdrücklich an. Der Vertrag enthält außerdem ein Protokoll, das den besonderen Schutz für den öffentlich-rechtlichen Rundfunk ausdrücklich vorsieht. Die meisten Bestimmungen – einschließlich der Regelungen zu neuen öffentlich-rechtlichen digitalen Kanälen in Großbritannien und Deutschland –, die von den Wettbewerbsbehörden der Kommission bislang im Hinblick auf die Entwicklung neuer Mediendienste durch öffentlich-rechtliche Sendeanstalten festgelegt wurden, lauteten zu ihren Gunsten (Ward, 2003; Ward, 2002: 97-110, Humphreys, 2007: 101-108).

Es wäre jedoch falsch, aus diesem Grunde anzunehmen, dass die EU-Wettbewerbspolitik keine erheblichen Auswirkungen auf die Fernsehpolitik der Mitgliedsstaaten hatte. Die Mitgliedsstaaten wurden vielmehr gezwungen, das EU-Wettbewerbsrecht bei ihren politischen Entscheidungen zur Zukunft des öffentlich-rechtlichen Fernsehens ernsthaft zu berücksichtigen. Entsprechend hat die BBC, bestärkt durch die Regierung und die britische Regulierungsbehörde für Kommunikation, einen *Public Value Test* entwickelt, um ihre neuen Medienaktivitäten insofern zu legitimieren, als sie einen neuen Wert für die Öffentlichkeit darstellen und im Hinblick auf die EU-Wettbewerbspolitik (und die nationale Wettbewerbspolitik) im audiovisuellen Sektor vertretbar sind. In jüngerer Zeit führte eine langwierige und gründliche Untersuchung der Kommission zur Finanzierung der deutschen öffentlich-rechtlichen Sendeanstalten zur Übernahme eines „Drei-Stufen-Tests", um nachzuweisen, dass neue (oder wesentlich modifizierte) Dienste Bestandteil der öffentlich-rechtlichen Aufgabe sind, dass sie zur Qualität des Medienwettbewerbs beitragen, und dass die geplanten Aufwendungen für solche Dienste angemessen sind. Prozesse wie der *Public Value Test* oder der Drei-Stufen-Test beinhalten, dass die öffentlich-rechtlichen Sender Details der geplanten neuen Mediendienste zum Zwecke der Beratung veröffentlichen müssen und damit anderen Interessengruppen, vornehmlich dem privaten kommerziellen Sektor, eine Möglichkeit einräumen, diese zu kritisieren. Obgleich der Versuch des privaten Sektors, die EU-Wettbewerbsbehörden zur Begrenzung der Expansion der öffentlich-rechtlichen Sender in neue Medienaktivitäten zu veranlassen, fehlgeschlagen ist, war der Preis für die öffentlich-rechtlichen Sender, dass sie jetzt eine umfangreichere Rechenschaftspflicht als in der Vergangenheit haben und mehr Sensibilität für den Markteinfluß ihrer neuen Dienste zeigen müssen. Wenngleich dies eher nach einer Re-Regulierung als nach einer eindeutigen Deregulierung aussieht, hängt vieles offensichtlich davon ab, wie weit der Ansatz des *Public Value Tests* die öffentlich-rechtlichen Sender tatsächlich bei der Innovation in der Zukunft beschränkt. Es ist noch zu früh, um dies vorherzusagen.

Schließlich ist die EU bei ihrer externen audiovisuellen Politik mit Sicherheit nicht „deregulierend". Bislang hat die EU, mit starker Unterstützung durch Frankreich, ihre eigene interventionistische und protektionistische Kulturpolitik und – was angesichts ihrer begrenzten Budgetmöglichkeiten noch wichtiger ist – die ihrer Mitgliedsstaaten gegen den Druck der USA im Hinblick auf eine Liberalisierung der audiovisuellen Dienste im Rahmen der Verhandlungen zum internationalen Handelsverkehr abgeschirmt, zunächst unter dem GATT-Abkommen und in jüngster Zeit unter dem GATS-Abkommen. Die EU hat sich auch 2007 für die Annahme eines weltweiten Übereinkommens zum Schutz und zur Förderung der kulturellen Vielfältigkeit durch die UNESCO eingesetzt, als Gegengewicht zu einem von der WTO angeregten Versuch, die „kulturelle Ausnahme" zu beseitigen.

Schlußfolgerung

Wenngleich es offensichtlich Anzeichen für eine weitreichende Deregulierung des privaten Fernsehsektors gibt, läßt sich für keines dieser Länder sagen, dass der Deregulierungswettbewerb die Regulierung des Fernsehens abgebaut hat, insbesondere im Hinblick auf ihre kulturpolitischen Toolkits. Mit der bedeutenden Ausnahme der Medienkonzentrationsbestimmungen scheinen die jeweiligen kulturpolitischen Toolkits beständig zu sein, wobei sich Frankreich wie gehabt stark auf Quoten und Subventionen verläßt und sich auf der internationalen Bühne mit Nachdruck für dieses Modell einsetzt und Deutschland und Großbritannien – trotz der auffälligen Marktorientierung Großbritanniens in europäischen Debatten – stark auf den öffentlich-rechtlichen Rundfunk vertrauen, der dort sehr viel höher bewertet und unterstützt wird als in Frankreich. Politische Entscheidungsträger in allen drei Ländern haben ihre kulturpolitischen Toolkits an die digitale Online-Umgebung angepaßt: In Deutschland und Großbritannien hat man den öffentlichen Sendern gestattet, ein umfassendes Spektrum an neuen digitalen und Online-Diensten zu entwickeln, und in Frankreich wurde das Subventionsmodell stark ausgebaut und auf die neuen Medienbetreiber erweitert. Frankreich zeigt ein besonders starkes politisches Engagement für ein komplexes regulierendes und interventionistisches kulturpolitisches Toolkit und hat einen globalen Kampf zur Verteidigung nationaler kultureller Identitäten in Anbetracht der Dominanz der amerikanischen Produktion gewonnen. Paradoxerweise hat es jedoch einen schwächeren öffentlich-rechtlichen Fernsehsektor und einen entsprechend schwächeren nationalen Fernsehproduktionssektor als seine weniger protektionistischen Nachbarn. Die britische Regulierungspolitik weist ebenfalls paradoxe Merkmale auf. Während man sich mit Nachdruck für eine starke BBC einsetzt, steht die britische Fernsehpolitik, allgemeiner betrachtet, definitiv unter einem starken Wettbewerbsdruck des Marktes, was an deregulierendes Wettbewerbsdenken erinnert. Dies tritt bei der britischen Einstellung zur europäischen Regulierungspolitik am deutlichsten zutage, wie sich jüngst in der Haltung zur AVMD-Richtlinie zeigte. In dieser Hinsicht scheint Deutschland näher an Großbritannien als an Frankreich zu sein.

Literatur

Carey, William L. (1974): Federalism and Corporate Law: Reflections upon Delaware'. In: 83 Yale Law Review, 1974, S. 663-705.

Cerny, Philip (1997): Paradoxes of the Competition State: the Dynamics of Political Globalization. In: Government and Opposition, 32, 1997, S. 251-74.

Chaniac, Régine (1999): Two Programming Models. In: Scriven, Michael, und Lecomte, Monia (Hrsg.) (1999): Television Broadcasting: Contemporary France and Britain. New York und Oxford. S. 58-70.

Cocq, Emmanuel und Messerlin, Patrick (2005): French Audio-Visual Policy: Impact and Compatibility with Trade Negotiations. In: Guerrieri, Paulo, Lapadre, Lelio, und Koopman, Georg (Hrsg.) (2005): Cultural Diversity and International Economic

Integration: The Global Governance of the Audio-Visual Sector. Cheltenham, UK, und Northamption, MA,. S. 27-51.

Collins, Richard (2002): Media and Identity in Contemporary Europe: Consequences of Global Convergence. Bristol und Portland, OR.

Dagnaud, Monique (2006): Les Artisans de l'Imaginaire: Comment la Télévision Fabrique la Culture de Masse. Paris.

Doyle, Gillian (2002): Media Ownership. London.

Eifert, Martin (2007): Gebührenurteil: Die Bedeutung liegt in der Kontinuität. Anmerkungen zum Rundfunkgebührenurteil des BVerfG.. In: Media Perspektiven, 12, 2007, S. 602-607.

Europäisches Parlament und Rat (2007): Richtlinie 2007/65/EG des Europäischen Parlaments und des Rates vom 11. Dezember zur Änderung der Richtlinie des Rates 89/552/EWG [„TWF"]).

Grant, Peter S., und Wood, Chris (2004): Blockbusters and Trade Wars: Popular Culture in a Globalized World, Vancouver/Toronto.

Harcourt, Alison (2005): The European Union and the Regulation of Media Markets, Manchester.

Harrison, Jackie, und Woods, Lorna (2001): Defining European Public Service Broadcasting. In: European Journal of Communication, 16, 4, 2001, S. 477-504.

Harrison, Jackie, und Woods, Lorna (2007): European Broadcasting Law and Policy. Cambridge.

Herman, Edward S., und McChesney, Robert W. (1997): The Global Media: The New Missionaries of Corporate Capitalism. London und Washington.

Humphreys, Peter (1994): Media and Media Policy in Germany: the Press and Broadcasting since 1945. Oxford und Providence.

Humphreys, Peter (1999): Germany's „Dual" Broadcasting System: Recipe for Pluralism in the Age of Multi-Channel Broadcasting?. In: New German Critique, 78, 1999, S. 23-52.

Humphreys, Peter (2007): The EU, Communications Liberalization and the Future of Public Service Broadcasting. In: Sarikakis, Katharine (Hrsg.): Media and Cultural Policy in the European Union. Amsterdam/New York. S. 91-112.

Humphreys, Peter (2008a): The Principal Axes of the European Union's Audiovisual Policy. In: Fernandez Alonso, Isabel, und de Moragas I Spa, Miquel (Hrsg.): Communication and Cultural Policies in Europe. Barcelona, S. 151-182

Humphreys, Peter (2008b): Digital Convergence, European Competition Policy, and the Future of Public Service Broadcasting. The UK and German Cases. Vortrag auf der Tagung zu International Convergence Policies der Communications Law and Policy Division im Rahmen der 58th Annual Conference of the International Communications Association, Montreal, 22.-26. Mai 2008.

Humphreys, Peter (2009): EU Audiovisual Policy and the Future of Public Service Broadcasting. In: Harrison, Jackie, und Wessels, Bridgette (Hrsg.): Mediating Europe: New Media, Mass Communications and the European Public Sphere. Oxford und New York, S. 183-212.

108 Peter Humphreys

Humphreys, Peter, und Lang, Matthias (1998): Regulating for Media Pluralism and the Pitfalls of *Standortpolitik*: the Re-regulation of German Broadcasting Ownership Rules. In: German Politics, 7, 2, 1998, S. 176-201.

Iosifidis, Petros (2007): Public Television in the Digital Era: Technological Challenges and New Strategies for Europe. Houndmills, Basingstoke.

Kleinsteuber, Hans (1990): Europäische Medienpolitik am Beispiel der EG-Fernsehrichtlinie. In: Kleinsteuber, Hans, et al. (Hrsg.): EG Medienpolitik: Fernsehen in Europa zwischen Kultur und Kommerz. Berlin: Vistas. S. 35-54.

Krebber, Daniel (2002): Europeanisation of Regulatory Television Policy. The Decision-Making Process of the Television Without Frontiers Directives from 1989 and 1997. Baden-Baden: Nomos.

Kuhn, Raymond (2005): The Myth of Exceptionalism? French Television in a West European Context. In: Godin, Emmanuel, und Chafer, Tony (Hrsg.): The French Exception, Oxford. S. 151-166.

Kuhn, Raymond (2006): The Third Age of Public Television in France. Vortrag auf der RIPE-Konferenz, Universität Amsterdam, November 2006. Download von http://yle.fi/ripe/Papers/Kuhn.pdf um 16:40 am 23. Februar 2008.

Levy, David (1999):Europe's Digital Revolution. Broadcasting Regulation, the EU and the Nation State. London und New York.

Littoz-Monnet, Annabelle (2007): The European Union and Culture: Between Economic Regulation and European Cultural Policy, Manchester.

Mazdon, Lucy (1999): Cinema and Television: From Emnity to Interdependence. In: Scriven, Michael, und Lecomte, Monia (Hrsg.): Television Broadcasting: Contemporary France and Britain. New York und Oxford,. S. 71-82.

Michalis, Maria (2007): Governing European Communications: From Unification to Coordination. Lanham, Maryland.

Nordicity Group Ltd. (2006): Analysis of Government Support for Public Broadcasting and Other Culture in Canada. Prepared for Canadian Broadcasting Corporation/La Société Radio-Canada.

Perino, Grischa, und Schulze, Günther G., (2005): Competition, Cultural Autonomy and Global Governance: the Audiovisual Sector in Germany. In: Guerrieri, Paolo, Lapadre, Lelio, und Koopman, Georg (Hrsg.): Cultural Diversity and International Economic Integration: The Global Governance of the Audio-Visual Sector. Cheltenham, und Northamption, MA. S. 52-95.

Regourd, Serge (1999): Two Conflicting Notions of Audiovisual Liberalisation. In: Scriven, Michael, und Lecomte, Monia (Hrsg.): Television Broadcasting: Contemporary France and Britain. New York und Oxford. S. 29-45.

Scharpf, Fritz (1997): Introduction: the problem-solving capacity of multi-level governance. In: Journal of European Public Policy, 4, 4, 1997, S. 520-538.

Schmidt, Vivien A. (1999): Convergent pressures, divergent responses: France, Great Britain, and Germay between globalization and Europeanization. In: Smith, David A., Solinger, Dorothy J., und Topik, Steven C. (Hrsg.): States and Sovereignty in the Global Economy. London und New York. S. 172-192.

Schwarz, Antoine (2003) : La Production Audiovisuelle Française et Son Financement. Rapport établi à la demande du ministre de la culture et de la communication. Paris.

Steemers, Jeanette (2001): In Search of a Third Way: Balancing Public Purpose and Commerce in German and British Public Service Broadcasting. In: Canadian Journal of Communication, 26, 1, 2001, Online-Version unter http://www.cjc-online.ca/viewarticle.php?id=619:

Vogel, David (1995): Trading Up. Consumer and Environmental Regulation in a Global Economy. Cambridge.

Ward, David (2002): The European Union Democratic Deficit and the Public Sphere; An Evaluation of EU Media Policy. Amsterdam.

Ward, David (2003): State Aid or Band Aid? An Evaluation of the European Commission's Approach to Public Service Broadcasting. In: Media, Culture and Society, 25, 2003, S. 233-250.

Wheeler, Mark. (2004): Supranational regulation: television and the European Union. In: European Journal of Communication, 19, 3, 2004, S. 349-369.

Öffentlich-rechtlicher Rundfunk in Polen: Wo stehen wir und wohin geht die Entwicklung?

Stanislaw Jedrzejewski

Abstract

Die Entwicklung der Organisationen des öffentlich-rechtlichen Rundfunks (ÖRR) im Radio- und Fernsehbereich in Mittel- und Osteuropa steht besonderen Schwierigkeiten und Herausforderungen gegenüber.

Anders als bei der Presse, die in allen mittel- und osteuropäischen Ländern zum größten Teil bereits privatisiert ist, bewegen sich ÖRR-Systeme in Richtung eines nationalen, kommerziellen und – leider – politisierten Systems „öffentlicher" Medieninstitutionen. Derzeit wäre es schwierig, die ÖRR-Organisationen in vielen mittel- und osteuropäischen Ländern als nichtkommerzielle oder staatsunabhängige Unternehmen, und daher als uneingeschränkt öffentliche Organisationen zu klassifizieren, die außerdem als wichtige Leistungsträger der öffentlichen Domäne dienen und vielfältige, pluralistische Inhalte von hoher Qualität liefern.

Politiker, Mitarbeiter von Aufsichtsbehörden, Journalisten und die öffentliche Meinung in der Region streben jedoch neue gesetzliche Regelungen, neue Quellen und Methoden der Finanzierung und neue Wege zur Einsetzung des oberen Managements usw. an. Leider übersieht man in der Debatte häufig den Umstand, dass der ÖRR die Situation der Gesellschaft und die Stadien der Entwicklung der Demokratie widerspiegelt.

Schlüsselwörter: öffentlich-rechtlicher Rundfunk, private Sender, Deregulierung, Gebühren

Einleitung: die Lage des öffentlich-rechtlichen Rundfunks in Europa

Laut McQuail (2007) wird der Rundfunk in Europa als ein „gemischtes Modell" beschrieben. Mit dem Aufkommen des Radios in den 1920er Jahren lehnten die Europäer das unregulierte, freie Marktmodell, das sich in den USA entwickelte, und das direkt regulierte, staatlich kontrollierte Modell, das in der Sowjetunion entstand, gleichermaßen ab. Sie übernahmen ein „Reithsches" Modell, das Komponenten des privaten und des staatlich regulierten Rundfunks kombinierte und normalerweise als öffentlich-rechtlicher Rundfunk bezeichnet wird. Gemäß der Definition der digitalen Strategiegruppe II der EBU (2006) liegt das zentrale Merkmal der Definition öffentlich-rechtlicher Medien, das sie von rein kommerziellen Medienanbietern unterscheidet, in ihrer Verpflichtung gegenüber der Gesellschaft. ÖRR-Anbieter sind verpflichtet, der gesamten Gesellschaft zu dienen, indem sie die gesellschaftliche, politische und kulturelle Staatszugehörigkeit fördern und entwickeln und ihr dienen. Dabei stellen sie Medieninhalte mit folgenden Merkmalen bereit:

- Universalität von Inhalt und Zugang,
- redaktionelle Unabhängigkeit,
- hochwertige Programme,
- Rechenschaftspflicht.

Vor den 1980er Jahren fand das öffentlich-rechtliche Konzept breiten Konsens. Das ÖRR-System wurde von einem breiten Spektrum von Gruppen und Interessensverbänden in der westlichen Gesellschaft unterstützt.

Die derzeitige Situation der öffentlichen Sendeanstalten ist eine Folge der deutlichen Hinwendung zur freien Marktwirtschaft in den 1970er Jahren. In Großbritannien und den USA (Thatcherismus, Reaganomics) wurden die als liberal bezeichneten wirtschaftlichen Änderungen eingeführt. Der Hintergrund der neuen Wirtschaftspolitik war ein tiefer Glaube an Unternehmertum und freien Wettbewerb.

Von noch größerer Bedeutung ist aber, dass die Deregulierung und Liberalisierung die Bedeutung der öffentlichen Medien in höchstem Maße aushöhlte. Das aufkommende duale Mediensystem bewirkte, dass öffentliche Sendeanstalten sich an die Regeln des freien Marktes anpassen mussten, und das bedeutete häufig, dass sie den *modus operandi* privater Anbieter übernahmen und ihr Programmangebot kommerzialisierten. Es bedeutete auch, dass sich beide Medientypen, trotz verschiedener Anpassungsmechanismen, einander annäherten: öffentlich und kommerziell wurde zur Realität.

Mit dem Markteintritt des digitalen Fernsehens in den 1990er Jahren (per Satellit und später terrestrisch) und einer deutlichen Überschreitung der kritischen Masse stieg die Zahl der Radio- und Fernsehkanäle. Die schwindende Anziehungskraft der öffentlichen Sender, insbesondere der Universalsender, ist eine Folge dieser Entwicklung wie auch der Rückgang ihrer Zuschauerzahlen und, vor allem, der langsame Verlust ihrer Identität.

Es herrscht sogar die Meinung, dass die öffentlichen Sendeanstalten in Europa genau solange existieren und im Kommunikationsraum präsent sein

werden, wie sie in den nationalen Staaten und auf europäischer Ebene Unterstützung seitens des politischen Systems erhalten und das Publikum zufrieden ist.
Mittlerweile nehmen sowohl die politische Unterstützung für öffentliche Sender
als auch die Popularität ihres Angebots ab.

In Anbetracht des derzeit großen und diversifizierten Angebots elektronischer Medien und der Schwierigkeit, die Inhalte kommerzieller und öffentlicher
Sender voneinander zu unterscheiden, treten neue Fragen nach der Legitimität
ihrer weiteren Existenz, nach der Identität ihres Programmangebots, nach den
Richtungen der Entwicklung, nach der Methode der Finanzierung, nach der Art
der Besetzung des oberen Managements, nach der Art ihrer öffentlichen Darstellung usw. auf. Dies ist darauf zurückzuführen, dass die öffentlichen Medien
nicht in der Lage waren, ein neues Paradigma für ihre Handlungsweise zu entwickeln, sondern als veraltete Institutionen im Geiste des Paternalismus dastehen,
für die die Reithsche Ideologie der Vergangenheit angehört.

Die lokalen und nationalen Reaktionen auf diese Veränderungen fielen natürlich unterschiedlich aus. Wie sich Rundfunksysteme an die neuen Umstände
anpassen, hängt von vielen Faktoren ab, einschließlich der Stärke der nationalen
Kulturen, den finanziellen Regeln zur Finanzierung des Rundfunks, der Einstellung zu Information, Bildung und Unterhaltung, der Beziehung zwischen dem
Rundfunk und dem Staat sowie der Haltung der politischen Entscheidungsträger.

ÖRR in mittel- und osteuropäischen Ländern – allgemeiner Überblick

Die Medien in den mittel- und osteuropäischen Ländern spielten – und spielen –
eine wichtige Rolle im historischen Kampf für Demokratie und Pluralismus. Hier
gibt es mindestens drei Dimensionen:

- ▪ - In einer Reihe von mittel- und osteuropäischen Ländern waren die
  Medien Vermittler für revolutionäre politische Veränderungen.
- ▪ - Revolutionäre Veränderungen in der Gesellschaft zielten auf die Trans-
  formation der parteieigenen oder staatlichen Medien.
- ▪ - Schließlich drehen sich alle zentralen Fragen des Übergangs dieser
  Gesellschaften auf die eine oder andere Art um die Medien, die Rolle des
  Staates und der Zivilgesellschaft, den Aspekt des demokratischen Pluralis-
  mus, die Probleme der Entstaatlichung und Privatisierung, das Streben nach
  Souveränität und natürlich die Liberalisierung der Mediensysteme selbst.

Obgleich die Länder dieser Region sich die Schaffung eines klassischen dualen
Systems, das aus dem öffentlich-rechtlichem Rundfunk und einem kommerziellen Sektor besteht, zum Ziel gesetzt haben, erweist sich dies in der Praxis als
problematisch.

Die mittel- und osteuropäischen Länder sind mit der Bürde der kommunistischen Vergangenheit in eine neue politische Ordnung eingetreten, die folgende Probleme bereithält:

- schwache oder fehlende Zivilgesellschaft,
- dominante Rolle des Staates und der „politischen Gesellschaft",
- geringe Glaubwürdigkeit der gewählten Vertreter, kombiniert mit einem hohen Maß an Korruption,
- geringe gesellschaftliche Identifikation mit demokratischen Prozessen und Verfahre

All diese Probleme bestehen nach wie vor.
Nach 1989 standen die mittel- und osteuropäischen Länder vor der Aufgabe, eine systemische Medienpolitik zu entwickeln, d.h. ihre Mediensysteme neu zu definieren. Zunächst mussten sie sich auf ein Mediensystem einigen, mit den zugrundeliegenden normativen Theorien und Konzepten der Rolle der Medien und des Journalismus in der Gesellschaft.
Laut Jakubowicz (2008) standen hauptsächlich drei Ausrichtungen der Medienpolitik zur Auswahl:

1. idealistisch (eine radikale Vision einer direkten Kommunikationsdemokratie mit Beteiligung der Gesellschaft),
2. mimetisch (direkte Umsetzung des generalisierten westlichen Mediensystems mit einer freien Presse und einem dualen Rundfunksystem),
3. atavistisch (die mangelnde Bereitschaft der neuen Machteliten, die gesamte Kontrolle der Medien oder die Möglichkeit der Einflussnahme aufzugeben),

Trotz des starken Einflusses der „atavistischen" Richtung hat der „mimetische" Ansatz, begleitet von einem beträchtlichen Druck seitens der Europäischen Union, des Europarates und anderer internationaler Organisationen auf bestimmte Regierungen, signifikante und unterschiedliche Ergebnisse bei der rechtlichen und institutionellen Einführung des ÖRR in der Region hervorgebracht.
Eine der ersten Entscheidungen der neuen Regierungen während des Übergangsprozesses bezog sich auf Printmedien und betraf ihre Unabhängigkeit von den kommunistischen Parteien und dem Staat.
Neue Regierungen benötigten mehr Zeit, um einige grundlegende Veränderungen in der Rundfunkgesetzgebung umzusetzen. Das neue Mediengesetz wurde zuerst in der Tschechoslowakei und dann in der Tschechischen Republik (1991) und der Slowakei (1992) in Kraft gesetzt. 1992 wurde eine neue Rundfunkgesetzgebung in Polen und Rumänien verabschiedet. Bulgarien (1995, 1996)

und Ungarn (1995) übernahmen sie Mitte der 1990er Jahre. All diese Länder entschieden sich für ein duales Mediensystem auf der Basis öffentlicher und kommerzieller Sender, wie es typisch für die westeuropäischen Länder ist. In einigen mittel- und osteuropäischen Ländern führt die Machtstruktur jedoch zu einer mangelnden Bereitschaft, die Kontrolle über den staatlichen Rundfunk aufzugeben. In anderen Ländern verhindert der zweifache Druck der Politisierung und Kommerzialisierung, dass neu gegründete öffentlich-rechtliche Sendeanstalten ihre Aufgabe wirklich erfüllen. Die knappen Frequenzen und Übertragungskapazitäten brachten einige Länder dazu, staatliche/öffentliche Fernseh- und Radiosender zu privatisieren, um kommerziellen Sendern die Ausstrahlung zu ermöglichen. In diesem Zusammenhang wurden bisweilen Bestimmungen erlassen, die den Zugang des ÖRR zur Werbung einschränken. Beide politischen Ausrichtungen schwächen den öffentlich-rechtlichen Sektor und können dazu führen, dass er an den Rand gedrängt wird. Außerdem behindert der Mangel an Kapital die Bemühungen lokaler Unternehmer, Rundfunkmedien zu entwickeln. Gleichzeitig stehen internationale Unternehmen zur Erschließung neuer Märkte in den Startlöchern.

Mit wenigen Ausnahmen herrscht der Eindruck, dass ÖRR-Sender in mittel- und osteuropäischen Ländern die Aufgabe eines öffentlich-rechtlichen Dienstes, Unabhängigkeit, Vielfalt und pluralistische Inhalte von hoher Qualität zu gewährleisten, nicht erfüllen. Gleichzeitig steigen ihre finanziellen Verbindlichkeiten, und die Zuschauerzahlen gehen zurück.

Die Argumente, die in den derzeitigen politischen Debatten in den mittel- und osteuropäischen Ländern vorherrschen, geben hauptsächlich wieder, was bereits gesagt und in Westeuropa vor und nach der Startphase der privaten Radio- und Fernsehsendernetze beobachtet wurde.

Politische Kontrolle und staatliches Eingreifen, ideologische Monopolstellung, bürokratische Unbeweglichkeit und wirtschaftliche Ineffizienz der staatlichen Medien unter den alten Regierungen sind die häufigsten Vorwürfe der öffentlichen Meinung und der neuen Regierungen.

Radio und Fernsehen sind zu einem Schlachtfeld der Parteieliten geworden, die darum ringen, ihre Macht zu festigen oder die politische Landkarte des Landes zu verändern. Die Medien werden als das beste Mittel zur Stärkung der Macht der neuen politischen Führung betrachtet. In dieser Situation wird die Autonomie solcher Organisationen durch den Staat begrenzt, der gleichzeitig versucht, seine Souveränität zu demonstrieren und zu stärken.

Kommerzielle Prinzipien für den Medienbetrieb werden hingegen häufig als eine Beschränkung des staatlichen Einflusses wahrgenommen. Auch Journalisten sehen die Kommerzialisierung als das wichtigste Instrument, um Unabhängigkeit

vom Staat zu erreichen, wobei Fragen nach dem Schutz des Interesses der Öffentlichkeit ihren eigenen Interessen eher nachgestellt werden.

Unter Berücksichtigung der Art der Medien in den mittel- und osteuropäischen Ländern kam Fabris (1995: 229) zu dem Schluß, dass sich Anfang der
1990er Jahre „gemischte Formen alter und neuer autoritärer Strukturen sowie
neue kommerzielle Sphären entwickelt haben, die wahrscheinlich für einige Zeit
nebeneinander existieren werden".

Fabris glaubte auch, dass trotz der Vorherrschaft des westlichen Medien-
modells davon auszugehen ist, dass eher traditionelle und einheimische osteuro-
päische Medienphilosophien und Verhaltensmuster überleben werden, zumindest
für eine gewisse Zeit. Rückblickend und allgemein betrachtet hatte Fabris recht.
Man ist jedoch geneigt zu sagen, dass es sich bei seinen „traditionellen und ein-
heimischen osteuropäischen Medienphilosophien und Verhaltensmustern" um
Muster zu handeln scheint, die mit postautoritären Kulturen und Gesellschaften,
und nicht notwendigerweise mit jener speziellen Region, im Zusammenhang
stehen.

Dieser Kommentar bezieht sich auch auf eine geographische Rechtfertigung
oder zumindest eine Konsequenz für die Medien in Mittel- und Osteuropa, wenn
es um die „Italienisierung" der Medien in der Region geht.

Gemäß Hallin und Mancini (2004) wies das italienische Mediensystem in
den 1980er Jahren folgende Merkmale auf: starke staatliche Kontrolle eines
Massenmediensystems, ebenfalls starke Parteilichkeit der Massenmedien, gleich-
chermaßen starker Umfang der medienpolitischen Integration sowie offene
Unterstützung der Politiker durch das Medium der Massenkommunikation auf
verschiedenen Ebenen, d.h. organisatorisch, wirtschaftlich, beruflich, ideologisch
usw. Darüber hinaus gab es keine gefestigte und gemeinsame Berufsethik.

Splichal (1998) gelangte seinerzeit zu der Schlußfolgerung, dass sich die
mittel- und osteuropäischen Medien in Richtung des italienischen Systems entwickelten. Auf politischer Ebene war eine Instabilität des politischen Systems in
Mittel- und Osteuropa zu verzeichnen, vergleichbar mit der politischen Situation
in Italien in den 1980er Jahren.

Laut Wyka (2008) war die nächste Stufe der „Italienisierung" die „Berlusconisierung". Das bedeutet, dass die Massenmedien von Politikern und Geschäftsleuten monopolisiert und ausschließlich für ihre persönlichen, politischen
oder geschäftlichen Zwecke eingesetzt werden.

Hat diese Theorie heute tatsächlich Gültigkeit, und traf sie in Mittel- und
Osteuropa in den 1990er Jahren tatsächlich zu? Ergibt es Sinn, über eine „Italienisierung" oder eine „Berlusconisierung" der Medien in Mittel- und Osteuropa
zu sprechen? Die Antwort auf diese Frage lautet „ja" und „nein".

Skolkay (2008) hat zwei Antworten auf die vorstehende Frage gegeben. Die erste Antwort lautet „ja", weil ein System, das dieser Art von Mediensystem ähnelte, offenbar in vielen Ländern Mittel- und Osteuropas in den 1990er Jahren oder zumindest in bestimmten Phasen der 1990er Jahre, in Erscheinung trat.

Die Antwort lautet „nein", weil diese Ähnlichkeit nur teilweise und/oder vorübergehend herrschte. Dieses Konzept/diese Theorie hat bei näherer Betrachtung und Beobachtung der langfristigen Entwicklung oder der Tendenzen keinen Bestand. Außerdem könnte man weitere Modelle der Beziehung zwischen Medien, Gesellschaft und Politik finden oder schaffen.

Öffentliche (staatseigene) Radio- und Fernsehsender in Mittel- und Osteuropa – wie auch andere Institutionen in der Region, insbesondere öffentliche Institutionen – werden gezwungen, alle Folgen der wirtschaftlichen Umgestaltung und der beschleunigten Modernisierung zu meistern. Sie funktionieren innerhalb einer wirtschaftlichen Umgebung, die besonders turbulent ist sowie unter instabilen und brüchigen Rechts- und Finanzsystemen und im Umfeld zahlreicher externer Bedrohungen und interner Schwächen.

Da es in vielen Ländern der Region kein Gebührensystem gibt, leiden diese Institutionen unter ständigem Geldmangel, zu geringen Investitionen und veralteter Technik, während sie gleichzeitig mit dem Erbe ihrer Vergangenheit – einer schlecht funktionierenden Organisationsstruktur und zu viel Personal – umgehen müssen.

Öffentlich-rechtliche Sender in Mittel- und Osteuropa stehen am Scheideweg zwischen staatlichem Besitz und freiem Markt – wobei dieser derzeit, zumindest von der Presse, als das optimale System anerkannt wird.

Das primäre Problem ist nicht die Gefahr einer übermäßigen Macht des Kapitals, sondern eher der Mangel an ausreichendem Kapital für eine effektive Privatisierung, nicht nur dem Namen nach. Anders als bei der Presse, die in allen mittel- und osteuropäischen Ländern zum größten Teil bereits privatisiert ist, bewegen sich Rundfunksysteme in Richtung eines nationalen, kommerziellen und – leider – politisierten Systems „öffentlicher" Sender, die staatlichen Behörden unterstellt sind, vergleichbar mit der Situation im Westen vor dem Aufkommen des Satelliten- und Kabelfernsehens (mit dem das Staatsmonopol in der Medienbranche abgeschafft wurde).

In dieser Situation wäre es schwierig, die öffentlichen (staatlichen) Radio- und Fernsehsender, die in vielen Ländern Mittel- und Osteuropas aktiv sind, als nichtkommerzielle oder staatsunabhängige Unternehmen, und daher als uneingeschränkt öffentliche Organisationen, zu klassifizieren.

In der Praxis sind diese Sender einerseits von werbenden Unternehmen abhängig, die in Anbetracht des Rückgangs staatlicher Subventionen oder rückläufiger Gebühreneinnahmen zu den primären Finanzierungsquellen werden, während sie andererseits in politische Kämpfe verstrickt sind.

Die signifikanten politischen Ereignisse und Veränderungen der frühen 1990er Jahre ebneten den Weg für verschiedene Typen der Marktwirtschaften in allen Ländern der Region, und die etablierten ÖRR-Sender litten unter einem signifikanten Zuschauerschwund, als der Äther für private Radio- und Fernsehfirmen geöffnet wurde. Die Gesetzgebung zu Massenmedien wurde mehrmals und in unterschiedlicher Weise reformiert, so dass jedes Land für sich betrachtet werden muss, um die Reaktion des nationalen ÖRR auf die neue dynamische Situation auf dem Radio- und Fernsehmarkt zu beurteilen.

Mediengesetzgebung: Polen

Polen ist ein relativ großer und reicher Markt, sowohl allgemein als auch speziell im audiovisuellen Bereich. Die Größe und das wirtschaftliche Wachstum Polens gewährleisten hohe Werbeausgaben und ziehen einen großen Teil der ausländischen Werbemittel an, die zur Finanzierung der Entwicklung des kommerziellen Radios und Fernsehens beitragen. Eine relativ breite Penetration des Kabel- und Satellitenfernsehens hat Polen zu einem der größten Märkte für diesen Sektor in Europa gemacht. Das Interesse der Satellitenkanäle, auf diesen Markt vorzudringen, führt zu einem raschen Anstieg der Anzahl von Programmen in polnischer Sprache. Außerdem ist eine hohe Penetration des Marktes mit Videorekordern zu verzeichnen, was die Entwicklung eines großen Videomarktes angetrieben hat.

Die neue polnische Radio- und Fernsehlandschaft wurde ursprünglich Anfang der 1990er Jahre geschaffen. Gesellschaftliche und politische Umwälzungen begannen 1989 und setzten sich durch die Entwicklung der Demokratie in Polen fort, was dem Land zum Erfolg verhalf.

Polens Verfassung (1997) garantiert die Meinungsfreiheit (gemäß Artikel 10 der Europäischen Menschenrechtskonvention), Freiheit der Presse und anderer Medien sowie das Recht auf Zugang zu öffentlichen Informationen.

Im Dezember 1992 hat das Unterhaus des Parlaments (Sejm) das Rundfunk- und Fernsehgesetz verabschiedet, das am 1. März 1993 in Kraft trat. Unter dem Gesetz obliegt dem Nationalen Rundfunkrat KRRiT, einer staatlichen Behörde, die Zuständigkeit für Rundfunkangelegenheiten. Der Rat war eine der ersten Institutionen, die nach dem Zusammenbruch des Kommunismus 1989 unabhängig gegründet wurde. Zuvor hatte man einen Entwurf für eine Verfassungsänderung erarbeitet, in dem man die Bestimmungen zum Nationalen Rundfunkrat in diesen fundamentalen rechtsgestaltenden Gesetzesakt einbezog. Die Mitglieder des Rats werden vom Unterhaus des Parlaments (Sejm), vom Oberhaus (Senat) und vom Präsidenten der Republik benannt. Vor Dezember 2005 bestand der

Nationale Rundfunkrat aus neun Mitgliedern: vier wurden vom Sejm benannt, zwei vom Senat und drei vom Präsidenten. Unter der Verfassung der Republik Polen (1997) darf ein Mitlied des Rats „keiner politischen Partei oder Gewerkschaft angehören und keinen öffentlichen Aktivitäten nachgehen, die mit der Würde seiner Funktion unvereinbar sind" (Verfassung der Republik Polen vom 2. April 1997, Art. 214).

Gemäß dem Gesetz vom 29. Dezember 2005 zu Umstellungen und Modifikationen an der Aufteilung der Aufgaben und Vollmachten staatlicher Stellen, die für Kommunikation und Rundfunk zuständig sind (Amtsblatt vom 30. Dezember 2005, Nr. 267, Punkt 2258), endete die Amtszeit des letzten Nationalen Rundfunkrates von Polen, und ein neuer Ausschuss wurde eingesetzt. Das Gesetz reduzierte die Anzahl der Ratsmitglieder von neun auf fünf. Zwei von ihnen werden vom Sejm benannt, einer vom Senat und zwei vom polnischen Präsidenten. Die Amtszeit jedes Mitglieds beträgt sechs Jahre.

Die Hauptaufgabe des Rates besteht im Schutz:

- der Freiheit der Meinungsäußerung und Unabhängigkeit der Sender
- der Interessen der Zuschauer und Zuhörer,
- des offenen und pluralistischen Charakters von Radio und Fernsehen.

Weitere Aufgaben des Rates sind:

- Ausarbeitung der Richtung der staatlichen Politik im Rundfunkbereich (in Beratung mit dem Premierminister,)
- Kontrolle der Aktivitäten der Sender im Rahmen des Gesetzes,
- Festlegung von Empfangs-, Lizenz- und Registrierungsgebühren.

Die Umsetzung der vorstehenden Aufgaben ist möglich durch:

- die Vollmacht, Sendelizenzen für Radio und Fernsehen zu vergeben,
- das Recht, Mitglieder der Aufsichtsräte und Programmräte in einzelnen öffentlich-rechtlichen Radio- und Fernsehsendern zu benennen

Das Rundfunk- und Fernsehgesetz von 1992 regelt das Rundfunksystem. Das duale System eines öffentlich-rechtlichen und privaten Rundfunks wurde durch das Gesetz eingeführt. Die wichtigsten Grundlagen der neuen Regelung sind die Entmonopolisierung und die Umgestaltung der staatlich kontrollierten Rundfunkorganisationen in ein starkes ÖRR-System, das auf dem Wettbewerbsmarkt überleben kann. Ein weiteres Ziel war der Schutz des nationalen audiovisuellen Marktes.

Das Rundfunk- und Fernsehgesetz beschreibt die Programmpflichten des ÖRR allgemein.

Der rechtliche Status des ÖRR ist der einer „Ein-Personen-Aktiengesellschaft" des Finanzministeriums. Der Staat besitzt alle Aktien dieser Gesellschaften und ist auf ihrer Hauptversammlung vertreten (z.b. der Finanzminister), wobei es ihm aber von Rechts wegen untersagt ist, Einfluss auf den Programminhalt zu nehmen. Außerdem benennt er nur eines von neun Mitgliedern des Aufsichtsrates der öffentlichen Radio- und Fernsehsender. Die übrigen acht Mitglieder werden von der Rundfunkaufsichtbehörde eingesetzt.

Dieses System der ÖRR-Regelung (mit sechsjährigen gestaffelten Amtszeiten des Rats, dreijährigen Amtszeiten für die Aufsichtsräte der öffentlichen Radio- und Fernsehsender und vierjährigen Amtszeiten für ihre Vorstände), in dem die Aufsichtsratsmitglieder nicht entlassen werden können, wurde entwickelt, um politische Ausgewogenheit bei den Mitgliedern des Rats und den Vorständen der öffentlichen Sendeanstalten zu gewährleisten und eine unangemessene politische Einflussnahme zu verhindern. Durch die „Kolonialisierung" des öffentlichen Lebens durch politische Parteien und die Launen der Wahlergebnisse ist die Benennung aller Mitglieder stark politisch motiviert, und die Zusammensetzung erfolgte einseitig zugunsten der Mitte-Links-Parteien – und jetzt zugunsten der Mitte-Rechts-Parteien. Somit kann der ÖRR nicht als unparteiisch betrachtet werden, sondern eher als Sprachrohr für eine Seite der politischen Trennlinie.

Privaten Sendern steht es frei, ihre Verbündeten auszuwählen, und sie versuchen, gute Beziehung zu jedem zu pflegen, der an der Macht ist.

Auf dem Weg zu einer neuen ÖRR-Regulierung

In dem Bericht, der auf Antrag der Fachgruppe des Europäischen Rates für öffentlich-rechtliche Medien in der Informationsgesellschaft erarbeitet wurde, sagt Lowe, dass „die Handhabung des Übergangs vom PSB (*Public Service Broadcasting* zu PSM (*Public Service Media*) die Fähigkeit voraussetzt, vier Paradoxa effektiv auszubalancieren" (Lowe 2007: 35).

Zunächst geht es um das Paradox der Verschmelzung: Organisation und Tätigkeit wie jedes „normale" Unternehmen, aber Verfolgung der Ziele eines nicht gewinnorientierten öffentlichen Dienstes.

Das zweite Paradox betrifft den Wettbewerb: Wenn die PSM im Wettbewerb erfolgreich sind, bezeichnet man dies als Marktverzerrung, andernfalls sieht man in den PSM die Verschwendung öffentlicher Gelder.

An dritter Stelle folgt das synergistische Paradox: eine gleichzeitige Umsetzung der Zentralisierung, um Effizienz zu erreichen, und der Dezentralisierung, um effektiv zu sein.

Das vierte Paradox ist das Service-Paradox: die gleiche Berücksichtigung des universellen Dienstes für jedermann und der personalisierten Dienste für einzelne.

Im polnischen ÖRR existieren gewisse Krisen, die mit den oben aufgeführten Paradoxa zusammenhängen. Die erste betrifft die Legitimität und Besonderheit des existierenden ÖRR und seiner Aufgabe.

Eine grundlegende Herausforderung beim Übergang zu PSM liegt in der Handhabung des Gleichgewichts zwischen Denken und Organisieren als „normales" Unternehmen, obwohl man keines ist, und gleichzeitiger Wahrung der öffentlich-rechtlichen Ausrichtung, die fundamental für die gesellschaftliche Legitimität ist und das System charakterisiert. Diese Herausforderung birgt potentielle Gefahren für die Wahrung der öffentlichen Interessen, denen das Unternehmen verpflichtet ist.

Die zweite Krise betrifft die Identität. ÖRR-Unternehmen haben das Genremonopol verloren. Daher sind ihre heutigen Ziele sehr schwer zu definieren. Die erste Schwierigkeit des ÖRR liegt darin, universelle Dienste für jedermann und personalisierte Dienste für einzelne anzubieten. Das Problem liegt in dem Potential, den gesellschaftlichen Zusammenhalt auszuhöhlen, indem Dienste entwickelt werden, die eine gesellschaftliche Zersplitterung stimulieren. Das zweite Problem ist der Mangel an politischer Übereinkunft zu Form und Aufgabe der Institutionen, insbesondere im Hinblick auf das Finanzierungsmodell. In Polen ist das gebührenfreie System gescheitert, und das neue ÖRR-Finanzierungsmodell muss effektiv sein und setzt gleichzeitig höchste Effizienz voraus. Dies ist die dritte Krise, die ohne eine Änderung der Mediengesetzgebung schwer zu bewältigen ist.

Und schließlich gibt es noch die Managementkrise. Im allgemeinen ist man in Polen der Ansicht, dass der ÖRR sein Versprechen der Unabhängigkeit und politischen Neutralität nicht gehalten hat, und dass es ihm nicht gelungen ist, als Stütze der öffentlichen Domäne zu fungieren und verschiedenartige und pluralistische Inhalte von hoher Qualität zu liefern.

Tatsächlich steht der ÖRR in Polen vor enormen Herausforderungen in bezug auf Management, Finanzierung und Programmgestaltung. Diese sichtbaren Manifestierungen der Krise werden von Problemen einer weitaus fundamentaleren Art begleitet: Mangel an gesellschaftlicher Verankerung des Konzeptes des öffentlich-rechtlichen Rundfunks und Mangel an gesellschaftlicher Bereitschaft und Möglichkeit, öffentlich-rechtliche Sender sowie ihre Autonomie und Unabhängigkeit zu unterstützen.

Die vielseitige Krise des ÖRR war der Ausgangspunkt für die Erarbeitung einer neuen ÖRR-Gesetzgebung.

Der Entwurf des neuen Rundfunk- und Fernsehgesetzes wurde von der Fachgruppe erarbeitet, die vom Ministerium für Kultur und Nationales Erbe eingesetzt wurde. Die Vorschläge wurden auf den Webseiten des Ministeriums veröffentlicht, und die Debatte hat begonnen. Die Debatte selbst ist zum Gegenstand einer sehr scharfen politischen Auseinandersetzung geworden, und es fehlt an wesentlichen Argumenten.

Zwei Kernelemente wurden für das Gesetz vorgeschlagen: ein neues Modell der ÖRR-Finanzierung und der neue Rechenschaftsmechanismus für den ÖRR. Die Gruppe schlägt vor, einen Pflichtfonds für öffentlichen Rundfunk einzurichten, der von drei Mitgliedern des Kuratoriums verwaltet wird. Der Fonds würde durch 50-60 % der Umsatzsteuer, die aus den Einnahmen für Medienwerbung stammt, ergänzt. Ein bestimmter Prozentsatz des Fonds soll privaten Sendern zugeteilt werden.

Das Rundfunk- und Fernsehgesetz sieht vor, dass eine „Programmlizenz" (die vom Rat eingeräumt wird) für ÖRR-Firmen als Rechenschaftsmechanismus eingeführt wird, die eine detaillierte Liste der Pflichten und eine Reihe von Kriterien für die Leistungsbeurteilung vorsieht. Die Programmlizenz wäre das Kernelement des Vertrags zwischen öffentlichen Sendern und dem Rat. Das Gesetz definiert die Aufgabe des öffentlich-rechtlichen Rundfunks.

Hinsichtlich des ÖRR-Systems hat die Gruppe vorgeschlagen, 16 regionale Aktiengesellschaften (integriert – Radio und Fernsehen) einzurichten.

Die Vorlage des Entwurfs gegenüber dem Parlament war der Ausgangspunkt für den politischen Kompromiss. Die wichtigsten Abweichungen lauten:

- Der ÖRR kann Mittel aus dem Pflichtfonds für öffentlichen Rundfunk erhalten, der vom Rat verwaltet und kontrolliert wird.
- Der Fonds ist aus dem Staatshaushalt in Form einer staatlichen Subvention auf dem Gebührenniveau von 2007 zu ergänzen.
- 10 % des Fonds werden nichtöffentlichen Sendern zugewiesen.
- Gründung von 34 separaten regionalen Radio- und Fernseh-Aktiengesellschaften.
- Die ÖRR-Vorstände bestehen aus einem Mitglied (landesweit TVP, PR) bzw. drei Mitgliedern (regional TVP, PR).

Nachwort

Das neue Gesetz wurde vom Unter- und Oberhaus des Parlaments verabschiedet und dem Präsidenten vorgelegt. Der Präsident hat daraufhin sein Veto gegen das Gesetz eingelegt. Schließlich wurde das Gesetz an das Parlament zurückverwiesen, und es gibt Anzeichen dafür, dass die parlamentarische Mehrheit dem Veto folgen wird. Um so mehr, als der Nationale Rundfunkrat die Mitglieder des ÖRR-Aufsichtsrates nach der derzeitigen Gesetzgebung von 1992 gewählt hat. Alle Mitglieder repräsentieren die beiden Parteien: Postkommunisten und Populisten (die frühere Regierungspartei Recht und Gerechtigkeit – die Partei der Kaczynski-Brüder). Das bedeutet, dass die derzeitige Zusammensetzung des Rats die breitere Struktur der polnischen politischen Szene nicht widerspiegelt. Welche Aussichten sind dann für die Zukunft zu erwarten?

Die Erarbeitung eines neuen ÖRR-Gesetzes mit einem zivilen und parlamentarischen Anstrich ist notwendig. Sicherlich gibt es im ersten Entwurf des Gesetzes, der von der erwähnten Fachgruppe des Kultusministeriums erarbeitet wurde, eine Reihe positiver Elemente. Einige Schlußfolgerungen aus dem letzten Gesetz, gegen das der Präsident sein Veto eingelegt hat, lassen sich ebenfalls ziehen. Es geht darum, politische Einflüsse auf ÖRR-Organisationen zu beseitigen und ihnen ihren wirklich öffentlichen Charakter wiederzugeben. Man kann sich auch an der Gesetzgebung anderer europäischer Länder orientieren, wo öffentliche Medien ihre Aufgabe erfolgreich erfüllen.

Der *modus operandi* des ÖRR erfordert eine angemessene politische und allgemeine Kultur, und dies wiederum setzt eine gesellschaftliche Struktur voraus, die für eine solche Kultur geeignet ist. Heute kann man sich in Polen und anderen mittel- und osteuropäischen Ländern die kurzfristige vollständige Entwicklung einer solchen Kultur und der strukturellen Voraussetzungen für eine Demokratisierung kaum vorstellen.

Literatur

Verfassung der Republik Polen (1997)
Fabris H. (1995) Westification? In: D. L. Paletz, K. Jakubowicz, P. Novosel (Hrsg.) Glasnost and After Media and Change in Central and Eastern Europe, New Jersey Hampton Press, S. 221-231
Hallin D., Mancini P. (2004) Comparing Media System. Three Models of Media and Politics Cambridge, Cambridge University Press
Jakubowicz K. (2008) Finding the right place on the map: prospects for Public Service Broadcasting in post-communist countries. In: K. Jakubowicz / M. Sukosd (Hrsg.), Finding the right place on the map. Central and Eastern European media change in a global perspective Bristol/Chicago, intellect ltd
Lowe G. F. (2007) The role of public service media for widening individual participation in European democracy, Straßburg, Europäischer Rat
Mc Quail D. (2005) Mass Communication Theory London Sage (5. Auflage)
Amtsblatt vom 30. Dezember 2005, Nr. 267, Punkt 2258
Public service media for the digital age (2006) Genf SIS, EBU

Skolkay A. (2008) Research on Mass Media In Central/Eastern Europe and Southern Europe In Comparative Analysis. In: B. Dobek-Ostrowska / M. Glowacki (Hrsg.) Comparing Media Systems in Central Europe, Wroclaw, University of Wroclaw Publishing House

Splichal S. (1998) Mass media, Publicity and Civil Society: From Ideals to Practice in Central and Eastern Europe www.szignummedia.hu/eng/archiv2.html (abgerufen 16. Juli 2009)

Wyka A. W. (2008) In search of the East Central European Media Model – The Italianization Model? A Comparative Perspective on the East Central European and South European Media Systems. In: B. Dobek-Ostrowska/M. Glowacki (Hrsg.) Comparing Media Systems in Central Europe, Wroclaw, University of Wroclaw Publishing House

Von der Kultur zum Kommerz: EU-Politik für staatliche Beihilfen und öffentlich-rechtlicher Rundfunk

Jo Bardoel/Marit Vochteloo

Die Zuständigkeit der EU-Mitgliedsstaaten bei der Festlegung der Aufgabe des öffentlich-rechtlichen Rundfunks (ÖRR) auf nationaler Ebene wird allmählich ausgehöhlt, insbesondere im Bereich der neuen Medien.

Obgleich das Amsterdamer Protokoll (1997), als Eckpfeiler der ÖRR-Politik in der Europäischen Union, feststellt, dass der ÖRR für die Wahrung des Medienpluralismus unabdingbar ist und die Zuständigkeit der Mitgliedsstaaten bei der Bereitstellung einer angemessenen Finanzierung für den ÖRR sichert, schreibt es auch vor, dass diese Finanzierung die Handels- und Wettbewerbsbedingungen in der Europäischen Union nicht verzerren darf. Infolge von Beschwerden seitens kommerzieller Sender und Pressefirmen hat die EU nach und nach immer detailliertere Regelungen für die Unterstützung des ÖRR durch die Mitgliedsstaaten eingeführt.

Die jüngste Überarbeitung der Mitteilung über die Anwendung der Vorschriften über staatliche Beihilfen (Rundfunkmitteilung 2009) ist nur ein weiterer Beweis für diesen Trend, den Auftrag und die Einnahmeströme der öffentlichrechtlichen Sender zu beschneiden. Ex-ante-Prüfungen, wie etwa der britische „Public Value Test" und das „Market Impact Assessment" sowie der deutsche „Drei-Stufen-Test", vor der Zulassung neuer Mediendienste des ÖRR sprechen für sich. Eben weil die Mitgliedsstaaten nicht bereit sind, kulturelle Interessen an die EU zu delegieren und die Kernkompetenz der EU auf die Wettbewerbspolitik beschränken, gerät die nationale Medien- und ÖRR-Politik mehr und mehr unter die Überwachung durch den Neoliberalismus in Brüssel, in welchem Wirtschaft Vorrang vor Kultur hat.

Die Entstehung einer europäischen audiovisuellen Politik

Seit den 1980er Jahren befaßt sich die Europäische Union mit der Schaffung wettbewerbsfähiger und kreativer audiovisueller Industrien auf dem Europäischen Binnenmarkt (Bitereyst & Pauwels, 2007: 25). Dieses Ziel wurde durch die Richtlinie „Fernsehen ohne Grenzen" (1989 und spätere Überarbeitungen) erreicht. Sie schafft einen Rahmen, um die Verbreitung europäischer Inhalte durch eine Liberalisierung der Fernsehmärkte und die Festlegung europäischer Quotenbestimmungen zu fördern und schreibt gleichzeitig Mindestanforderungen für den Schutz von Konsumenten (Werbung) und Kindern (Sex und Gewalt) vor. Außerdem wurden Subventionen für audiovisuelle Produktionen mit Hilfe des Programms MEDIA bereitgestellt. Anfang der 1990er Jahre scheiterte der Versuch, eine spezielle Politik zur Medienkonzentration zu entwickeln, wie im Grünbuch „Pluralismus und Medienkonzentration im Binnenmarkt" vorgeschlagen, an der fehlenden Unterstützung der Mitgliedsstaaten, die dieses Thema als fundamentale nationale Angelegenheit betrachteten (Michalis, 1999: 155; Iosifides, 1997: 101-102).

In den 1990er Jahren brachten mehrere kommerzielle Sender Beschwerden bei der Europäischen Kommission ein, in denen sie Wettbewerbsverzerrungen durch staatliche Beihilfe für den ÖRR reklamierten. Die Beschwerden zwangen die Europäische Union – die Mitgliedsstaaten und die Kommission – nochmals zu überdenken, wie Vorschriften über staatliche Beihilfen Anwendung im Rundfunkbereich finden könnten. Das Ergebnis waren das Amsterdamer Protokoll von 1997 und die Rundfunkmitteilung von 2001. Die Anwendung der Vorschriften über staatliche Beihilfen – hauptsächlich Artikel 86 und 87 des EG-Vertrags – auf den öffentlich-rechtlichen Rundfunk bringt eine Reihe von Spannungen mit sich. Zunächst existiert eine Spannung zwischen der „Liberalisierung" der Rundfunkmärkte und „Harmonisierung" der Vorschriften zur Beseitigung der Schranken des freien Handels in den Mitgliedsstaaten einerseits und dem Prinzip des „Pluralismus", der für die Erhaltung nationaler Kulturen und Sprachen in den Medien steht, andererseits (Bardoel & Van Cuilenburg, 2003; Wheeler, 2004). Mit dieser Spannung zwischen dem Gemeinsamen Markt und dem kulturellem Pluralismus hängt der Konflikt zwischen Supranationalität und Subsidiarität zusammen (Biltereyst & Pauwels, 2007: 44).

Die ersten Beschwerden über den ÖRR bei der Europäischen Kommission drehten sich um eine gemischte Finanzierung der öffentlich-rechtlichen Sender, durch eine Kombination aus Gebühren und Werbung, die als Wettbewerbsvorteil betrachtet wurde (siehe auch Wheeler, 2004). Die erste Entscheidung der Europäischen Kommission 1996 lautete, dass die öffentliche Finanzierung des portugiesischen öffentlich-rechtlichen Rundfunks mit dem EG-Vertrag vereinbar war. Die Kommission begründete dies damit, dass eine öffentliche Finanzierung legitim und nicht als staatliche Beihilfe zu betrachten ist, wenn sie für die Bereiche Information, Kultur und Bildung verwendet wird. Folglich würde eine öffentliche Finanzierung des Unterhaltungsbereichs, um die sich kommerzielle Sender bereits bemüht hatten, gegen die Vorschriften über staatliche Beihilfen verstoßen. Die Sorgen der Mitgliedsstaaten wurden durch eine Entscheidung des Europäischen Gerichtshofs angefacht, der feststellte, dass der gemeinsame Kauf exklusiver Sportrechte durch die Europäische Rundfunkunion nicht mit dem EG-Wettbewerbsrecht vereinbar war (Wheeler, 2004).

Während der niederländischen EU-Präsidentschaft 1997 wurden gemeinsame Anstrengungen unternommen, um dem EG-Vertrag von Amsterdam ein Protokoll zum öffentlich-rechtlichen Rundfunk hinzuzufügen. Einerseits musste das Protokoll die *Subsidiarität* gewährleisten – das neue politische Prinzip, das durch den Vertrag von Maastricht 1992 verankert wurde und besagt, dass politische Entscheidungen auf der untersten politischen Ebene, die dazu in der Lage ist, getroffen werden müssen (Michalis, 2007: 155). In diesem Fall impliziert dieses Prinzip die Zuständigkeit der Mitgliedsstaaten, den öffentlich-rechtlichen Rundfunk gemäß ihren eigenen (nationalen) Anforderungen zu organisieren. Andererseits musste das Protokoll das Prinzip des *Gemeinsamen Marktes* und die Überwachung der staatlichen Beihilfe und der Wettbewerbsregeln durch die Europäische Kommission respektieren. Diese Aufteilung der Zuständigkeiten führt zu einer Aufteilung der Interessen. Während die Mitgliedsstaaten allgemeine gesellschaftliche, kulturelle und demokratische Interessen gewährleisten wollten, musste die Kommission für gleiche Voraussetzungen auf den Medienmärkten sorgen. Daher stellt der endgültige Wortlaut des Amsterdamer Protokolls einen Kompromiss dar. Er bestätigt „die Befugnis der Mitgliedstaaten, den öffentlich-rechtlichen Rundfunk zu finanzieren, sofern die Finanzierung die Handels- und Wettbewerbsbedingungen in der Gemeinschaft nicht in einem Ausmaß beeinträchtigt, das dem gemeinsamen Interesse zuwiderläuft, wobei den Erfordernissen der Erfüllung des öffentlich-rechtlichen Auftrags Rechnung zu tragen ist" (Europäische Kommission, 1997, siehe auch Papathanassopoulos, 2002: 720, übersetzt nach dem Original).

Nach der Annahme des Amsterdamer Protokolls präsentierte die Generaldirektion Wettbewerb den Mitgliedsstaaten 1998 den Entwurf eines Diskussionspapiers (Quelle: Niederländisches Ministerium für Bildung, Kultur und Wissenschaft). Das Diskussionspapier folgte der Entscheidung des portugiesischen Falles aus dem Jahre 1996. Wiederum wurde bei der öffentlichen Finanzierung eine Unterscheidung zwischen „öffentlicher" und „nichtöffentlicher" Programmgestaltung gemacht. Das Papier schlug drei Modelle vor, die im folgenden beschrieben sind.

1. Das erste Modell sah eine *rein öffentliche Finanzierung* vor, so dass der öffentlich-rechtliche Rundfunk ausschließlich durch den Staat finanziert wird. Das Papier führte als Grund an, dass ein öffentlich-rechtlicher Sender ohne Werbeeinnahmen eine begrenzte Verzerrung des Binnenmarktes be-

wirkt. Somit wäre staatliche Beihilfe mit dem EG-Vertrag vereinbar, unabhängig vom Programm des öffentlich-rechtlichen Senders.

2. Das zweite Modell bezog sich auf eine *gemischte Finanzierung* durch staatliche Beihilfe und Werbung. Das Papier führte an, dass eine gemischte Finanzierung öffentlich-rechtlicher Sender zu einer (unverhältnismäßigen) Marktverzerrung führen würde, wenn keine weiteren Voraussetzungen gegeben sind. Daher sollten öffentlich-rechtliche Sender strikte Werbevorschriften befolgen und zusätzliche inhaltliche Verpflichtungen erfüllen. Das Papier bestätigte die Programmgestaltung in den Bereichen Information, Bildung, Kultur, regionale Programme und Sendungen für Minderheiten als legitimen Bestandteil des öffentlich-rechtlichen Auftrags. Spielfilme, Serien und, in bestimmten Fällen Unterhaltung könnten ebenfalls zum öffentlichrechtlichen Auftrag gehören. Die meisten Dramen, der gesamte Unterhaltungsbereich und alle Sportsendungen sollten jedoch nicht durch staatliche Beihilfe finanziert werden. Das Papier argumentierte, dass öffentlichrechtliche Sender nach wie vor populäre Genres anbieten könnten, die jedoch in ihrer Gesamtheit durch Werbung oder andere kommerzielle Einnahmen zu finanzieren wären. Um die rechtmäßige Verwendung des Budgets zu kontrollieren, sollten Sender separate (Finanz-)Konten für verschiedene Programmtypen führen.

3. Das dritte Modell sah ein *Ausschreibungsverfahren* vor. Jeder Mitgliedsstaat könnte eine Reihe von öffentlich-rechtlichen Pflichten definieren und diese öffentlich ausschreiben. An der Ausschreibung könnten sich alle Betreiber beteiligen. Der/die ausgewählte(n) Betreiber mit dem/den besten Angebot(en) würde(n) den öffentlichen Auftrag ausführen und seine/ihre Bezahlung vom Staat erhalten, jedoch nur im Hinblick auf die *zusätzlichen* Kosten. In dem Papier heißt es, dass ein solches Ausschreibungsmodell a priori mit den Grundsätzen für staatliche Beihilfen vereinbar wäre.

Offensichtlich entsprach das Papier nicht den Gegebenheiten in den meisten EU-Ländern, in denen öffentlich-rechtliche Sender Werbung ausstrahlten und einen weitreichenden Aufgabenbereich hatten. Vor allem aber hatten die meisten Mitgliedsstaaten nicht die Absicht, dies zu ändern. Daher wurde der Entwurf des Diskussionspapiers der Generaldirektion Wettbewerb scharf kritisiert, von Kommissar Van Miert schleunigst zurückgezogen und nie offiziell veröffentlicht.

Rundfunkmitteilung 2001

Bis zur Jahrtausendwende wurde klar, dass die Kommission einen aktiveren Ansatz verfolgen musste. Der Europäische Gerichtshof tadelte die Kommission, weil sie in den spanischen und französischen Fällen Anfang der 1990er Jahre nicht tätig wurde und den EG-Vertrag in dem portugiesischen Fall falsch interpretiert hatte (keine staatliche Beihilfe). Außerdem brachten kommerzielle Medien eine neue Beschwerdewelle ins Rollen. Viele dieser Beschwerden konzentrierten sich jetzt auf die neuen Medienaktivitäten der öffentlich-rechtlichen Sender. Als Reaktion auf die Kritik leitete die Kommission rasch Untersuchungen zum Kinderkanal und zu Phoenix von ARD und ZDF sowie zu 24 Hours News der BBC ein, um 1999 entsprechende Entscheidungen zu fällen. Wenngleich die Kommission Wege fand, eine staatliche Beihilfe für die neuen Mediendienste des ÖRR auf der Basis von Artikel 86(2) EG-Vertrag (Dienstleistungen von allgemeinem wirtschaftlichen Interesse) zu legitimieren, herrschte weiterhin Rechtsunsicherheit.

Vor diesem Hintergrund wurde die Rundfunkmitteilung (Europäische Kommission, 2001) mit Erleichterung von den Mitgliedsstaaten aufgenommen. Die Mitteilung erkannte die besondere Rolle der öffentlich-rechtlichen Sender und die Freiheit der Mitgliedsstaaten an, diese Institutionen nach ihrem eigenen Bedarf und ihren eigenen Präferenzen zu definieren, zu organisieren und zu finanzieren (ibidem). Dies impliziert, dass die öffentlich-rechtlichen Sender ein breites Aufgabenfeld abdecken können, einschließlich Unterhaltung und Sport, und Werbung ausstrahlen dürfen. Auch neue Online-Dienste wurden als Bestandteil der öffentlich-rechtlichen Aufgabe zugelassen. Die wesentliche Bedeutung der Mitteilung lag darin, dass die Verantwortlichkeit deutlicher hervorgehoben wurde. Ausgelöst durch den Altmark-Fall (2003), betrachtete die Europäische Kommission den öffentlich-rechtlichen Rundfunk als Beispiel für eine Dienstleistung von allgemeinem wirtschaftlichen Interesse und legte drei Kriterien für die Rechtfertigung staatlicher Beihilfen fest (Depypere, 2004; Donders und Pauwels, 2008; Loisen, 2008):

1. *Definition*: Die Mitgliedsstaaten müssen eine „eindeutige und ausführliche" Aufgabe für den öffentlich-rechtlichen Rundfunk in einem formellen Beschluß festlegen. Die Kommission wird nur tätig, wenn die Definition offensichtlich falsch ist („offenkundige Fehler").

2. *Beauftragung und Überwachung*: Die Mitgliedsstaaten müssen die öffentliche Dienstleistung durch eine Maßnahme oder ein Gesetz der Organisation übertragen, die staatliche Beihilfe erhält. Auch bestimmte Qualitätsstan-

dards müssen vorab festgelegt und durch eine unabhängige Stelle überwacht werden.

3. *Verhältnismäßigkeit*: Die Mitgliedsstaaten müssen gewährleisten, dass die Finanzierung des öffentlich-rechtlichen Rundfunks verhältnismäßig ist. Daher muß es objektive und transparente Verfahren geben, um das Budget für öffentlich-rechtliche Sender im voraus zu berechnen. Außerdem darf die Bezahlung durch den Staat nicht über die Beträge hinausgehen, die zur Deckung der Nettokosten für die Erfüllung der öffentlich-rechtlichen Aufgaben benötigt werden („Überbezahlung").

Die Rundfunkmitteilung von 2001 markierte den Beginn einer neuen Vorgehensweise zur staatlichen Beihilfe für öffentlich-rechtlichen Rundfunk. Seitdem hat die Europäische Kommission 22 separate Fälle bearbeitet: fünf betrafen Meldungen zu staatlichen Beihilfen durch Mitgliedsstaaten, 15 bezogen sich auf Beschwerden seitens kommerzieller Medien, und in einem Fall ging es um eine Meldung und Beschwerde[1]. Bei der Analyse der Entscheidungen stellt man fest, dass die Europäische Kommission kein Problem (mehr) mit einer umfangreichen Aufgabe im Bereich des *traditionellen* Rundfunks hat. Gleichzeitig tendierte die Kommission zu einer eng gefaßten Definition der öffentlich-rechtlichen Aufgabe bei *neuen* Medien (Van Eijk, 2005). Im wesentlichen lautete der Standpunkt der Kommission, dass öffentliche Sender sehr vorsichtig vorgehen sollten, wenn sie in neue Medienmärkte eintreten, weil ihre Aktivitäten die Hürden für andere neue Marktteilnehmer anheben oder zu einer unnötigen Wettbewerbsverzerrung in bereits entwickelten Märkten führen können (Depypere, 2004; Donders & Pauwels, 2008; Loisen, 2008).

Da es in den Vorschriften des EG-Vertrags über staatliche Beihilfe keine Rechtfertigung für einen Ausschluß des öffentlich-rechtlichen Rundfunks von den neuen Medien gibt und sowohl der Ministerrat als auch das Europäische Parlament sich dafür ausgesprochen hatten, dass öffentlich-rechtliche Sender digitale Möglichkeiten erschließen sollten, um die Öffentlichkeit weiterhin zu erreichen, musste die Kommission einen intelligenten Ansatz für den Umgang mit der Präsenz der öffentlich-rechtlichen Sender auf neuen Plattformen finden. Zunächst versuchte sie, die neuen Medienaktivitäten der öffentlich-rechtlichen Sender auf Dienstleistungen zu beschränken, die mit traditionellen Radio- und Fernsehkanälen *„eng zusammenhängen"* (siehe auch Loisen, 2008; Moe, 2008). Mit diesem Konzept ordnete die Kommission an, dass BBC 24 Hours News zugelassen wurde (Europäische Kommission, 14. Dezember 1999) und argumen-

---

[1] Entscheidungen der Europäischen Kommission zur staatlichen Beihilfe für öffentlich-rechtlichen Rundfunk seit 2001 finden sich in einem Online-Register: http://ec.europa.eu/competition/state_aid/register/.

tierte später, dass der E-Learning-Dienst BBC Digital Curriculum keine natürliche Erweiterung der Aufgabe der BBC und somit der Gebührenfinanzierung darstellte. Statt dessen wurde das Bildungsprogramm als „neue Beihilfe" behandelt, entsprechend beurteilt und (dennoch) zugelassen (Entscheidung der Europäischen Kommission vom 1. Oktober 2003). Letztendlich hatte das Konzept des „engen Zusammenhangs" jedoch keinen Bestand. Im digitalen Zeitalter wird es immer schwieriger, zwischen traditionellen und neuen audiovisuellen Diensten zu unterscheiden. Außerdem setzt sich die Kommission selbst für technologische Neutralität in der Telekommunikations- und Medienpolitik ein (Europäische Kommission, 1997; siehe auch die neue Richtlinie der Europäischen Kommission über audiovisuelle Mediendienste, 2007).

In jüngeren Entscheidungen hat die Kommission bestätigt, dass die öffentlich-rechtliche Aufgabe „Dienste, die keine Programme im herkömmlichen Sinne sind, wie etwa Online-Informationsdienste" beinhalten kann (Europäische Kommission, 10. Januar 2008). Sie führte jedoch auch an, dass eine eindeutigere Definition der Aufgabe erforderlich ist, um eine Diversifizierung im digitalen Zeitalter zu rechtfertigen. Vage und allgemeine Verweise auf die breiteren Kategorien Information, Kultur und Bildung wären unzureichend. Neue Medienaktivitäten öffentlich-rechtlicher Sender müssen „*Mehrwert*" gegenüber den Diensten mit sich bringen, die bereits von kommerziellen Medien angeboten werden. Diese Argumentation legte die Zuständigkeit der Kommission bei der Überprüfung auf „offenkundige Fehler", beispielsweise E-Commerce oder Internet-Kontaktbörse, großzügig aus. Statt dessen näherte sich die Kommission der Zuständigkeit der Mitgliedsstaaten, über die Art der öffentlichen Dienstleistungen zu entscheiden. Um eine direkte Konfrontation in der Fallpraxis zu vermeiden, übertrug die Kommission die Zuständigkeit den Mitgliedsstaaten selbst: Sie sollten ein Verfahren entwickeln, um den Mehrwert neuer Medienaktivitäten der öffentlich-rechtlichen Sender im voraus – das heißt, vor der staatlichen Genehmigung solcher Aktivitäten – nachzuweisen. Anders ausgedrückt, potentielle Konflikte bei der Definition der Aufgabe wurden durch strengere Vorschriften für die Übertragung und Überwachung der Aufgabe auf der Ebene des Nationalstaats gelöst.

Die Rundfunkmitteilung 2001 verlangte von den Mitgliedsstaaten, dass sie neue Mediendienste in den Rechtsakt oder die Verträge für den öffentlich-rechtlichen Rundfunk einbezogen. In der Fallpraxis verlangte die Kommission mehr. Das von der Kommission vorgesehene Beauftragungsverfahren war eindeutig vom „*Public Value Test*" der BBC inspiriert (Barnett, 2007). Dieser Test greift auf zweierlei Weise. Einerseits wird untersucht, ob ein geplanter neuer Dienst der BBC soziale, kulturelle und demokratische Bedürfnisse der Gesellschaft anspricht. Dazu gehört die Beurteilung neuer Dienste anhand traditioneller öffentlich-rechtlicher Standards, wie Qualität, Vielfalt, Integrität, Reichweite und Zugang für alle. Andererseits beinhaltet der Test eine Abschätzung der Folgen für den Markt. Die Telekommunikations- und Medienaufsichtsbehörde Ofcom beurteilt, in welchem Umfang die geplanten neuen BBC-Dienste Innovation, Wettbewerb und Gewinne anderer Unternehmen im Markt beeinflussen. Schließlich muß der BBC Trust, das Aufsichtsorgan der BBC, den öffentlichen Wert gegen den Markteinfluss abwägen und entscheiden, ob die BBC wie geplant fortfahren kann oder Änderungen an dem Dienst vornehmen sollte. In den deutschen, flämischen, irischen, niederländischen und österreichischen Fällen verpflichteten sich die Mitgliedsstaaten zu verschiedenen Anpassungen ihrer öffentlich-rechtlichen Rundfunksysteme. Keines dieser Länder kopiert den BBC-Test exakt, aber alle Mitgliedsstaaten haben zugesagt, eine gewisse Form der ex-ante-Prüfung der neuen Mediendienste des ÖRR einzuführen, die das existierende Angebot auf dem Markt und die Interessen der kommerziellen Medien berücksichtigt (Entscheidungen der Europäischen Kommission vom 24. April 2007, 27. Februar 2008, 28. Oktober 2009). In Deutschland wurde 2007 ein Drei-Stufen-Test als Reaktion auf die Entscheidung der EU-Kommission zur Finanzierung des öffentlich-rechtlichen Rundfunks (E 3/2005) eingeführt. Dieser wurde dann bis Ende 2008 Bestandteil des 12. Rundfunkänderungsstaatsvertrags.. Die Umsetzung liegt in den Händen der (internen) Rundfunkräte. Gleichzeitig legt der neue Rundfunkstaatsvertrag strenge Grenzen für die Online-Präsenz der öffentlich-rechtlichen Sender (nur journalistisch-redaktionell veranlaßte und gestaltete Angebote) und für die Zeitfenster fest, in denen Fernsehprogramme auf Abruf angeboten werden können (24 Stunden für bestimmte Sportereignisse, 7 Tage für die meisten anderen Programme).

Überarbeitung der Rundfunkmitteilung 2008-2009

Es gab, wie aus den Beratungsdokumenten hervorgeht, zwei Gründe für eine Aktualisierung der Rundfunkmitteilung 2001 (Europäische Kommission, 10. Januar 2008). Zunächst machte die laufende Digitalisierung und Konvergenz der Medienmärkte ein Überdenken der Vorschriften über staatliche Beihilfen für den ÖRR erforderlich. Außerdem wollte die Kommission ihre Fallpraxis in neuen allgemeinen Richtlinien zusammenfassen und so die Rechtssicherheit erhöhen. Ein dritter Grund, der in den Dokumenten nicht erwähnt wird, war die anhaltende Beschwerdeflut. In den vergangenen Jahren stellten sich Zeitungsherausgeber und Anbieter von Internet-Diensten hinter die kommerziellen Sender. Außerdem befürchtet die Kommission möglicherweise die Entwicklungen in den neuen Mitgliedsstaaten (vgl. Jacubowicz, 2007).

In Osteuropa befinden sich die Mediensysteme noch im Aufbau, auf dem Weg von staatlichen Mediensystemen zu dualen Medienmärkten. Die meisten früheren staatlichen Sender (jetzt öffentliche Dienste) sehen sich mit sinkenden Budgets und Zuschaueranteilen konfrontiert, während kommerzielle Medien einen Boom erleben. Daher scheint es momentan unwahrscheinlich zu sein, dass die Kommission viele Beschwerden über Osteuropa erhält. Wenn solche Beschwerden eingehen, betreffen sie mehrheitlich die sogenannte *neue* Beihilfe, und nicht die *existierende* Beihilfe aus der Zeit vor dem EG-Vertrag von 1957. Das bedeutet, dass die Kommission keine entsprechenden Maßnahmen verlangen kann, wenn die Beihilfe nicht mit den Vorschriften übereinstimmt. Stattdessen muss die Kommission die Mitgliedsstaaten auffordern, die öffentlichen Mittel zurückzuverlangen. Damit tut sich ein neues gefährliches Terrain auf politischer und rechtlicher Ebene auf.

Der Überarbeitungsprozeß nahm eineinhalb Jahre in Anspruch[2]. Von Beginn an war klar, dass es ein Balanceakt für die Kommission und die Mitgliedsstaaten werden würde. Die Mitgliedsstaaten taten sich schnell zusammen. Als Reaktion auf eine niederländische Initiative äußerten sich 19 Mitgliedsstaaten in einem gemeinsamen Positionspapier (Hauptgrundsätze für eine Überarbeitung der Rundfunkmitteilung, September 2008). In inoffiziellen Zusammenkünften koordinierten die Mitgliedsstaaten ihre Stellungnahme zum Entwurfstext. In der multilateralen Sitzung vom 5. Dezember 2008 stieß der erste Entwurf auf Widerstand von 22 Mitgliedsstaaten (von insgesamt 27). Seinerzeit interessierte sich auch das Europäische Parlament für die Diskussion. Die Kommission kanalisierte die Bedenken durch eine zweite Beratungsrunde zu einem (zweiten) Entwurfstext, was ungewöhnlich ist.

Auf den ersten Blick war die Subsidiarität das Hauptthema der Debatte. Die meisten Mitgliedsstaaten waren der Ansicht, dass die Umsetzung der Fallpraxis der Kommission (und der jüngsten Richtlinien für Dienstleistungen von allgemeinem wirtschaftlichen Interesse) in eine neue Rundfunkrichtlinie den Raum für eine nationale Rundfunkpolitik beschränken würde. Selbst Großbritannien, das als Modell für die Kommission diente, unterzeichnete das gemeinsame Positionspapier aus diesem Grunde, stellte sich aber aus offensichtlichen Gründen nicht dem eigentlichen Wortlaut entgegen. Auf den zweiten Blick ging es auch um einen politischen Streit über die zukünftige Rolle des ÖRR. Insbesondere die detaillierten Vorschriften der Kommission für eine ex-ante-Prüfung neuer Medienaktivitäten gaben Anlaß zu Bedenken bei den Mitgliedsstaaten. Die Kom-

---

[2] Beratungsdokumente, Entwürfe und Stellungnahmen sowie der endgültige Wortlaut der überarbeiteten Rundfunkmitteilung 2009 finden sich unter: http://ec.europa.eu/competition /state_aid/reform/archive.html#broadcasting.

mission steuerte auf einen durchdachten und unabhängigen Marktfolgentest für jede neue Medienaktivität hin. Das gemeinsame Positionspapier argumentierte, dass eine neue Rundfunkmitteilung dem Grundsatz der technologischen Neutralität folgen sollte. Der Inhalt zählt, nicht die Art seiner Verbreitung. Auch die öffentlich-rechtliche Aufgabe sollte als Ganzes betrachtet werden, anstatt zwischen „traditionellen" Kerndiensten und „neuen" Mediendiensten zu unterscheiden, was in der sich entwickelnden Medienlandschaft kaum möglich ist. Außerdem führte das Positionspapier an, dass die Kommission keine vollentwickelte Marktfolgeneinschätzung gegenüber den Mitgliedsstaaten durchsetzen kann. Das zugrundeliegende Argument blieb verborgen, ist aber in Bezugnahmen auf die Subsidiarität sowie auf die Aufgabe des öffentlich-rechtlichen Rundfunks in dem Positionspapier zu finden: „Der Bezugspunkt für öffentliche Dienstleistungen liegt in Kriterien wie Vielfalt, Unabhängigkeit, Qualität, Zugänglichkeit und Reichweite. Die Rundfunkmitteilung kann die öffentlich-rechtliche Aufgabe nicht auf Dienstleistungen beschränken, die auf dem Markt nicht verfügbar sind, weder durch Kriterien im Hinblick auf den *Inhalt*, noch durch Vorschriften zum *Verfahren* der Beauftragung." (ibidem). Somit machten die Mitgliedsstaaten wiederum deutlich, dass sie sich einer Marginalisierung des ÖRR als Folge einer rein wirtschaftlichen Argumentation widersetzten.

Ein weiterer wichtiger Aspekt, der zu einem Konflikt zwischen der Kommission und den Mitgliedsstaaten führte, betrifft bezahlte Dienste. Die Bezahlung durch Endnutzer wird als Quelle der Finanzierung in der digitalen Medienlandschaft immer wichtiger. Die Agenda der Kommission war nicht ganz eindeutig. In früheren Entscheidungen argumentierte sie jedoch, dass bezahlte Dienste eine unnötige Verzerrung der Medienmärkte bewirken könnten. Wenn öffentliche Sender solche Dienste anbieten wollten, sollten sie vollkommen aus kommerziellen Einnahmen finanziert werden, ohne von staatlichen Beihilfen zu profitieren. Dieses Argument vermischt die Definition der Aufgabe mit den Mitteln der Finanzierung. Die Mitgliedsstaaten wollten andererseits gewährleisten, dass Zahlungen durch Endnutzer als Teil der gemischten Finanzierung des öffentlich-rechtlichen Rundfunks zulässig sind, wie es auch für die Werbung gilt.

Der endgültige Text der Rundfunkmitteilung (Europäische Kommission, 2009) ist wiederum ein Kompromiss. Verglichen mit dem ersten Entwurf wurde umfangreich am Wortlaut und an den Argumenten gearbeitet, die den Rahmen für die tatsächlichen Kriterien und Verfahren schufen. Das wichtigste Resultat war eine wohlwollendere Anerkennung der Rolle des ÖRR im digitalen Zeitalter. Außerdem waren die Richtlinien weniger detailliert und weniger verordnend. In der Frage der bezahlten Dienste ist der endgültige Wortlaut nicht bindend und läßt (daher) Raum für nationale Politik. Beim MarktEinfluss wurde ein Kompromiss durch Trennung von Form und Substanz erreicht. Die Mitgliedsstaaten sind für die Form zuständig: Der ursprüngliche Entwurf, der eine Marktfolgeabschätzung vorsah, wurde durch „offene Konsultation" ersetzt. Ein „internes Aufsichtsorgan" (wie etwa die *Rundfunkräte* in Deutschland) könnte diese Aufgabe ebenfalls übernehmen, und der Test würde nur „signifikante neue Dienste", wie in einer nationalen Vorschrift definiert, betreffen. Die Kommission erhielt die Zuständigkeit für den Inhalt: Eine ex-ante-Prüfung, die „existierende Angebote" und „Interessen der Marktteilnehmer" berücksichtigt, ist obligatorisch.

Die Kommission argumentierte, dass jetzt beide Elemente des Amsterdamer Protokolls wirklich berücksichtigt wurden, während die Subsidiarität für die Mitgliedsstaaten gewährleistet war: Die Mitgliedsstaaten haben die Kontrolle über die Aufgabe <u>und</u> prüfen außerdem den Einfluss auf den Wettbewerb (Kroes, 2008). Während der Verhandlungen über den Wortlaut führte die Kommission auch an, dass es den Mitgliedsstaaten, auch bei einer negativen Beeinflussung des Wettbewerbs, erlaubt ist, neue Medienaktivitäten zu genehmigen, wenn sie der Ansicht sind, dass dies im öffentlichen Interesse liegt. Die zukünftige Fallpraxis wird zeigen, ob dies zutrifft. Beschwerden werden die Kommission in die Details nationaler Verfahren führen. Und auf die eine oder andere Art werden die Mitgliedsstaaten sehr ausführlich nachweisen müssen, dass ihre ÖRR-Systeme die EU-Vorschriften weiterhin erfüllen.

EU-Rundfunkpolitik: von der Kultur zum Kommerz

Die Entwicklung der Vorschriften über staatliche Beihilfen für den öffentlich-rechtlichen Rundfunk ist nicht nur eine rechtliche Angelegenheit. Sie zeigt die langsamen, aber stetigen Veränderungen der Rundfunkpolitik in Westeuropa.

Anfangs war der öffentlich-rechtliche Rundfunk kein Thema auf europäischer Ebene, sondern eine gänzlich nationale Angelegenheit. Gleichzeitig war der öffentlich-rechtliche Rundfunk der Eckpfeiler einer Tradition der gemeinsamen europäischen Medienpolitik, die dem öffentlichen Interesse verschrieben war. Ganz allgemein stammt diese Tradition aus der Zwischenkriegszeit und erreichte später ihren Höhepunkt irgendwann zwischen 1970 und 1980. Laut Michalis muß dies „im Kontext der Keynes'schen Nachkriegsordnung der Nationalstaaten [betrachtet werden], die sich durch einen interventionistischen, verwaltenden Staat, relativ geschlossene nationale Ökonomien, eine vorherrschend nationale Organisation des Kapitals und enge Beziehungen zwischen Regierung und Industrie auszeichnete" (2007: 277). Anfangs wurden öffentlich-rechtliche Sender als die bessere Organisationsform für Radio und Fernsehen betrachtet, als die, die von staatlichen Behörden oder von Wirtschaftsunternehmen kontrolliert werden konnten. Schließlich wurden sie zu einer der zahlreichen Dienstleistungen von allgemeinem Interesse in den europäischen Wohlfahrtsstaaten. Sie wa-

ren darauf ausgelegt, der Demokratie, der Kultur und dem sozialen Zusammenhalt der Gesellschaften zu dienen, und ihre Programme wurden mit Standards
wie Unabhängigkeit, Vielfalt, Qualität und Reichweite in Verbindung gebracht.
Für lange Zeit teilten die westeuropäischen Länder solche allgemeinen Ideale
über den Rundfunk, wenngleich sich ihre tatsächlichen Systeme unterschieden
(Bardoel, 2007).

Im den 1980er und 1990er Jahren öffneten sich die Märkte in der Europäischen Union für kommerzielle Sender. Die meisten Länder befanden sich inmitten einer Reform des Wohlfahrtsstaates, mit einer Verkleinerung des öffentlichen
Sektors und einer Deregulierung der Märkte. Der Rundfunksektor war von
schnellen technologischen Veränderungen betroffen. Die Folge war eine starke
Vermehrung der Kanäle, die ihre Programme über nationale Grenzen hinweg
ausstrahlten. Dadurch wurde die Liberalisierung des Rundfunksektors und seine
Einbeziehung in den Binnenmarkt angetrieben. Die Europäische Union hatte ihre
ersten Initiativen im Bereich Medien und Kommunikation in den 1970er Jahren
eingeleitet. Diese waren jedoch, laut Michalis (2007), eher eine Reaktion auf
allgemeine internationale Entwicklungen als Bestandteil eines umfassenden
Politikplans. In den mittleren und späten 1980er Jahren schaffte es die EU, den
Bereich Informations- und Kommunikationstechnologie (ICT), Telekommunikation und Fernsehen für sich zu erobern und wurde nach und nach zu einem wichtigen Akteur. Relevante europäische Richtlinien zielten vor allem auf mehr
Wettbewerb auf den Telekommunikationsmärkten und sollten freien Empfang
und Weiterverbreitung des Fernsehens innerhalb der Union gewährleisten. Die
Richtlinie Fernsehen ohne Grenzen aus dem Jahre 1989 legte eine Reihe harmo-
nisierter Bestimmungen zu Werbung, Sponsoring, dem Schutz Minderjähriger
und (Quoten für die) europäischen Produktionen fest. Gemäß Michalis (2007)
wurde das ursprüngliche Ziel, das Aufkommen des grenzüberschreitenden Fernsehens für demokratische Ideale zu nutzen und eine direkte Verbindung zwischen der EU und ihren Bürgern zu schaffen, schnell von kultur- und wirt-
schaftspolitischen Erwägungen überschattet – zu einem Zeitpunkt, zu dem sich
der Rundfunkmarkt von öffentlich und national zu privat und transnational wan-
delte.

Kurz vor der Jahrtausendwende gerät der öffentlich-rechtliche Rundfunk
unter den Einfluss der Wettbewerbsgesetze und Vorschriften zu staatlichen Beihilfen des EG-Vertrags. 1997 gipfelte eine Reihe von Beschwerden der kommerziellen Medien im Amsterdamer Protokoll. Die Mitgliedsstaaten versuchten, ihre
öffentlichen Sender gegen eine harte Auslegung des EG-Vertrags abzuschirmen
und hatten Erfolg. Die Rundfunkmitteilung der Europäischen Kommission
(2001) bestätigte die Bedeutung des öffentlich-rechtlichen Rundfunks und überließ den Mitgliedsstaaten die Kontrolle, solange sie die Verfahrensvorschriften

einhielten. In Fällen aus jüngerer Zeit hat sich die Kommission jedoch wieder den heiklen Themen der öffentlich-rechtlichen Aufgabe und der Finanzierung zugewandt. Wenngleich die Kommission den Mitgliedsstaaten die Entscheidung über den von öffentlichen Sendern bereitgestellten *Inhalt* überlässt, setzt sie sich für *Verfahren* ein, die die öffentlich-rechtliche Aufgabe in den neuen Medien eher auf Angebote beschränken, welche auf dem Markt noch nicht zur Verfügung stehen. Laut Collins (1999: 162) „steht der Binnenmarkt dem öffentlich-rechtlichen Rundfunk feindlich gegenüber (...) vom Standpunkt der neoklassizistischen Wirtschaftstheorie, die den EWG-Vertrag untermauert, ist die öffentliche Dienstleistung anormal und anstößig". In der von Michalis (2007) vorgeschlagenen Periodisierung folgte auf die Periode der defensiven Europäisierung, grob die 1980er Jahre, eine den Wettbewerb begünstigende Umstrukturierung des Marktes, die in den mittleren/späten 1980er Jahren begann und bis in die 1990er Jahre reichte. Sie führte zu einem liberalisierten Telekommunikationsmarkt und einer Ordnung des Mehrkanalfernsehens. Dadurch wurde diese Periode, ihrer Meinung nach, zu der intensivsten regulatorischen Reformperiode der Europäisierung.

Die jüngste Überarbeitung der Rundfunkmitteilung stimuliert die erneute Debatte über die Zukunft des öffentlich-rechtlichen Rundfunks und die dazugehörigen Zuständigkeiten der Mitgliedsstaaten und der Kommission. Zwei neue Dimensionen beeinflussen diese Debatte. Diese werden im folgenden Abschnitt beleuchtet. Zunächst scheint das Argument des Marktversagens für die Aufrechterhaltung und auch für die Erweiterung des Umfangs des öffentlich-rechtlichen Fernsehens weniger stichhaltig zu sein. Die Digitalisierung der Netzwerke, eine starke Vermehrung von Spartensendern und On-Demand-Diensten, die Konvergenz der audiovisuellen Medien und Printmedien – dies alles spricht für das Argument, dass Verknappung keine Rolle mehr spielt, und dass der Markt Angebote für die meisten Erfordernisse der Gesellschaft bereithält. Andererseits gibt es nach wie vor begründete wirtschaftliche Argumente für öffentlich-rechtlichen Rundfunk. Das klassische wirtschaftliche Argument für den ÖRR liegt im Marktversagen. Hohe Produktionskosten, niedrige oder überhaupt keine Reproduktionskosten, Probleme mit dem Schutz von Urheberrechten und hohe Erfolgsunsicherheit tragen dazu bei, die Vielfalt und Qualität des audiovisuellen Programms zu beschränken – und dies bleibt auch so, wenn das Internet das Fernsehen als vorherrschende Verbreitungsplattform ersetzen würde. Was häufig übersehen wird, ist der Beitrag des ÖRR zu den weitläufigeren audiovisuellen Industrien und Kommunikationsindustrien in der EU. Wenn die Mitgliedsstaaten Milliarden von Euro als staatliche Beihilfe zurückziehen würden, könnte der Markt den Ausfall der Produktionsbudgets und den Abbau von Arbeitsplätzen keinesfalls kompensieren. Insbesondere in kleineren Ländern würde der Umfang

der amerikanischen Fernsehimporte steigen. Läßt man die wirtschaftlichen Interessen beiseite, liegt das stärkste Argument für den öffentlich-rechtlichen Rundfunk sicherlich beim Einfluss des Fernsehens auf die Gesellschaft und den politischen – manch einer nennt es „paternalistischen" – Wunsch, die Kontrolle über
die wichtigsten Kommunikationskanäle der Gesellschaft zu behalten.

Eine zweite Dimension, die Einfluss auf die Überarbeitung der Rundfunkmitteilung hatte, ist die Erweiterung der Europäischen Union. In den neuen EU-
Mitgliedsstaaten fand ein schneller Übergang statt – von den staatlich kontrollierten Medien zu liberalisierten Medienmärkten, einschließlich des Aufkom-
mens des kommerziellen Rundfunks und des Internets (Terzis, 2007). Dies ist ein
recht problematischer Prozeß, der häufig zu schwierigen Beziehungen zwischen
den Medien – vor allem dem öffentlichen Rundfunk – und der jeweiligen Regierung führt. Folglich versuchen die Regierungen in vielen postkommunistischen
Ländern, die staatliche Präsenz in den Medien zu verlängern, indem sie politische Freunde in die Leitungs- und Aufsichtsorgane berufen und so den Übergang
der staatlichen Sender zu originären öffentlich-rechtlichen Institutionen verzö-
gern (Jacubowicz, 2007). Relativ häufig sind öffentliche Sender, über Politiker
und über die Öffentlichkeit, nach wie vor mit dem alten Regime verbunden,
während kommerzielle Medien als die Symbole der Freiheit und des Wohlstands
gesehen werden. Laut Jacubowicz (2007) zeigen viele postkommunistische Länder, wie ihre südeuropäischen Gegenstücke, Merkmale eines „Staatspaternalis-
mus" oder „politischen Klientelismus", in dem die Politik andere gesellschaftliche Systeme, einschließlich der Wirtschaft, des Gerichtswesens und eben der
Medien, durchdringt, und in dem die Entwicklung liberaler Institutionen, eines
kritischen Journalismus und einer unabhängigen Öffentlichkeit verzögert wird.
Diese Risiken werden auch in den Berichten des *Open Society Institute* kritisch
und vielsagend analysiert. Splichal (in Jacubowicz, 2007: 304) hat gar den Begriff der „Italienisierung der Medien" verwendet, um diesen Prozeß der Medien-
veränderung in den Postkommunistischen-Ländern zu beschreiben. Dieser Begriff beinhaltet auch, dass sich das Machtgleichgewicht innerhalb der EU von
den liberalen und demokratischen korporatistischen Medienkulturen in den alten
Mitgliedsstaaten in Nord- und Westeuropa zugunsten der eher staatlichen paternalistischen und klientelistischen Medienkulturen in den neuen Mitgliedsländern
in Süd- und Osteuropa verschieben wird (Bardoel, 2007; außerdem Baldi &
Hasebrink, 2007; Hallin & Mancini, 2004).

Schlußfolgerung und Diskussion

Rundfunk ist ein sehr heikles Thema innerhalb der Europäischen Union und eine
Gratwanderung für die Kommission. Dies hat selbstverständlich mit der Rolle

der Medien in der Gesellschaft zu tun, aber es geht um mehr. Die Auseinandersetzung über staatliche Beihilfen für öffentlich-rechtlichen Rundfunk spiegelt ein allgemeines Dilemma im Hinblick auf den Umfang des Einflusses der Europäischen Union wider (Harrison & Woods, 2001; Moe, 2008). Zunächst begann die Europäische Union als Wirtschaftsprojekt. Die Idee war, einen weiteren Krieg auf europäischem Boden zu verhindern, indem man einen gemeinsamen Markt aufbaute. Später wurde der Rahmen der Europäischen Union auf andere Bereiche erweitert, wie etwa Einwanderung und Justiz. Insgesamt liegt der Schwerpunkt der Union jedoch nach wie vor auf der Wirtschaft, wobei die Mitgliedsstaaten weiterhin die Kontrolle über die sozialen, kulturellen und demokratischen Bedürfnisse ihrer jeweiligen Bevölkerung ausüben. Harcourt (2005) kommt zu dem Schluß, dass die Regulierung des EU-Medienmarkts die Grenzen der EU, als ein regulierender Staat, nicht erweitern konnte, u.a. aufgrund fehlender Unterstützung seitens der Regierungen der Mitgliedsstaaten. Folglich „ist die Europäische Kommission durch die Verträge darauf beschränkt, sich auf wirtschaftliche Argumente zu berufen, die Fragen von öffentlichem Interesse nicht berücksichtigen können. In diesem Zusammenhang läßt sich feststellen, dass die EU nicht in der Lage ist, diesen Weg zu verlassen, selbst in einem Bereich (Medienpolitik), der von grundsätzlicher Bedeutung für die Demokratie und von primärem Interesse für den normalen Bürger ist" (2005: 202). In ihrem Buch *Governing European Communications* gelangt Maria Michalis (2007) zu fast demselben Schluß: „Die Europäisierung der Steuerung des Rundfunks wurde beschränkt und stärker politisiert und ist nach wie vor ein Streitpunkt. Insgesamt hat die EU vorwiegend eine Regulierung wie bei der Telekommunikation für das Fernsehen herangezogen, die sich hauptsächlich mit wirtschaftlichen, technologischen und industriellen Aspekten befaßt. Sie berücksichtigt nicht das Herzstück des Fernsehens: Regulierung der Inhalte und der (Cross-) Media-Ownership. (...) In Ermangelung eines starken regulatorischen Rahmens und positiver Vorschriften zu öffentlichen Dienstleistungen spielte das Wettbewerbsrecht in diesem Zusammenhang eine sehr viel größere Rolle und hatte einen stärkeren Einfluss. Ironischerweise hat der minimale regulatorische Rahmen der EU für den Rundfunk, der das Fernsehen als kulturellen und national regulierten Bereich schützen sollte, den öffentlich-rechtlichen Rundfunk zum Gegenstand von Auseinandersetzungen über das Wettbewerbsrecht gemacht." (Michalis, 2007: 284). „Die Frage lautet", wie Bardoel und Lowe (2007: 12) abschließend bemerken, „wie die Europäische Union den öffentlich-rechtlichen Rundfunk (ÖRR) so unbekümmert aus einer deterministisch wirtschaftlichen Perspektive behandeln kann, wenn es bei dem ganzen Unternehmen gar nicht darum, sondern in Wirklichkeit ausdrücklich um die ausgleichende Bedeutung der soziokulturellen Dimension geht. Wie kann man den ÖRR als ‚Ausnahme' behandeln, wenn er so offensichtlich eine zentrale

Rolle für die europäische Medienökologie spielt und zudem eine europäische
Errungenschaft ist, die als Kultureinrichtung mit einem bedeutenden Beitrag zum
Erbe und Reichtum des gesellschaftlichen Lebens in Europa fortbesteht?"
    Darüber hinaus hat die Union der Europäischen Kommission umfangreiche
Vollmachten übertragen, um die Befolgung der Vorschriften zu Wettbewerb und
staatlichen Beihilfen aus dem Vertrag durch die Mitgliedsstaaten zu gewährleisten. Dies ist eine weitere Folge des Umstands, dass die Entwicklung des regulatorischen Rahmens der EU für den Rundfunk, wie Michalis richtig bemerkt,
durch Wettbewerbsentscheidungen der EU-Kommission und Urteile des Europäischen Gerichtshofs stärker vorangetrieben wird als durch eine formelle Gesetzgebung. Folglich kann die Kommission in diesem Bereich relativ unabhängig
tätig werden. In Reaktion auf Beschwerden von vorwiegend privaten Unternehmen hat die Kommission einen komplexen, wohl durchdachten und detaillierten
Kriterienkatalog eingeführt, die von den Mitgliedsstaaten zu erfüllen sind. Der
regulatorische Stil dieses Lenkungsmodells ist reaktiv statt proaktiv und bestimmt oft in relativ geringfügigen Angelegenheiten, dort jedoch mit großem
Einfluss (Michalis, 2007). Da es sich insgesamt um ein „Soft Law" – Fallpraxis,
Mitteilungen – handelt, ist keine formelle Rolle für den EU-Ministerrat und das
Europäische Parlament vorgesehen. Wenn die Mitgliedsstaaten den Vollmachten
der Kommission auf dem Binnenmarkt entgegentreten möchten, müssen sie ihre
Kräfte bündeln und einen starken politischen Willen zum Ausdruck bringen.
Dies ist aus dreierlei Gründen eine wirklich schwierige Aufgabe. Zunächst macht
es die Erweiterung der Europäischen Union auf 27 Mitgliedsstaaten schwieriger,
eine Koalition zu bilden und beizubehalten. Zweitens schätzen die nationalen
Regierungen gute Beziehungen zur Generaldirektion Wettbewerb der Kommission, da diese mit Untersuchungen zu staatlichen Beihilfen befaßt ist. Drittens,
und das ist am wichtigsten, bleiben den Mitgliedsstaaten kaum andere Argumente als der Hinweis auf die Subsidiarität (Zuständigkeit der Mitgliedsstaaten), um
ein Gegengewicht zur Wettbewerbspolitik der Kommission zu bilden. Bezugnahmen auf gesellschaftliche, kulturelle und demokratische Bedürfnisse sind im
Europäischen Vertrag begrenzt und vage. Diese Aufteilung der Zuständigkeit
gewährleistet, dass die Europäische Union die Vielfalt der Kulturen und Identitäten der verschiedenen Gemeinschaften respektiert. Der Preis dafür ist jedoch,
dass die inhärente Spannung zwischen nationalen öffentlichen Dienstleistungen
und dem europäischen Binnenmarkt nicht gelöst wird.
    Abschließend läßt sich sagen, dass das traditionelle Modell des öffentlich-
rechtlichen Rundfunks in Europa im Kontext der Europäischen Union zu einer
gefährdeten Art zu werden droht. Im digitalen Zeitalter ist er stärker von dem
politischen Willen abhängig, eine öffentliche Institution zu erhalten, die eine
breitgefaßte Aufgabe und echte Unabhängigkeit vom Staat und von kommerziel-

len Interessen genießt. Dieser politische Wille ist in den meisten west- und nordeuropäischen Ländern festzustellen, aber – wie bereits angemerkt – sicherlich nicht in den meisten östlichen Ländern oder in Italien. Auf der Ebene der Union stellt der öffentlich-rechtliche Rundfunk eine Marktverzerrung vor, die unweigerlich unter die konstante Überwachung durch die Europäische Kommission fällt. Als Folge könnten die Vorschriften über staatliche Beihilfen für öffentlich-rechtliche Sender im Laufe der Zeit immer strenger werden und die Aufgabe und Einnahmeströme des ÖRR beschneiden und schließlich das europäische Modell des öffentlich-rechtlichen Rundfunks bedrohen.

Literatur

Baldi, P. & U. Hasebrink (Hrsg.) (2007). Broadcasters and Citizens in Europe. Trends in Media Accountability and Viewer Participation. Bristol: Intellect Books.

Bardoel, J. (2007). Converging Media Arrangements in Europe. In: G. Terzis, Hrsg. European Media Governance. National and Regional Dimensions, 445-459. Bristol: Intellect Books.

Bardoel, J. & G. Lowe (2007). From Public Service Broadcasting to Public Service Media: the Core Challenge. In: Gregory Lowe & Jo Bardoel (Hrsg.). From Public Service Broadcasting to Public Service Media. Gotenburg: Nordicom.

Bardoel, J. & J. van Cuilenburg (2003). Communicatiebeleid en communicatiemarkt. Over beleid, economie en management voor de communicatiesector. Amsterdam: Otto Cramwinckel Uitgever. [Kommunikationspolitik und Kommunikationsmarkt. Über Politik, Wirtschaft und Management für den Kommunikationssektor]

Barnett, S. (2007). Can the Public Service Broadcaster Survive? Renewal and Compromise in the New BBC Charter. In: Lowe, G. & J. Bardoel (Hrsg.). From Public Service Broadcasting to Public Service Media, 87-105. Gotenburg: Nordicom.

Biltereyst, D. & C. Pauwels. Our Policies in Reinventing the Past: An Overview of EU Policy-Making in the Audiovisual Domain. In: L. d'Haenens & F. Saeys (Hrsg.). Western Broadcast Models: Structure, Conduct and Performance, 25-61. Berlin/New York: Mouton de Gruyter.

Collins, R. (1994). Broadcasting and Audio-Visual Policy in the European Single Market. London: John Libbey.

Depypere, S. (2004). Responsibilities for Public Service Broadcasters. In: D. Ward (Hrsg.). The Key Role of Public Service Broadcasting in European Society in the 21st Century, 1320135. Report of a Conference held on the occasion of the Dutch Presidency of the European Union in Amsterdam, 1-3 September 2004. The Hague: Ministry of Education, Culture and Sciences.

Donders, K. & Pauwels, C. (2008) Does EU Policy Challenge the Digital Future of Public Service Broadcasting? Convergence: The International Journal of Research into New Media Technologies 14 (3): 295-311.

DG Competition (1998) Discussion Paper: Application of Articles 90, paragraph 2 92 and 93 of the EC Treaty in the broadcasting sector (draft paper, not published by the European Commission).

European Commission (1997). Treaty of Amsterdam amending the Treaty on European Union, the Treaties establishing the European communities and certain related acts, signed at Amsterdam, 2 October 1997 – C. Protocols annexed to the Treaty establishing the European Community. Official Journal of the European Communities, C340/109.

European Commission (3 December 1997) Green Paper on the Convergence of the Telecommunications, Media and Information Technology Sectors, and the Implications for Regulation. Towards an Information Society Approach. (EC document number: COM (1997) 623 final).

European Commission (1998). The Digital Age: European Audiovisual Policy. Report by the High Level Group on Audiovisual Policy, chaired by Commissioner Marcelino Oreja.

European Commission (2001). Communication from the Commission on the application of State aid rules to public service broadcasting (2001). Official Journal of the European Communities, C320, p.5-11.

European Commission (2007). Directive 2007/65/EC of the European Parliament and of the Council of 11 December 2007 amending Council Directive 89/552/EEC on the coordination of certain provisions laid down by law, regulation or administrative action in Member States concerning the pursuit of television broadcasting activities (Audiovisual Media Services Directive). Official Journal of the European Union, L 332, 27–45.

European Commission (10 January 2008) Revision of the Communication from the Commission on the application of State aid rules to public service broadcasting – Questionnaire for public consultation and Explanatory memorandum.

European Commission (2009). Communication from the Commission on the application of State aid rules to public service broadcasting. Official Journal of the European Union, C257, 1-14.

European Parliament, Committee on Culture, Youth, Education and the Media, chaired by Carole Tongue MEP (1996). The Future of Public Service Television in a Multi-channel Digital Age (The Tongue Report), Strasbourg / Brussels / Luxembourg: European Parliament.

Hallin, D. & P. Mancini (2004). Comparing Media Systems. Three Models of Media and Politics. Cambridge: Cambridge University Press.

Harcourt, A. (2005). The European Union and the Regulation of Media Markets. Manchester/New York: Manchester University Press.

Harrison, J. & L. Woods (2001). Defining European Public Service Broadcasting. European Journal of Communication 16(4): 477-504.

Iosifides, P. (1997). Pluralism and Media Concentration Policy in the European Union. Javnost/The Public 4(1): 85-104.

Jacubowicz, K. (2007). The Eastern European/Post-Communist Media Model Countries. An Introduction. In: G. Terzis, (Hrsg.) European Media Governance. National and Regional Dimensions, 303-315. Bristol: Intellect Books.

Jacubowicz, K. (2007). Public Service Broadcasting in the 21st Century. What a Chance for a New Beginning? In: Lowe, G. & J. Bardoel (Hrsg.). From Public Service Broadcasting to Public Service Media, 29-51. Gotenburg: Nordicom.

Kroes, N (2008). The way ahead for the Broadcasting Communication. Speech held at an expert meeting on PSB in Strasbourg, 17 july 2008. (http://ec.europa.eu/commission_barroso/kroes)

Loisen, J. (2008) Working Paper 'Staatsteun en de VRT'.

Lowe, G. & J. Bardoel (Hrsg.). From Public Service Broadcasting to Public Service Media. Gotenburg: Nordicom.

Main principles for a revision of the Broadcasting Communication. Common position paper of member states, addressed to the European Commissioner Kroes, 24 september 2008. (See also letter to Dutch Parliament of 10 October 2008 , Kamerstukken II 2008-2009, 21 501-34, nr 106, www.tweedekamer.nl.)

Michalis, M. (2007). Governing European Communications. From Unification to Coordination. Lanham: Lexington Books.

Michalis, M. (1999). EU Broadcasting and Telecoms: Towards a Convergent Regulatory Regime? European Journal of Communication 14 (2): 147-171.

Moe, H. (2008). Between supranational competition and national culture? Emerging EU policy and public broadcasters' online services. In: I. Bondebjerg & P. Madsen (Hrsg). Media, Democracy and European Culture, 215-239. Bristol: Intellect Books.

Papathanassopoulos, S. (2002). European Television in the Digital Age. Oxford: Polity.

Terzis, G. (Hrsg.). European Media Governance. National and Regional Dimensions. Bristol: Intellect Books.

Van Cuilenburg, J. & D. McQuail (2003), 'Media Policy Paradigm Shifts: Towards a New Communications Policy Paradigm'. European Journal of Communication, 18 (2), 181-207.

Wheeler, M. (2004). Supranational Regulation. Television and the European Union. European Journal of Communication. 19(3): 349-369.

Media Governance in Europa – Rundfunkregulierung zwischen Karlsruhe und Brüssel

Wolfgang Thaenert

I. Zur Einordnung

„Nicht der Wind, sondern das Segel bestimmt die Richtung", heißt es. Aber wer setzt bei veränderlicher Wetterlage die Segel?

Wechselhaft ist die Wetterlage zurzeit auf dem Gebiet der Medien. In den letzten Jahren hat sich ein rascher Wandel in ihren technischen, wirtschaftlichen und gesellschaftlichen Funktionen vollzogen. Es ist deshalb nicht verwunderlich, dass auf der Suche nach (besser) geeigneten Regulierungsinstrumenten und -methoden, die der Vielschichtigkeit und Menge des Medienangebotes Herr werden, der Media Governance große Erwartungen entgegengebracht werden[1]. Media Governance wird vom Verfasser als Steuerungselement verstanden, das über hoheitlich institutionelle Regulierungsstellen verschiedener Ebenen hinaus zivilgesellschaftliche Kräfte und Interdependenzen berücksichtigt.[2]

Die Perfektion der Mittel führt nur dann weiter, wenn das Ziel nicht aus den Augen verloren wird; deshalb zunächst zu den Zielen der Medienordnung (folgend unter II.), sodann zu den wichtigsten Veränderungsprozessen und ihren Konsequenzen für die Instrumente der Medienregulierung (unter III.), ehe der Beitrag der Media Governance als Steuer(ungs)element ausgelotet wird (unter IV.).

II. Ziele der audiovisuellen Medienordnung

Die Medienordnung in Deutschland ist weitgehend durch die Erfahrungen des Dritten Reiches bestimmt. Die Väter des Grundgesetzes und die Alliierten haben die dunklen Erfahrungen mit dem Missbrauch der elektronischen Medien als Propagandainstrument in das Medien(verfassungs)recht einfließen lassen.[3] Das

---

[1] Mc Quail, „The Current State of Media Governance in Europe", in: European Media Governance, Terzis (Hrsg), S. 17, 18
[2] vgl. Donges (Hrsg) „Medienpolitik und Media Governance", S. 14, Halem Verlag, Köln 2007
[3] vgl. für viele: Hesse, Rundfunkrecht, 3. Auflage, S. 8 ff.

trifft für die europaweite Medienregulierung weniger zu. Gleichwohl gehört auch dort die Erkenntnis, dass Medien eine wichtige Vermittlerrolle im gesellschaftlichen und im demokratischen Meinungsbildungsprozess einnehmen und insbesondere audiovisuelle Medien von besonderer Suggestivkraft sind, zum Allgemeingut.[4] Daraus leiten sich als wichtigste die folgenden Ordnungsprinzipien für eine audiovisuelle Medienregulierung ab:

Zunächst bedarf es der strukturellen Sicherung eines vielfältigen Medienangebotes. Dazu zählen zunächst Vorkehrungen des Medienkonzentrationsrechts, die insbesondere in Deutschland von Verfassungs wegen so rechtzeitig zu treffen sind, dass spätere Fehlentwicklungen gar nicht erst eintreten. Dazu zählen auch programmlich-strukturelle Vorgaben zu Bildungs-, Beratungs- und Informationsanteilen.[5]

Darüber hinaus ist die redaktionelle Unabhängigkeit von Staat und Politik einerseits sowie anderen vorherrschenden Einflüssen Dritter zu schützen.

Hinzu kommt auf dem Sektor der Verbreitungstechnologie eine kommunikative Vorsorge, die allen Bürgern einen barrierefreien Zugang zu vielfältigen Inhalten ermöglicht.

Last but not least ist der Verbraucher- und Nutzerschutz durch journalistische Grundsätze, Werbe- und Jugendmedienschutz zu erwähnen.

Die Mehrzahl dieser Ziele werden dem verfassungsrechtlichen Ausgestaltungsgebot folgend im Rahmen einer legislativen Medienordnung bislang hoheitlich realisiert. Den staatsunabhängig mit dem Recht der Selbstverwaltung ausgestatteten öffentlich-rechtlichen Rundfunkanstalten sind auf der privaten Seite des dualen Rundfunksystems unabhängige selbstverwaltete Landesmedienanstalten nachgebildet worden. Beide staatsunabhängigen Institutionen beziehen die Allgemeinheit durch plurale Beschlussgremien ein. Im öffentlich-rechtlichen System dienen diese pluralen Beschlussgremien vornehmlich der Binnenkontrolle, im privaten extern der Vielfaltsgewähr bei Zulassung und Aufsicht der kommerziellen Rundfunkveranstalter; den Landesmedienanstalten ist in wachsender Anzahl jüngst auch die Telemedienaufsicht übertragen worden.[6] Allein die gedruckte Presse reguliert sich traditionell selbst.

Das Mittel der Wahl bei Zulassung der kommerziellen Rundfunkveranstalter und Aufsicht über diese sowie Telemedien ist die gesetzeskonkretisierende Satzung, die Richtlinie, im Einzelfall der Verwaltungsakt. Einige Werkzeuge hoheitlich repressiver Tätigkeit zeigen in Zeiten der Digitalisierung, Konvergenz und Globalisierung – wie zu zeigen sein wird – Schwächen.

---

[4] Art. 10 EMRK
[5] BVerfGE 73, 118, 162 – 4. Rundfunkurteil, Niedersachsen-Entscheidung
[6] vgl. insbesondere Landesrundfunkgesetze für Baden-Württemberg, Berlin-Brandenburg, Hessen und Niedersachsen

III. Veränderung durch Digitalisierung, Konvergenz und Globalisierung

Die wichtigsten Ausprägungen der aktuellen Veränderungsprozesse lassen sich wie folgt zusammenfassen:

Verbreitungstechnisch erlaubt die Digitalisierung eine stetig steigende Vervielfachung der Übertragungsmöglichkeiten für Programme und andere audiovisuelle Medieninhalte. Zu der zweistelligen Zahl an analogen Fernseh- und den rund 200 analogen Hörfunkprogrammen treten ein Vielfaches an digitalen Angeboten und ungezählte audiovisuelle Inhalte im Netz. Zu den traditionellen Übertragungsnetzen der Terrestrik, Breitbandkabel und des Satellitenempfangs kommen die Festnetztelefonleitung oder der Mobilfunk hinzu. Auch die Endgeräte sind multifunktional. Es geht nicht mehr allein um Rundfunk oder Rundfunkveranstalter, sondern um audiovisuelle Inhalte, die überall und jederzeit zu empfangen sind.

Auch die **Grenzen zwischen Individual- und Massenkommunikation** verwischen. Beispiele sind das nach persönlichen Vorlieben zusammengestellte Musikprogramm des *personal radio* und *social networks*. Meinungsrelevante Massen- und individuelle Kommunikation verschmelzen miteinander.

Medienwirtschaftlich beobachten wir zurzeit nahezu tektonische Verschiebungen der Gewichte und einen Verdrängungswettbewerb[7] bisher ungekannten Ausmaßes. Zu der klassischen Trias der Massenkommunikationsmittel Presse, Hörfunk und Fernsehen ist „das Netz" getreten und hat nach nur wenigen Jahren das Werbevolumen des seit über 50 Jahren werbefinanzierten Hörfunks erreicht. Die Presse, der öffentlich-rechtliche und der private Rundfunk sowie Netzunternehmen ringen auf den neuen Plattformen um Aufmerksamkeit und Erlösanteile.

Programminhaltlich werden die klassischen Programme durch Reise-, Teleshoppingkanäle, Unternehmens-TV und sonstige Abrufdienste ergänzt. Das vorgegebene Programm kann „lean back" genossen oder der einzelne Inhalt „lean forward" abgerufen werden. Programmaffine Werbung in „split screen" oder virtueller Präsentation, als Product Placement bzw. Produktbeistellung ergänzen den traditionellen Werbespot.

Die Medienregulierung hat in Zeiten digitaler Übertragung und des Internets nicht allein mit einer bisher unbekannten Mengen-, sondern auch mit einer neuen Komplexitätsproblematik und Dynamik zu kämpfen. Für die Identifikation wirtschaftlicher Abhängigkeiten bei Programmauswahl, Verbreitung oder Vertrieb in wenig durchschaubaren Wertschöpfungsketten fehlen eindeutige Adressaten und Regulierungsansätze. Inhalte- und Plattformanbieter entziehen sich

---

[7] Sjurts, „Es wird nicht nur eine Währung für den Medienmarkt insgesamt geben können", in: promedia 5/2009, S. 37

einer klaren Unterscheidung und häufig nationalem Zugriff. Daraus leiten sich hohe Anforderungen an ein kohärentes Regulierungssystem „under construction" ab, dessen Baufortschritt sich an der Zahl der Rundfunkänderungsstaatsverträge ablesen lässt.

IV.

Ob und in welchem Umfang Optimierungspotenziale der Media Governance für eine zeitgemäße Medienregulierung erschließt, soll exemplarisch anhand der Primärziele der Medienordnung erörtert werden. Dabei sind die Überlegungen auf den privaten Rundfunk, die Telemedien und die Bezüge zur europäischen Ebene fokussiert.

Vielfaltssicherung

Anders als das Kartellrecht bedarf die Pluralitätsgewährleistung rechtzeitiger Ordnungsvorgaben, die bereits das Entstehen kaum rückholbarer Vormachtstellungen wirksam verhindert.[8] In (West)Europa gehört es zum Allgemeingut, dass zur wettbewerbsrechtlichen Kartellkontrolle eine mediensektorale Pluralitätsvorkehrung tritt.

Ab wann ist vorherrschende und damit unzulässige Meinungsmacht gegeben und wer identifiziert sie im Zweifelsfall? Eine Lösung hat der deutsche Staatsvertragsgeber im Maßstab des Zuschaueranteils und in der Übertragung von Einzelfallbewertungen auf das sachverständige Organ der Landesmedienanstalten zur Konzentrationsermittlung gesehen.[9] In Zeiten crossmedialer Strategien droht das 1996 als „Wunder von Bad Neuenahr" gepriesene Modell an Strahlkraft zu verlieren; es ist zu fernsehzentriert und hat keine Antworten auf die potentiellen Einflüsse des verstärkten online-Marktes.[10] Verstärkt die online-Nutzung den Einfluss crossmedial tätiger Medienhäuser oder reduziert ein Verdrängungswettbewerb Medieneinflüsse? Gibt es überhaupt eine gemeinsame Währung zur Bemessung von Einflüssen der Mediengattungen auf deren Nutzer/innen?[11]

National wie international wird nach einem allgemeingültigen Maßstab für mediengattungsübergreifende Einflüsse auf die Meinungsbildung gesucht. Die

---

[8] BVerfGE 73, 118, 172

[9] §§ 26 ff. des Staatsvertrages für Rundfunk und Telemedien (Rundfunkstaatsvertrag –RStV) vom 31. August 1991 i. d. F. des 12. RÄStV vom 18. Dezember 2008

[10] Eumann, Stadelmaier, „Mehr Medienpolitik…" in: Media Governance und Medienregulierung, vorwärtsbuch Verlag 2009, S. 191

[11] verneinend: Sjurts, aaO, S. 38

EU-Kommission hat jüngst eine unabhängige Studie für ein indikatorgestütztes medienübergreifendes Medienbewertungsmodell[12] vorgestellt. Ob sich dieses Modell in der Praxis durchsetzen wird, darf allerdings bezweifelt werden. Zum einen fehlt der EU die Kompetenz zur Vielfaltssicherung, zum anderen erfordern die Spezifika nationaler und subnationaler Medienentwicklungen hohe Sensibilität, um zu plausiblen und vergleichbaren Ergebnissen zu gelangen. Schließlich lassen nicht alle EU-Mitgliedsstaaten dieselbe Umsetzungsstrenge erwarten.

Nationale Ansätze zur Neujustierung der Pluralismuskontrolle, seien sie vorerst auch nur holzschnittartig, befristet und unter Evaluationsvorbehalt, tun also Not.

Dabei lohnt es, nicht nur den Grenzwerten für Marktstellungen Aufmerksamkeit zu schenken, sondern den Blick verstärkt auf die Kompensationsinstrumente zu lenken. Dazu gehören Drittsendezeiten, insbesondere für Regionalberichterstattung,[13] die erwiesenermaßen einen Beitrag zu Gunsten neuer, zum Teil lokaler oder regionaler Inhalte leisten und damit einen Mehr an Angebotsvielfalt generieren.

Die Beteiligung gesellschaftlicher Gruppen an programmlichen Entscheidungen in privatwirtschaftlich geführten Unternehmen erscheint mir dagegen weniger geeignet. Die Führung privatwirtschaftlicher Unternehmen erlaubt nur begrenzt gesellschaftliche Beteiligung und keine Abgabe des Letztentscheidungsrechts auf Geschäftsführungs- oder Vorstandsfremde.[14]

In der Gesamtschau eignet sich die Medienkonzentrationsregulierung also kaum[15] für die Co- oder gar Selbstregulierung, soweit dem wachsenden und marktstarken Unternehmen allein die Auswege der Verzichtserklärung oder des Deals blieben.

Das Medienkonzentrationsrecht bildet nur einen Aspekt der Pluralismuskontrolle. Ein anderer folgt aus programmbezogenen Vorgaben. Ungeachtet programmlicher Anforderungen im geltenden Rundfunkrecht werden vor dem Hintergrund wachsenden Konkurrenzdrucks im dualen Rundfunksystem auf der Seite der Privaten publizistische Leistungen reduziert. Informationen sollen selbst in einem privaten Dokumentations- und Nachrichtenkanal zur Disposition gestellt werden. Die sprachlich und inhaltlich anpassungsbedürftige Vollpro-

---

[12] Independent Study on Indicators for Media Pluralism in the Member States – Towards a Risk-Based Approach http://ec.europa.eu/information_society/media_taskforce/pluralism/study/index_en.htm

[13] aA Kleist, „Thesen zur Media Governance in Deutschland", in: Media Governance und Medienregulierung, aaO, S. 29 ff., 35

[14] vgl. § 32 RStV zu Programmbeiräten

[15] ebenso Schulz, „Media Governance – Antwort der Medienpolitik auf Digitalisierung und Globalisierung?" in Media Governance und Medienregulierung, S. 21 ff., 27

grammdefinition[16] des Rundfunkstaatsvertrages begrenzt die Möglichkeiten, einen Mindestumfang an Informationen hoheitlich festzulegen. Präzisere (Mindest-)Standards für Programmfunktionen Information, Bildung und Beratung könnten helfen. Einen wichtigen Beitrag könnte auch eine Selbstverpflichtung oder eine Coregulierung für die publizistischen Anteile liefern. Vorbilder hierfür bieten das Schweizer Modell mit seinem Leistungsauftrag an den privaten Rundfunk[17] oder die britische Rundfunkordnung mit Mindestanforderungen an Regionalberichterstattung.[18] Ergänzend ist an Anreize durch Privilegierung privaten Rundfunks bei der Verbreitung, Besteuerung oder urheberrechtlichen Betrachtung zu erinnern.

Mit den vorstehenden Vorschlägen soll weder einem Stoppuhrjournalismus noch einer hoheitlichen Qualitätsdefinition das Wort geredet werden. Regelmäßige Berichtspflichten oder ein ständiges Monitoring durch unabhängige Institutionen würde die publizistischen Defizite transparent werden lassen und damit der Motivation, zu Verbesserungen zu gelangen, dienen, ohne die journalistische Unabhängigkeit zu tangieren.

Häufig liegt das Gute (örtlich) nahe: Direkte Beteiligung der Zivilgesellschaft am Rundfunk wird in zahlreichen Bundesländern in Offenen Kanälen und Bürgerradios ermöglicht. Die Partizipationsmedien geben Bürgern nicht nur eine eigene Stimme, sie dienen der Verbreiterung der Meinungs- und Angebotsvielfalt.[19]

Sicherung der redaktionellen Unabhängigkeit

Der Sicherung der redaktionellen Unabhängigkeit vor Einflüssen von Staat, Parteien und Dritten kommt insbesondere in Deutschland verfassungsrechtlich ein hoher Stellenwert zu. Das Grundgesetz schließt jeden Staats- und bestimmenden Parteieinfluss auf privaten Rundfunk aus.[20]

Dem Schutz vor unzulässigen staatlichen oder parteipolitischen Einflüssen gilt auch das Verbot der politischen, religiösen oder weltanschaulichen Wer-

---

[16] „Vollprogramm, ein Rundfunkprogramm mit vielfältigen Inhalten, in welchem Information, Bildung, Beratung und Unterhaltung einen wesentlichen Teil des Gesamtprogramms bilden" (§ 2 Abs. 2 Nr. 3 RStV)

[17] Ramsauer: „Qualitätssicherungen – die Rolle des Regulators", www.lfm-nrw.de/downloads/.../ facht-mediendialog2008-ramsauer.ppt

[18] Ader in: IRIS, Der kulturelle Auftrag und Aspekt „Regionalität" im Pflichtenprogramm der Rundfunkveranstalter, August 2006, S. 6

[19] Einen Überblick gibt: „Bürger- und Ausbildungsmedien", in: ALM Jahrbuch 2008, Vistas 2009, S. 320 ff.

[20] zuletzt BVerfG, Urteil vom 12. März 2008, - 2 BvF 4/03; vgl. ferner: § 20a Abs. 3 RStV

bung.[21] Ausnahmen gelten nur vor Wahlen und für sonntägliche Verkündigungssendungen.

Was den Einfluss der Wirtschaft auf die Programmgestaltung angeht, hat die EU mit der Zulassung von Product Placement selbst zu einem Risiko beigetragen.[22] Product Placement bietet bekanntlich eine Chance zu programmaffiner Markenplatzierung. Diese wird nicht nur zur Herausforderung für die Erkennbarkeit durch den zappenden Zuschauer, sondern für die redaktionelle Unabhängigkeit des Produzenten und Veranstalters. Zu Recht wird deshalb Product Placement in Nachrichten, Kindersendungen und Ratgebersendungen sowie Themenplacement untersagt.

Demgegenüber sind unentgeltliche Produktbeistellungen und solche geringfügigen Wertes hier, wie im öffentlich-rechtlichen Fernsehen, nicht ausgeschlossen. Was aber ist von geringfügigem Wert und damit keine Produktplatzierung? Hier gerät die Regulierung schnell an praktische Erkenntnis- und Vollzugsgrenzen. Der gewünschte Harmonisierungseffekt der audiovisuellen Mediendiensterichtlinie wird sich auf diesem Sektor nicht einstellen. Abhilfe lässt sich nur durch engen Informations- und Erfahrungsaustausch in halbjährlichen Beratungen der Medienregulierung mit der EU-Kommission, auf der Ebene der European Platform of Regulatory Authorities – EPRA[23] und wie im Falle Deutschlands zusätzlich durch Tripartite-Meetings mit dem britischen Office of Communications (Ofcom) und dem französischen Conseil supérieur de l'audiovisuel (CSA) sowie einen bilateralen Austausch im deutschsprachigen Raum mit der österreichischen Kommunikationsbehörde Austria (KommAustria) und dem schweizerischen Bundesamt für Kommunikation (BAKOM) erzielen.

Eigenverantwortung ist auf dem Feld der PR-Zulieferungen im audiovisuellen Medienbereich gefragt.[24] Insbesondere zu Product Placement wird es auf die Selbstkontrolle ankommen, weil demnächst der Printbereich[25] anderen Grundsätzen als der audiovisuelle Mediensektor unterliegt.

Zugang der Bürger zu vielfältigen Programmangeboten

Die Bereitstellung möglichst „barrierefreier" Zugänge zu vielfältigen audiovisuellen Medieninhalten hat in Deutschland verfassungsrechtliche Bedeutung. Der Verbreitungstechnologie wird dem Rundfunk dienende Funktion beigemessen.[26]

---

[21] § 7 Abs. 6 RStV
[22] Audiovisuelle Mediendiensterichtlinie vom 19. Dezember 2007, Art. 3g
[23] Näheres unter: www.epra.org
[24] jüngst: Reglitz „Unmoralische Angebote", in epd medien 15/2009, S. 3 ff.
[25] Näheres zum Pressekodex: www.presserat.info
[26] BVerfGE 12, 205, 227, 1. Rundfunkurteil

Die Verwirklichung der kommunikativen Vorsorge erweist sich allerdings durch die ebenfalls verfassungsrechtlich bedingte Aufteilung der Zuständigkeiten für Telekommunikation auf den Bund, für die Organisation und Inhalte auf die Länder als kompliziert. Die Interessen der Telekommunikationsindustrie und Netzbetreiber sind selten deckungsgleich mit denen der Rundfunkbedarfsträger. Zwar wollen beide die Bürgerinnen und Bürger jederzeit und überall erreichen. Kerngeschäft der Telekommunikations-, insbesondere auch der Mobilfunkindustrie ist die Individualkommunikation, Aufgabe der Rundfunkbedarfsträger ist die Verbreitung vielfältiger medialer Inhalte. Namentlich im Bereich der Plattform- und Frequenznutzung sind damit Interessenkonflikte vorprogrammiert.

Dieser Konflikt trat zuletzt bei der Verteilung der sog. Digitalen Dividende, d. h. der dank der Vervielfachung digitaler Kapazitäten frei werdenden Übertragungsressourcen, zutage. Angesichts dieser Entwicklung war es nun ebenso wenig gerechtfertigt, den gesamten für Rundfunk „reservierten" Frequenzbereich für jede andere Nutzung zu sperren, wie die Digitale Dividende allein an Mobilfunker auszuschütten. Es galt vielmehr, einen Kompromiss zu suchen, der Chancen für die Medienentwicklung der Zukunft sichert und den Bedarf der Mobilfunkindustrie deckt. Ob es im Ergebnis des Ringens gelungen ist, durch Freigabe des oberen Frequenzbandes V zu Gunsten von Telekommunikationsanwendungen einen Ausgleich zwischen den Entwicklungsmöglichkeiten des Rundfunks und des Mobilfunks zu finden, bleibt abzuwarten.[27]

Ein Zielkonflikt hat sich auch auf dem Sektor der herkömmlichen Breitbandkanalbelegung zwischen den Interessen der Netzbetreiber an einer betriebswirtschaftlichen Belegung und der Länder an einer größtmöglichen Angebotsvielfalt auch im Kabel gezeigt. Im Ergebnis haben sowohl die Universaldiensterichtlinie der EU als auch das deutsche Rundfunkrecht zu einem Ausgleich der Interessen beigetragen. Für den analogen und verbraucherfreundlichen Kabelempfang bleibt es bei einem weitgehend hoheitlichen Belegungsregime der Landesmedienanstalten, während im digitalen Kabelsegment Auswahlmöglichkeiten des Netzbetreibers vorgesehen sind.[28]

Ein derartiger Interessensausgleich zur Nutzung terrestrischer Frequenzen wie Kabelkanäle hat nur erzielt werden können, nachdem die Länder und Rundfunkbedarfsträger ihrem Anspruch auf mitgliedsstaatliche Entwicklung ihrer Medienordnung gegenüber den Binnenmarktinteressen der EU und den Wirtschaftsinteressen der Kommunikationsindustrie deutlich gemacht haben. Den Rundfunkbedarfsträgern kam in Brüssel und Straßburg also nicht die Funktion poltischer Lobbyisten zu, sondern „sachverständiger Zeugen", die auf technische Gegebenheiten und Konsequenzen aufmerksam machen. So versteht sich auch

---

[27] vgl. für alle: „Breitband statt Rundfunk – schnelles Internet fürs Dorf", SZ 01.09.2008
[28] Art. 31 der Universaldiensterichtlinie (2002/22/EG

die Rolle, die das Rundfunkrecht Landesmedienanstalten beim Analog-Digital-Umstieg der Kabelnetze einräumt. Landesmedienanstalten sollen die Umstellung von der analogen auf die digitale Übertragungstechnik unterstützen und begleiten.[29] Die gesellschaftsverträgliche Umstellung von Analog- auf Digitaltechnik erweist sich damit als Paradebeispiel für Media Governance.

Parallel zur Kabelweiterverbreitung weist die Regulierung anderer Plattformen (wie z. B. mobile TV) zu Auswahl und Aufnahme von Inhalten auf. Die rundfunkrechtlichen Verfahrensbestimmungen sind durch die Mittel der Moderation und Kooperation gekennzeichnet. Die Moderation der Landesmedienanstalten ist im Prozess der Inhalteaggregation beim Plattformbetreiber, die Kooperation – insbesondere das Zusammenwirken mit der Bundesnetzagentur – bei der Entgeltregulierung[30] gefragt.

Verbraucher- und Nutzerschutz

Der Coregulierung bereits heute weitgehend geöffnet ist die Überwachung der Einhaltung der gesetzlichen Inhaltsbestimmungen für Rundfunk und Telemedien.

Die redaktionellen Standards sind durch die journalistischen Grundsätze der Presse determiniert, die auch für Rundfunk und Telemedien gelten. Zusätzliche Verhaltenskodizes für Fernseh- und fernsehähnliche Problemfelder haben die Landesmedienanstalten zu Talk-Shows[31], Klingeltönen und Gewinnspielen initiiert.

Für Werbung für und mit Kindern, Alkohol und Pharmaka gelten neben den Bestimmungen des Jugendmedienschutzstaatsvertrages[32] und des Rundfunkstaatsvertrages[33] die Werbegrundsätze des Zentralverbandes der deutschen Werbewirtschaft[34]. Beim Deutschen Werberat hat sich dazu eine verlässliche Spruchpraxis herausgebildet.

Der Jugendschutz in Deutschland hat bereits materiellrechtlich eine deutliche Vereinheitlichung erfahren. Die Jugendmedienschutzbestimmungen gelten der Konvergenz folgend für Rundfunk wie für Telemedien[35]. Auch die formelle Ausgestaltung wirkt der Zuständigkeitszersplitterung im föderalen Rechtssystem Deutschlands entgegen. Als zentrales Bewertungs- und Willensbildungsorgan für

---

[29] z. B. § 43 Abs. 2 Satz 1 des Hessischen Privatrundfunkgesetzes – HPRG
[30] § 52 b bis e RStV
[31] abgedruckt in: Ring, Hartstein, Kreile, Dörr, Kommentar zum RStV, § 41 Rn. 37
[32] § 6 des Staatsvertrages über den Schutz der Menschenwürde und den Jugendschutz in Rundfunk und Telemedien (Jugendmedienschutzstaatsvertrag – JMStV)
[33] §§ 7, 44 RStV für privaten Rundfunk
[34] www.zak.de
[35] § 1 JMStV

alle audiovisuellen Medien privater Provenienz ist die sachverständige Kommission für Jugendmedienschutz gebildet worden.[36] Mehr als ein Schönheits-, eher ein Systemfehler ist, dass die Angebote des öffentlich-rechtlichen Rundfunks ausgeklammert werden.

Verfahrensrechtlich haben sich auf dem Gebiet des gesetzlichen Jugendmedienschutzes Partizipation und Coregulierung, auch regulierte Selbstkontrolle genannt, durchgesetzt. Die institutionelle hoheitliche Aufsicht wird nur und erst tätig, wenn anerkannte Selbstkontrolleinrichtungen nicht oder nicht sachgerecht gearbeitet haben. Gegenseitige Beteiligungspflichten der Kommission wie der Bundesprüfstelle für jugendgefährdende Medien, die auch ein Mitglied der Kommission für Jugendmedienschutz stellt, sorgen für eine Abstimmung sachgerechter Altersklassifizierungen für Träger- wie für Onlinemedien und ggf. Indizierungen.[37]

Moderner Jugendmedienschutz setzt bekanntlich nicht allein auf Verbote und Beschränkungen. Er ist auf eine umfassende Reaktionsstrategie gestützt. Im Verantwortungsviereck zwischen Minderjährigen, deren Eltern und Erziehungsberechtigten, Veranstaltern bzw. Inhalteanbietern und (Selbst)Kontrolleinrichtungen sollen eigene Jugendschutzbeauftragte für die notwendige Sensibilität bei der Programmierung und Inhaltsgestaltung sorgen. Warnhinweise im Free-TV und technische Zugangsvorkehrungen oder Sendezeiten wollen verantwortungsbewussten Eltern bei einem gezielten Medienkonsum ihrer Kinder helfen.[38] Darüber hinaus gewinnt insbesondere der präventive Jugendmedienschutz durch Medienkompetenzförderung als flankierende Maßnahme an Bedeutung. Insbesondere die Landesmedienanstalten bieten in einem Netzwerk an pädagogischen Maßnahmen Medienkompetenzhilfen für Jugendliche und Multiplikatoren an.[39]

Mit Rücksicht auf die vom Rundfunk abweichende Dynamik und Netzstruktur, Distribution und Verfügbarkeit gelten für Telemedien besondere Inhalts- und Haftungsbestimmungen. Anstelle der klassisch hoheitlichen Top-down-Regulierung setzt der Jugendmedienschutz für Telemedien auf netzwerkgerechte Interventionsstrategien.[40] Die „Internetstreife" „jugendschutz.net" der Länder, die mit der die Kommission für Jugendmedienschutz eng zusammenarbeitet, spürt eine Reihe von unzulässigen oder risikobehafteten Inhalten im Internet auf und veranlasst deren Löschung durch den Inhalteanbieter oder, wenn dieser nicht greifbar ist, Host- bzw. Accessprovider.[41]

---

[36] § 19 und § 20 Abs. 3 bis 6 JMStV
[37] § 17 Abs. 2 JMStV
[38] § 5 JMStV
[39] Siehe näher unter: www.alm.de
[40] Lacker in: Bieber, Eifert, Groß (Hrsg) „Soziale Netze in der digitalen Welt", S. 46
[41] § 18 JMStV

Weitere Mittel der Telemedienaufsicht sind Jugendschutzprogramme für Minderjährige, Konzepte für geschlossene Benutzergruppen, gesicherte Räume für Kinder im Netz, die Mitwirkung an der Vereinbarung internationaler Mindeststandards sowie die Förderung des präventiven Jugendmedienschutzes.[42]

V. Fazit

In der audiovisuellen Medienordnung ergänzen Co-Regulierung, Kooperation und partizipative Steuerungsinstrumente insbesondere auf den Feldern der Plattformregulierung, des Analog-Digital-Umstiegs von Hörfunk und Fernsehen und des Jugendmedienschutzes im Rundfunk repressive Regulierungsansätze. Für Telemedien hat sich die netzwerkgerechte Interventionsstrategie durchgesetzt. Auf dem Gebiet des Werberechts bleibt abzuwarten, ob und inwieweit es Aufsicht und Selbstkontrolle gelingt, Product Placement widerspruchsfrei mit dem Gebot der redaktionellen Unabhängigkeit und des Verbraucherschutzes einzugrenzen.

Die Vielfaltskontrolle bleibt auf Sicht Angelegenheit der hoheitlichen Regulierung. Zur strukturellen Sicherung der Programmvielfalt sind bestehende Werkzeuge zu schärfen und durch neue Instrumente des Monitoring, der Selbstkontrolle und Anreize zu ergänzen.

Die für audiovisuelle Medien typische Interessenkollision zwischen der Dienstleistungsfreiheit namentlich auf EU-Ebene und der Definitionshoheit der Mitgliedsstaaten zur Gestaltung ihrer Medienentwicklung verlangt weiterhin einen engen Informations- und Erfahrungsaustausch zwischen nationalen und europäischen Institutionen.

Mit derart komplettierten Ausrüstungen stehen die Chancen gut, dass die Medienregulierung dem „Wind of Change" trotzt und auf Kurs bleibt.

Literatur

Ader, Torsten (2006): Der kulturelle Auftrag und Aspekt „Regionalität" im Pflichtenprogramm der Rundfunkveranstalter, in: IRIS, August 2006, S. 6.
ALM Arbeitsgemeinschaft der Landesmedienanstalten in Deutschland (Hrsg.) (2009): Bürger- und Ausbildungsmedien, in: ALM Jahrbuch 2008, Vistas 2009, S. 320 ff.
Audiovisuelle Mediendiensterichtlinie vom 19. Dezember 2007.

---

[42] siehe näheres unter KJM in www.alm.de

Bieber, Christoph/Martin Eifert/Thomas Groß/Jörn Lamla (2009),Soziale Netze in der digitalen Welt: das Internet zwischen egalitärer Teilhabe und ökonomischer Macht, Frankfurt am Main: Campus.

Dohmen, Caspar (2008): Breitband statt Rundfunk. Schnelles Internet fürs Dorf, in: Sueddeutsche Zeitung, 01.09.2008, S. 17.

Donges, Patrik [Hrsg] (2007): Von der Medienpolitik zur Media Governance, Köln: Halem Verlag.

Eumann, Marc Jan/ Martin Stadelmaier (2009): Mehr Medienpolitik, in: dies., Media-Governance und Medienregulierung. Plädoyers für ein neues Zusammenwirken von Regulierung und Selbstregulierung, Berlin: vorwärtsbuch Verlag 2009.

Hartstein, Reinhard / Ring, Wolf-Dieter / Kreile, Johannes / Dörr, Dieter / Stettner, Rupert (2010): Rundfunkstaatsvertrag. Kommentar zum Staatsvertrag Rundfunk und Telemedien (RStV) und zum Jugendmedienschutz-Staatsvertrag (JMStV)

Hesse, Albrecht (2003): Rundfunkrecht: die Organisation des Rundfunks in der Bundesrepublik Deutschland Rundfunkrecht, 3. Auflage, München: Vahlen.

Kleist, Thomas (2009): Thesen zur Media-Governance in Deutschland. Die Gestaltung der Wechselbeziehungen zwischen Regulierer, Akteuren und Rezipienten in der digitalen Welt, in: Marc Jan Eumann/Martin Stadelmaier (Hrsg.), „Media-Governance und Medienregulierung – Plädoyers für ein neues Zusammenwirken von Regulierung und Selbstregulierung", vorwärts buch Verlag, 2009, S. 29 ff..

Kanzlei des Europäischen Gerichtshofs für Menschenrechte (2010): Konvention zum Schutze der Menschenrechte und Grundfreiheiten (EMRK), URL: http://www.echr.coe.int/NR/rdonlyres/F45A65CD-38BE-4FF7-8284-EE6C2BE36FB7/0/GER_CONV.pdf

Mc Quail, Denis (2007): The Current State of Media Governance in Europe, in: Terzis, Georgios (Hrsg.), European Media Governance. National and Regional Dimensions, Terzis (Hrsg), Bristol: Intellect Books.

promedia (2009): „Es wird nicht nur eine Währung für den Medienmarkt insgesamt geben können". Interview mit Prof. Dr. Insa Sjurts, Vorsitzende der KEK. In: promedia. Mai 2009, S. 37 f.

Ramsauer, Matthias (2008): Qualitätssicherungen – die Rolle des Regulators, URL: http://www.lfm-nrw.de/fileadmin/lfm-nrw/Veranstaltungskalender/fachtmediendialog2008-ramsauer.ppt, Abruf am 17.04.2011.

Reglitz, Ellen (2010): Unmoralische Angebote. Hörfunk-PR: Die Branche unterläuft ihre eigene Ethik, in: epd medien, Heft 15/2010, S. 3 ff.

Schulz, Wolfgang (2009) Media Governance – Antwort der Medienpolitik auf Digitalisierung und Globalisierung? in: Marc Jan Eumann/Martin Stadelmaier (Hrsg.), „Media-Governance und Medienregulierung – Plädoyers für ein neues Zusammenwirken von Regulierung und Selbstregulierung", vorwärts buch Verlag, 2009, S. 21 ff.

Staatsvertrag über den Schutz der Menschenwürde und den Jugendschutz in Rundfunk und Telemedien (Jugendmedienschutzstaatsvertrag – JMStV), Heidelberg: Rehm.

Staatsvertrages für Rundfunk und Telemedien (Rundfunkstaatsvertrag –RStV) vom 31. August 1991 i. d. F. des 12. RÄStV vom 18. Dezember 2008.

Task Force for Co-ordination of Media Affairs (2009): Independent Study on Indicators for Media Pluralism in the Member States – Towards a Risk-Based Approach, URL: http://ec.europa.eu/information_society/media_taskforce/pluralism/study/ index_en.htm.

Universaldiensterichtlinie (2002/22/EG), zuletzt geändert durch die Richtlinie 2009/13G/EG vom 25. November 2009; § 51b Abs. 3 und § 52b RStV

Zivilgesellschaftliche Beteiligung im Medienbereich

Christiane Eilders

Abstract

Die Forderung nach einer Beteiligung der Zivilgesellschaft im Medienbereich betrifft zwei grundsätzlich unterschiedliche Arten der Teilhabe. Zum einen geht es Steuerung oder Regulierung, also um die Mitwirkung der Zivilgesellschaft an der Organisation und Kontrolle von Medieninstitutionen sowie nicht institutionalisierten Netzwerk-Strukturen. Zum anderen geht es um eine Teilhabe am medial vermittelten Diskurs, indem etwa zivilgesellschaftliche Akteure ihre Anliegen durch die Medien einem Publikum zur Kenntnis bringen. Hier werden besonders häufig die erweiterten Möglichkeiten zivilgesellschaftlicher Artikulation in den Online-Medien genannt. Häufig aus dem Blick gerät die Rolle der konventionellen Massenmedien für die Partizipation der Zivilgesellschaft. Hier werden die Anliegen der Zivilgesellschaft zwar nur über den Umweg journalistischer Vermittlung öffentlich, erreichen allerdings ein weit größeres Publikum und können so in der Regel mehr Einfluss auf politische Entscheidungen entwickeln. Potenzial und Grenzen der unterschiedlichen Beteiligungsformen werden im Beitrag diskutiert.

Einleitung

Als zentrale Infrastruktur demokratischer Gesellschaften verdienen das Mediensystem und die dort erbrachten Leistungen besondere Aufmerksamkeit. Das Funktionieren der von den Medien getragenen Öffentlichkeit ist nicht nur formal Voraussetzung für die Legitimität politischer Herrschaft, sondern ermöglicht über die öffentliche Meinungsbildung auch die Herstellung gemeinwohlverträglicher Entscheidungen. Wenn die Bürger im Zuge von zunehmenden Forderungen nach einer Demokratisierung der Demokratie ihre Partizipationsansprüche auch auf den Medienbereich ausweiteten, wäre das kaum überraschend. Überraschend ist vielmehr, dass die Medienpolitik im Vergleich zu anderen Politikbereichen von diesen Ansprüchen über lange Zeiträume weitgehend „verschont" geblieben ist und sich auch das öffentliche Interesse für das medienpolitische Geschehen in engen Grenzen gehalten hat. Nur so ist zu erklären, dass die bestehenden Möglichkeiten der Bürgerbeteiligung an der Steuerung und Kontrolle von Medien wenig bekannt sind und kaum genutzt werden.

Mit den neuen technischen Möglichkeiten im Internet ist etwas Bewegung in die bislang eher müde Debatte zur Partizipation im Medienbereich gekommen. Die Zivilgesellschaft mischt sich wahrnehmbar in die Auseinandersetzung um die Steuerung und Kontrolle des Internet ein und nimmt das Web 2.0 als reale Chance wahr, sich mit ihren Sichtweisen und Anliegen zur Medienleistung öffentlich zu artikulieren. Dabei versteht sich von selbst, dass auch in den etablierten Massenmedien ein Mindestmaß an Beteiligungsmöglichkeiten besteht, die auch genutzt werden. In diesem Beitrag sollen diese „alten" Beteiligungsmöglichkeiten den neuen Optionen im Internet gegenübergestellt und hinsichtlich ihres Potenzials und ihrer Grenzen diskutiert werden. Die Bestandsaufnahme und Systematisierung der Beteiligungsmöglichkeiten dabei nicht nur die Breite des Spektrums aufzeigen, sondern auch Erkenntnisse liefern zum gesellschaftlichen Nutzen der Bürgerbeteiligung im Medienbereich.

Angeleitet werden die Überlegungen zur Partizipation von Bürgern an der Steuerung und Kontrolle von Medien durch das Konzept der Zivilgesellschaft. Hier werden konkrete Erwartungen an die Art des Inputs durch die Bürger und an die Qualität des Resultats entwickelt (zusammenfassend Klein 2008). Der Zivilgesellschaft werden besondere, für die demokratische Leistungsfähigkeit von Staaten oder supranationalen Verbünden wichtige Merkmale zugeschrieben, die sich aus ihrer Position an der Schnittstelle zwischen politischem Zentrum und der an der Peripherie verorteten Lebenswelt der Bürger ergeben. Nachdem in Abschnitt 2 zunächst die Revitalisierung von Partizipationsansprüchen durch die verbesserten technischen Voraussetzungen der zivilgesellschaftlicher Beteiligung skizziert werden, befasst sich Abschnitt 3 daher mit der Rolle der Zivilgesellschaft in der Demokratie im Allgemeinen sowie mit der zivilgesellschaftlichen Steuerung und Kontrolle von Medien im Besonderen. In Abschnitt 4 werden verschiedene Formen der Einbindung zivilgesellschaftlicher Akteure differenziert und auf die etablierten Massenmedien sowie die neueren online-basierten Angebotsformen bezogen. Das spezifische Potenzial der zivilgesellschaftlichen Beteiligung wird anhand vorliegender empirischer Befunde diskutiert. Abschließend werden in einem Fazit (Abschnitt 5) die Ergebnisse zusammengefasst und die bestehenden Defizite ausgelotet.

Partizipationsansprüche im Medienbereich

Mit der Debatte über das Web 2.0 hat die Partizipation der Bürger als Wesensmerkmal von Demokratie auch in der Kommunikationswissenschaft wieder Konjunktur. Während bis in die 90er Jahre eine aktive Teilnahme der Bürger am öffentlichen Diskurs fast ausschließlich auf dem Umweg der massenmedialen Vermittlung möglich war, haben sich die Beteiligungsmöglichkeiten der Bürger durch Weblogs, Social-Network-Sites und weitere partizipative Formate (Engesser/Wimmer 2009) sowie durch die Kommentarfunktionen in den Online-Angeboten der etablierten Massenmedien erheblich erweitert. Anstelle der Journalisten, die die Anliegen der Bürger entlang ihrer professionellen Regeln und Routinen auswählen und darstellen, können im Web 2.0 die Bürger selbst ihre Anliegen im öffentlichen Diskurs artikulieren. Das verleiht den damals utopischen Vorstellungen der Brechtschen Radiotheorie neue Aktualität. Jeder Mediennutzer kann selbst als Produzent von Botschaften tätig sein. Die Austauschbarkeit der Rollen von Sender und Empfänger gilt daher als wichtiges Merkmal der Kommunikation im Web 2.0. Am deutlichsten schlägt sich diese Veränderung im neuen Begriff des „producers" (Bruns 2007) nieder.

Mit den neuen Beteiligungsmöglichkeiten sind optimistische Erwartungen nicht nur für die Bürger selbst, sondern auch für das politische System als Ganzes verbunden. Hoffnungen richten sich darauf, die „Krise der Demokratie" (Blumler 2000), die sich etwa in der Zunahme politischer Apathie, dem Vertrauensverlust in die demokratischen Institutionen, oder der immer geringeren Wahlbeteiligung ausdrückt, mithilfe der neuen Kommunikationstechniken überwinden zu können. Da Partizipation die zentrale Legitimitätsressource demokratischer Regime ist, kann durch mehr Bürgerbeteiligung eine größere Legitimität von Herrschaft erreicht werden. Als besonders stabil und belastbar gilt eine Demokratie, wenn Bürger sich nicht nur an Wahlen auf allen politischen Ebenen beteiligen, sondern sich auch in politische Debatten einschalten und sich im Sinne des Gemeinwesens engagieren. Während die deliberativen Demokratietheorien (die Beteiligung an *politischen* Debatten in den Mittelpunkt stellen Weßler 2008), heben der Ansatz der „civic culture" (Dahlgren 2002, 2005) und der Kommunitarismus (z.B. Etzioni 1995) die Beteiligung der Bürger in lebensweltlichen Kontexten hervor. Hier wird argumentiert, dass auch jenseits des hohen Rationalitätsanspruchs der deliberativen Demokratietheorien die Bürgerrolle durch gemeinwohlorientiertes Engagement aktiv wahrgenommen und damit der demokratische Partizipationsanspruch eingelöst wird.

Der Anspruch auf die Partizipation der Bürger erstreckt sich auf alle Bereiche politischen und gesellschaftlichen Lebens. Dieser Beitrag fokussiert auf die Teilhabe der Bürger an der Steuerung und Kontrolle *von Medien*. Medien stellen in modernen Demokratien eine „systemrelevante" Infrastruktur dar. Sie vermitteln in vertikaler Perspektive zwischen Bürgern und politischem System und in horizontaler Perspektive zwischen verschiedenen Bevölkerungssegmenten und stellen damit Öffentlichkeit für Themen und Meinungen dar. In modernen Gesellschaften sind Medien die Träger von Öffentlichkeit. Die politischen Öffentlichkeitsfunktionen Transparenz, Validierung und Orientierung (Gerhards/Neidhardt 1991; Neidhardt 1994) können nur in dem Maße erfüllt werden, in dem die Medien einen freien Zugang zur Öffentlichkeit gewährleisten, die Beiträge der sich dort artikulierenden Sprecher einer kritischen Überprüfung unterzogen werden und für die Bürger das Spektrum relevanter Themen und Meinungen sichtbar wird. In dem Maße, in dem die Medien zwischen den verschiedenen Bevölkerungssegmenten Themen und Meinungen vermitteln, erfüllen Medien auch eine integrative Funktion. Hier werden neben der Politik im engeren Sinne auch kulturelle und soziale Angelegenheiten verhandelt, die einen engen Bezug zur Lebenswelt der Bürger haben.

Durch die Etablierung von Steuerungs-und Kontrollmechanismen dafür soll dafür gesorgt werden, dass die Medien diese ihnen zugewiesenen Funktionen auch erfüllen. Die gewünschte Medienleistung im Sinne demokratischer Öffentlichkeit ergibt sich nicht automatisch durch die Abwesenheit von staatlichen Eingriffen oder das Fehlen von Einflussnahme durch die Wirtschaft oder durch sonstige Vertreter partikularer Interessen. Es liegt nahe, die Betroffenen selbst in die Steuerung und Kontrolle einzubinden. Wie die Bürger selbst als „stakeholder" an der Steuerung und Kontrolle der Medien teilhaben können, ist Gegenstand von Media Governance Konzepten.

Von Media Governance anstelle von Medienpolitik wird gesprochen, wenn neben der staatlichen Medienpolitik auch andere Interessensvertreter eingebunden werden (vgl. die Beiträge in Donges 2007). Media Governance umfasst dabei Steuerungs- und Kontrollinstrumente, –institutionen und -prozesse unter Beteiligung von gesellschaftlichen Akteuren wie Kirchen und Bürgergruppen oder von ökonomischen Akteuren wie Medienunternehmen oder die werbetreibende Wirtschaft. Während die meisten Arbeiten zur Media Governance auf harte Instrumente wie die Kontrolle durch Aufsichtsgremien oder andere Arrangements aus dem Repertoire der Selbst- und Ko-Regulierung fokussieren, verweisen vergleichsweise wenige auf den öffentlichen Diskurs über Medien als Form von Media Governance (Haas/Wallner 2007; Jarren 1999; Pfetsch 2003, 2004). Mithilfe des weichen Instruments des Diskurses können zwar Fehlfunktionen des Mediensystems und Fehlleistungen einzelner Akteure nur problematisiert und nicht unmittelbar sanktioniert werden, die durch diesen Diskurs hergestellte öffentliche Meinung über die Leistung der Medien ist jedoch für die Medien selbst und die politischen Entscheidungsträger eine relevante Größe, die Entscheidungen beeinflussen kann.

Um nun den konkreten Nutzen der Bürgerbeteiligung an der Steuerung und Kontrolle der systemrelevanten Infrastruktur abschätzen zu können, ist zunächst zu diskutieren, wie überzeugende und nachhaltig tragfähige demokratische Entscheidungen im Sinne des Gemeinwohls zustande kommen und wie – bezogen auf den Medienbereich – ein optimales Funktionieren des demokratischen Mediensystems gewährleistet werden kann. Hierfür bietet vor allem das Konzept der Zivilgesellschaft eine geeignete Grundlage. Hier werden mit Bezug auf demokratietheoretische Überlegungen zur politischen Öffentlichkeit und in Bezug auf kommunitaristische Ideen zur sozialen Integration Merkmale und Funktionen von Zivilgesellschaft herausgearbeitet, die ihr Leistungspotenzial auch im Medienbereich erschließbar machen.

Das Konzept der Zivilgesellschaft

Das Konzept der Zivilgesellschaft als der soziale Zusammenhang jenseits von Staat und Markt hat in den letzten Jahrzehnten zunehmend Aufmerksamkeit in den Sozialwissenschaften gefunden (Gosewinkel et al 2004; Klein 2008; Kocka 2001). Das Forschungsinteresse geht einher mit bestimmten Krisenwahrnehmungen wie etwa der Ausländerfeindlichkeit oder Gewaltbereitschaft und der Vergrößerung sozialer Unterschiede durch das Versagen des Marktes und den Rückzug des Staates. Es besteht ein Interesse, neue Akteure in die Problembearbeitung einzubinden. Diese gesteigerte Aufmerksamkeit für die Zivilgesellschaft hat sich in unterschiedlichen Disziplinen und Forschungsbereichen in immer neuen Anwendungskontexten niedergeschlagen. Besonders prominent ist das Konzept der Zivilgesellschaft in den Ansätzen der deliberativen Demokratie, in den Arbeiten zu Neuen Sozialen Bewegungen sowie im Kommunitarismus.

Da bei der Deliberation politischer Probleme der öffentlichen Kommunikation eine zentrale Bedeutung zukommt, knüpft das Verständnis von Zivilgesellschaft an öffentlichkeitstheoretische Überlegungen an. Der Zivilgesellschaft kommt dabei als Gegengewicht zur Entscheidungselite des politischen Systems eine besondere Bedeutung für die Performanz demokratischer Systeme zu (Habermas 1992). Die Partizipation der Zivilgesellschaft und damit die Inklusion ihrer Sichtweisen und Anliegen stellen eine wichtige Erweiterung der inhaltlichen Vielfalt der diskutierten Politikalternativen dar (Ferree et al. 2002: 296ff). Die Deliberation führt in dem Maße zu optimalen politischen Entscheidungen, in dem möglichst umfassend die Positionen in einer Gesellschaft berücksichtigt werden (Habermas 1992). In der Perspektive der deliberativen Ansätze wird die Zivilgesellschaft als Ort der gesellschaftlichen Selbstverständigung und demokratischer Praxis und als Chance für eine Demokratisierung repräsentativer Demokratien begriffen (Klein 2008). Auch die Bewegungsforschung (Rucht 2004) knüpft an das Konzept der Zivilgesellschaft aus der Öffentlichkeitstheorie an. Dieses liefert für die Charakterisierung der Bewegungsakteure einen geeigneten Ordnungsrahmen (Klein 2008). Soziale Bewegungen lassen sich in dieser Tradition als kleine Themenöffentlichkeiten begreifen, die kommunikativ über bestimmte Anliegen integriert sind. Im Vordergrund steht dabei weniger die Deliberation als vielmehr das Mobilisierungspotenzial dieser zivilgesellschaftlichen Gruppierungen.

In kommunitaristischer Perspektive (z.B. Etzioni 1995) ist die Zivilgesellschaft der Ort, in dem der Gemeinsinn handlungsleitend ist. Zivilgesellschaftliche Assoziationen stehen im Mittelpunkt des Interesses. Obgleich es in dieser Tradition nicht vorrangig um politisches Handeln geht, sondern vielfältige Bereiche bürgerschaftlichen Engagements berücksichtigt werden, wirkt sich die Vergemeinschaftung in zivilgesellschaftlichen Assoziationen auch auf die Stabilität und Leistungsfähigkeit von Demokratien aus. Es wird angenommen, dass freiwillige Vereinigungen zwischen Staat und individuellen Bürgern Partizipation und Vertrauen generieren und somit der Zusammenhalt moderner Gesellschaften gestärkt wird (Newton 1999; Putnam 2001). Obgleich diese Überlegungen sich nicht zentral auf Politik beziehen, besteht hinsichtlich der spezifischen Charakteristika der Zivilgesellschaft große Übereinstimmung mit den demokratietheoretischen Ansätzen. Diese ergeben sich v. a. aus der Abgrenzung zu Staat und Markt und aus der Position der Zivilgesellschaft an der Peripherie des politischen Systems. Im Gegensatz zum Staat, der durch Machtorientierung angeleitet wird, und zum Markt, der sich am Profit orientiert, wird der Zivilgesellschaft ein Solidarstreben unterstellt (Klein 2008). Diese Handlungsorientierung ist der zentrale Bezugspunkt im Kommunitarismus. Sie erklärt die der Zivilgesellschaft zugeschriebene Stärke in der gesellschaftlichen Interaktion und die sozialintegrative Funktion der Zivilgesellschaft. Dort, wo Staat und Markt versagen, wo Macht- und Profitstreben Desintegrationstendenzen befördern, soll die Zivilgesellschaft durch ihr solidarisches Handeln den gefährdeten gesellschaftlichen Zusammenhalt herstellen.

Für die deliberativen Demokratietheorien ist die Distanz zu Staat und Markt und ihrer macht- bzw. profitorientierten Handlungsorientierung deswegen von Bedeutung, weil mit der Verortung der Zivilgesellschaft jenseits des politischen Machtzentrums eine gute Diskursfähigkeit, eine starke Gemeinwohlorientierung und ein besonders ausgeprägtes Problembewusstsein verbunden ist. Die Diskurs- und Gemeinwohlorientierung ergeben sich aus ihrem Status als autonomer Akteur. Sie ist nicht in Machtstrukturen eingebunden und verfolgt keine Partikularinteressen (Habermas 2008). Um ihre Anliegen durchzusetzen, kann sich die

Zivilgesellschaft als ressourcenarmer Akteurstypus jenseits des politischen Entscheidungszentrums nicht auf die Überzeugungskraft etablierter Machtstrukturen verlassen. Vielmehr ist sie darauf angewiesen, durch Argumente zu überzeugen. Ein fairerer kommunikativer Austausch auf Augenhöhe, ein ausgeprägter Verständigungswille und die Formulierung von Begründungen sind daher in der Zivilgesellschaft deutlich wahrscheinlicher als im politischen Machtzentrum (Habermas 2008; Neuberger 2003). Die Zivilgesellschaft ist daher ein unverzichtbarer Akteurstypus in den deliberativen Demokratietheorien. Der Zivilgesellschaft kommt ihre Entfernung vom politischen Entscheidungszentrum auch in anderer Hinsicht zugute. Sie wird an der Schnittstelle zwischen Lebenswelt und politischem System verortet (z.B. Heming 1997). Durch diese Position hat die Zivilgesellschaft leichten Zugang zu lebensweltlichen Erfahrungen und Problemwahrnehmungen aus dem Alltagserleben, die sie in den politischen Diskurs einbringen kann. Habermas bezeichnet sie daher gar als Frühwarnsystem, das auf gesellschaftliche Dysfunktionen und aktuelle Problemlagen besonders schnell aufmerksam machen kann (Habermas 1998).

Dieser Beitrag folgt der Habermas'schen Lesart von Zivilgesellschaft, da die politischen Implikationen hier besonders deutlich werden. Zivilgesellschaft soll verstanden werden als „Substrat jenes allgemeinen, aus der Privatsphäre gleichsam hervortretenden Publikums von Bürgern, die für ihre gesellschaftlichen Interessen und Erfahrungen öffentliche Interpretationen suchen und auf die institutionalisierte Meinungs- und Willensbildung Einfluss nehmen" (Habermas 1998: 444). Zivilgesellschaft ist hier nicht an freiwillige Assoziationen gebunden, sondern über die Funktionen bestimmt. Auch einzelne Bürger können diese erfüllen, sofern sie zwischen staatlicher, wirtschaftlicher und privater Sphäre gemeinwohlorientiert öffentlich agieren. Als Gegenstand zivilgesellschaftlicher Aktivität geraten ferner nicht nur Themen der institutionellen Politik und das dort Bearbeitbare in den Blick, sondern auch Probleme, die in der Lebenswelt entstehen und vorwiegend dort gelöst werden können. Die Ausweitung auf den nicht genuin politischen Raum knüpft an die sozialintegrativen Funktionen von Zivilgesellschaft und entspricht den Überlegungen Dahlgrens (2002, 2005) zur „civic culture". Auch Probleme, die zunächst in der Lebenswelt angesiedelt sind (z.B. „Fernsehsucht", soziale Isolation durch Mediengebrauch, Gewaltrezeption etc.), können Gegenstand von relevanten gesellschaftlichen Selbstverständigungsdiskursen sein, die sich über kurz oder lang auf Media Governance Prozesse auswirken können.

Mit dieser an einem Idealmodell des politischen Prozesses orientierten Charakterisierung der Zivilgesellschaft ist deutlich geworden, dass die Zivilgesellschaft ein wichtiger Akteurstypus bei der Meinungs- und Willensbildung in demokratischen Regimen ist. Sie repräsentiert Themeninteressen und Anliegen der

Bevölkerung an der Peripherie des politischen Systems und erweitert so mit ihren Sichtweisen das inhaltliche Spektrum von Themen und Meinungen. Nur wenn eine große Vielfalt inhaltlicher Positionen berücksichtigt wird, können belastbare Entscheidungen resultieren. Besonders hervorzuheben sind die Problemsensibilität, die Diskursfähigkeit sowie die Gemeinwohlorientierung der Zivilgesellschaft. Diese Merkmale qualifizieren sie, wesentliche gesellschaftliche und politische Probleme zu identifizieren und zur Entwicklung von Lösungen beizutragen. Da sie nicht strategisch und auf der Basis von Machtpositionen argumentiert, lässt die Zivilgesellschaft rationale Diskursbeiträge erwarten, die auf Argumente Anderer bezogen sind. Dadurch erhöht sich die Wahrscheinlichkeit, dass alle denkbaren Argumente kritisch geprüft und gegeneinander abgewogen werden, so dass bessere Entscheidungen resultieren sollten. Die hier herausgestellten Merkmale der Zivilgesellschaft ergeben sich aus den theoretischen Überlegungen. Inwiefern die zivilgesellschaftliche Beteiligung in Bezug auf Media Governance den Ansprüchen aus dem Idealmodell genügt, wird zu prüfen sein.

Dabei liegt auf der Hand, dass der Medienbereich die Lebenswelt der Bevölkerung in hohem Maße berührt. Gerade in Bezug auf die Media Governance dürfte die Zivilgesellschaft daher von großem Nutzen sein. Problemwahrnehmungen betreffen die Qualität des Fernsehprogramms, die mangelnde Vielfalt im Pressespektrum oder die Verfügbarkeit unerwünschter Inhalte in Online-Medien. Die Zivilgesellschaft, so die Erwartung in diesem Idealmodell, macht die Probleme zum Gegenstand des öffentlichen Diskurses und adressiert sie damit zur Bearbeitung an die Verantwortlichen. In dem Maße, in dem die Zivilgesellschaft selbst an der Steuerung und Kontrolle der medialen Infrastruktur beteiligt ist, erfolgt die Problembearbeitung auch direkt. Das ist der Fall, wenn in Aufsichtsgremien bspw. die Zugangsoffenheit für benachteiligte Akteursgruppen oder Regelverletzungen im Jugendschutz debattiert werden oder Gegenstand von institutionalisierten Beschwerdemöglichkeiten werden. Wie das Potenzial der Zivilgesellschaft sowohl in Bezug auf die Teilnahme an medienbezogenen Diskursen als auch in Bezug auf die direkte Mitwirkung an Entscheidungen über Medien ausgeschöpft wird, ist Gegenstand des folgenden Abschnitts.

Beteiligungsoptionen im Rahmen von Media Governance

In Bezug auf Medienpolitik und Media Governance werden häufig publizistische und strukturelle Regulierungsarten unterschieden (Haas/Wallner 2007). Die publizistische Regulierung bezieht sich auf die rechtlichen Aspekte (z.B. Jugendschutz, Schutz der Privatsphäre, Quellenschutz, etc.) und die Inhalte (Qualität, Inhalte, die die „öffentliche Aufgabe" von Medien für das gesellschaftliche Zusammenleben reflektieren) (Haas/Wallner 2007). Die strukturelle Regulierung bezieht sich auf die technischen und ökonomischen Aspekte. Hier geht es darum, wie etwa mit dem knappen Gut der Frequenzen umzugehen ist und wie der Wettbewerb erhalten werden kann. Ähnlich wie die Gegenstände der Regulierung sind auch die *Instrumente* von Media Governance danach zu unterscheiden, wo die Steuerung und Kontrolle jeweils ansetzt. Auf der Ebene der Medieninhalte ist das Instrument des Diskurses zu verorten. Hier geht es um gesellschaftliche Selbstverständigungsdiskurse über Medien. Dabei können sowohl Medieninhalte als auch mediale Infrastrukturen Gegenstand der Diskurse sein: Was erwartet die Gesellschaft von ihren Medien, welchen Ansprüchen muss das Mediensystem, welchen die Medieninhalte genügen? Welche Normen ergeben sich daraus und wie sollen diese als Regeln fixiert, kontrolliert und durchgesetzt werden? Auf der Strukturebene sind dagegen Instrumente angesiedelt, die die Zivilgesellschaft in Entscheidungsprozesse über Regeln und Normen medialer Produktion und Vermittlung einbinden. Das umfasst sowohl Mitwirkungsmöglichkeiten der Zivilgesellschaft in Gremien als auch Beschwerdesysteme, die eine institutionalisierte Berücksichtigung zivilgesellschaftlicher Stimmen gewährleisten. Entsprechende Mitwirkungsmöglichkeiten haben selbstverständlich auch Konsequenzen für die Inhalte von Medien.

Inwiefern die Zivilgesellschaft an der Steuerung und Kontrolle von Medien beteiligt ist und so über die Ausgestaltung der Rahmenbedingungen von öffentlicher Kommunikation auch Einfluss auf die Medienleistung nimmt, ist Gegenstand der Überlegungen in Abschnitt 4.1. Die Beteiligung der Zivilgesellschaft am öffentlichen Diskurs über Medien soll in Abschnitt 4.2 behandelt werden. Hier hat sie zwar keine Entscheidungsbefugnis, gleichwohl kann sie über die öffentliche Meinungsbildung ihren Einfluss geltend machen. In beiden Abschnitten wird zunächst der potenzielle Gewinn beleuchtet, der mit der spezifischen Beteiligungsform der Zivilgesellschaft verbunden sein kann. Diesem werden einschlägige empirische Befunde gegenüber gestellt. Dabei werden jeweils sowohl etablierte Massenmedien als auch die neuen online-basierten Angebote berücksichtigt.

Beteiligung an der Steuerung und Kontrolle der medialen Infrastruktur

Die Zivilgesellschaft kann bei der Steuerung und Kontrolle der medialen Infrastruktur entscheidend mitwirken und damit die Voraussetzungen für die demokratische Medienleistung schaffen. Das betrifft alle Institutionalisierungsgrade und Organisationsformen zwischen Medienunternehmen und mehr oder weniger losen Netzwerkstrukturen, wie sie sich typischerweise bei der Organisation des Internet insgesamt und im Web 2.0 im Besonderen ausgeprägt haben. Die Beteiligung an der Steuerung und Kontrolle von etablierten Medien-Organisationen wie etwa dem öffentlich-rechtlichen und privaten Rundfunk oder Presseunternehmen kann durch institutionalisierte Kontrollinstanzen aber auch durch publikumsinitiierte Organisationen erfolgen. Für die Steuerung und Kontrolle des Internet oder der Blogosphäre sind andere Beteiligungsformen zu diskutieren, da die Zivilgesellschaft hier in großem Umfang selbst die publizistischen Leistungen erbringt, die der Steuerung und Kontrolle unterliegen sollen, die Beteiligten stärker dezentral agieren und in der Regel nur lose vernetzt sind. Trotz dieser unterschiedlichen Ausgangsbedingungen ist auch hier zu fragen, inwiefern die Zivilgesellschaft sich in der Konkurrenz mit anderen Akteuren aus Staat und Wirtschaft mit ihren Sichtweisen und Anliegen durchsetzen kann.

Obgleich die gestiegenen Partizipationsansprüche sich längst auf den Bereich der medialen Infrastruktur erstrecken, gibt es nur wenige Arbeiten, in denen die zivilgesellschaftliche Beteiligung systematisch über verschiedene Governance Instrumente hinweg untersucht wird. Eine der wenigen Auseinandersetzungen mit verschiedenen Beteiligungsoptionen findet sich im Rahmen einer Untersuchung der medienpolitischen Mitwirkung des Fernsehpublikums in 29 europäischen Ländern (Baldi 2005). Eilders, Hasebrink und Herzog (2006) haben Befunde dieser Studie auf das Konzept der Zivilgesellschaft bezogen. Die Autoren fragen, wie das Publikum mitentscheiden kann, wenn es um seine Belange geht, wie die Teilhabe zivilgesellschaftlicher Akteure in der Medienpolitik also gewährleistet werden kann. Da nicht nur eine Systematisierung von Beteiligungsformen und eine Bestandsaufnahme ihrer Umsetzung vorgelegt werden, sondern sich auch Anhaltspunkte für die Wirksamkeit zivilgesellschaftlicher Beteiligung ergeben, stellt diese Studien eine gute Ausgangsbasis für die weitere Diskussion der Beteiligungsformen dar.

Eilders, Hasebrink und Herzog diskutieren institutionalisierte Beteiligungsformen in Bezug auf die Steuerung und Kontrolle des Fernsehens. Darunter fallen alle „verfestigten sozialen Handlungsweisen, die durch das konkrete Handlungsziel der Berücksichtigung und Vertretung von Zuschauerinteressen definiert sind und diese auf dauerhafte Weise sichern sollen" (Eilders et al. 2006: 339). Dieses Verständnis umfasst die Zuschauerforschung, die Gremien der Sender und die Regulierungsbehörden, Kommunikationsplattformen, Beschwerdemöglichkeiten und Zuschauerorganisationen. Die Bestandsaufnahme der Beteiligungsformen in den untersuchten Ländern hat ergeben, dass die Rückbindung des Fernsehens an die Gesellschaft in sehr unterschiedlichem Ausmaß gewährleistet ist. Die Beteiligungsformen erfüllen jeweils einige, aus dem Konzept der Zivilgesellschaft abgeleitete Ansprüche sehr gut, während sie in Bezug auf andere keinen großen Gewinn bedeuten.

Die Zuschauerforschung kann etwa nur sehr eingeschränkt als zivilgesellschaftliche Artikulationsmöglichkeit betrachtet werden, weil hier die Zivilgesellschaft keinen Einfluss auf die Inhalte und Strukturen der Medien zu nehmen versucht. Ferner handelt es sich bei den empirisch erfassten Präferenzen des Publikums nicht um öffentliche Artikulationen und auch eine Gemeinwohlorientierung ist kaum zu unterstellen. Lediglich die Problemsensibilität der Zivilgesellschaft kann unter bestimmten Bedingungen eingefangen und für die Steuerung und Kontrolle der Medien nutzbar gemacht werden. Während in fast allen untersuchten Ländern Zuschauerforschung betrieben wird, wird die Zivilgesellschaft in Aufsichtsgremien vergleichsweise selten repräsentiert. Nur in wenigen Ländern existieren Kontrollgremien von public service Anbietern bzw. entsprechende Regulierungsbehörden oder aber Mitgliederorganisationen bzw. Zuschauervereine. Als problematisch hat sich dabei die Tatsache erwiesen, dass die Gremienmitglieder häufig unter Proporzverdacht stehen, Multifunktionäre sind, die den Kontakt zur Lebenswelt weitgehend verloren haben und viele in einer Doppelrolle als Repräsentanten und Kontrolleure des Senders fungieren. Diese Problematik betrifft auch die Gemeinwohlorientierung der Gremienmodelle. Das Publikum an der Basis weiß häufig gar nicht, dass die Repräsentation im Dienste der Allgemeinheit erfolgt. Eine weitere, häufig beobachtete Schwäche ist der Mangel an Transparenz. Nur wenige Anbieter und Organisationen machen ihre Verhandlungen einer breiteren Öffentlichkeit zugänglich. Damit fehlt ein Anstoß für gesellschaftliche Debatten über die Leistungen des Fernsehens.

Der Öffentlichkeitsanspruch wird besser eingelöst durch das Governance-Instrument der Kommunikationsplattformen, die von Medienorganisationen oder Behörden angeboten werden. Dort finden medienpolitische Debatten unter Einbezug der Zivilgesellschaft statt, die von der Problemsensibilität der Zivilgesellschaft profitieren und stark am Gemeinwohl orientiert sind. Allerdings weisen sie nur ein geringes Maß an Verbindlichkeit für daraus resultierende Entscheidungsprozesse auf und sind teilweise auf die durch die Organisationen vorgegebenen Themen beschränkt. Die Beschwerdemöglichkeiten, die in den verschiedenen Ländern teilweise rechtlich verankert sind, sowie die Institution der Ombudsmänner, über die ebenfalls zivilgesellschaftliche Anliegen artikuliert werden können, unterliegen dieser thematischen Einschränkung nicht. Hier ist zudem ebenfalls eine hohe Problemsensibilität gewährleistet. Dabei muss offen bleiben, ob sich einzelne Beschwerden lediglich auf individuelles Querulantentum reduzieren lassen oder ob man von einer Gemeinwohlorientierung der artikulierten Anliegen ausgehen kann. Ein weiterer Schwachpunkt ergibt sich daraus, dass die Beschwerden nur selten öffentlich verhandelt werden. Es wird also nur selten eine größere Öffentlichkeit erreicht.

In Abgrenzung von den *für* die Zuschauer initiierten Beteiligungsmodellen sind die Zuschauerorganisationen zu nennen, die *von* den Zuschauern selbst in vielen Ländern initiiert wurden. Diese lassen sich insofern als besonders vielversprechende Versuche einer aktiven Beteiligung der Zivilgesellschaft begreifen, als sie neben der besonderen Problemsensibilität auch ein Mindestmaß an Gemeinwohlorientierung und einen ausgeprägten Öffentlichkeitsbezug aufweisen. Zusätzlich entsprechen die Publikumsorganisationen als freiwillige und selbstorganisierte Assoziationen auch den sozial-integrativen Funktionen von Zivilgesellschaft. Insgesamt erfüllen die Publikumsorganisationen die Funktionen zivilgesellschaftlicher Kontrolle damit am besten. Nachdem es jedoch stark auf die inhaltlichen Schwerpunkte dieser Organisatoren und auf die konkrete Ausgestaltung der inhaltlichen Arbeit ankommt, resümieren die Autoren, dass die verschiedenen Beteiligungsformen einander nicht ersetzen können. Eine Kombination unterschiedlicher Beteiligungsformen dürfte besonders wirksam sein.

Auf die staatsferne Steuerung und Kontrolle von Medien beziehen sich auch Arbeiten zu verschiedenen Regulierungsmodellen. Hier werden institutionelle Arrangements der Selbstregulierung der Medienbranche und die Ko-Regulierung von Staat und Medienbranche diskutiert (Hans-Bredow-Institut/Institut für Europäisches Medienrecht 2006; Puppis 2009; Puppis/Künzler 2007, „Special Section" zur Media Governance in Communications 3/2007). In Bezug auf die Einbindung der Zivilgesellschaft führen die Arbeiten kaum weiter. Die Zivilgesellschaft gerät in den Selbstregulierungsmodellen nur dann in den Blick, wenn es um die Institutionalisierung von Beschwerdemöglichkeiten geht. So bestehen etwa in den Presseräten häufig Artikulationsmöglichkeiten für zivilgesellschaftliche Akteure (Puppis 2009). In den Ko-Regulierungsmodellen spielt die Zivilgesellschaft eine marginale Rolle, da es hier vor allem um die Kooperation zwischen Wirtschaft und Staat geht (Ausnahme: z.B. Jarren 2007). Das liegt nicht zuletzt daran, dass diese Regulierungsform noch nicht überzeugend umgesetzt wurde, obgleich bereits in den 90 Jahren entsprechende Vorschläge formuliert wurden. Konkrete Überlegungen beziehen sich auf die Einrichtung eines Medienobservatoriums, Medienrats oder einer Stiftung Medientest (Jarren/Vowe 1995; Krotz 1996). Diese unabhängigen Institutionen sollten den Programm- und Strukturwandel beobachten, Forums- und Ombudsmannfunktionen übernehmen und Richtlinien zur Medienverantwortung entwickeln. Die Arbeit dieser Institutionen beschränkt sich im Gegensatz zu den meisten anderen Instrumenten der Regulierung nicht auf den Rundfunkbereich, sondern erstreckt sich auch auf die Printmedien. Hinsichtlich der mit der zivilgesellschaftlichen Beteiligung verbundenen Erwartungen erscheint eine solche Institution vielversprechend. Umsetzungs –und Finanzierungsprobleme und mangelnder Konsens in Politik und Medienwirtschaft haben die Initiative allerdings bislang scheitern lassen (Weichert 2005).

Eine konsequente Art zivilgesellschaftlicher Beteiligung an der Steuerung und Kontrolle der medialen Infrastruktur sind die von Bürgern selbst getragenen

Medien, sofern diese Bürger nicht als Wirtschaftsakteure auftreten. Zu diesen Bürgermedien zählen – in dem Maße, in dem keine kommerziellen Ziele verfolgt werden und die Trägerschaft tatsächlich bei den Bürgern liegt – die Stattzeitungen, die Freien Radios und die von Mediengenossenschaften getragenen Angebote. In den Stattzeitungen und Freien Radios nehmen Bürger die Gelegenheit wahr, sich selbstorganisiert an der Produktion und Verbreitung von Medieninhalten zu beteiligen. Häufig ist damit der Anspruch verbunden, Gegenöffentlichkeit herzustellen. Auch in den Mediengenossenschaften stehen nicht der wirtschaftliche Profit, sondern ideelle Ziele im Vordergrund. In Mediengenossenschaften schließen sich Kunden und Anbieter von publizistischen Leistungen zusammen. Wegen ihrer Organisationsform und ihrer nicht dominant kommerziellen Zielsetzung können diese Genossenschaftsmodelle als Bürgermedien begriffen werden. Bekannte Beispiele in Deutschland sind die „tageszeitung" und die „junge Welt", aber auch die „medien denk fabrik" in Hamburg, die breiter aufgestellt ist und nicht nur die Medienproduktion umfasst. Durch die Produktion und Verbreitung eigener medialer Angebote ist die Zivilgesellschaft nicht nur an der Steuerung und Kontrolle der medialen Infrastruktur beteiligt, sondern Teil dieser Infrastruktur. Die Angebote erfüllen dementsprechend – ähnlich wie die oben angesprochenen Publikumsorganisationen – alle mit der Zivilgesellschaft verbundenen Erwartungen.

Die Diskussion der verschiedenen Beteiligungsformen der Zivilgesellschaft im Bereich der etablierten Massenmedien hat trotz einiger vielversprechender Ansätze erheblichen Verbesserungsbedarf erkennen lassen. Nicht zuletzt aufgrund dieser Defizite haben sich die Hoffnungen auf bessere Mitwirkungsmöglichkeiten bei der Steuerung und Kontrolle der medialen Infrastruktur zunehmend auf das Web 2.0 gerichtet. Ziel der Forderung nach zivilgesellschaftlicher Beteiligung an der Gestaltung der Infrastruktur war, dass auch zivilgesellschaftliche Ansprüche an Medien berücksichtigt werden. Indem Bürger nun mit eigenen Angeboten im Web 2.0 ihr mediales Umfeld mit gestalten können, ist dieser Anspruch – jedenfalls theoretisch – bereits eingelöst. Bürger können selbst den Status von Medienakteuren erlangen und sind damit Teil der medialen Infrastruktur. Umstritten ist allerdings, in welchem Maße in der Praxis eine Infrastruktur resultiert, die den Ansprüchen der Bürger genügt. Viele Beobachter gehen davon aus, dass aufgrund der ungleichen Verteilung von materiellen und kognitiven Ressourcen in der Gesellschaft auch unter Bedingungen eines erleichterten Zugangs zur Öffentlichkeit weiterhin die gesellschaftlichen Eliten und die etablierten Massenmedien mit ihren Angeboten dominieren, während die breitere Bevölkerung, die sich etwa in Weblogs, per video- oder pod-cast oder sozialen Netzwerken artikuliert, kaum sichtbar ist und nur mit ihren Angeboten nur geringe Reichweiten erzielt (Donges 2000; Hamelink 2000; Neuberger 2003).

Mit der Etablierung neuer Kommunikationstechnologien ergeben sich für die Zivilgesellschaft auch jenseits dieser inhaltlichen Beiträge in Bezug auf die Steuerung und Kontrolle der *Infrastruktur* Beteiligungsoptionen. Nirgends wird der Anspruch zivilgesellschaftlicher Beteiligung intensiver diskutiert als in der Debatte über internet governance. Kollektiv verbindliche Entscheidungen sollen hier nur unter Einbeziehung der Nutzer zustande kommen (z.B. Hofmann 2005, 2009). Dabei wird internet governance verstanden als „the development and application by Governments, the private sector and civil society, in their respective roles, of shared principles, norms, rules, decision-making procedures, and programmes that shape the evolution and use of the Internet" (Drake 2005). Aufgrund der dezentralen, nicht hierarchischen netzwerkartigen Struktur und des transnationalen Charakters des Internet sind allerdings nur wenige Aspekte überhaupt regulierungsfähig. Im Mittelpunkt der Debatte steht daher die Vergabe von Domain-Namen. Institutionalisierungsversuche entsprechender Entscheidungsmechanismen wurden auf den diversen „World Summit(s) on the information Society" öffentlich diskutiert und u.a. in Gestalt der ICANN (Internet Corporation for Assigned Names and Numbers), und der WGIG (Working Group on Internet Governance) umgesetzt. Um die Rückbindung des internet an die Gesellschaft weiter zu stärken, wurde außerdem in Anbindung an das UN Generalsekretariat ein Internet Governance Forum als weiterer Diskussionsraum eingerichtet, in dem sich die verschiedenen Interessensvertreter über Regulierungsfragen austauschen sollen. Da das Forum jedoch keinerlei Entscheidungskompetenz besitzt, wird es trotz seiner wichtigen Funktion als Diskursangebot von vielen als bedeutungslos wahrgenommen (Hoffmann 2009).

Beteiligung am öffentlichen Diskurs über Medien

Die Forschung zur Media Governance hat sich lange Zeit auf die oben angesprochenen „harten" Instrumente der Media Governance konzentriert. Dieser Abschnitt erweitert nun die Perspektive, indem er auch medienbezogene Diskurse explizit als Instrumente von Media Governance begreift. Hintergrund dieser Sichtweise ist die wichtige Rolle öffentlicher Kommunikation für die demokratische Entscheidungsfindung, die in den deliberativen Ansätzen festgeschrieben ist. Obgleich im politischen Diskurs Entscheidungen lediglich vorbereitet, aber nicht getroffen werden, ist die öffentliche Auseinandersetzung über politische Entscheidungsalternativen Bedingung für die Rückbindung von Herrschaft an die Gesellschaft und damit für die Legitimität politischer Entscheidungen. Dem Diskurs über Probleme und Lösungsalternativen kommt damit eine zentrale Meinungsbildungsfunktion zu. Das gilt auch in Bezug auf den Diskurs über die Steuerung und Kontrolle von Medien. Auch hier besteht ein Anspruch auf zivilgesellschaftliche Beteiligung, wenn belastbare Entscheidungen im Sinne des

Gemeinwohls zustande kommen sollen (Haas/Wallner 2007; Jarren 1999; Pfetsch 2003, 2004). In welchem Maße die Zivilgesellschaft Zugang zum öffentlichen Diskurs findet und inwiefern sie ihren Problemwahrnehmungen und Anliegen dort Aufmerksamkeit und Geltung verschaffen kann, ist anhaltend Gegenstand öffentlichkeitstheoretischer Debatten. Dabei wird in der Regel ein Idealmodell von Öffentlichkeit mit empirischen Befunden zur Beteiligung und Repräsentation der Zivilgesellschaft in öffentlichen Diskursen kontrastiert. Ausgangspunkt ist häufig das Forumsmodell von Öffentlichkeit (Gerhards/Neidhardt 1991; Neidhardt 1994), da dieses die Konkurrenz um Aufmerksamkeit und Zustimmung zwischen der an der Peripherie des politischen Systems angesiedelten Zivilgesellschaft und den Akteuren des politischen Zentrums besonders deutlich macht. Öffentlichkeit wird im Forumsmodell als offenes Kommunikationssystem gefasst, das zwischen Bürgern und Entscheidungssystem vermittelt. In diesem Kommunikationssystem tauschen Öffentlichkeitssprecher vor Publikum ihre Sichtweisen aus. Das Resultat dieses Austausches ist das Produkt „öffentliche Meinung". Sofern dabei die oben genannten Diskursnomen eingehalten werden, wofür v. a. die Zivilgesellschaft qualifiziert ist, setzt sich als öffentliche Meinung die überzeugendste Sichtweise durch.

In modernen Gesellschaften wird der öffentliche Diskurs von den Medien getragen und folgt damit auch einer spezifischen „Medienlogik". So sind die Auswahl- und Präsentationskriterien der Medien entscheidend für den Zugang zum Diskurs und die anschließende Verarbeitung der Beiträge zu öffentlicher Meinung. Die Zivilgesellschaft als schwach organisierter Akteur mit geringen Ressourcen hat nach Einschätzung vieler wissenschaftlicher Beobachter vergleichsweise geringe Chancen, im öffentlichen Diskurs sichtbar zu werden und mit ihren Problemwahrnehmungen und Anliegen Einfluss auf die öffentliche Meinung zu entfalten. Zahlreiche Studien haben gezeigt, dass die Zivilgesellschaft als Akteur und zivilgesellschaftliche Themeninteressen den in der Nachrichtenauswahlforschung ermittelten Kriterien (z.B. Eilders 2006) nicht entsprechen. Zivilgesellschaftliche Perspektiven gelten daher im medial getragenen Diskurs als unterrepräsentiert (Eilders 2008; Ferree et al. 2002; Neidhardt 1994). In Bezug auf den *Diskursstil* ist allerdings unklar, ob die Zivilgesellschaft tatsächlich durch die Medienlogik benachteiligt wird. In einer Untersuchung zur Abtreibungsdebatte (Gerhards et al. 1998) erweist sich jedenfalls der zivilgesellschaftliche Diskurs jenseits der Massenmedien nicht als verständigungsorientierter und rationaler als der massenmedial getragene und von den Akteuren des politischen Machtzentrums dominierte Diskurs. Vielmehr deuten die Befunde zu den untersuchten zivilgesellschaftlichen Kollektivakteuren darauf hin, dass der zivilgesellschaftliche Diskurs ebenso von einem Verlautbarungsstil und einem

Mangel an Begründungen geprägt ist wie der Diskurs der etablierten Politikakteure.

Da die Medienlogik meist als Summe der *professionellen* journalistischen Auswahl- und Darstellungskriterien beschrieben wird, ist ihr Einfluss auf die Repräsentation von Zivilgesellschaft in öffentlichen Diskursen bislang vor allem auf die etablierten Massenmedien bezogen worden. Die erweiterten Artikulationsmöglichkeiten von Laien im Web 2.0 haben Hoffnungen genährt, dass die Realitätsdarstellung im Netz nicht die Medienlogik reflektiert, sondern andere Kriterien zugrunde legt als journalistische Profis (Dahlberg 2001, 2007; Eilders et al. 2010; Morisett 2003). Nicht nur die Akteure und Themeninteressen der politischen Entscheidungselite dürften in dieser Perspektive geringere Aufmerksamkeit als im professionellen Journalismus erhalten. Auch kommerzielle oder andere partikulare Interessen, so die Erwartung, dürften in der Realitätsvermittlung durch die Bürger selbst keine Rolle spielen, da die Bürger hier als Zivilgesellschaft jenseits von Staat und Markt im Sinne des Gemeinwohls agieren. In den nutzer-generierten Angeboten wäre damit erstens eine bessere Sichtbarkeit zivilgesellschaftlicher Akteure und ihrer Anliegen zu erwarten. Vor dem Hintergrund der spezifischen Charakteristika der Zivilgesellschaft wäre zweitens eine stärker verständigungsorientierte Auseinandersetzung und drittens eine stärker ausgeprägte Gemeinwohlorientierung wahrscheinlich.

Eine Reihe aktueller empirischer Studien ist diesen Fragen in vergleichenden Inhaltsanalysen nachgegangen. Es ergeben sich kaum Hinweise auf eine von der Medienlogik deutlich abweichende Auswahl und Darstellung von Akteuren, Themen und Argumenten in nutzer-generierten Angeboten. Die Repräsentation der Zivilgesellschaft und ihrer Anliegen im öffentlichen Diskurs wird demnach durch die neuen medialen Angebotsformen des Web 2.0 lediglich geringfügig verbessert (Eilders et al. 2010; Gerhards/Schäfer 2007; Koopmans/Zimmermann 2003; Rucht et al. 2008). Häufig werden die in den etablierten Massenmedien abgebildeten Machtstrukturen auch in den neuen Angebotsformen reproduziert. Auch der Diskursstil scheint sich in den neuen Angebotsformen kaum von den Mustern in etablierten Massenmedien zu unterscheiden (Rucht et al. 2008). Einige dieser Analysen sind insofern problematisch, als sie das „Internet" als Mediengattung untersuchen und damit die gesamte Breite von über Suchmaschinen zugänglichen Inhalten erfassen, ohne zwischen journalistischen Beiträgen und Beiträgen von Bürgern zu differenzieren. Damit werden die Spezifika der Realitätsdarstellung in rein nutzer-generierten Inhalten verwischt und die Unterschiede zwischen Diskursen in etablierten Massenmedien und in nutzer-generierten Angeboten werden tendenziell unterschätzt. Gleichwohl ist nicht davon auszugehen, dass die Zivilgesellschaft in nutzer-generierten Angeboten so stark profitiert, dass sich die mit dem Internet verbundenen Erwartungen bestätigen.

Auch in Bezug auf die zivilgesellschaftliche Beteiligung am Diskurs über Medien stehen hohe Erwartungen eher ernüchternden Befunden gegenüber. Jarren macht für die Steuerung und Kontrolle von Medien wegen der schwach institutionalisierten Verhandlungssysteme und den situationsbezogenen Interessenskonstellationen einen besonders hohen Bedarf an Öffentlichkeit geltend, um die herrschende Orientierungslosigkeit zu verringern (Jarren 1996). Die Entwicklung einer demokratischen Medienordnung müsse öffentlich reflektiert und auf Gemeinwohlverträglichkeit überprüft werden(Jarren 1999). Ein Interesse der Zivilgesellschaft an einem Diskurs über Medien kann durchaus vorausgesetzt werden, da Medien eine vergleichsweise große Nähe zur Lebenswelt aufweisen. Medienbezogene Problemwahrnehmungen der Zivilgesellschaft – etwa in Bezug auf Fehlleistungen oder gesellschaftliche Dysfunktionen von Medien und unerwünschte Nutzungsweisen – dürften daher in den nutzer-generierten Angeboten mehr Aufmerksamkeit erhalten als in den etablierten Massenmedien. Öffentlichkeit kann dabei sogar als mögliche Sanktionsinstanz wirksam werden (Jarren 1999). Als Folge von kritischen öffentlichen Diskursen kann etwa den Produzenten medialer Inhalte der Verlust von Reputation, den Entscheidern über Technik und Ökonomie der Verlust von Glaubwürdigkeit drohen (Haas/Wallner 2007).

Während die Medienleistung in Bezug auf die Kriegsberichterstattung oder die Wahlkampfberichterstattung bereits häufig Gegenstand empirischer Forschung war, sind medienpolitische Diskurse bislang nur selten untersucht worden. Zu den wenigen Ausnahmen zählen die Analysen von Weiß zur rundfunkpolitischen Berichterstattung im Zuge der Deregulierung (1985, 1988). Eine Ausnahme stellt auch die Studie von Pfetsch dar, die in der medienpolitischen Kommentierung der fünf überregionalen Tageszeitungen zwischen 1994 und 1998 eine nur geringe Sichtbarkeit zivilgesellschaftlicher Akteure findet (Pfetsch 2003, 2004). Das Akteursensemble wird hier stark von interessegeleiteten Akteuren aus Staat und Medienwirtschaft dominiert und kann damit als hochgradig vermachtet betrachtet werden. Der Zivilgesellschaft kommt eine lediglich marginale Rolle zu. In Bezug auf die Steuerung und Kontrolle von Medien durch Diskurs kommt Pfetsch zu dem ernüchternden Fazit, dass jedenfalls in den untersuchten etablierten Massenmedien keine mediale Öffentlichkeit existiert, „die genug Resonanz zu erzeugen vermag, um die Entscheidungsprozesse und die Medienentwicklung nachhaltig und kritisch zu begleiten." (Pfetsch 2003: 248).

Durch die Etablierung von Watchblogs (Mayer et al. 2008; Fengler 2008) und die in Weblogs häufig vorkommenden Verweise auf Beiträge in den etablierten Massenmedien (Neuberger et al. 2007), haben in den letzten Jahren Medienthemen zunehmend Aufmerksamkeit in den neuen Web 2.0-Angeboten erfahren. Damit ist zu fragen, ob sich hier Anhaltspunkte für die Entstehung einer medialen Öffentlichkeit zur demokratischen Medienentwicklung ergeben.

Die zahlreichen Bezüge auf Massenmedien in den neuen Angebotsformen verweisen allerdings nicht auf einen *medienpolitischen*, sondern vielmehr auf einen *medienkritischen* Diskurs. Das große Interesse der Blogosphäre an der Berichterstattung der etablierten Massenmedien und ihren Fehlern ist dabei nicht dem ausgeprägten Interesse der zivilgesellschaftlichen Blogger an der zentralen Infrastruktur der Gesellschaft, sondern eher dem Konkurrenzverhältnis zwischen Bloggern und Journalisten geschuldet (Neuberger et al. 2007). In den auf Medienthemen spezialisierten Watchblogs wiederum werden zwar inhaltliche Aspekte der Medienleistung angesprochen, was der klassischen Medienkritik an bestimmten Sendungen und Printbeiträgen entspricht (Fengler 2008; Hutter 2009; Schönherr 2008). Medienpolitische Fragen wie Regulierung, Finanzierung oder Vielfalt sind jedoch nur selten Themen von Watchblogs. Damit werden die Hoffnungen auf eine durch Watchblogs ermöglichte zivilgesellschaftliche Beteiligung am Diskurs über Medien zumindest teilweise enttäuscht. Während der medien*kritische* Diskurs zumindest in den neuen Angebotsformen auch die Zivilgesellschaft einschließt, ist diese im medien*politischen* Diskurs weder in den etablierten Massenmedien noch in den neuen Angebotsformen als Öffentlichkeitssprecher vertreten. Der Diskurs über Medien als weiches Instrument der Media Governance ist damit noch erheblich ausbaufähig.

Fazit

Ausgangspunkt der Bestandsaufnahme und Diskussion zivilgesellschaftlicher Beteiligungsmöglichkeiten im Medienbereich waren die gestiegenen Partizipationsansprüche der Bürger. Nachdem diese in den etablierten Massenmedien als nur unzureichend befriedigt gelten, wurden mit der Durchsetzung der partizipativen Angebote im Web 2.0 Hoffnungen auf eine umfassendere Mitsprache und eine bessere Repräsentation der Zivilgesellschaft bei der Steuerung und Kontrolle von Medien verbunden. Die Bedeutung zivilgesellschaftlicher Beteiligung für die Media Governance erklärt sich durch die spezifischen Charakteristika, die der Zivilgesellschaft zugeschrieben werden. Durch ihre ausgeprägte Problemsensibilität, Diskursfähigkeit und Gemeinwohlorientierung darf sie als besonders qualifizierter Akteur gelten, wenn es um die zentrale Infrastruktur demokratischer Gesellschaften geht.

Die Möglichkeiten und Grenzen zivilgesellschaftlicher Beteiligung an der Media Governance wurden jeweils für etablierte Massenmedien und neue Angebotsformen des Web 2.0 untersucht. Dabei ist zwischen harten und weichen Instrumenten von Media Governance zu unterscheiden. Die harten Governance Instrumente beziehen sich auf die Beteiligung an der Steuerung und Kontrolle der Infrastruktur und umfassen etwa die Mitarbeit in Aufsichtsgremien, Publikumsvereinigungen oder die Selbststeuerung des Internet. Befürworter einer umfassenderen zivilgesellschaftlichen Beteiligung gehen davon aus, dass die einschlägigen Debatten und Entscheidungen in diesen Institutionen und Organen von den spezifisch zivilgesellschaftlichen Qualifikationen profitieren. Der öffentliche Diskurs über Medien wurde als weiches Instrument der Media Governance eingeführt. Wenn die Zivilgesellschaft sich selbst am öffentlichen Diskurs beteiligt oder dort hinreichend repräsentiert ist, fließen zivilgesellschaftliche Problemwahrnehmungen in eine breite öffentliche Auseinandersetzung über die demokratische Medienleistung ein und können über mehrere Stufen vermittelt medienpolitische Entscheidungen beeinflussen. Die angenommene Verständigungsorientierung und Rationalität der Zivilgesellschaft sorgt dabei dafür, dass sich die besten Politikalternativen durchsetzen, und wegen der Abwesenheit von Partikularinteressen sind gemeinwohlverträgliche Entscheidungen zu erwarten.

Obgleich empirische Studien zur Beteiligung der Zivilgesellschaft bislang rar sind, ließen sich aus den vorliegenden Befunden Hinweise auf das Potenzial verschiedener Beteiligungsformen gewinnen. Dabei ergab sich ein gemischtes Bild. Während sich in Bezug auf die Steuerung und Kontrolle der Infrastruktur vor allem die Publikumsvereinigungen und die Internet Governance als vergleichsweise vielversprechend erwiesen haben, zeigten in Bezug auf den öffentlichen Diskurs über Medien sowohl in den etablierten als auch in den neuen Medienangeboten fast ausschließlich Defizite. Entgegen der optimistischen Erwartungen an das Web 2.0 wiesen die partizipativen Angebotsformen damit keineswegs durchweg bessere Beteiligungsmöglichkeiten auf als die etablierten Massenmedien. Hier bestehen zwar theoretisch bessere Chancen, die Umsetzung bleibt jedoch bislang hinter diesen Möglichkeiten zurück. Gerade in Bezug auf den *Diskurs* über Medien lässt die Zivilgesellschaft niedrigschwellige Beteiligungsmöglichkeiten ungenutzt und verpasst damit die Chance, sich mit ihren Sichtweisen am öffentlichen Meinungsbildungsprozess über Medien zu beteiligen. Der öffentliche Diskurs verliert damit zudem einen besonders diskursfähigen Sprechertypus, der ein Gegengewicht zu den strategisch kommunizierenden medienpolitischen Eliten aus Staat und Wirtschaft darstellen könnte. Dieser Mangel an Initiative ist umso bedauerlicher, als die von der Zivilgesellschaft selbst etablierten Beteiligungsoptionen im Bereich der *Infrastruktur* besonders gut funktionieren.

Literatur

Baldi, Paolo (2005): Broadcasting and Citizens. Viewers´ Participation and Media Accountability in Europe. Rom.

Bruns, Axel (2007): Produsage. In: 6th Creativity & Cognition Conference (Hrsg.) (2007): Proceedings of the 2007 Conference on Creativity and Cognition. Washington D.C., S. 99-106.

Dahlberg, Lincoln (2001): The Internet and Democratic Discourse. Exploring the Prospects of Online Deliberative Forums Extending the Public Sphere. In: Information, Communication & Society, Jg. 4, Heft 4, S. 615-633.

Dahlberg, Lincoln (2007): The Internet, Deliberative Democracy and Power: Radicalizing the Public Sphere. In: International Journal of Media and Cultural Politics, Jg. 3, Heft 1, S. 47-64.

Dahlgren, Peter (2005): The internet, Public Spheres, and Political Communication: Dispersion and Deliberation. In: Political Communication 22; S. 147-162.

Dahlgren, Peter (2002): In search of the talkative Public: Media, deliberative democracy and civic culture. In: Javnost. The Public 9, Heft 3, S. 5-26.

Donges, Patrick (2000): Technische Möglichkeiten und soziale Schranken elektronischer Öffentlichkeit. Positionen zur elektronischen Öffentlichkeit und ihr Bezug zu Öffentlichkeitsmodellen. In: Jarren, Otfried (Hrsg.) (2000): Zerfall der Öffentlichkeit. Wiesbaden, S. 255-265.

Donges, Patrick (Hrsg.) (2007): Von der Medienpolitik zur Media Governance? Köln.

Drake, William. J. (Hrsg.) (2005): Reforming Internet Governance: Perspectives from the Working Group on Internet Governance. ICT Task Force Series, United Nations Information and Communication Task Force.

Eilders, Christiane (2008): Medien als Produzenten öffentlicher Meinungen. Pressekommentare als Manifestation der politischen Akteursrolle. In: Pfetsch, Barbara / Adam, Silke (Hrsg.) (2008): Medien als politische Akteure. Konzepte und Analysen. Wiesbaden, S. 27-51.

Eilders, Christiane (2006): News factors and news decisions. Theoretical and methodological advances in Germany. In: Communications 2/2006, S. 5-24.

Eilders, Christiane / Hasebrink, Uwe / Herzog, Anja (2006): Das aktive Publikum. Institutionalisierung zivilgesellschaftlicher Kontrolle des Fernsehens auf europäischer Ebene. In: Langenbucher, Wolfgang R. / Latzer, Michael (Hrsg.) (2006): Europäische Öffentlichkeit und medialer Wandel. Eine transdisziplinäre Perspektive. Wiesbaden, S. 330-351.

Engesser, Sven; Wimmer, Jeffrey (2009): Gegenöffentlichkeit(en) und partizipativer Journalismus im Internet. In: Publizistik, Jg. 54, Heft 1, S. 43-63.

Etzioni, Amatai (1995): Die Entdeckung des Gemeinsinns, Stuttgart.

Fengler, Susanne (2008): Media WWWatchdogs? Die Rolle von Blogs für die Medienkritik in den USA. In: Quandt, Thorsten / Schweiger, Wolfgang (Hrsg.) (2008): Journalismus online – Partizipation oder Profession? Wiesbaden, S. 157-171.

Ferree, Myra Marx / Gamson, William A. / Gerhards, Jürgen / Rucht, Dieter (2002): Four Models of the Public Sphere in modern Democracies. In: Theory and Society, Jg. 31, Heft 3, S. 289-324.

Gerhards, Jürgen / Schäfer, Mike S. (2007): Demokratische Internet-Öffentlichkeit? Ein Vergleich der öffentlichen Kommunikation im Internet und in den Printmedien am Beispiel der Humangenomforschung. In: Publizistik 52, Heft 2, S. 210-228

Gerhards, Jürgen / Neidhardt, Friedhelm (1991): Strukturen und Prozesse moderner Öffentlichkeit. Fragestellungen und Ansätze. In: Müller-Dohm, Stefan / Neumann-Braun, Klaus (Hrsg.) (1991): Öffentlichkeit, Kultur, Massenkommunikation. Oldenburg, S. 31-89.

Gerhards, Jürgen / Neidhardt, Friedhelm / Rucht, Dieter (1998): Zwischen Diskurs und Palaver. Strukturen öffentlicher Meinungsbildung am Beispiel der deutschen Diskussion zur Abtreibung. Opladen.

Gosewinkel, Dieter / Rucht, Dieter / van den Daele, Wolfgang / Kocka, Jürgen (2004): Einleitung. Zivilgesellschaft – national und transnational. In: Wissencchaftszentrum für Sozialforschung (Hrsg.) (2004): Zivilgesellschaft – national und transnational. WZB-Jahrbuch 2003. Berlin, S. 11-26.

Haas, Hannes / Wallner, Cornelia (2007): Medienpolitik als gesellschaftliches Projekt. Die Ziele von Media Governance. In: Donges, Patrick (Hrsg.) (2007): Von der Medienpolitik zur Media Governance? Köln, S. 127-143.

Habermas, Jürgen (1992): Drei normative Modelle der Demokratie: Zum Begriff deliberativer Politik. In: Münkler, Herfried (Hrsg.) (1992): Die Chancen der Freiheit. Grundprobleme der Demokratie. München, S. 11-24.

Habermas, Jürgen (1998): Faktizität und Geltung. Beiträge zur Diskurstheorie des Rechts und des demokratischen Rechtsstaats. Frankfurt am Main.

Habermas, Jürgen (2008): Hat die Demokratie noch eine epistemische Dimension? Empirische Forschung und normative Theorie. In: Habermas, Jürgen (Hrsg.) (2008): Ach, Europa. Frankfurt am Main, S. 138-191.

Hamelink, Cees J. (2000): The Ethics of Cyberspace. London, Thousand Oaks Calif..

Hans-Bredow-Institut/Institut für Europäisches Medienrecht (2006): Final Report. Study on Co-Regulatory Measures in the Media Sector (26.7.2010).

Heming, Ralf (1997): Öffentlichkeit, Diskurs und Gesellschaft. Zum analytischen Potential und zur Kritik des Begriffs der Öffentlichkeit bei Habermas. Wiesbaden.

Hoffmann, Jeanette (2005): Internet Governance: Eine regulative Idee auf der Suche nach ihrem Gegenstand. In: Schuppert, Gunnar Folge (Hrsg.) (2005): Governance-Forschung – Vergewisserung über Stand und Entwicklungslinien. Baden-Baden, S. 277-301.

Jeanette Hofmann (2009): Formierung und Wandel des Politischen in der Regulierung des Internet. In: Bergermann, Ulrike/ Otto, Isabell / Schabacher, Gabriele (Hrsg.) (2009): Das Planetarische. Kultur – Technik – Medien im postglobalen Zeitalter, München.

Hutter, Andres (2009): Watchblogs: Medienkritik 2.0? Eine inhaltsanalytische Untersuchung journalistischer Qualität in medienkritischen Weblogs. Boizenburg.

Jarren, Otfried (2007): Verantwortungskultur durch Media Governance. Plädoyer für einen Paradigmenwechsel in der Medienpolitik. In: Funk Korrespondenz, 6, 2007, S. 3-12.

Jarren, Otfried (1999): Medienregulierung in der Informationsgesellschaft? Über die Möglichkeiten zur Ausgestaltung der zukünftigen Medienordnung. In: Publizistik Jg. 44, Heft 2, S. 149-164.

Jarren, Otfried (1996): Publizistische Märkte und Kommunikationspolitik. Öffentlich e Regulierung statt politische-administrativer Steuerung? In: Altmeppen, Klaus-Dieter (Hrsg.) (1996): Ökonomie der Medien und des Mediensystem. Opladen, S. 203-219.

Jarren, Otfried / Vowe, Gerhard (1995): Medienkritische Öffentlichkeit als rundfunkpolitischer Akteur? – Analyse und Bewertung der „Weizsäcker-Kommission". In: Rundfunk und Fernsehen, Jg. 43, Heft 1, S. 5-25.

Klein, Ansgar (2008): Zivilgesellschaft und Demokratie. Ideengeschichtliche, demokratietheoretische und politisch-soziologische Zugänge. In: Forschungsjournal Neue Soziale Bewegungen, Jg. 21, Heft 3, S. 189-237.

Kocka, Jürgen (2001): Zivilgesellschaft. Zum Konzept und seiner sozialgeschichtlichen Verwendung. In: Kocka, Jürgen / Nolte, Paul / Randeria, Shalini / Reichardt, Sven (Hrsg.) (2001): Neues über Zivilgesellschaft. Aus historisch-sozialwissenschaftlichem Blickwinkel. Berlin 2001 (WZB paper P 01 – 801), S. 4-21.

Koopmans, Ruud / Zimmermann, Anne (2003): Internet: A New Potential for European Political Communication. Berlin (WZB paper SP IV 2003-402).

Krotz, Friedrich (1996): Zur Konzeption einer Stiftung Medientest. In: Rundfunk und Fernsehen, Jg. 44, Heft 2, S. 214-229.

Mayer, Florian. L. / Mehling, Gabriela / Raabe. Johannes / Schmidt, Jan / Wied, Kristina (2008): Watchblogs aus der Sicht der Nutzer. Befunde einer Onlinebefragung zur Nutzung und Bewertung von Bildblog. In: Media Perspektiven, Heft 11/2008, S. 589-594.

Morriset, Lloyd (2003): Technologies of Freedom. In: Jenkins, Henry / Thorburn, David / Seawell, Brad (Hrsg.) (2003): Democracy and New Media. Cambridge Mass., S. 21-32.

Neidhardt, Friedhelm (1994): Öffentlichkeit, öffentliche Meinung, soziale Bewegungen. In: Neidhardt, Friedhelm (Hrsg.) (1994): Öffentlichkeit, öffentliche Meinung, soziale Bewegungen. Opladen (Kölner Zeitschrift für Soziologie und Sozialpsychologie, Sonderheft), S. 7-41.

Neuberger, Christoph (2003): Onlinejournalismus: Veränderungen – Glaubwürdigkeit – Technisierung. In: Media Perspektiven, 3/2003, S. 131-138.

Neuberger, Christoph / Nuernbergk, Christian /Rischke, Melanie (2007): Weblogs und Journalismus: Konkurrenz, Ergänzung oder Integration. Eine Forschungssynopse zum Wandel der Öffentlichkeit im Internet. In: Media Perspektiven, 2/2007, S. 96-112,

Newton, Kenneth (1999): Social and political trust in established democracies. In: Norris, Pippa (Hrsg.) (1999): Critical Citizens. Oxford, S. 169-187.

Pfetsch, Barbara (2004): Geräuschkulisse des medienpolitischen Parteienstreits – Die Öffentlichkeit der Medienpolitik in Pressekommentaren, in: Eilders, Christiane / Neidhardt, Friedhelm / Pfetsch, Barbara (Hrsg.) (2004): Die Stimme der Medien. Pressekommentare und politische Öffentlichkeit in der Bundesrepublik. Wiesbaden, S. 252-281.

Pfetsch, Barbara (2003): Symbolische Geräusche über die Anderen – Die Öffentlichkeit über Medienpolitik in Pressekommentaren. In: Medien & Kommunikationswissenschaft, Jg. 51, Heft 2, S. 232-249.

Puppis, Manuel (2009): Organisationen der Medienselbstregulierung. Europäische Presseräte im Vergleich. Köln.

Puppis, Manuel / Künzler, Matthias (2007): Governance als horizontale Ausweitung von Government: Selbst- und Ko-Regulierung im Mediensektor. In: Donges, Patrick (Hrsg.) (2007): Von der Medienpolitik zur Media Governance? Köln, S. 161-177.

Putnam, Robert D. (Hrsg.): Gesellschaft und Gemeinsinn. Sozialkapital im internationalen Vergleich. Gütersloh 2001.

Rucht, Dieter / Yang, Mundo / Zimmermann, Ann (2008): Politische Diskurse im Internet und in Zeitungen. Das Beispiel Genfood. Wiesbaden.

Rucht, Dieter (2004): Kapitalismuskritik im Namen der globalisierungskritischen Zivilgesellschaft – alter Wein in neuen Schläuchen? In: Gosewinkel, Dieter / Rucht, Dieter / van den Daele, Wolfgang / Kocka, Jürgen (Hrsg.) (2004): Zivilgesellschaft – national und transnational. WZB-Jahrbuch 2003. Berlin, S. 411-433.

Schönherr, Katja (2008): Medienwatchblogs als Form journalistischer Qualitätskontrolle. In: Zerfaß, Ansgar / Welker, Martin / Schmidt, Jan (Hrsg.) (2008): Kommunikation, Partizipation und Wirkungen im Social Web. Band 2: Strategien und Anwendungen: Perspektiven für Wirtschaft, Politik und Publizistik. Köln, S. 116-133.

Weichert, Stephan Alexander (2005): Stiftung Medientest. Die Stimme des Publikums. In: Medienheft 4. Juli 2005 (27.7.2010)

Weiß, Jürgen (1985): Die Tendenz der Berichterstattung und Kommentierung der Tagespresse zur Neuordnung des Rundfunkwesens in der Bundesrepublik Deutschland. In : Media Perspektiven 12/1985, S. 845-866.

Weiß, Jürgen (1988): Meinungsgestaltung im Interesse der Zeitungen? Eine Analyse der Zeitungspubl8izistik zur Erhöhung der Rundfunkgebühr. Die Tendenz der Berichterstattung und Kommentierung der Tagespresse zur Neuordnung des Rundfunkwesens in der Bundesrepublik Deutschland. In : Media Perspektiven 8/1988, S. 469-489.

Weßler, Hartmut (2008): Investigating Deliberativeness Comparatively. In: Political Communication 25, S. 1-22.

Wied, Katarina / Schmidt, Jan (2008): Weblogs und Qualitätssicherung. Zu Potenzialen weblogbasierter Kritik im Journalismus. In: Quandt, Thorsten / Schweiger, Wolfgang (Hrsg.) (2008): Journalismus online – Partizipation oder Profession? Wiesbaden, S. 173-192.

CMFE – Community Media Forum Europe

Thomas Kupfer

Abstract

Community Media (CM) – also nicht kommerzielle, gemeinnützige Rundfunk-medien – sind seit geraumer Zeit in der europäischen Medienlandschaft präsent und blicken auf eine ebenso lange Geschichte der Selbstorganisation zurück. Seit 2002 ist jedoch eine unzureichende Präsenz der Community Media auf politi-scher Ebene in Europa zu verzeichnen. Aus diesem Grunde haben Vertreter der nationalen Verbände, Medienaktivisten, Medienschaffende und Wissenschaftler 2004 das Community Media Forum Europe (CMFE) initiiert, das 2006 als ak-tionsorientiertes Netzwerk von Organisationen und Einzelpersonen im CM-Bereich formell gegründet wurde, um das Potential der CM innerhalb der euro-päischen Medienlandschaft zu präsentieren.

Die junge Geschichte des CMFE ist eine echte Erfolgsgeschichte. Während es bis 2006 keine relevante Berücksichtigung der Community Media auf euro-päischer Ebene gab, gehören Fragen in Zusammenhang mit Community Media heute auf die politische Tagesordnung, in der EU und im Europarat. Community Media-Organisationen, Aktivisten und Politiker in ganz Europa können sich jetzt auf eine Resolution des Europäischen Parlaments zu Community Media sowie auf eine Erklärung des Europarats berufen. Das CMFE hat eine flexible Strategie der politischen Intervention und Sachkompetenz entwickelt, welche Vielfalt und gemeinsame Grundsätze mit Offenheit und Effektivität kombiniert. Es gibt je-doch nach wie vor ernsthafte Probleme und Herausforderungen, die die europäi-sche Lobby-Arbeit für Community Media kennzeichnen.

Rückblick

Im Jahre 2006 führten die deutschen Radiosender Radio CORAX in Halle und Radio Z in Nürnberg ein Projekt mit dem Titel Europaradio durch, das von der Europäischen Kommission finanziert wurde. Eines der wichtigsten Projekter-gebnisse war die Produktion eines wöchentlichen Programms zu europäischen Fragen, das sich aus Nachrichten, Interviews und Mini-Features zusammensetzte. Das Projekt ermöglichte eine echte Novität: Zum ersten Mal konnten nicht-kommerzielle private Radiosender ihren eigenen Europa-Korrespondenten nach Brüssel entsenden. Thomas Kreiseder standen nur acht Monate Projektzeit zur Verfügung – darunter der Sommer, eine Jahreszeit mit geringer politischer Aktivität in Brüssel und Straßburg. Trotz dieser Beschränkung hatte er ausreichend Zeit, um zu erleben, welchen Status Community Media für die Vertreter der Europäischen Institutionen und Politiker in der Realität hatten. Häufig wurden während der Interviews die Rollen getauscht. Nach der Einleitung des Korrespondenten musste *er* Fragen beantworten: Welche Art von Medien repräsentiert Radio CORAX? Wo wird das Interview ausgestrahlt? Was bedeutet „freies Radio" oder nichtkommerzielles lokales Radio? (Diese Bezeichnungen werden in einigen Bundesländern in Deutschland verwendet – in anderen deutschen Regionen sind sie gänzlich unbekannt.)

Mehr als 100.000 Europäer tragen aktiv zu Community Media bei, die von Bürgern und Communities betrieben werden. Die absolute Mehrheit der Politiker und Funktionsträger auf europäischer Ebene hat jedoch noch nie etwas von diesem „dritten Sektor" im Rundfunkbereich gehört. Während die öffentlich-rechtlichen und privaten kommerziellen Medien durch ihre Korrespondenten, aber auch durch ihre Lobby-Systeme, in Straßburg und Brüssel fest etabliert sind, muss ein Korrespondent aus dem Sektor der Community Media um Anerkennung und Akkreditierung kämpfen. Die Überwindung des Status eines mehr oder weniger exotischen Wesens war schwierig.

Das Europa Radio-Projekt wurde erfolgreich abgeschlossen, und der Korrespondent kehrte nach Österreich zurück, um dort zu arbeiten. Aber der Status der Community Media hat sich mittlerweile in ganz Europa glücklicherweise verbessert. Wenngleich noch immer viele Politiker und Funktionsträger nicht wissen mögen, was Community Media sind, wurden ihre Angelegenheiten zum Bestandteil der politischen Tagesordnung der EU und des Europarats. Dieser Prozess wurde von einer neuen Lobby-Gruppe der Community Media – dem Community Media Forum Europe (CMFE) – beeinflusst und teilweise initiiert.

Jahre vor der formellen Gründung des CMFE hatten Medienaktivisten aus ganz Europa bereits über die fehlende Präsenz der Community Media auf politischer Ebene in Europa diskutiert. Community Media gibt es mittlerweile seit langem in der europäischen Medienlandschaft, und sie blicken auf eine ebenso lange Geschichte der Selbstorganisation zurück. Die erste Organisation zur Bündelung der Kräfte der Community Radios war die FERL (*Federation European des Radios Libres*), die 1986 gegründet wurde. Während der 1990er Jahre übernahm AMARC-Europa diese Rolle. Diese Organisation konzentrierte sich vorwiegend auf Community Radio, bis sie sich 2002 aufgrund finanzieller und administrativer Probleme auflöste. Gleichzeitig vertrat Open Channels Europe

(OCE) die offenen Kanäle. Aus verschiedenen Gründen gelang es jedoch keiner dieser Organisationen, die Community Media in die politische Tagesordnung in Europa einzubinden.

Als die AMARC auf der 8. Weltkonferenz in Kathmandu (2003) auf die Notwendigkeit einer Wiederbelebung der europäischen Präsenz hinwies, folgten kurz darauf neue Initiativen. Französische Kollegen aus dem Bereich Community Media organisierten vorbereitende Debatten in Paris (November 2003) und in Brüssel (April 2004). Im Juni 2004 trafen über 100 Aktivisten aus Medien und Politik, Medienschaffende und Wissenschaftler – von denen viele aus neuen EU-Mitgliedsstaaten und Beitrittsländern in Mittel- und Osteuropa stammten – im FM@dia-Forum 04 zusammen, das in Prag und Freistadt (Österreich) als grenzüberschreitende Veranstaltung vom Verband Freier Radios Österreich organisiert wurde. Die Teilnehmer formulierten Themen für zukünftige Aktionen und Arbeitsgruppen. Eines der Themen lautete „Die Entwicklung des EU Community Media Forums". Der Titel deutete bereits darauf hin, dass dieses europäische Community Media Forum die Zusammenarbeit zwischen Wissenschaftlern, Lobbyisten und Medienschaffenden vorantreiben würde. Ihre Aufgabe bestand in der Entwicklung von Initiativen für Mitglieder des Netzwerks, um einander zu unterstützen und das European Community Media Forum als Netzwerk und politische Kraft zu entwickeln (FM@dia, 2004a).

Während des Prager Workshops „Europäische Lobbying-Strukturen" betonten die Teilnehmer die Bedeutung der Gründung einer europaweiten Organisation für den dritten (audiovisuellen) Sektor mit folgenden Schwerpunkten:

- Anerkennung des Sektors auf europäischer Ebene als Teil der öffentlichen Dienstleistungen,
- Bedeutung eines homogenen rechtlichen Status für Community Media in ganz Europa,
- Frequenzbereichspolitik, die offen für die Frequenzzuweisung für Community Media ist,
- Notwendigkeit einer Charta, die den Sektor auf europäischer Ebene reguliert,
- Einrichtung eines Community Media-Fonds.

Zu den Ergebnissen dieses Workshops gehörte die Einsetzung einer Lenkungsgruppe, die sich mit den von der Versammlung festgelegten Prioritäten befasste. Insbesondere übernahm die Lenkungsgruppe (a) die Vorbereitung der Gründung einer europäischen Organisation, die als Schnittstelle zwischen dem Community Media-Sektor und den europäischen Institutionen fungieren sollte und (b) die Entwicklung weiterer Forschungsprojekte zu nationalen Richtlinien und Vorschriften des Sektors für ganz Europa (Kreiseder, 2004). Eines der Ergebnisse der Diskussionen in Prag war die Vorlage eines gemeinsamen „Vorschlags zu Community Media" zu zukünftigen Aktivitäten des Europarats im Medienbereich, gerichtet an den Lenkungsausschuss für Massenmedien des Europarats im Rahmen des öffentlichen Beratungsverfahrens, in Vorbereitung auf die Ministerkonferenz zur Politik der Massenmedien in Kiew, die 2005 stattfand (FM@dia, 2004b).

Eine Nachfolgekonferenz zur Prager Zusammenkunft fand im Rahmen der jährlichen Konferenz des deutschen Bundesverbands Freier Radios im November 2004 in Halle statt. Bei dieser Gelegenheit wies Helmut Peissl vom Verband Freier Radios Österreich u.a. darauf hin, dass die uneingeschränkte Anerkennung des dritten Mediensektors durch die EU und den Europarat, als Bezugspunkt für nationale Medien- und Kulturpolitik, ein wesentliches Ziel des geplanten CMFE war (Peissl, 2005).

Ziele, Aktivitäten und Prinzipien des CMFE

Die (informelle) Gründung des CMFE in Halle – der erste Name ECMF wurde geändert, um eine Verwechslung mit anderen Organisationen zu vermeiden, und weil die Online-Domain cmfe.eu verfügbar war – legte das Fundament für eine Vielzahl von Interventionen und Aktionen auf politischer Ebene in Europa seit 2004. Das Selbstverständnis des CMFE war von Beginn an sehr pragmatisch und integrativ: Eine Gruppe von Experten kam zusammen, richtete Plattformen für den Meinungsaustausch ein, initiierte Debatten und leitete Aktivitäten ein, um die europäischen Institutionen und Politiker anzusprechen. Einige der Beteiligten waren Repräsentanten nationaler Verbände – dies traf beispielsweise für Pieter de Wit vom OLON (Niederlande) oder Helmut Peissl vom Verband Freier Radios Österreich (VFRÖ) zu. Andere kamen als unabhängige Experten, Aktivisten und Wissenschaftler.

Als das CMFE 2006 als europäische NGO formell gegründet wurde, sah die Organisation sich als Pressure-Group oder Expertengruppe, und nicht als große Mitgliedsorganisation. Mitglieder – so die Idee – sollten aktive Beteiligte sein, und sie sollten, wenn möglich, Verbände repräsentieren. In dem Wissen, dass es in den meisten Ländern keine echten nationalen Community Media-Verbände gibt, nahm das CMFE jedoch auch einzelne Medienorganisationen oder Einzelpersonen als Mitglieder auf. Heute, im Jahre 2009, sind Verbände, Nichtregierungsorganisationen (NGOs), Radio- und Fernsehsender sowie Einzelpersonen unter dem Dach des CMFE vertreten (CMFE, 2009a). Allein die Liste der Vorstandsmitglieder führt bereits 14 europäische Länder auf.

Bei der formellen Gründung definierte das CMFE seine Ziele und Aktivitäten, aber auch die Kernprinzipien der Community Media wie folgt:

Ziele

- Arbeit mit dem Ziel der Anerkennung und Stärkung des Wissens um den dritten Mediensektor (Community Media) auf europäischer Ebene;
- Begründung einer Plattform für einen laufenden Dialog und die Diskussion zwischen Community Media-Organisationen und europäischen Institutionen;
- Förderung der kulturellen Vielfalt in den Medien und der Demokratisierung der Kommunikation.

Aktivitäten

- Begründung eines Dialogs zwischen den nationalen Ebenen und der europäischen Ebene für Community Media;
- Beitrag zu diesem Dialog;
- Unterstützung der Arbeit der Community Media-Organisationen in ganz Europa;
- Förderung der Öffentlichkeitsarbeit für Community Media;
- Organisation und Ermöglichung des Informationsaustausches zwischen verschiedenen Community Media, auch durch journalistische und wissenschaftliche Arbeit;
- Förderung der wissenschaftlichen Forschung zum dritten Mediensektor.

Gemeinsame Prinzipien der Community Media

1. Freier Zugang zu den Möglichkeiten der Medienkommunikation für die Communities.
2. Freie Meinungsäußerung und Medienpluralismus.
3. Freier Informationszugang.
4. Öffentlicher Zugang, gleichermaßen für Frauen und Männer.
5. Förderung der lokalen Beteiligung.
6. Kulturelle Vielfalt und Respekt gegenüber Minderheiten.
7. Ausrichtung nach partizipatorischen Strukturen und Selbstbestimmung.
8. Redaktionelle Unabhängigkeit.
9. Gemeinnützigkeit.

Es sei darauf hingewiesen, dass das CMFE, obwohl seine Gründer von den „traditionellen elektronischen Medien" (Radio und Fernsehen) kamen, den erweiterten Begriff „Rundfunkmedien" verwendete. Damit wurden Simulcast-Initiativen, die Radio, Fernsehen und Internet nutzen, ebenso einbezogen wie reine Web-Sender.

Aktivitäten, Tagesordnung und Debatten

Bereits nach der Zusammenkunft in Halle 2004 nahm die CMFE-Lenkungsgruppe eine Reihe von Aktivitäten auf europäischer Ebene auf. Eine Mailing-
Liste und eine Webseite (www.cmfe.eu) wurden mit Hilfe von Ingo Leindecker
vom Verband Freier Radios Österreich eingerichtet, und die neue Expertengruppe begann, in nationale und europäische Debatten über Community Media einzugreifen.

   Im Jahre 2005 hat das CMFE am öffentlichen Beratungsverfahren zum Bericht der EG über die digitale Spaltung teilgenommen. Die Verfasser der Stellungnahme – Helmut Peissl und Pieter de Wit – betonten die Konvergenz und die
Rolle des Sektors bei Medienkompetenz-Programmen:

> Community Media haben häufig als Radio- oder Fernsehinitiativen begonnen. Auf-
> grund der konvergenten Entwicklung des gesamten Medienmarktes betreiben jedoch
> fast alle Community Media eigene Webmedien und haben gleichzeitig ihre Schu-
> lungskapazitäten von traditionellen Rundfunkmedien auf Web-basierte Aktivitäten
> ausgedehnt. Insbesondere aus diesem Grunde übernehmen Community Media häu-
> fig die Rolle der Mediatoren oder Schulungszentren für Medienkompetenz, wo es
> um die Nutzung des Internets in ländlichen und abgelegenen Gebieten geht (CMFE,
> 2005).

Die Autoren forderten außerdem Maßnahmen, um den Zugang der Community
Media zu zukünftigen digitalen Plattformen und Breitbandnetzen zu gewährleisten.

   Ein Jahr später legte das CMFE sein Positionspapier im Beratungsverfahren
zum Weißbuch über eine Europäische Kommunikationspolitik vor (CMFE,
2006). Die Beteiligung am Beratungsverfahren für dieses wichtige Dokument
zur Informations- und Kommunikationspolitik der EU sollte lokale Medien und
Community Media in die europäische Politik einbinden und hob den Beitrag der
Community Media zu interkultureller und grenzüberschreitender Kommunikation und Demokratie hervor. Die Rolle der Community Media bei der Gründung
der grenzüberschreitenden Kommunikation wurde bereits in dem *Bericht zu
regionalen Medien und grenzüberschreitender Zusammenarbeit* betont, der vom
Kongress der Gemeinden und Regionen im Europarat beschlossen wurde (Kongress der Gemeinden und Regionen, 2004). Das CMFE berief sich auf diese
Debatte und forderte weitere Anerkennung für Community Media als wesentlicher Bestandteil einer europäischen Informations- und Kommunikationspolitik,
die ihre Bürger und lokalen Communities einbeziehen möchte. Das Positionspapier hob auch die Trends einer zunehmenden transnationalen Medienkonzen-

tration sowie der Kommerzialisierung des Mediensektors auf lokaler Ebene hervor.

Die endgültige Version dieses Dokuments wurde während einer Community Media-Konferenz im Europäischen Parlament in Brüssel im Juli 2006 diskutiert. Die Finanzierung des Europaradio-Projekts ermöglichte die Teilnahme von mehr als 40 Repräsentanten der Community Media. Vor allem aber wurde diese Zusammenkunft von der AMARC mitorganisiert und mitfinanziert. Die AMARC hatte eine Reihe von Konferenzen initiiert, um europaweite Maßnahmepläne für den Community Media-Sektor zu entwickeln und AMARC-Europa als Zweig der weltweiten Organisation wiederzubeleben. Die CMFE-Lenkungsgruppe trug ebenfalls zur Organisation der Zusammenkunft bei. Während dieser Veranstaltung diskutierten die Teilnehmer über ihre Visionen und Pläne mit Repräsentanten europäischer Institutionen (CMFE/AMARC-Europe, 2006).

Radio CORAX und Radio Z organisierten eine erneute Zusammenkunft des CMFE im November 2006 in Brüssel. Dabei handelte es sich um die konstituierende Hauptversammlung des Forums. Die Satzung (CMFE, 2007) wurde angenommen, und ein Vorstand wurde gewählt. Wenngleich der formelle Registrierungsprozess zum Zeitpunkt dieses Artikels noch immer nicht abgeschlossen ist, wurde das CMFE als paneuropäische Organisation eingetragen.

Die Zusammenkunft in Brüssel im Juli 2006 war die erste formelle Zusammenarbeit zwischen dem CMFE und der AMARC, die sich seitdem ständig austauschen und zusammenarbeiten. Ein formalisiertes Verfahren zur gegenseitigen Einsetzung von Vorstandsmitgliedern wurde eingeführt – das CMFE wählt einen Repräsentanten in den europäischen AMARC-Vorstand und umgekehrt –, und man beteiligt sich gemeinsam an Projekten und Veranstaltungen. Es gibt gemeinsame Ziele, aber auch Unterschiede: AMARC-Europa ist der regionale Zweig einer globalen Organisation, die Community Radiosender vertritt und den (Wieder-)Aufbau eines starken paneuropäischen Netzwerks im breitesten Sinne anstrebt. Sie ist in einem breiteren Rahmen tätig und konzentriert sich nicht nur auf Politik, Forschung und Lobby-Arbeit, sondern auch auf Schulung und Austausch von Mitgliedern, internationale Austauschprogramme, Bewusstseinskampagnen und Koproduktionen sowie Solidaritätsaktionen. Starke Synergien und die Kooperation mit regionalen Community Media-Foren, wie dem CMFE, sind Bestandteil ihrer internationalen Strategie. Das CMFE hingegen ist ein maßnahmenorientiertes Netzwerk von Politikexperten, Organisationen und Verbänden, das Community Media auf der europäischen Ebene unterstützt. Seine Gründer und Mitglieder sind unmittelbar in die Lobby-Arbeit zur Förderung einer Politik zugunsten der Community Media in Europa eingebunden.

Interventionen und Beschlüsse des CMFE in dem Zeitraum 2006-2009 beinhalten folgende Stellungnahmen und Positionspapiere:

- Stellungnahme im Beratungsverfahren zu den EU-Richtlinien für eine staatliche Finanzierung des öffentlich-rechtlichen Rundfunks, das von der Europäischen Kommission eingeleitet wurde (März 2008) (CMFE, 2008a).
- Stellungnahme im Beratungsverfahren des Ministeriums für Kultur, Medien und Sport zu Community Radio und Fernsehen in Schweden (CMFE, 2008b).
- Stellungnahme zum Entwurf der Europäischen Kommission zur Anwendung der Vorschriften über staatliche Beihilfen für den öffentlich-rechtlichen Rundfunk (CMFE, 2009b).
- Forderung nach mehr Anerkennung für Community Media in Spanien (CMFE, 2009c) und Polen (CMFE, 2009d), gemeinsame Vorlagen mit AMARC-Europa.
- Beteiligung an der Kampagne des Europarats gegen Diskriminierung (Europarat, 2009a).

Da ein wachsendes Bewusstsein für den dritten Sektor eines der Hauptziele des CMFE ist, stehen die Mitglieder des CMFE-Vorstands in engem Kontakt zu den Mitgliedern des Europäischen Parlaments, vor allem im CULT-Ausschuss des Europäischen Parlaments (Ausschuss für Kultur und Bildung). Im März 2007 führten diese Aktivitäten zu der Entscheidung des CULT-Ausschusses, die Studie *Die Lage der Gemeinschaftsmedien in der Europäischen Union* in Auftrag zu geben, die auf eine Initiative der österreichischen MdEP Christa Prets zurückging. Die belgische Agentur KEA European Affairs wurde mit der Studie beauftragt, und der Autor arbeitete eng mit dem CMFE-Netzwerk zusammen. KEA hat nicht nur Mitglieder des CMFE-Vorstands zur Situation in ihren Ländern befragt, sondern auch Kontakte in anderen Ländern geknüpft, in denen Community Media-Organisationen schwer zu erreichen sind oder sich in einem frühen Entwicklungsstadium befinden, und die Informationen aus solchen Ländern einbezogen. Die Studie wurde im September 2007 veröffentlicht (Europäisches Parlament, 2007a).

Die österreichische MdEP Karin Resetaritis war für den ersten Bericht (Europäisches Parlament, 2008a) im Anschluss an die Studie zuständig. Der *Resetaritis-Bericht* betont das Potential und die Bedeutung der Community Media (oder alternativer Medien) für eine pluralistische Medienumgebung und kulturelle Vielfalt. Er sucht nach Maßnahmen, um Community Media/alternative Medien zu unterstützen, und definiert sie als eine „eigene Gruppe" im Mediensektor. Der Bericht wurde im Juni 2008 vom CULT-Ausschuss angenommen.

Am 25. September 2008 kam der Bericht zu Community Media schließlich auf die Tagesordnung in der Plenarsitzung des Europäischen Parlaments. An diesem Tag hat das Europäische Parlament (EP) eine Entschließung *zu gemein-*

nützigen Bürger- und Alternativmedien angenommen (Europäisches Parlament, 2008b). 471 Parlamentarier stimmten für den Beschluss und nur 41 dagegen (Europäisches Parlament, 2008c). Mit diesem Beschluss erhielten die Community Media und ihre Organisationen in den europäischen Ländern einen ersten und wichtigen europäischen Bezugspunkt, der verdeutlicht, dass Community Media Bestandteil der demokratischen Medienlandschaft sind und mehr Unterstützung und Anerkennung auf nationaler und europäischer Ebene erhalten sollten. Der Beschluss spricht auch konkrete Maßnahmen an, die auf europäischer Ebene folgen könnten. Somit *„ermutigt er die Bürgermedien, eine europäische Internet-Plattform einzurichten, über die für sie nützliche und relevante Informationen verbreitet werden können, um die Vernetzung und den Austausch bewährter Vorgehensweisen zu erleichtern"* (ibid.).

Während das Europäische Parlament den Bericht zu Community Media diskutierte, gab es eine parallele Initiative im Europarat (ER). Durch die Arbeit von Francesco Diasio, Helmut Peissl und anderen CMFE- und AMARC-Repräsentanten im internationalen Nichtregierungsorganisations-Forum (INGO-Forum) in den Phasen vor und nach der Kiew-Konferenz des Europarats zur Massenmedienpolitik im Jahr 2005 konnten Redner, die Community Media vertraten, am formellen Programm der Konferenz teilnehmen. Als Folge wurden Community Media in der Kiew-Erklärung ausdrücklich erwähnt und der Maßnahmeplan als Schlüssel zur Förderung des Zusammenhalts und der Integration in der Gesellschaft genannt. Eine nachfolgende *ER-Empfehlung zu Medienpluralismus und Vielfalt der Medieninhalte* sprach sich ebenfalls für die Entwicklung verschiedener Medientypen aus, darunter Community Media, lokale Medien, Medien für Minderheiten oder Soziale Medien, die Pluralismus und Vielfalt fördern und einen Raum für Dialog bieten können (Europarat, 2007).

Im November 2007 konnte das CMFE beginnen, direkte Beiträge in die Arbeit des Europarats einfließen zu lassen: Es beantragte und erhielt den Beobachterstatus in der Sachverständigengruppe für Medienvielfalt (MC-S-MD) des CDMC, des Lenkungsausschusses für Medien und neue Kommunikationsdienste des Europarats. Die Sachverständigengruppe hatte die Aufgabe, nach Möglichkeiten zur Unterstützung der Community Media zu suchen. Es bestand jedoch Unklarheit darüber, worum es bei Community Media überhaupt ging. Durch ihre aktive Teilnahme an den Zusammenkünften der Gruppe konnten die CMFE-Repräsentanten Nadia Bellardi (Vizepräsidentin) und Pieter de Wit (Präsident) die Community Media erfolgreich als Vorläufer interkultureller und demokratischer partizipatorischer Verfahren positionieren. Die Sachverständigengruppe hatte den britischen Medienforscher Peter Lewis (London Metropolitan University) beauftragt, einen Bericht zu gesellschaftlichen Aspekten und gesellschaftlicher Relevanz der Community Media zu erarbeiten. Der Lewis-Bericht *Promo-*

ting Social Cohesion – The Role of Community Media (Lewis, 2008) wurde im Juli 2008 veröffentlicht und zu einem äußerst wichtigen Nachschlagewerk in den Diskursen zu Community Media innerhalb des Rates.

Nach umfangreichen Verhandlungen wurde die Entwurfserklärung des Ministerausschusses zur Rolle der Community Media bei der Förderung des gesellschaftlichen Zusammenhalts und des interkulturellen Dialogs aufgesetzt. Diese Erklärung wurde dann vom CDMC akzeptiert und am 11. Februar 2009 vom Ministerausschuss des Rates angenommen. Sie greift auf Erklärungen der AMARC und frühere Chartas zurück und definiert Community Media als „einen eigenen Mediensektor, neben öffentlich-rechtlichen und privaten kommerziellen Medien". Außerdem ermutigt sie die Mitgliedsstaaten, den Sektor anzuerkennen und nach Möglichkeiten zur Unterstützung und Finanzierung des Sektors zu suchen (Europarat, 2009b).

Auf Europarat-Ebene haben CMFE und AMARC innerhalb des INGO-Forums (International NGO) an der Vorbereitung der Ministerkonferenz teilgenommen, die im Mai 2009 in Reykjavik stattfand (CMFE/AMARC-Europa, 2009). Das übergreifende Thema lautete „Ein neuer Medienbegriff"[1], mit einem Unterthema, das seinen Schwerpunkt auf die „Beziehungen der Medien zu Individuen und Gemeinschaften" legte. CMFE-Präsident Pieter de Wit vertrat die Bewegung der Community Media als einer der Redner des INGO-Forums in Reykjavik (de Wit, 2009). Das CMFE ist bestrebt, seine Aktivitäten in Verbindung mit seinem Beobachterstatus innerhalb des CDMC fortzusetzen, wenngleich dies von der zukünftigen Struktur des Organs selbst abhängen wird.

Ausblick

Wenn man die Ergebnisse betrachtet, die in den fünf Jahren der CMFE-Aktivitäten erreicht wurden, können wir von einer echten Erfolgsgeschichte sprechen. Fragen im Zusammenhang mit Community Media sind heute Bestandteil der politischen Tagesordnung, in der EU und im Europarat. Organisationen, Aktivisten und Politiker im Bereich der Community Media in ganz Europa können sich jetzt auf einen Beschluss des Europäischen Parlaments zu Community Media und auf eine ER-Erklärung berufen.

Das CMFE hat eine flexible Strategie politischer Intervention und Sachkompetenz sowie ein System der Kommunikation und Netzwerkarbeit entwickelt, das Vielfalt und gemeinsame Prinzipien sowie Offenheit und Effektivität miteinander kombiniert. Man sollte jedoch nicht außer Acht lassen, dass es im-

---

[1]   http://www.ministerialconference.is/.

mer noch ernsthafte Probleme und Herausforderungen gibt, die die europäische Lobby-Arbeit für Community Media kennzeichnen:

- Die Präsenz und Beteiligung der Community Media-Vertreter in europäischen Debatten und Institutionen sind das Ergebnis der enthusiastischen Arbeit einiger weniger Einzelpersonen und Verbände, ohne dass nationale oder europäische Ressourcen speziell für diese Arbeit bereitgestellt werden. Die Grenzen des freiwilligen politischen Engagements sind oft erreicht, aber es kann noch nicht die Rede davon sein, dass das CMFE in nächster Zukunft eine dauerhafte Präsenz auf europäischer Ebene, mit einem Büro und einem professionellen Repräsentanten in Brüssel, erreichen könnte.

- Politiker, Verwaltungsbeamte, Wissenschaftler und Medienschaffende klagen über den Mangel an Informationen und Online-Ressourcen und, vor allem, über ein fehlendes mehrsprachiges europäisches Web-Portal, das Diskurs und Informationen zu dem Sektor aus ganz Europa zugänglich macht. Selbst das Europäische Parlament hat die Bedeutung einer solchen Web-Ressource erwähnt. Aber die ständige Redaktions- und Übersetzungsarbeit und die Forschung, die für dieses Projekt erforderlich ist, setzen Ressourcen voraus, die derzeit die Grenzen des CMFE und der AMARC-Europe eindeutig überschreiten. Unserer Meinung nach sollte ein solches Projekt von der EU in Auftrag gegeben oder finanziert werden, aber diese Art von Projekt passt derzeit leider in kein europäisches Finanzierungsinstrument oder Budget.

- Der CMFE-Vorstand hat monatliche Online-Konferenzen über Skype und andere Online-Tools eingerichtet. Direkte, persönliche Zusammenkünfte sind jedoch nach wie vor unbedingt erforderlich (mindestens ein- oder zweimal pro Jahr). Bislang ist der regelmäßige direkte Austausch des Vorstands einzig über die Teilnahme an Projekten mit europäischer Finanzierung oder wissenschaftlichen Konferenzen möglich, die über Ressourcen verfügen[2]. Das aber bedeutet stets zusätzliche Arbeit. Das Problem verschärft sich, wenn man berücksichtigt, dass der formelle Status einer europäischen NGO und das demokratische und partizipatorische Konzept des CMFE eine jährliche Hauptversammlung der Mitglieder voraussetzen, die in Form einer Online-Konferenz kaum vorstellbar ist.

Projekte, die von der EU oder aus nationalen Quellen finanziert werden, spielten und spielen eine wichtige Rolle für das jährliche Programm des CMFE. Langfristig können solche Projekte jedoch ein Organisationsbudget nicht ersetzen, das

---

[2] Das CMFE ist Partner der jährlichen Civilmedia-Konferenz in Salzburg, die von der EU finanziert wird (Programm: Aktive Europäische Bürgerschaft) – online unter www.civilmedia.eu.

erforderlich ist, um unabhängiger von den Eventualitäten der europäischen Finanzierungspolitik im Bereich der Projektfinanzierung zu werden. Es sei darauf hingewiesen, dass Projektfinanzierung definitiv nur für erfahrene und gut organisierte Community Media-Sender oder nationale Verbände bereitgestellt wird, die über eigene administrative Kapazitäten und ein wesentliches Jahresbudget verfügen, um die Mit- und Vorfinanzierung europäischer Projekte rechtfertigen zu können.

Wenn die neuen Mitglieder des Europäischen Parlaments ihre Arbeit nach den Wahlen 2009 aufnehmen, muss das CMFE die Anliegen der Community Media wiederum auf die Tagesordnung bringen, mit einem deutlichen Schwerpunkt auf der Frage, was das Europäische Parlament und, vor allem, die Europäische Kommission unternehmen sollten, um nicht nur die formelle Anerkennung des Sektors zu gewährleisten, sondern auch eine echte Präsenz der Community Media auf europäischer Ebene zu ermöglichen.

Literatur

CMFE, 2005. CMFE Contribution to the Public Consultation on the EC Digital Divide Report. Verfügbar unter: <http://www.cmfe.eu/docs/1165520020_CMF Econtribution%20to%20EC%20digitaldividereport05.pdf> (Zugriff am 20.04.09).

CMFE, 2006. CMFE Position on the White Paper on a European Communication Policy COM (2006) 35 final. Verfügbar unter: <http://www.cmfe.eu/ docs/1165520153_CMFE-position%20on%20white%20paper %2020060720.pdf> (Zugriff am 20.04.09).

CMFE 2007. Statute of the Community Media Forum Europe (auf Französisch). Verfügbar unter: http://www.cmfe.eu/docs/1167567459_statuts_versionfinal_ 250107.pdf (Zugriff am 20.04.09).

CMFE, 2008a. Response to the Consultation. 'Revision of the Communication from the Commission on the application of State aid rules to public service broadcasting'. Verfügbar unter: <ttp://www.cmfe.eu/docs/1197389791_CMFEon RevisionBroadcastingCommunication_100308%5B1%5D.pdf> (Zugriff am 20.04.09).

CMFE, 2008b. Response to the Consultation on Community Radio and Television in Sweden. Verfügbar unter: <http://www.cmfe.eu/docs/1196933494_CMFE_ Sweden_250408.pdf> (Zugriff am 20.04.09).

CMFE, 2009a. Network. Verfügbar unter: <http://www.cmfe.eu/index.php?/ Organisations/members.html> (Zugriff am 20.04.09).

CMFE, 2009b. Response to the 'Draft Communication from the Commission on the Application of State Aid Rules to Public Service Broadcasting. Verfügbar unter: <http://www.cmfe.eu/docs/_CMFE_on_Draft_Communication_150109.pdf> (Zugriff am 20.04.09).

CMFE, 2009c. Declaration of the Community Media Forum Europe (CMFE) supporting the Spanish Community Media. Verfügbar unter: <http://www.cmfe.eu/docs/_CMFE_AMARC_Spain.pdf> (Zugriff am 20.04.09).

CMFE, 2009d. Declaration of the Community Media Forum Europe(CMFE) supporting the Polish Third Media Sector. Verfügbar unter: <http://www.cmfe.eu/docs/_Declaration_Poland_ENG.pdf> (Zugriff am 20.04.09).

CMFE/AMARC-Europe, 2006. Community Media Meeting Brussels 2006 Documentation. Verfügbar unter:<http://www.cmfe.eu/docs/1165522676_documentation_commedia_meeting_brux06.pdf> (Zugriff am 20.04.09).

CMFE/AMARC-Europe, 2009. A new notion of media – the community media perspective. Verfügbar unter: <http://www.ministerialconference.is/media/images/MCM2009024_en.pdf> (Zugriff am 27.05.09).

Congress of Regional and Local Authorities, 2004. Final Declaration of the Conference on "Transfrontier Co-operation in Regional Media in Europe Verfügbar unter: <https://wcd.coe.int/ViewDoc.jsp?id=884701&Site=COE> (Zugriff am 20.04.09).

Council of Europe, 2007. Recommendation CM/Rec(2007)2 of the Committee of Ministers to member states on media pluralism and diversity of media content. Verfügbar unter: <https://wcd.coe.int/ViewDoc.jsp?id=1089699> (Zugriff am 20.04.09).

Council of Europe, 2009a. Campaign Speak out against discrimination. Verfügbar unter: http://www.coe.int/t/dg4/anti-discrimination-campaign/ (Zugriff am 20.04.09).

Council of Europe, 2009b. Declaration of the Committee of Ministers on the role of community media in promoting social cohesion and intercultural dialogue. Verfügbar unter: <https://wcd.coe.int/ViewDoc.jsp?id=1409919> (Zugriff am 20.04.09).

de Wit, P., 2009. Civil Society Response concerning Sub-theme 3: Relation of the media with individual and with the community(ies). Verfügbar unter: <http://www.cmfe.eu/docs_CoE_CS_Response_de_Wit_280509.pdf> (Zugriff am 27.05.09).

European Parliament, 2007a. The state of community media in the European Union. Brussels: European Parliament. Policy Department, Structural and Cohesion Policies. Verfügbar unter: <http://www.cmfe.eu/docs/1166366638_The%20state%20of%20community%20media.pdf> (Zugriff am 20.04.09).

European Parliament, 2008a. Report on Community Media in Europe (2008/2011(INI)). Verfügbar unter: <http://www.europarl.europa.eu/sides/getDoc.do?type=REPORT&reference=A6-2008-0263&language=EN> (Zugriff am 20.04.09).

European Parliament, 2008b. Resolution of 25 September 2008 on Community Media in Europe (2008/2011(INI)). Verfügbar unter: <http://www.europarl.europa.eu/sides/getDoc.do?pubRef=-//EP//TEXT+TA+P6-TA-2008-0456+0+DOC+XML+V0//EN&language=EN> (Zugriff am 20.04.09).

European Parliament, 2008c. Minutes of proceedings Result of roll-call votes – Annex, 25 September 2009. Verfügbar unter: <http://www.europarl.europa.eu

/sides/getDoc.do?pubRef=-//EP//NONSGML+PV+20080925+RES-RCV+DOC+ PDF+V0//EN&language=EN> (Zugriff am 20.04.09).

FM@dia, 2004a. Topic Areas FM@edia Forum 04. Verfügbar unter: <http://fmedia.ecn.cz/article.php?id=74> (Zugriff am 20.04.09).

FM@dia, 2004b. Topic Areas FM@dia Forum 04. Verfügbar unter: <http://fmedia.ecn.cz/article.php?id=119> (Zugriff am 20.04.09).

Kreiseder, T., 2004, unveröffentlicht. Connecting Free Media. Conference Report.

Lewis, P.M. 2008. Promoting Social Cohesion. The Role of Community Media. Council of Europe: Strasbourg. Verfügbar unter: <http://www.coe.int/t/dghl/ standardsetting/media/Doc/H-Inf(2008)013_en.pdf> (Zugriff am 20.04.09).

Peissl, H., 2005. Motive zur Gründung einer Europäischen Community Media Plattform. In: Thomas Kupfer, Sven Thiermann (Hrsg.), Von der Kür zur Pflicht? Perspektiven des Nichtkommerziellen Lokalen Hörfunks. Berlin, Vistas, 155-158.

Spurensuche zwischen Rundfunkrat und Pressemitteilung: Beteiligung der Gewerkschaften an den Medien

Barbara Hemkes

Abstract

Gewerkschaften haben ein doppeltes Interesse an den Medien: Es ist zugleich demokratie-orientiert und setzt auf staatsferne Offenheit und Meinungsvielfalt des Mediensystems. Und es ist interessengeleitet mit dem Ziel, öffentliche Aufmerksamkeit für die Interessen der Beschäftigten zu sichern. Im Beitrag wird den Bedingungen und Möglichkeiten für Beteiligungen der Gewerkschaften (gemeint sind damit immer die Gewerkschaften im DGB) nachgespürt. Ausgangspunkte dafür sind die rasanten Veränderungen der Medienlandschaft und die wachsende Bedeutung von Präsenz im medial vermittelten gesellschaftlichen Diskurs. Gewerkschaften beteiligen sich im Medienbereich über Medienpolitik, Öffentlichkeitsarbeit und Interessenvertretung der Beschäftigten. Eine eigene Beteiligung an (Massen)-Medien gibt es nicht. Neben ökonomischen Restriktionen sind im System Gewerkschaft selbst Haltungen und Strukturen zu finden, die eher hemmend auf eigene Beteiligungen in der Medienlandschaft wirken. Dabei sind Chancen gewerkschaftlicher Beteiligung am Medienbetrieb zwischen Rundfunkrat und Pressemitteilung gar nicht schlecht. Sie zu nutzen, ist weniger eine Frage von Ressourcen sondern von Strukturen der gewerkschaftlichen Kommunikation. Gewerkschaften müssen den Diskurs nach innen und nach außen öffnen und als Chancen für ihre Organisations- und politischen Ziele erkennen. Hierfür gibt es gute Beispiele.

Die Gewerkschaften sind darauf angewiesen, für ihre Ziele Öffentlichkeit zu schaffen und brauchen dafür die Medien. Denn um sich politisch behaupten zu können, ist Stärke durch Aufmerksamkeit unverzichtbar; eine Stärke, die sich medial vermittelt und sich über die öffentliche Meinung konstituiert. Gewerkschaften haben damit ein doppeltes Interesse an den Medien: Es ist zugleich demokratie-orientiert und setzt auf staatsferne Offenheit und Meinungsvielfalt des Mediensystems. Und es ist interessengeleitet mit dem Ziel, öffentliche Aufmerksamkeit für die Interessen der Beschäftigten zu sichern.

Im folgenden Beitrag soll den Bedingungen für Beteiligungen der Gewerkschaften (gemeint sind damit immer die Gewerkschaften im Deutschen Gewerkschaftsbund, DGB) nachgespürt und letztlich Möglichkeiten für neue Beteiligungsformen jenseits von Regulierung und Gremien ausgelotet werden. Ausgangspunkte dafür sind die rasanten Veränderungen der Medienlandschaft einerseits und die wachsende Bedeutung von Präsenz im medial vermittelten gesellschaftlichem Diskurs (und dessen Stärkung) für gewerkschaftliche Organisationen und soziale Bewegungen andererseits.

Eine Beteiligung der Gewerkschaften im Medienbereich lässt sich auf mehreren Ebenen finden. Um in den Medien Wirkung zu entfalten, betreiben die Gewerkschaften als politischer Akteur auf allen Ebenen eine rege und professionelle Pressearbeit. Diese richtet sich vor allem an politische und wirtschaftliche Redaktionen der etablierten Printmedien sowie an den Rundfunk. Damit soll Präsenz der gewerkschaftlichen Forderungen in der politischen Kommunikation gewährleistet werden. Schwerpunkt der gewerkschaftlichen Medienpolitik sind gesetzliche Regulierungen und die Mitwirkung in den Aufsichtsgremien des öffentlich rechtlichen Rundfunks sowie der Landesmedienanstalten. Dabei liegt ein besonderes Augenmerk darauf, das öffentlich-rechtliche Rundfunksystem zu stärken.

Über die Gewerkschaft ver.di werden die Interessen der Beschäftigten im Medienbetrieb vertreten. Einflussnahme auf die Arbeitsbedingungen heißt dabei immer auch, Produktionsbedingungen kritisch zu reflektieren und sich mit Aufgaben und Wirkungen des Medienbetriebs auseinander zu setzen. Dies geschieht beispielsweise über die Deutsche Journalistenunion (dju) oder connexx in ver.di.

Mit eigenen Medien sind die Gewerkschaften jedoch nicht am (massen)medial vermittelten Diskurs beteiligt. Anders als zum Beispiel die Kirchen – mit der Agentur epd oder dem Dom-Radio in Köln – halten die Gewerkschaften keine eigenen Angebote vor. Eine Ausnahme bildet(e) die Mitwirkung im Bürgerfunk. Die Gründe hierfür sind vielfältig. Allen voran stehen ökonomische Restriktionen: Wer kann sich schon eine eigene Zeitung oder einen Sender leisten? Und auch: Was soll es uns nutzen? Daneben sind im System Gewerkschaft selbst Haltungen und Strukturen zu finden, die eher hemmend auf eigene Beteiligungen in der Medienlandschaft wirken.

Die Medien verändern sich rasant

Die Medienwelt ist in großer Bewegung. Die fortschreitende Digitalisierung des Rundfunks sowie die zunehmende Relevanz digitaler Verbreitungswege auch von Printmedien (Medienkonvergenz) bestimmten die Medienpolitik der letzten Jahre. In der Ausgestaltung des Mediensektors kommen neue Herausforderungen auf die Gesellschaft zu. Es gilt journalistische Medienleistungen im Internetzeitalter sowie die Grundversorgung zu sichern. Meinungsvielfalt muss angesichts wachsender Medienkonzentration, Neuausrichtung der Verlage auf crossmediale Medienhäuser und die Dominanz von Internetdiensten wie Google neu definiert und gemessen werden. Durch interaktive Medien wird aus dem Zuschauer ein Nutzer, der als Objekt und Subjekt in Erscheinung tritt. Dies erfordert Maßnahmen vom Datenschutz bis zur Medienkompetenzentwicklung.

Vor diesem Hintergrund werden Fragen der Mitwirkung in der Medienpolitik und im Medienbetrieb neu aufgeworfen. So kann es in der Mitbestimmung in der Medienpolitik, also den Rundfunkräten und den Landesmedienkommissionen, nicht mehr nur die Aufgabe sein, vor allem ex-post zu kontrollieren, sondern die Gremien müssen sich gestaltend in die Veränderungsprozesse einmischen. Die Reichweite dieser Gremien ist jedoch begrenzt, so dass es zu prüfen gilt, welche Möglichkeiten der Gestaltung sich auch jenseits der rechtlich verankerten Mitbestimmung als Aufsicht ergeben – sowohl innerhalb der Gremien als auch darüber hinaus.

Unverzichtbar dabei ist es, den gesamten Medienbereich im Auge zu halten. Zwar kommen Radio und Fernsehen als Leitmedien in der politischen Kommunikation immer noch eine herausragende Rolle zu. Die Meldung in der Tagesschau oder der Aufmacher in der Süddeutschen Zeitung werden auch auf absehbare Zeit die Königsklasse der Nachrichten und der Vermittlung politischer Themen bleiben. (Jarren 2009) Doch das Internet wird für die politische Kommunikation immer wichtiger. Beispiel hierfür ist der von Journalisten getragene politische Blog „Wir in NRW", der zu den Veröffentlichungen über die Sponsoring-Affären der CDU in NRW führte und maßgeblich den Wahlkampf beeinflusste. Die klassische Tageszeitung findet immer weniger Leser, insbesondere bei jüngerem Publikum. Für den politischen Raum ist sie aber unvermindert wichtig.

Die politischen Akteure in der öffentlichen Kommunikation müssen sich hierauf einstellen und ihre Kommunikationsstrategien neu justieren. Einerseits wird es immer schwieriger Aufmerksamkeit zu erzielen, andererseits ergeben sich auch neue publizistische Räume. Unter der Devise „online first" haben Nachrichten eine deutlich kürzere Halbwertzeit, gleichzeitig geben neue Internetforen mehr Gelegenheit, Hintergrundberichte, Kommentare etc. zu platzieren. Kurz: Es ist leichter geworden, die eigenen Inhalte medial zu präsentieren, aber es ist viel schwieriger, Schlagzeilen zu machen.

Unterschätzt werden sollte auch nicht, dass das klassische Sender-Empfänger-Schema durch interaktive Medien ausfranst. (LfM 2010) Damit eröffnen sich Chancen, neue Kommunikationsstrukturen zu etablieren, den gesellschaftlichen und organisationsinternen Diskurs auszuweiten und zu intensivieren. Diese müssen gestaltet und genutzt werden.

Erfolgreiche Gewerkschaftsarbeit braucht Öffentlichkeit

Nicht nur technisch und ökonomisch induziert wachsen und verändern sich die Möglichkeiten des medial vermittelten Diskurses. Auch die wichtiger werdende Zivilgesellschaft verlangt nach mehr gesellschaftlicher Einflussnahme auf das institutionalisierte politische Geschehen durch Nutzung neuer Medien. Einschlägiges Beispiel hierfür ist die Mobilisierung von internationalen Nichtregierungsorganisationen (NGO), mit der der Vertag der OECD für internationale Investitionen verhindert wurde. Eine ähnliche Initiative gegen Antipersonenminen erhielt 1997 den Nobelpreis. (Kaiser 2001)

Gesellschaftliche Organisationen und Institutionen verlieren an Mitgliedern und an sozialer Binde- und Prägekraft. Damit verschwinden auch Räume gesellschaftlicher Verständigung und Selbstverständigung. Das Wort des Pfarrers hat nur noch relative Wirkung, ebenso die Ansage des Gewerkschaftsfunktionärs. Die den sozialen Bewegungen so lieb gewordenen Großdemonstrationen verlangen unvergleichlich mehr Aufwand mit zweifelhaftem Erfolg als Flashmobs, mit denen binnen kürzester Zeit über mobile Kommunikation (statt ressourcenaufwendiger wochenlanger Mobilisierung) Menschen zu gemeinsamen Aktionen strömen.

Individualisierung zieht nicht weniger, sondern vor allem andere Formen des medial vermittelten Diskurses mit sich. Facebook ist eben nicht die digitale Fortsetzung der Brieffreundschaft per Luftpost, sondern auch Ausdruck des Bedürfnisses nach Präsentation, Identifikation, Dialog und Vernetzung in und mit der Community. Zoll begründet dies so: „Der eigentliche Grund für das gesteigerte Kommunikationsbedürfnis ist die Unsicherheit aller sozialen Normen, die durch die Krise des alten kulturellen Modells hervorgerufen ist, oder genauer, die sie ausmacht. Wenn nichts mehr sicher ist, dann sind die Individuen gezwungen, sich der Gegenstände, der Themen durch die verbale Kommunikation erst zu versichern, bevor sie mit ihnen umgehen können." (Zoll 1994: 394)

Von dieser Entwicklung sind auch Gewerkschaften nicht ausgenommen. Sie sind dabei mehr denn je auf den internen und externen Diskurs angewiesen. Ziele und Aktivitäten müssen mit den Mitgliedern entwickelt und öffentlich vermittelt werden. Streiks können nicht mehr gegen die öffentliche Meinung gewonnen werden. Gleichzeitig können über die öffentliche Meinung größere Wirkungen erzielt werden, als dies ein Streik vermöchte. (Lamp 2009: 117) Als Beispiel sei hier die Kampagne gegen Leiharbeit mittels öffentlichkeitswirksamer Skandalisierung genannt. Oder der Tatort mit anschließender Talkshow am Sonntagabend über die unhaltbaren Arbeitsbedingungen bei einem Discounter, der die Nation aufbrachte und den Discounter zu Veränderungen zwang.

Gewerkschaften als Akteur in der politischen Kommunikation

Mitbestimmung und Beteiligung in der Medienpolitik wird angesichts der weitreichenden Veränderungen in der medialen Landschaft auch ein wichtiger Faktor dafür, welche Möglichkeiten gesellschaftliche Gruppen haben, sich in die politische und öffentliche Kommunikation einzubringen. Zielrichtung der gewerkschaftspolitischen Arbeit ist vor allem das politisch-administrative System. Mit gewerkschaftlicher Medienarbeit soll der politische Druck erhöht werden. Dabei verstehen sich die Gewerkschafter nicht als Vertreter von Partikularinteressen, sondern als wichtiger im Gesamtwohl tätiger Akteur.

Gewerkschaften verorten sich im politischen Machtgefüge im Spannungsfeld von Gegenmacht und Mitgestalter. Dies drückt sich sowohl in der Programmatik der Gewerkschaften als auch ihren Aktivitäten aus. Ziel ist es, die Interessen der Beschäftigten in Wirtschaft und Politik zum Tragen zu bringen und Politik und Wirtschaft so zu gestalten, dass Arbeit gerecht verteilt, gerecht bezahlt und menschenwürdig gestaltet wird. Die Strategien der einzelnen Gewerkschaften im Spannungsfeld zwischen Gegenmacht und Mitgestaltung sind durchaus divergierend. Während sich ver.di beispielsweise eher den Organisationen der Zivilgesellschaft zuwendet, fokussiert die IG Metall auf Mitgliederorientierung und vollzieht die betriebspolitische Wende. (Uellenberg 2009; Huber 2010)

Im Akteursgeflecht der Konstituenten der öffentlichen Meinungsbildung (nach Hasebrink et al 2009) kommt den Medien „eine zentrale Rolle zu, da sich alle Akteure in ihrem Handeln maßgeblich auf die Medien beziehen." (Hasebrink et al. 2009: 3)

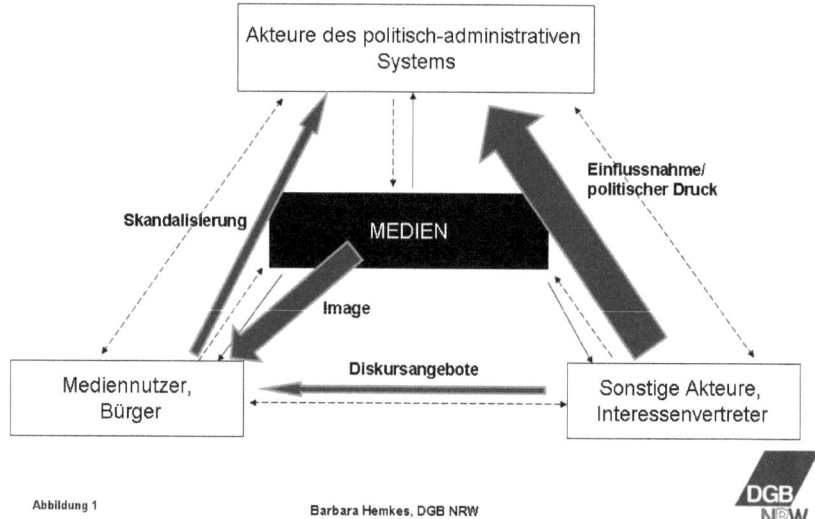

Abbildung 1   Barbara Hemkes, DGB NRW

Abbildung 6:   Gewerkschaften im Prozess öffentlicher Meinungsbildung

In diesem Akteursgeflecht können Gewerkschaften im Bereich der Interessenvertreter verortet werden. Darüber hinaus sind sie sowohl im Sinne von Gegenmacht bei den Bürgerinnen und Bürgern (verstanden als zivilgesellschaftlichem Akteur), als auch als Mitbestimmende in öffentlich-rechtlichen Institutionen (durch institutionalisierte Beteiligung und Mitbestimmung z.B. der Selbstverwaltung) in der politisch-administrativen Sphäre vertreten.

Letztlich sind Gewerkschaften selbst als Medien zu begreifen, in denen die Mitglieder (Arbeitnehmerinnen und Arbeitnehmer) ihre Interessen unmittelbar in das politisch-administrative System einbringen. „Bestimmte politische Parteien sind mit bestimmten Gewerkschaften oder Verbänden (Arbeitsorganisationen) eng verbunden. So werden Interessen von Verbänden durch politische Parteien im parlamentarischen Prozess unmittelbar vertreten. Diese Formen von Durchdringung erhöhen für die beteiligten Akteure die Durchsetzungschancen ihrer Interessen." (Jarren et. al. 2006: 125) Als intermediäre Organisation sind sie darauf spezialisiert, ihre Forderung zu bündeln und durchzusetzen. Diese Rolle dominiert das Akteursverständnis der Gewerkschaften im politischen Prozess.

Politische Öffentlichkeit ist dabei Mittel zum Zweck der Durchsetzung eigener Interessen. Dafür bedient man sich vornehmlich des medial vermittelten

Diskurses, z.B. durch Skandalisierung. Einen Ort für einen gesellschaftlichen Diskurs sieht man in der Medienöffentlichkeit aber weniger. Dies geht einher mit einem einerseits recht schlechten Image von Gewerkschaften bzw. Gewerkschaftern und einem unrealistischem und verzerrtem Bild der Arbeitswelt in den Medien.

Aus dem Medienbetrieb haben sich die Gewerkschaften in den letzten Jahren fast vollständig zurückgezogen; eigene Medien gibt es lediglich als Mitgliederinformationen. Davon haben sich einige als Fachzeitschriften in der Branche etabliert, so etwa „Menschen machen Medien" als Journal vor allem für Journalistinnen und Journalisten oder die „Neue deutsche Schule" für den Bildungsbereich. An audiovisuellen Medien haben sich die Gewerkschaften – bis auf den Bürgerfunk (s.u.) – erst gar nicht versucht.

Gewerkschaften haben in den etablierten Massenmedien zuerst Vollstrecker der Macht, später dann ein eigenes Machtkartell gesehen. Während Habermas die Durchsetzung der Geschäftspresse gegen die Gesinnungspresse durchaus Chancen für eine demokratische Medienöffentlichkeit wertete (Habermas 1991), ist dies bei den Gewerkschaften so nicht nachvollzogen worden. Esch stellt hierzu fest: „Allerdings besteht innerhalb der linken Medienkritik der sechziger und siebziger Jahre weitgehende Einigkeit darüber, dass die zeitgenössische Organisations- und Inhaltsstruktur der etablierten Medieninstitutionen die Zementierung bestehender Machtverhältnisse fördere und einer breitenwirksamen Emanzipation und politischen Partizipation entgegenwirke. Medien – so die linke Medienkritik – tragen in erster Linie zur Entfremdung, zur Einschränkung der Handlungs- und Entscheidungsfähigkeit und zu weiterer sozialer Aussonderung, vor allem aber auch zu gesellschaftlicher Passivität und schließlich zu politischer Apathie bei." (Esch 2002: 20) So speist sich der Gedanke nach Mitbestimmung in den Medien vor allem aus dem Misstrauen gegenüber dem etablierten Medienbetrieb. Der emanzipatorische Anspruch wird aus der Defensive heraus entwickelt. Das Dilemma: Um Aufmerksamkeit zu erzielen, muss man sich der bestehenden Massenmedien bedienen, denen man aber zutiefst misstraut.

Kommunikatives Verständnis

Die Kernkompetenz der gewerkschaftlichen Arbeit liegt im Betrieb. Und der wird zunehmend wichtiger. Immer mehr werden nicht nur die Umsetzung, sondern auch aufgrund von Öffnungsklauseln tarifvertragliche Inhalte in den Betrieben ausgehandelt. Die Betriebe und Dienststellen sind die Orte, in denen gewerkschaftliche Ziele und Aktivitäten über die Akteure (Betriebsräte, Vertrauensleute) vermittelt und neue Mitglieder gewonnen werden.

Der Bezug zur Bürgeröffentlichkeit ist bei den Gewerkschaften wenig ausgeprägt. Der mediale Weg zur Bürgeröffentlichkeit wird entsprechend sparsam genutzt. Wenn, dann liegt der Schwerpunkt auf Überzeugung der Öffentlichkeit, gesellschaftlicher Dialog ist weniger intendiert; Bürgeröffentlichkeit und Zivilgesellschaft werden skeptisch betrachtet. Gewerkschaften sehen sich primär in einer defensiven Position und ständigen Angriffen ausgesetzt, gegen die man sich wehren zu muss. Dies lässt wenig Raum für einen Diskurs nach außen: „Defensive und Konfrontation beherrschen die externe Kommunikation, weil sich Gewerkschaften permanent von außen angegriffen sehen, bedroht fühlen und mit Gegenangriffen, Demonstrationen ihrer Stärke zu reagieren sich genötigt sehen. Zugespritzt: Die gewerkschaftliche Organisationskultur und das mit ihr eng zusammenhängende Kommunikationsverhalten legen die – mit Erfahrungswissen belegbare – Schlussfolgerung nahe, dass Kommunikationsarbeit im gewerkschaftlichen Selbstverständnis nicht mit großem Verständnis rechnen darf." (Arlt 1994: 284) Die dominierende marktradikale Orientierung der Politik in den letzten Jahren, bei der Wettbewerbsfähigkeit durch Entwertung von Arbeit über Lohnkostendruck und Prekarisierung sowie Einschränkung von Mitbestimmungsrechten hergestellt wird, hat diese Orientierung verstärkt. Zurückgeworfen auf eine permanente Verteidigungshaltung, hat man sich eher noch tiefer in die Wagenburg zurückgezogen.

Die prägende kommunikative Haltung der Gewerkschaften besteht vor allem aus Aufrufen und Appellen, die Gefolgschaft einfordern, weniger aber Widerspruch, Gegenargumente und das Ringen um bestmögliche Wege. Hierin sieht Arlt ein grundlegendes Problem für die Zukunftsfähigkeit der Gewerkschaften: „Solange die Gewerkschaften ihre Organisationskultur aus einem Solidaritätsbegriff entwickeln, der auf einem Freund-Feind-Schema beruht und die Wagenburg-Mentalität des Lagers pflegt, solange müssen sie unter Kommunikationsdefiziten leiden, denn unter dieser Voraussetzung kann Kommunikationsarbeit für sie überhaupt nicht wichtig werden: nach innen nicht, weil Freunde nicht überzeugt werden müssen, sondern einfach aufgerufen werden können; nach außen nicht, weil Feinde nicht überzeugt werden müssen, sondern eben bekämpft werden müssen."(Arlt 1994: 284)

So wundert es nicht, dass medial vermittelte Diskurse nach innen wenig ausgeprägt sind. Vor wenigen Jahren wurden die „Gewerkschaftlichen Monatshefte" eingestellt. Sie waren über lange Jahre das Organ, in dem grundlegende strategische Orientierungen und politische Sachverhalte der Gewerkschaften diskutiert wurden. Erst im Frühjahr 2010 wurde mit „Gegenblende" ein internetgestütztes Forum für einen gewerkschaftlichen Diskurses wieder aufgelegt. Debatten finden vor allem in abgezirkelten Kreisen und geschützten Räumen im engeren Kreis der gewerkschaftlich Engagierten statt. Die ein oder andere lautstarke Auseinandersetzung ist dabei legendär. Findet eine Kontroverse dabei auch mal die breite Öffentlichkeit, wird sie recht schnell beschwichtigt und wieder in die eigenen Reihen zurückgeholt. So wurde beispielsweise die Kontroverse über die strategischen Orientierungen der Tarifpolitik in der Krise zwischen den Industriegewerkschaften und ver.di Anfang 2010 über Interviews in bundesdeutschen Tageszeitungen aufgemacht, aber dann eben nicht ausgetragen. (SZ 2009) Auch für gewerkschaftliche Positionsbestimmungen gibt es über die üblichen Gremien hinaus kaum mediale Räume der Diskussion. Lediglich in Zeitschriften, die sich vornehmlich an politische Eliten richten, finden sich einzelne Beiträge zur zukünftigen Ausrichtung der Gewerkschaften. (Blätter 2010; APUZ 2010)

Der Mangel an gesellschaftlicher und interner Diskursorientierung hat dazu beigetragen, dass eine gewerkschaftliche Vorstellung kaum erkennbar ist, wie die sich verändernde Medienlandschaft demokratisch und mit starker gewerkschaftlicher Beteiligung organisiert sein könnte. Während also die Bedeutung eines medial vermittelten Diskurses für den Erfolg gewerkschaftlicher Arbeit steigt, sind gleichzeitig die Gewerkschaften darauf wenig vorbereitet. Dies sieht auch Zoll: „Die Veränderung der Kommunikationsstrukturen hat für die Gewerkschaften in ihrem augenblicklichen Zustand den Nachteil, dass sie auf sie nicht vorbereitet sind. Sie müssen, die dafür notwendigen Strukturen – Strukturen für Diskurse also – erst schaffen. In Teilbereichen sind solche Strukturen zwar im Ansatz oder experimentell vorhanden, aber für die Gewerkschaft als Ganzes würde dies doch erheblicher Anstrengungen bedürfen und Veränderungen mit sich bringen." (Zoll 1991: 395)

Beispiel Bürgerfunk

Ein Beispiel für eine Beteiligung an Medien ist der Bürgerfunk. Diese bislang einmalige Form einer öffentlich geregelten und geförderten Form der Partizipation von Bürgerinnen und Bürgern am Rundfunk wurde auch von Gewerkschaftern genutzt, um selbst gestaltetes Radioprogramm anzubieten.

Eine Wurzel der gewerkschaftlichen Mitwirkung beim Bürgerradio sind Arbeiterradio-Bewegungen der späten 20er Jahre, die – um es in den rundfunkpolitischen Zielen von Brecht auszudrücken – zweierlei Ziel hatten: Beteiligung am Radio (Gehör finden) und Demokratisierung (das Radio nicht dem Staat und den reichen Eliten überlassen). Es kommt ein drittes Phänomen hinzu, dass vielfach unterschätzt wurde und auch beim Bürgerfunk eine Rolle spielt, nämlich der Spaß an der Technik: Arbeiterradio war auch immer Radio-Bastel-Werkstatt. (Hörspielbox o.J.)

Mit dem aufkommenden Privathörfunk wurde in NRW 1991 ein einzigartiges so genanntes Zwei-Säulen-Modell entwickelt, das Qualität und Vielfalt beim Lokalradio trotz mangelnder Außenpluralität aufgrund knapper UKW-Frequenzen sichert. So wird der wirtschaftliche Betrieb über Betreibergesellschaften geleistet, in denen sich unterschiedliche, vornehmlich regional ansässige Printmedienanbieter zusammengeschlossen haben. Binnenpluralität wird über Veranstaltergemeinschaften gesichert, die sich aus Vertretern der gesellschaftlichen Gruppen zusammen setzen. Darin sind auch Vertreter aktiv, die über den DGB vor Ort benannt werden. Ein Element des 2-Säulen Modells ist der Bürgerfunk, der in die Programme des Lokalradios integriert wird. Hierfür müssen die Lokalradios ein rechtlich definiertes Zeitfenster offen halten. Der Bürgerfunk wurde mit Landesmitteln infrastrukturell gefördert, um Programm entwickeln zu können und die Sendeminuten refinanziert.

Bei der Einführung des privaten Lokalfunks wurden in fast sämtlichen DGB-Kreisen in NRW Radiowerkstätten eingerichtet, um gewerkschaftlich orientierte Beiträge im Rahmen des Bürgerfunks auszustrahlen. Zur Förderung dieser gewerkschaftlichen Radiowerkstätten gründeten die DGB-Gewerkschaften auf Landesebene 1991 den Verein ‚Gewerkschaften für Lokalfunk (GfL e.V.', der sich später in Gewerkschaften für Bürgermedien (GfB e.V.') umbenannte. Die Förderung der in den DGB-Regionen vorhandenen Radiowerkstätten reichte von finanzieller Unterstützung bei der technischen Ausstattung bis hin zur Organisation von Radio- bzw. Medienseminaren.

Mit dem 12.Rundfunkänderungsgesetz wurde 2007 den flächendeckenden Strukturen der Bürgerfunklandschaft in NRW der Boden entzogen. So wurden die Programme auf unattraktive Sendezeiten verlegt. Statt der Refinanzierung von Sendeminuten werden einzelne Projekt finanziert. Dazu wurden verbindliche Qualifizierungen für die Bürgerfunker vorgeschrieben. Durch diese gravierend veränderten Rahmenbedingungen sank die Motivation bei den Bürgerfunkmachern enorm. In der Folge lösten sich landesweit zahlreiche Radiowerkstätten auf, darunter auch viele gewerkschaftliche. Zurzeit existieren nur noch in vier bis fünf DGB-Regionen produktionsfähige Radiowerkstätten in unterschiedlichster Qualität. Ein eigenständiger Verein auf Landesebene für die verbliebenen Studios war vor dem Hintergrund dieser Entwicklung nicht mehr angemessen, er löste sich 2008 auf. Damit ist ein kleines Stück Mediengeschichte der nordrhein-westfälischen Gewerkschaften nach 18 Jahren zu Ende gegangen.

2006 ließ die Landesmedienanstalt (LfM) den Bürgerfunk in NRW evaluieren und stellte fest: „Während Ende der 80er Jahre die Begriffe Partizipation und Gegenöffentlichkeit innerhalb demokratietheoretischer Diskussionen noch einen hohen Stellenwert hatten, ließ im Laufe der 90er Jahre das gesellschaftliche Interesse an diesem Thema nach. Die Akzeptanz von Bürgermedien nahm sowohl

innerhalb der Politik als auch innerhalb der Landesmedienanstalten und in weiten Teilen der Gesellschaft spürbar ab. Bürgermedien werden nun nicht mehr als
unverzichtbarer Bestandteil des dualen Rundfunksystems angesehen." (Volpers
et. al. 2006: 21)

Zwei Entwicklungen waren offenkundig. Erstens ließen die Programme der
Bürgerradios – auch wenn es einige gute Beispiele für gelungenes Programm
gibt – in weiten Teilen an Qualität zu wünschen übrig. „Er [der Bürgerfunk] ist
stark von individualistischen Interessen und Themensetzungen geprägt. Die
Programmgestaltung an etlichen Standorten wird durch partikulare Interessen
dominiert. Seine publizistische Funktion innerhalb der lokalen Kommunikations-
räume ist hingegen vergleichsweise gering." (Volpers et. al. 2006: 146). So dominieren vielfach reine Musiksendungen das Bürgerfunkprogramm. Innovative
Formen des Radiomachens hat es kaum gegeben.

Zweitens hat sich der Schwerpunkt im Bürgerradio von Partizipation auf
Kompetenzentwicklung verschoben. „Der Bürgerfunk hat in den letzten Jahren
einen Funktionswandel vollzogen. Klassische politisch-gesellschaftliche Funktionen des Bürgerfunks wie Emanzipation und Partizipation verlieren zunehmend an Bedeutung. An Stelle dessen gewinnt er seine Bedeutung für eine vor-
berufliche Qualifikation (Berufseinsteiger in die Medien)." (Volpers et. al. 2006:
146). Auch die Bürgerfunker selber haben diese Schwerpunktverschiebung mit
vorangetrieben. Die wachsende Bedeutung der Zivilgesellschaft hat sich im Bürgerfunk dagegen kaum niedergeschlagen. Selbst wenn deren Inhalte und Akteure
durchaus mal im Programm auftauchen, hat dies nur marginale Bedeutung und
kaum Wirkung.

Bürgerfunk in NRW:
Von Partizipation zur Kompetenzentwicklung

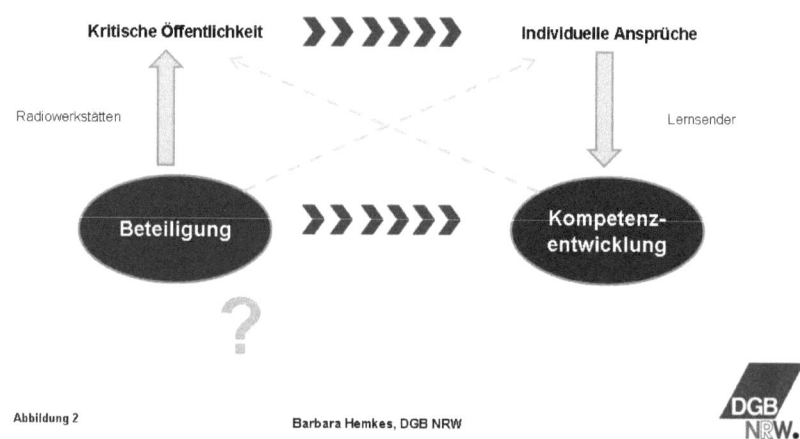

Abbildung 7:   Bürgerfunk in NRW. Von Partizipation zur
Kompetenzentwicklung

Ziel der gewerkschaftlichen Beteiligung war es vor allem, gewerkschaftliche Themen über das Radio auszustrahlen. Dass die Werkstätten grundsätzlich offen sein müssen, wurde dabei weniger als Möglichkeit des Diskurses sondern v.a. als Imagevorteil gesehen. „Die Gesamtkonstruktion des Bürgerfunks und der Programmrealisierung lassen den Bürgerfunk jedoch primär als produzentenorientiert und weniger als rezipientenorientiert erscheinen." (Volpers et. ab. 2006: 146) Sendungsbewusstsein dominierte den Dialog oder zugespitzt ausgedrückt: es kümmerte weniger was die Hörer interessierte, als vielmehr das, was den Programmmacher bewegte.

Auch wenn allein die Existenz von Bürgerradio dem kommerziellen Radio Begrenzungen auferlegte (wogegen sich die Lokalfunkbetreiber auch immer und letztlich erfolgreich wehrten) und zumindest in den Anfangsjahren einen Beitrag zur Meinungsvielfalt leistete, hat sich praktisch der auch von den Gewerkschaften formulierte Anspruch einer Demokratisierung des Radios (als journalistischem Ethos) oder Partizipation im medial vermittelten Diskurs überholt. Oder wie der damalige Direktor der Landesmedienanstalt, Professor Schneider zugespitzt ausdrückte: „Die Bürgermedien waren einmal gedacht als eine Art von

Vielfaltsreserve für den Privatfunk. Heute wird niemand im Ernst behaupten wollen, dass diese Idee noch irgendeine Bedeutung hat." (Volpers et. ab. 2006: 22)

Dabei wurde im Verein GfB sowie im DGB Bildungswerk Hattingen intensiv über Radiokonzepte auf der Grundlage demokratietheoretischer Überlegungen für zivilgesellschaftliche Beteiligungen debattiert. Diese Bürgerradio-Bewegung hat aber nur marginal Einfluss auf die (gewerkschaftliche) Medienpolitik genommen – in letzten Jahren können sie noch nicht einmal mehr als die zwei Seiten einer Medaille betrachtet werden.

Die Erfahrungen mit dem Bürgerfunk haben deutlich gemacht, dass Rundfunk machen auch ein gewisses Maß an Kompetenz, wenn nicht gar Professionalität bedarf. Diese wurde zwar individuell durchaus entwickelt, konnte aber nicht übergreifend verfügbar gemacht und für eine qualitative Weiterentwicklung des Bürgerfunks genutzt werden. Somit ist die Stärkung einer systematischen Medienkompetenzentwicklung nachvollziehbar. Allein: Eine einseitige Ausrichtung von Partizipation auf Medienkompetenzentwicklung kommt der Maßgabe nach zivilgesellschaftlichem Zugriff auf den Rundfunk nur unzureichend nach. Im Gegenteil, Medienkompetenz sollte immer zweierlei bedeuten: Die Aneignung von Fähigkeiten und deren konkreter Einsatz. Für letzteres gibt es bisher jedoch keine befriedigenden Konzepte.

Die Frage, wie eine Beteiligung der Zivilgesellschaft in der neuen Medienwelt aussehen kann, wurde im 13. Rundfunkänderungsgesetz von 2009 in NRW ausgeblendet und blieb unbeantwortet. Auch wenn es berechtigte Kritik an Qualität und Offenheit des Bürgerradios gibt, so greift vor allem der Verweis auf das Internet als neuem Partizipationsraum am medial vermittelten Diskurs zu kurz. Denn das Internet muss als komplementär zum herkömmlichen Angebot von Hörfunk und Fernsehen bewertet werden. Die Aufgabe, Teilhabe der Bürgerinnen und Bürger an diesem Raum der politischen Kommunikation zu fördern, ist also keineswegs erledigt. Die wird auf europäischer Ebene durchaus anerkannt. So wird in der Entschließung der Europäischen Union zu community media 2008 betont, dass die Regierungen „statt eines rein passiven Konsums der Medien eine freiwillige aktive Beteiligung an der Schaffung von Medieninhalten fördern sollten", weil sie „eine umfassende, wenn auch weitestgehend nicht wahrgenommene Rolle in der Medienlandschaft, insbesondere für lokale Inhalte, spielen und zu innovativen, kreativen und vielfältigen Inhalten beitragen." (EU 2008) Diese Entschließung hat in der Medienpolitik bisher allerdings wenig Resonanz gefunden. Sie wird auch erst dann praktische Wirkung zeigen können, wenn die lokale und regionale Begrenzung der Bürgermedienmacher überwunden wird und es gelingt, für bzw. in den Gruppen der Zivilgesellschaft einen gemeinsamen, professionellen Rahmen für Partizipation im Rundfunk zu schaffen.

Zukunft gewerkschaftlicher Beteiligung an den Medien

Angesichts des rasanten Wandels der Medienlandschaft ist es sinnvoll, dass sich die Gewerkschaften stärker medienpolitisch einbringen. Neben der Regulierungsebene ist ein Dialog erforderlich, welche gesellschaftlichen Ansprüche es an die Medien gibt. Dabei müssen Fragen der Meinungsvielfalt, Zugänglichkeit und Partizipation aber auch die neue Rolle des Nutzers als Subjekt und Objekt der Medien erörtert werden. Es geht aber auch darum, den Programmauftrag und die Qualität des Rundfunks zu stärken und somit auch Präsenz der Zivilgesellschaft (und damit der Gewerkschaften) in den Programmen und Berichterstattung zu sichern bzw. zu erschließen. Zusammen mit anderen gesellschaftlichen Gruppen können Debatten hierüber aus den Gremien heraus gestartet werden. Eine solche Initiative starten Kirchen, Gewerkschaften, Verbraucher- und Kinderschutzverbände u.a. beim Medienforum Köln 2010 mit einem eigenen Panel, in dem aus der Gesellschaft heraus Ansprüche formuliert werden, „wie die Medien sein sollten".

Ein nicht zu unterschätzender Beitrag zur Qualitätsdebatte in den Medien sind Preise, mit denen Gewerkschaften publizistisch herausragende Werke auszeichnen. Immerhin ist der Otto-Brenner-Journalistenpreis der höchst dotierte in Deutschland. Im Rahmen des internationalen Filmfestivals in Emden wird der DGB-Filmpreis für gesellschaftlich engagierte Produktionen vergeben. Weil mit diesen Preisen Qualität aus Sicht der Gesellschaft nicht nur honoriert, sondern auch definiert wird, sollten sie auf jeden Fall gestärkt werden.

Wenn die Gewerkschaften mit ihren Anliegen und Forderungen politisch erfolgreich sein wollen, müssen sie stärker im medial vermittelten Diskurs präsent sein. Die Möglichkeiten als intermediäre Organisation direkt auf das politisch-administrative System einzuwirken sinken, u.a. wegen der Internationalisierung von politischen Entscheidungsprozessen oder der Ausdifferenzierung des parteipolitischen Spektrums, während öffentliche Meinung an Gewicht gewinnt.

Auch in absehbarer Zeit werden die Gewerkschaften in Deutschland keinen eigenen Sender oder eigene Zeitung haben. Allein schon aufgrund des ökonomischen Drucks im Medienbereich und die damit einhergehende Konzentration ist eine unmittelbare Beteiligung an Massenmedien nicht ratsam. Das Internet eröffnet neue, kostengünstigere Möglichkeiten der Präsenz, die jetzt schon genutzt werden und die sicherlich ausgebaut werden können. Stichworte hierfür sind Suchmaschinenoptimierung, Verlinkungen und Medienpartnerschaften (z.B. für Serviceangebote wie Rentenrechner etc.).

Doch keine noch so gut gestaltete Homepage ersetzt die Präsenz in Leit- und Massenmedien. (Jarren 2010) Fraglich ist allerdings, ob dieses mit den konventionellen Pressestellen allein zu bewerkstelligen ist. Diese sind zwar professionell besetzt und haben durchaus hervorragende Kontakte zu Medien, bleiben aber letztlich Verlautbarungsstellen, deren Inhalte organisations- und damit als interessengeleitet eingeordnet werden. Die Möglichkeiten, Kommunikationsstrategien über einen längeren Zeitraum zu entwickeln und zu realisieren sind begrenzt. Zudem haben die Gewerkschaft jeweils eigene Pressestellen, die nur selten abgestimmt operieren.

Zu überlegen wäre, ob nicht eine gemeinsame PR-Agentur der Gewerkschaften Sinn macht. Auch die Arbeitgeber haben sich mit der „Initiative Neue Soziale Marktwirtschaft" eine solche Einrichtung geschaffen. Statt diese zu entlarven und zu kritisieren, könnte man mit einer eigenen Agentur aus der Defensive herauskommen. Eine solche Institution – in relativer Unabhängigkeit von den Gewerkschaftsorganisationen und dem Druck des Tagesgeschäfts – erlaubt es zudem, arbeitnehmerorientierte Inhalte nicht nur in die Redaktion zu geben, sondern ebenso anderen Contentanbieter (so auch im fiktionalen Bereich) verfügbar zu machen. Dies könnte auch ein lohnenswerter Ansatz sein, die erhebliche Differenz zwischen dem medial vermittelten Bild der Arbeitswelt und den realen Arbeitsbedingungen zu verringern. Und warum sollte man nicht eigene Qualifizierungen (Hospitanzen, Volontariate, Projekte) für zukünftige Journalisten und andere Contentproduzenten anbieten, um diese mit arbeitsorientierten und gewerkschaftlichen Inhalten vertrauter zu machen.

Ein gemeinsames Portal der Gewerkschaften im Internet böte die Chance, übergreifende Informations- und Orientierungsdienste anzubieten, etwa als Zeitung on demand, Nachrichtenticker und social bookmarking sowie arbeitsweltorientierte Services und Hotlines. Voraussetzung für derartige Aktivitäten ist aber, dass sich die Gewerkschaften in der Pressearbeit zusammen tun und gemeinsam ein Konzept für arbeitnehmerorientierte PR-Arbeit entwickeln. Gemeinsame Kampagnen wie beispielsweise zum Mindestlohn können hierfür eine Erfahrungsbasis liefern.

Neue Aktionsformen, z.B. im Rahmen von Organizing, erfordern auch mediale Kommunikation und Präsentation. Neue soziale Bewegungen machen uns vor, wie man neue Medien für politische Arbeit nutzen kann. Flashmobs sind mittlerweile als Streikaktion gerichtlich anerkannt. Gerade die interaktiven Potenziale und der mobile Zugriff auf Information und Kommunikation erlauben es den Beteiligten, sich abzustimmen und Aktivitäten zu koordinieren. Über soziale Netzwerke können die Gruppen sich finden, vernetzen und präsentieren. Die Gewerkschaftsjugend nutzt diese Möglichkeiten schon recht intensiv, z.B. im Netzwerk des Bildungsstreiks.

Der Preis Demokratie im Betrieb, der 2009 erstmalig von der gemeinsamen Bildungseinrichtung des DGB und den Volkshochschule Arbeit und Leben e.V. verliehen wurde, bekam eine von einem Jugendvertreter gestartete Internet-

Aktion. Er hatte damit jenseits der hierarchischen Strukturen im Unternehmen die Übernahme von der Auszubildenden gegen die Standortleitung bei der Konzernleitung durchgesetzt. Dies zeigt auch, dass im Rahmen der gewerkschaftlichen Bildungsarbeit Medienkompetenzentwicklung einen eigenen Schwerpunkt bilden sollte.

„Von der Funktionärsgewerkschaft zur Mitgliedergewerkschaft" – unter diesem Motto machen sich vor allem die großen Gewerkschaften im DGB daran, sich neu aufzustellen. Gewerkschaftspolitik soll nicht mehr vornehmlich für, sondern mit den Mitgliedern in den Betrieben und Dienststellen entwickelt und umgesetzt werden. Um sich als Organisationen zu entwickeln und neue Mitglieder zu gewinnen, sind Gewerkschaften gut beraten, stärker auf Diskurse zu orientieren, intern und extern. „Der Wandel der Kommunikation, die kommunikative Grundhaltung der jungen Individuen, stellt eine große Chance für die Gewerkschaften dar, denn wenn die Kommunikation gewissermaßen selbst ihre sonst gegebenen Voraussetzungen schaffen muss, dann ist das zugleich auch ein Neuanfang, der es den Gewerkschaften ermöglichen könnte, zu allen Gruppen der Lohnabhängigen in ein intensives Kommunikationsverhältnis zu treten. Und da die Angehörigen dieser Gruppe von Lohnabhängigen, also die nichtorganisierten Angestellten, Frauen, die skeptischen Jugendlichen meist zwar von der Notwendigkeit der Gewerkschaft, keineswegs aber von der ihres eigenen Beitritts zur Gewerkschaft überzeugt sind, ist der Diskurs der richtige Weg, um sich mit den gewerkschaftlichen Grundgedanken vertraut zu machen." (Zoll 91: 396)

Diskurse innerhalb der Gewerkschaften werden zunehmend medial vermittelt sein, wie etwa Blogs. Ein erster Anhaltspunkt hierfür ist das Magazin Gegenblende, das als online-Nachfolge der Gewerkschaftlichen Monatshefte antritt. Die internetgestützten Diskursmöglichkeiten können auf unterschiedlichen Ebenen genutzt werden, auch in der betrieblichen Arbeit. Dies wird auch insbesondere von Gewerkschaftern in Medienunternehmen getan, wie bei den Auseinandersetzungen um die Umstrukturierungen und den Stellenabbau bei der WAZ-Gruppe.

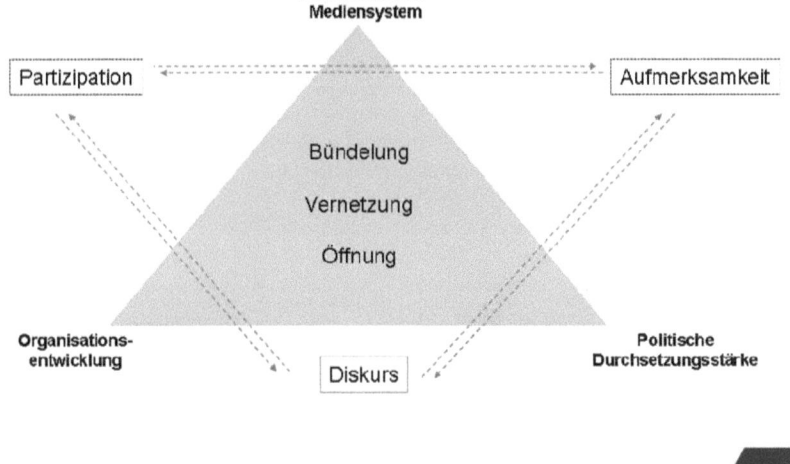

Abbildung 8:   Gelingende gewerkschaftliche Medienbeteiligung

Die Chancen gewerkschaftlicher Beteiligung am Medienbetrieb zwischen Rundfunkrat und Pressemeldung stehen also gar nicht schlecht. Sie zu nutzen, ist weniger eine Frage von Ressourcen sondern von Strukturen der gewerkschaftlichen Kommunikation. Gewerkschaften müssen den Diskurs nach innen und nach außen öffnen und als Chancen für ihre Organisations- und politischen Ziele erkennen. Hierfür gibt es gute Beispiele.

Die Vision, die Arlt vor 15 Jahren skizzierte, klingt auch heute noch verheißungsvoll: „Wir reden (kommunizieren) über unsere eigenen Schwierigkeiten mit dem Ziel und über unsere Zweifel an dem Kurs nicht länger nur in den Pinkelpausen des Alltagsgeschäfts je nach Stimmungslage zynisch, ironisch oder verzweifelt. Wir stellen unsere Fragen und artikulieren unsere Zweifel in und an der Alltagsarbeit selbst. Wir halten es für möglich, dass die Sonne subjektiven Glücks und die Wogen persönlichen Wohlbefindens nicht nur Verführungskünste des Kapitals, also des Teufels, sondern Träume auch unserer Mitglieder, ja, horribüe dictu, unsere eigenen Hoffnungen sind. (…) Das Kollektiv ist nicht länger das Subjekt, das die Konkurrenz überwindet; die Subjekte kommen über konfliktorische Kommunikation zu kollektivem Handeln, das die Konkurrenz aufhebt und die Gewerkschaften zu Keimzellen einer besseren Gesellschaft macht – was sie immer sein wollten." (Arlt 94: 295-296)

Literatur

Arlt, Hans-Jürgen (1994): Gewerkschaftliche Monatshefte 5/94: Kampfkraft kommt aus Kommunikation – oder verkümmert.

Aus Politik und Zeitgeschichte (APUZ); Gewerkschaften, Bonn 13-14/10

Blätter für deutsche und internationale Politik (2010): Dossier Neuerfindung der Gewerkschaften, (http://www.blaetter.de/archiv/jahrgaenge/2010/mai/das-mandat-der-gewerkschaften)

Esch, Marion (2002):Nachrichten verstehen. Ein Beitrag zu einer systemtheoretischen Soziologie der Nachrichtenkommunikation. Berlin

DGB Bezirk NRW (2007): Stellungnahme des DGB Bezirk NRW zum Gesetzentwurf „Gesetz zur Änderung des Landesmediengesetzes NRW – 12. Rundfunkänderungsgesetz". Düsseldorf

Entschließung des EU-Parlamentes vom 25.September 2008 zu gemeinnützigen Bürger- und Alternativmedien in Europa festgestellt (2008/2011(INI))

Haas, S (2009).: IG Metall verzichtet auf hohe Lohnforderungen, in Süddeutsche Zeitung vom 26.10.2009

Hörspielbox: Die Arbeiterradio-Bewegung, o.O., o.J. (http://www.hoerspielbox.de/theorie/arbeiterradiodruck.htm)

Huber, Berthold (2010): Ich bin nicht Chávez, ich bin Huber! Interview, in Zeit, April 2010

Jarren, Otfried; Donges Patrick (2006): Poltische Kommunikation in der Mediengesellschaft: Eine Einführung. Wiesbaden

Jarren, Otfried; Vogel, M. (2009): Gesellschaftliche Selbstbeobachtung und Ko-Orientierung. Die Leitmedien der modernen Gesellschaft. Zürich

Kaiser, Karl (2001): Wie das Internet die Weltpolitik verändert, in Deutsche Gesellschaft für auswärtige Politik (http://www.dgap.org/publikationen/view/68b06450ceb411da8e53ddad10ba74d774d7.html)

Lamp, Erich(2009): Die Macht öffentlicher Meinung und warum wir uns ihr beugen, München

Landesmedienanstalt NRW (LfM) (2010): Die neue Rolle und Funktion des Nutzers. Düsseldorf

Martin, Beate; Johr, Martin: Monheimius, Ilka (2009): Medien Kurzanalyse: Macht als Wirkungspotenzial: Berlin

Uellenberg-van Dawen, Wolfgang: Arbeitskampf in Krisenzeiten in Blätter für deutsche internationale Politik 10/2009

Volpers, Helmut; Schnier, Detlef; Salwiczek, Christian (2006): Bürgerfunk in Nordrhein-Westfalen: Eine Organisations- und Programmanalyse. Düsseldorf

Zoll, Rainer (1991): Gewerkschaftliche Monatshefte 06/91: Gewerkschaften als Diskurs-Organisation.

Die Genossenschaft als Rechtsform demokratischer Medien

Burchard Bösche

Abstract

Genossenschaften sind Unternehmen, die ihren Kunden gehören. Die Kunden wollen damit kein Geld verdienen, sondern gute Waren zu einem angemessenen Preis. Damit eignet sich die Genossenschaft gut als wirtschaftliche Form für Medienfreiheit und kulturelle Vielfalt. Die Zahl der Menschen, die in der Lage sind, für eine solche Genossenschaft Geld zu erübrigen, ist beträchtlich. Es geht auch darum, privaten Reichtum öffentlichen Zwecken nutzbar zu machen. Das Stimmrecht nach Köpfen und nicht nach Kapitalbeteiligung sichert dabei die demokratische Struktur. Mediengenossenschaften müssen ihre Mitglieder einbeziehen. Sie müssen die Chance bieten, Einfluss auf die Inhalte zu nehmen, sich wieder zu erkennen. Die taz-Genossenschaft aber auch in kleinerem Maßstab die Programmkino Aalen eG zeigen, wie es funktioniert. In anderen europäischen Ländern, wie etwa Italien, sind genossenschaftliche Medien selbstverständlicher Bestandteil der Informationskultur. Es wäre wichtig, sich stärker zu vernetzen, einen europäischen und vielleicht weltweiten Zusammenhang zu bilden.

1 Genossenschaften: Historische Rechtsform

Für viele der Arbeiterbewegung und insbesondere der Sozialdemokratie nahe stehenden Verlage und Druckereien war die Genossenschaft die ursprüngliche Rechtsform. Was lag näher? Standen doch keine Investoren zur Verfügung, vielmehr musste das erforderliche Betriebskapital bei einer großen Zahl von Gesellschaftern gesammelt werden. Und der demokratische Charakter der Rechtsform entsprach durchaus dem politischen Anliegen.

Zum Bruch mit dieser Tradition kam es während des Sozialistengesetzes. Die Genossenschaften waren wegen ihres Vereinscharakters von der Auflösung durch die Obrigkeit bedroht und damit vom Verlust der nur mühsam finanzierten Produktionsmittel. Demgegenüber schien das in den Händen von Einzelkaufleuten befindliche Privateigentum weniger gefährdet, was sich in der weiteren Entwicklung auch durchaus bewahrheitete. Diese Überlegungen führten zu vielfältigen Treuhandkonstruktionen, bei denen einzelne bewährte Parteimitglieder die Verlags- und Druckunternehmen treuhänderisch für die Partei hielten. Als Beispiele dafür seien nur genannt die Hamburger Auer-Druck und der ehemals in Stuttgart beheimatete Verlag J.H.W. Dietz.

Vorzüge der Genossenschaft

Für demokratische und auf eine breite Leserbasis gestützte Verlage ist die Genossenschaft nach wie vor eine vorteilhafte Rechtsform. Zunächst begründet sie für die Gesellschafter wie für den (korrekt handelnden) Vorstand eine Begrenzung der Haftung auf das Genossenschaftskapital. Ein Rückgriff auf die Mitglieder kann grundsätzlich ausgeschlossen werden. Die Genossenschaft verfügt über eine eigene Rechtspersönlichkeit, kann also unter eigenem Namen Rechte und Pflichten begründen und vermeidet so die Vermischung der Unternehmensangelegenheiten mit den Angelegenheiten der Mitglieder oder Vorstände. Das geschäftliche Risiko wird von den Mitgliedern abgeschottet.

Der Mitgliederwechsel ist einfach und kostengünstig, was insbesondere bei einer großen Mitgliederzahl und bei einer nicht unbeträchtlichen Mitgliederfluktuation ein wesentlicher Vorteil ist. Das Wichtigste ist dabei, dass für den Erwerb der Mitgliedschaft kein Notar benötigt wird, vielmehr die einfache schriftliche Beitrittserklärung genügt. Des Weiteren führt die Genossenschaft ihre Mitgliederliste selbst, so dass nicht jeder Gesellschafterwechsel zum Register angemeldet werden muß, was umständlich wäre und mit der Einschaltung eines Notars erhebliche Kosten verursachen kann.

Anders als die AG und die GmbH muss die Genossenschaft kein Mindestkapital vorsehen, das aufgebracht werden muß, um die Eintragung ins Register zu erreichen. Die Beteiligung an der Genossenschaft kann durch die Satzung in beliebiger Höhe geregelt werden, so dass die aufzubringenden Beträge kein Hinderungsgrund sein müssen, der Genossenschaft beizutreten und sie so zu unterstützen. Neben der in der Regel einmaligen Einzahlung auf den Geschäftsanteil kann die Satzung der Genossenschaft vorsehen, dass die Mitglieder wie bei einem Verein kontinuierlich Beitragszahlungen erbringen, so dass die Deckung der laufenden Kosten gesichert werden kann.

Für die Genossenschaft spricht weiterhin, dass eine Satzungsänderung relativ einfach erfolgen kann, da keine notarielle Beurkundung erforderlich ist, vielmehr die notarielle Beglaubigung der Unterschriften der Vorstandsmitglieder bei der Anmeldung der Satzungsänderung beim Registergericht ausreicht.

Und schließlich spricht für die Genossenschaft die Einfachheit der Einladung zur Generalversammlung, die insbesondere gegenüber der GmbH einen erheblichen Kostenvorteil darstellen kann. Während bei der GmbH die Einladung der Gesellschafter durch eingeschriebenen Brief zu erfolgen hat, ist die Form der Einladung bei der Genossenschaft durch die Satzung zu regeln. Sie kann hier entweder durch Veröffentlichung in einer Zeitung geschehen, was bei einer großen Mitgliederzahl in der Regel am kostengünstigsten ist. Sie kann aber auch durch einfachen Brief oder auch durch E-Mai oder Fax erfolgen.

Die Botschaft der Rechtsform

Nicht zu unterschätzen ist die Botschaft, die von der gewählten Rechtsform ausgeht. Es ist ohne weiteres möglich, eine Aktiengesellschaft durch ihre Satzung so zu gestalten, dass sie wie eine Quasi-Genossenschaft funktioniert. Trotzdem wird das beabsichtigte Ziel, eine große Zahl von Gesellschaftern an den Aktivitäten des Unternehmens zu beteiligen, wahrscheinlich nicht erreicht werden, weil eine solche Beteiligung bei einer Aktiengesellschaft nicht erwartet wird. Eine Kapitalgesellschaft wird zunächst als ein „Haufen Geld gesehen, dessen Zweck darin besteht, ein größerer Haufen Geld zu werden". Der ZdK unterhält in Hamburg ein kleines Museum zur Geschichte der Konsumgenossenschaften. Dort wird an einer Stelle immer der Unterschied zwischen einer Kapitalgesellschaft und einer Genossenschaft klar gemacht. In einem Bilderrahmen hängen dort nämlich vier genossenschaftliche Liederbücher. Den Besuchern wird dazu erklärt, sie könnten auf der ganzen Welt suchen, sie würden kein einziges aktienrechtliches Liederbuch finden.

Wichtig an der Botschaft der Rechtsform ist die Vereinsstruktur, ist die Tatsache, dass die Genossenschaft einen sozialen Zusammenhang zwischen Menschen mit ähnlicher Interessenlage und oft ähnlicher Weltsicht herstellt.

Für die Genossenschaft spricht zudem ihre hohe wirtschaftliche Solidität, die hohe Reputation der Rechtsform, die unter anderem begründet ist in der Tatsache, dass diese die Unternehmensform mit der niedrigsten Insolvenzquote ist (sieht man einmal vom eingetragenen Verein ab).

Die Besonderheit der Genossenschaft, ihre Fähigkeit, soziale Zusammenhänge herzustellen, drückt sich auch in ihrer Fähigkeit aus, ehrenamtliche Kräfte zu mobilisieren. Viele Unternehmen, insbesondere wenn sie mit politischen Ambitionen gegründet worden sind, können die erforderlich Arbeit nicht, oder nicht in vollem Umfang bezahlen, weshalb der Ehrenamtlichkeit eine große Bedeutung zukommt. Schließlich sehen die Mitglieder einer Genossenschaft im Vordergrund ihres Engagements in der Regel die Tätigkeit und die Lebensfähigkeit der Genossenschaft, wofür die Zurverfügungstellung des ausreichenden

Betriebskapitals notwendige Bedingung ist. Viele Genossenschaftsmitglieder erwarten daher gar nicht, dass sie für den von Ihnen übernommenen Kapitalanteil einen entsprechenden Profit oder eine Verzinsung bekommen. Dies ist für die Geschäftsführung der Genossenschaft von erheblicher Bedeutung, wird sie doch so von dem Druck befreit, bei ihrer kaufmännischen Tätigkeit stets zuerst die Rendite der Kapitaleigner zu sehen.

Das Beispiel taz

Ein gutes Beispiel für die eben aufgezeigten Vorzüge der Rechtsform Genossenschaft für Medienunternehmen ist die Berliner „Tageszeitung". Obwohl die Genossenschaft in der Zeit ihrer Existenz noch niemals eine Dividende gezahlt hat, hat sie inzwischen fast 9.000 Mitglieder geworben und bei diesen 8 Millionen Euro Genossenschaftskapital akquiriert.

Die taz macht auch deutlich, wie hilfreich die flexiblen Satzungsgestaltungsmöglichkeiten bei der Genossenschaft sein können. So ist bei der taz in der Satzung eine differenzierte Beteiligung verschiedener Mitgliedergruppen vorgesehen, wo unterschieden wird zwischen den Mitgliedern, die an der Erstellung der taz beteiligt sind und den übrigen Mitgliedern, typischer Weise den Lesern der Zeitung. Die Satzung gewährt den mitarbeitenden Mitgliedern einen größeren Einfluss auf die Genossenschaft, als den übrigen Mitgliedern, was Ausdruck der Tatsache ist, dass sie sich in aller Regel auch besonders für die Zeitung engagieren, und dies in der Regel für deutlich weniger Einkommen, als in der Branche üblicherweise gezahlt wird.

Andererseits ist die jährliche Generalversammlung immer als Höhepunkt des Genossenschaftslebens mit Kongresscharakter organisiert, und keineswegs nur als trockene Veranstaltung, wo die genossenschaftsrechtlichen Regularien abgespult werden. Den „einfachen" Mitgliedern wird so ein Einblick in das Leben der Verlagsgenossenschaft ermöglicht, wie ihn die Abonnenten bei kaum einer anderen Zeitung haben. Genossenschaft zu sein, ist damit Teil des taz-Images, und die vielfältigen Mühen der demokratischen Unternehmensstrukturen zahlen sich in einer stärkeren Bindung der Leser und Finanziers an ihre Zeitung aus.

Deutschland: Weitere Beispiele

Trotz der eindeutigen Vorteile der genossenschaftlichen Rechtsform für Medienunternehmen gibt es neben der taz nur wenige weitere Beispiele in Deutschland.

Da steht an erster Stelle die Berliner Tageszeitung *„Junge Welt"*. Wenn man über Google sucht, findet man weiterhin:

- Tübinger Chronik, Druckerei und Verlagsgenossenschaft eG
- Trotzdem Verlagsgenossenschaft eG, Frankfurt am Main
- Waerlland Verlagsgenossenschaft eG, Mannheim und
- Verlagsgenossenschaft Göttinger Wochenzeitung eG, Göttingen (in Insolvenz).

Beispiele: Schweiz

Über Google findet man in der Schweiz immerhin sechs Verlagsgenossenschaften:

- Verlagsgenossenschaft „Vorwärts", Basel
- Verlagsgenossenschaft Caprovis, Niederönz
- Verlagsgenossenschaft Schweizer Soldat, Muttenz
- Verlagsgenossenschaft Freies Wohnen, Kriens
- Verlagsgenossenschaft Neue Einsiedler Zeitung, Einsiedeln
- edition8 Verlagsgenossenschaft, Zürich.

Beispiele: Italien

In Italien zeigt sich die genossenschaftliche Medienwelt erwartungsgemäß sehr viel lebendiger, wie generell in Italien zehnmal so viele Genossenschaften existieren, wie in Deutschland. Als Beispiele seien hier genannt:
Printmedien:

- il manifesto
- la voce di mantova
- la Cronaca
- Corriere Mercan
- Corriere Nazionale

An genossenschaftlichen Radio- und Fernsehstationen seien beispielhaft genannt:

- Radio Populare
- Radio Citta Future

220 Burchard Bösche

- Telemodena
- Telereggio
- Telecitta

Die genossenschaftlichen Medien sind in Italien in einem gesonderten Verband „Media Coop" organisiert, der über 100 Mitglieder zählt. Die Kernsätze seines Selbstverständnisses lauten: *„Media Coop ist die nationale Vereinigung der Journalisten-, Herausgeber- und Kommunikationsgenossenschaften. Mit einer besonderen Zielstellung: Förderung und Aufwertung der Kooperation zwischen den Handelnden mit der Gewissheit, dass es diese Gesellschaftsform ist, die mehr als andere die Unabhängigkeit der Information garantiert und die Autonomie der Berichterstattung schützt. "*
Diese Selbsteinschätzung ist gleichzeitig ein gutes Schlusswort zum Thema Mediengenossenschaften. Deren Wichtigkeit kann nirgendwo besser studiert werden als in Italien, dessen Ministerpräsident Berlusconi zu einem großen Teil das private Fernsehen beherrscht und dabei ist, diese Herrschaft auch auf das öffentlich rechtliche Rundfunksystem auszudehnen. Diese Entwicklung zeigt die Notwendigkeit, dass die Mediennutzer die Produktion in Form von Genossenschaften selbst in die Hand nehmen. Es ist wahrscheinlich keine Übertreibung, wenn man sagt: *„Die Freiheit der Medien wird genossenschaftlich, oder es wird sie nicht mehr geben. "*

Mitbestimmte Medienpolitik – Chancen und Herausforderungen für nicht-staatliche Akteure

Sabine Nehls

Abstract

Medien sind ein konstituierendes Element unserer demokratischen Gesellschaft. Ihre innere und äußere Verfasstheit bestimmt auch ihre Qualität. Medienpolitik ist ein Feld, das sowohl die Arbeitnehmer und Arbeitnehmerinnen, als auch ihre Interessenvertretungen, die Gewerkschaften, in besonderer Weise betrifft: Als Akteure, als „Lieferanten" von Nachrichten, sind sie Teil des Mediensystems, als Rezipienten sind sie „Käufer" der Produktionen und als „Kontrolleure" gestalten sie die Bedingungen mit, unter denen dieser Austausch stattfindet. Insbesondere die Analyse, wie Arbeitnehmerorganisationen (DGB und seine Mitgliedsgewerkschaften, DJV und der DBB), als gesellschaftlich relevante Gruppen medienpolitisch – auch in den Kontrollgremien des öffentlich-rechtlichen Rundfunks – agieren, kann weit über die gewerkschaftliche Politik hinausweisen. Das Projekt „Mitbestimmte Medienpolitik" hat sowohl Ausgangslage und Rahmenbedingungen gewerkschaftlicher Medienpolitik untersucht, als auch Perspektiven entwickelt, um eine fundierte und engagierte arbeitnehmerorientierte Medienpolitik zu diskutieren. Ergebnisse aus einer Gremienbefragung und mehreren Fallstudien haben Anforderungen an und Informationsbedarfe von mitbestimmungspolitischen Akteuren in den Aufsichtsgremien aufgezeigt.

Binnenpluralismus und Partizipation im Rundfunk – ein Auslaufmodell?

„In Zeiten des Internets brauchen wir keinen Ansatz des öffentlich-rechtlichen Binnenpluralismus, um die öffentliche Meinungsbildung zu ermöglichen, das funktioniert längst anders", sagte die Kommunikationswissenschaftlerin Miriam Meckel in einem Interview. [1] Dem steht eine Frage und eine Behauptung entgegen: Macht es die öffentliche Meinungsbildung substanziell besser, wenn sie ohne den viel gescholtenen Binnenpluralismus erfolgt? Wer die Themenkon-

---

[1] http://www.taz.de/1/leben/medien/artikel/1/die-gluecklich-unerreichbare/, 12.9.2009

junkturen in den Medien eine Weile verfolgt, kann dem wohl nicht uneingeschränkt zustimmen. Gerade in Zeiten des Internets und der Medienkonvergenz
brauchen wir sowohl einen Binnenpluralismus, als auch die verstärkte Partizipation der Zivilgesellschaft, um eine demokratische Öffentlichkeit zu gewährleisten. Und genau dafür bedarf es auch einer Medienpolitik, die nicht nur von parteipolitischen Interessen geleitet ist.

Medienpolitik bestimmt mit über ein politisches Feld, das sowohl die
Arbeitnehmer und Arbeitnehmerinnen, als auch ihre Interessenvertretungen, die
Gewerkschaften, in besonderer Weise betrifft: Als Akteure, als „Lieferanten"
von Nachrichten, sind sie Teil des Mediensystems, als Rezipienten sind sie
„Käufer" der Produktionen und als „Kontrolleure" gestalten sie die Bedingungen
unter denen dieser Austausch stattfindet mit. Bei diesem Politikfeld geht es sowohl um nationale als auch um internationale Politik. Es geht darum, wie Medien in einer demokratischen Gesellschaft konstituiert sein müssen und funktionieren können, um ihrer Aufgabe als „vierte Gewalt" im Staat gerecht zu werden.
Und es geht darum, welches Menschenbild über die Medien vermittelt wird.

Wie nicht politisch gebundene Akteure in der Medienpolitik agieren, welche Möglichkeiten ihnen auch die Beteiligung an den binnenpluralen Gremien
bietet und wie sie diese im Sinne von Governance in den Medien nutzen – darüber wurde in dem Projekt „Mitbestimmte Medienpolitik – Zustand und Zukunft
gewerkschaftlicher Medienpolitik"[2] geforscht. Einige Schwerpunkte sollen im
Folgenden vorgestellt werden.

Rundfunkräte im öffentlich-rechtlichen Rundfunk und Mitglieder in den
Gremien der Landesmedienanstalten, die den privat-kommerziellen Rundfunk
beaufsichtigen, sind bisher wenig erforscht. Dies traf zum Startzeitpunkt des von
der Hans-Böckler-Stiftung geförderten Projektes „Mitbestimmte Medienpolitik"
2005 zu, und auch heute gibt es kaum Untersuchungen über ihre Tätigkeit. Zwar
hat das allgemeine Interesse an der Arbeit der Gremien rasant zugenommen, seit
mit der Auseinandersetzung um den 12. Rundfunkänderungsstaatsvertrag (RStV)
auch deren Kompetenz und Unabhängigkeit zunehmend diskutiert wurde.[3] Die
privat-kommerziellen Anbieter strebten mit dem Gang nach Brüssel an, die Aktivitäten des öffentlich-rechtlichen Rundfunks im Internet möglichst weitgehend

---

[2] Der Beitrag basiert auf den Ergebnissen des Forschungsprojekts „Mitbestimmte Medienpolitik –
Zustand und Zukunft gewerkschaftlicher Medienpolitik" – Eine Studie mit dem Schwerpunkt Hörfunk und Fernsehen.

[3] Auch die Querelen um die Zusammensetzung der Gremien haben dazu beigetragen, dass über sie
verstärkt auf den Medienseiten der Printmedien diskutiert wurde. Sie entzündeten sich insbesondere
am Fall des ehemaligen ZDF-Chefredakteurs Nikolaus Brender, dessen Vertrag aufgrund der unions-
nahen Dominanz im ZDF-Verwaltungsrat nicht verlängert wurde. Inzwischen strebt u.a. das Bundes-
land Rheinland-Pfalz eine Normenkontrollklage zur Zusammensetzung der ZDF-Gremien vor dem
Bundesverfassungsgericht an.

einzuschränken. Das hatte direkte Auswirkungen auf das deutsche Recht und manifestierte sich im 12. Rundfunkänderungsstaatsvertrag. Damit rückte auch die Kompetenz der Rundfunkräte stärker ins Bewusstsein der Öffentlichkeit, denn diese haben nun mit der Verantwortung für den so genannten Drei-Stufen-Test erheblich an Bedeutung gewonnen. Im Sinne einer Mitbestimmten Medienpolitik bedeutet dies eine wichtige Erweiterung ihrer Kompetenzen.

Die Studie kann hier, am Beispiel gewerkschaftlicher Medienpolitik, einige grundlegende Erkenntnisse über die Funktion der Gremien, deren Mitglieder und ihre Verfassung beitragen.

Sie sollte erstens die Ausgangslage und Rahmenbedingungen gewerkschaftlicher Medienpolitik eruieren. Zweitens sollten aufgrund von Analyse und Bewertung Perspektiven entwickelt werden, um so die Diskussion für eine fundierte und engagierte arbeitnehmerorientierte Medienpolitik anzuregen. Und schließlich sollte drittens in einer Gremienbefragung und mehreren Fallstudien die Brücke zwischen Wissenschaft und Praxis geschlagen werden. Dies hatte vor allem das Ziel, Anforderungen an und Informationsbedarfe von mitbestimmungspolitischen Akteuren in Aufsichtsgremien zu benennen.

Eine Analyse der vorliegenden Forschung zu den Themen Medienpolitik, gewerkschaftliche Medienpolitik, Rundfunkräte und Rundfunkaufsicht, zeigte, dass es auch in der Forschung durchaus Lücken gab, die zu füllen waren. Die Gründe hierfür mögen zum einen darin liegen, dass Medienpolitik, respektive Rundfunkpolitik, mit der sich die Arbeit vor allem auseinandersetzt, in Deutschland stark juristisch geprägt ist. So findet man zahlreiche wissenschaftliche Auseinandersetzungen um juristische Themen. Politik- und kommunikationswissenschaftlich dagegen gibt es kaum Studien zu den genannten Themen. Zum anderen waren Rundfunkaufsicht und speziell Rundfunkräte lange Jahre von wenig öffentlichem Interesse. Den Vertreterinnen und Vertretern in den Gremien wurde häufig unterstellt, sie seien nur Abnickgremien, die am Gängelband der Intendanzen deren Geschäftspolitik durchwinken.

Governance als analytische Perspektive

Die gewerkschaftliche Medienpolitik spielt sich auf einem politischen Feld ab, das geprägt ist durch eine hohe staatliche Regulierungsdichte; insbesondere gilt dies für den Bereich der Rundfunkpolitik. Gleichzeitig finden sich unterschiedliche Typen von Selbstregulierung (vergl. Hoffmann-Riem 2000a), was auf die Sicherung der freien Kommunikation und das damit verbundene Gebot der Staatsfreiheit zurückzuführen ist. Hoffmann-Riem spricht von einer „regulativen Umhegung" des Medienbereiches durch den Staat, der damit seinem Gewährleistungsauftrag nachkomme, wenn publizistische Gemeinwohlbelange nicht hinreichend berücksichtigt würden (ebenda). Mit den pluralistisch zusammengesetzten Aufsichtsgremien sowohl im öffentlich-rechtlichen als auch im privatrechtlichen Rundfunk ist die Beteiligung nichtstaatlicher Akteure in gewissen Grenzen seit Beginn der Geschichte des deutschen Rundfunks nach dem Zweiten Weltkrieg festgeschrieben. Dies war der Grund, nach einer analytischen Perspektive zu suchen, die es ermöglicht, das Handeln sowohl staatlicher als auch nichtstaatlicher Akteure im Zusammenhang mit politischer Steuerung in einem sich stetig wandelnden Politikfeld zu hinterfragen. Oder um es anders zu beschreiben: Es geht um den Zusammenhang von Institutionen und Grundlagen der Medienordnung (polity), den Prozessen und dem politischen Input durch Medienakteure (politics), und Politikinhalten, in unserem Fall der output des politischen Betriebs mit Gesetzen, Staatsverträgen etc. (policy) (vergl. Kleinsteuber 2005:103). Dies alles scheint am besten mit dem Begriff „Governance" begriffen werden zu können. Als Alltagsbegriff ist er im englischen Sprachraum durchaus gebräuchlich und beschreibt hier zunächst „the action or manner of governing".[4]

In der Politikwissenschaft tauchte der Begriff zunächst in Bezug auf internationale Beziehungen auf, wurde aber bald auch auf andere Felder übertragen. Governance ist seit den neunziger Jahren des vorigen Jahrhunderts zu einem Schlagwort, manche meinen sogar zu einem „Modethema" geworden (vergl. Kooiman 2005; Jann, 2005) und wird in vielen wissenschaftlichen Disziplinen verwendet. Governance bezeichnet in Zusammenhang mit Steuerung und Regulierung, die Tatsache, dass komplexe gesellschaftliche Aufgaben nicht mehr ausschließlich durch die Durchsetzungsmacht des souveränen Staates gelöst werden können, sondern die Zusammenarbeit mit anderen Akteuren notwendig ist. Governance beschreibt den Regelungsaspekt in komplexen Strukturen, der externe Steuerung sowie Selbststeuerung einschließt. Dazu Benz: „Sieht man von den wertenden und teilweise ideologischen Vorstellungen ab, so verweist der Governance-Begriff [...] auf Strukturen und Verfahren der Steuerung und Koordination mittels einer komplexen Kombination aus Hierarchie, Verhandlungen und Netzwerken bzw. aus Regulierung, Anreizmechanismen und Vereinbarungen im Zusammenwirken staatlicher und gesellschaftlicher Akteure." (Benz 2004: 19).

Es geht bei Governance nicht um ein theoretisches Modell das quasi wie eine Folie über den Untersuchungsgegenstand, die gewerkschaftliche Medienpolitik gelegt werden kann, sondern um ein Konzept, das es ermöglicht, sie in einer bestimmten Weise zu betrachten und die komplexen Strukturen kollektiven Handelns zu analysieren. Die so genannte Governance Theory, wie sie immer

---

[4]

http://www.askoxford.com/results/?view=dev_dict&field-12668446=governance&branch=13842570 &textsearch type=exact&sortorder=score%2Cname (29.8.2007) wieder in der wissenschaftlichen Literatur auftritt, ist kein fest umrissenes Theoriemodell, sondern beinhaltet vielfältige Ansätze in unterschiedlichen Disziplinen. So stellt Renate Mayntz fest, der mit dem Leitbegriff Governance arbeitende analytische Ansatz repräsentiere eine andere Perspektive als der den Leitbegriff Steuerung verwendende Ansatz. Governance-Theorie, d.h. die im Rahmen des Ansatzes entwickelte substantielle Theorie, sei keine einfache Fortentwicklung im Rahmen des steuerungstheoretischen Paradigmas. Sie befasse sich vielmehr mit einem eigenen Satz von Fragen und lenke dabei das Augenmerk auf andere Aspekte der Wirklichkeit als die Steuerungstheorie. (Mayntz 2005: 11).

Die Governance-Theorie befasst sich eher mit den Regelungsstrukturen und ihrem Einfluss auf die handelnden Akteure, während die Steuerungstheorie das handelnde Steuerungssubjekt, also die staatlichen Akteure, in den Fokus nimmt. Die Akteursbezogenheit betont auch z.B. Jarren, der unter Governance ganz allgemein Muster der Interdependenzbewältigung zwischen Akteuren versteht, im Unterschied zum Begriff des Government, bei dem eine staatszentrierte und rechtliche Sichtweise vorherrscht. „Governance meint die Regelung von Sachverhalten zwischen unterschiedlichen Akteuren aus verschiedenen Gesellschaftsbereichen. Es wird in der Governance-Perspektive nicht von einem unitaristischen Akteur Staat ausgegangen, sondern von einer Vielzahl komplex miteinander verflochtener politischer und gesellschaftlicher Akteure." (Jarren 2007a:285).

Für Kooiman ist die Akteursbezogenheit eine Grundlage seiner demokratischen soziopolitischen Governancetheorie. Er spricht von den „das Herz von Steuerung ausmachenden Akteuren", es sei von entscheidender Bedeutung, diese nicht aus dem Blick zu verlieren (Kooiman 2005:154f.). Manchem Verwaltungsexperten gilt Governance sogar als „dezidierte oder latente Handlungsanleitung für Praktiker" (Jann 2005:21). Weiter gefasst formuliert Schimank: „Die Governance-Perspektive nimmt [...] die Gestaltung einer sozialen Ordnung durch ebenfalls in eine soziale Ordnung eingebettete Akteure in den Blick." (Schimank 2007: 29) Auch wenn es keine allgemeingültige Definition des Begriffs Governance gibt, so können doch einige gemeinsame Anliegen zu einer engeren Beschreibung beitragen, wie Trappel feststellt. Er nennt die Mitwirkung gesellschaftlicher Gruppen und partizipative Formen der Entscheidungsfindung, Berücksichtigung öffentlichen Interesses, Transparenz, Rechenschaftspflicht sowie Berichtspflicht. (vergl. Trappel 2007: 255 f.) Auch er versteht Governance als eine Ausweitung des herkömmlichen Regulierungsbegriffs.

Vielfach wird Governance als Gegensatz oder in Abgrenzung von Government verstanden. Dies allerdings wird nicht der Vielschichtigkeit gesellschaftlicher Steuerungsvorgänge gerecht, wie sich auch im Bereich der Medien-, insbesondere der Rundfunkpolitik nachweisen lässt. Die Studie „Mitbestimmte Medienpolitik" verwendet Governance, angelehnt an die Definition von

Benz/Lütz/Schimank/Simonis, als Oberbegriff für sämtliche vorkommenden Muster der Interdependenzbewältigung zwischen staatlichen und gesellschaftlichen Akteuren. Dabei wird Hierarchie im Sinne von Government als ein Governancemodus neben anderen verstanden. (Benz/Lütz/Schimank/Simonis 2007:17) Andere Modi von Governance sind unter anderem Verhandlungen und Netzwerke. Diese beiden werden im Folgenden dazu herangezogen, die gewerkschaftliche Medienpolitik als Beitrag und in ihrer Ausprägung im Sinne von Governance zu erkunden. Governance bedeutet für den Untersuchungsgegenstand Rundfunkpolitik die Regulierung von Interdependenzen zwischen verschiedenen Inhalten, Institutionen und Prozessen, die nichtstaatliche Akteure einbezieht. Dabei spielen die Fragen nach Transparenz und Öffentlichkeit sowie Zugangschancen eine entscheidende Rolle. Governance ist in diesem Zusammenhang also eine Form von Regulierung. Sie steht nicht etwa im Gegensatz dazu. Dabei wird hier zurückgegriffen auf den ursprünglich in den USA geprägten Begriff der „regulation". Dieser enthält im Gegensatz zum deutschen Begriff „Steuerung" bereits Züge von Governance. Denn in den USA beschreibt „regulation" von Beginn an einen Prozess, der auch nichtstaatliche Akteure einbindet.

Mitbestimmte Medienpolitik

Ein weiterer zentraler Begriff ist die „Mitbestimmte Medienpolitik". Medienpolitik bezeichnet hier politisch motiviertes und intendiertes Handeln, das sich auf die Organisation, die Funktionsweise, die Ausgestaltung und die materielle wie personelle Seite der Massenmedien bezieht. Zum diese Definition mit dem Begriff der Mitbestimmung verbunden. Er bezeichnet auch den von den Gewerkschaften in der Medienpolitik erhobenen Anspruch, im Sinne gesamtgesellschaftlicher Verantwortung mitzubestimmen und mitzugestalten. Somit ist dieser Begriff auch tauglich, um medienpolitisches Handeln anderer zivilgesellschaftlicher Gruppen zu beschreiben. „Mitbestimmte Medienpolitik" ist also politisch motiviertes und intendiertes Handeln von Akteuren (Organisationen und Individuen), die nicht Akteure im Sinne von Parteipolitik oder Regierungshandeln sind. Es bezieht sich auf die Organisation, die Funktionsweise, die Ausgestaltung und die materielle wie personelle Seite der Massenmedien.

Basierend auf diesen Begriffen wurden die medienpolitischen Aktivitäten unterschiedlicher Gewerkschaftsorganisationen untersucht. Die Studie sollte zum einen das Handeln gewerkschaftlicher Akteure in den öffentlichen Arenen der Medienpolitik untersuchen. Zum anderen ging es um die Bedingungen in den jeweiligen Organisationen und ihre Möglichkeiten zur Vernetzung. Besonders interessierte dabei, ob die Gewerkschaften die ihnen gesetzlich eröffneten Möglichkeiten nutzen, im Rahmen von Governance medienpolitisch aktiv zu sein. Es wurde auch erforscht, wie die organisatorischen und programmatischen Bedingungen gewerkschaftlicher Medienpolitik sowie die Handlungs- und Einflussmöglichkeiten der Gremienmitglieder beschaffen sind.

Rahmenbedingungen von Medienpolitik

Die untersuchten Rahmenbedingungen bestätigten, dass Medienpolitik in Deutschland ein stark juristisch geprägtes Politikfeld und Expertenthema ist. Das Geflecht der Regulierung in den Sendern und Landesmedienanstalten ist kompliziert. Die Aufgabenverteilung aber innerhalb der Gremien und das Gefüge aus politischen Akteuren und solchen der gesellschaftlich relevanten Gruppen eröffnen durchaus Spielräume für die Gremienmitglieder. Diese können im Sinne von Governance-Handeln genutzt werden. Grundbedingungen von guter Governance und Mitbestimmter Medienpolitik sind Information und Transparenz. Diese sind für den Rundfunk gesetzlich nicht restriktiv geregelt. Immer besteht die Möglichkeit, über Öffentlichkeit und Nichtöffentlichkeit von Sitzungen zu bestimmen. Insofern gibt es hier einen weiten Handlungsspielraum, um diese Grundbedingungen zu erfüllen.

Die Organisation gewerkschaftlicher Medienpolitik

Organisatorisch ist Medienpolitik in den Gewerkschaften auf mehreren Ebenen angesiedelt. Dabei zeigen sich je nach Gewerkschaft Unterschiede: Global und europäisch wird sie nur vom Deutschen Journalisten-Verband und von der Vereinten Dienstleistungsgewerkschaft ver.di abgedeckt. Auf der lokalen Ebene, also in den Sendern, sind nur die Fachgewerkschaften mit Betriebsgruppen und Senderverbänden tätig. Die Gewerkschaftsbünde, also Deutscher Gewerkschaftsbund und Deutscher Beamtenbund sind vorwiegend national und regional in den Bundesländern tätig.

Die personelle und finanzielle Ausstattung der gewerkschaftlichen Medienpolitik weist Defizite auf. Diese werden insbesondere sichtbar, wenn es um medienpolitische Informationsangebote und auch um die Vernetzung geht. Dies kann durchaus daran liegen, dass Medienpolitik nicht zu den gewerkschaftlichen Kernthemen gehört. Deutliche Unterschiede in der Vernetzung als einem Kriterium für Governance zeigen sich in den verschiedenen Gewerkschaften. Innerhalb der einzelnen Gewerkschaften gibt es durchaus eine strukturierte und organisierte Vernetzung. Untereinander und zu anderen medienpolitischen Akteuren besteht hingegen eine vorwiegend fallbezogene oder durch Gremientätigkeit begründete Vernetzung. Am stärksten und vielfältigsten vernetzt sind ver.di und der DJV. Die vielfältigen Vernetzungen sind überwiegend dezentral angelegt. Die Netzwerke umfassen sowohl institutionalisierte als auch nicht institutionalisierte Beziehungen.

Die Medienpolitik in der gewerkschaftlichen Programmatik

Programmatisch zeigen sich medienpolitisch viele Gemeinsamkeiten zwischen den Gewerkschaften. Dabei ist die Programmatik bei den Fachgewerkschaften ver.di und DJV stark auf die Organisationsmitglieder und deren berufsspezifische Anliegen zugeschnitten. Die Gremienmitglieder als Governanceakteure finden nur bedingt Erwähnung. Allerdings gibt es deutliche Governancebezüge, beispielsweise in der Programmatik von DGB und DJV. Hier wird der freie Zugang aller Bürgerinnen und Bürger zu Informationen als Grundvoraussetzung einer demokratischen Medienordnung definiert. Auch die Bedeutung der Gremienmitglieder als Mitgestalter wird deutlich hervorgehoben und ihre notwendige Professionalisierung betont.

Vernetzung, Information und Qualifikation gewerkschaftlicher Gremienmitglieder

Ein Schwerpunkt der Untersuchung lag auf den gewerkschaftlichen Mitgliedern der Aufsichtsgremien im Rundfunk. Dies sind sowohl Gremienmitglieder in den öffentlich-rechtlichen Sendeanstalten als auch in den Landesmedienanstalten. Besonders interessierte dabei, wie es um die Vernetzung, Information und Qualifikation der Gremienmitglieder bestellt ist. Mit einem ausführlichen Fragebogen wurden sie hierzu befragt. Bei Selbstauskünften und -einschätzungen der Betroffenen muss zwar immer mit einem gewissen Maß an Beschönigung gerechnet werden: Aber die Befragten äußerten sich nach Einschätzung der Verfasserin doch im Wesentlichen eher selbstkritisch und mit durchaus realistischen Einschätzungen. Dies wurde z.B. durch die Untersuchungen mehrerer Fallstudien und Expertenbefragungen bestätigt.

Die Befragung ergab einige zentrale Ergebnisse, die sich auf die Rolle und die Möglichkeiten von gewerkschaftlichen Gremienmitgliedern als Governance-Akteure beziehen:

1. Die gewerkschaftlichen Gremienmitglieder sind in den Gremien gut vernetzt. Sie haben vielfältige, zumindest überall optionale Kontaktmöglichkeiten. Ihre Bereitschaft zur Vernetzung ist hoch. Die Gewerkschaften nutzen diese Möglichkeiten jedoch nicht genügend: Sie bieten keine kontinuierlichen Möglichkeiten für einen Informationsaustausch an. Dies gilt sowohl

für den Austausch zwischen den Gremienmitgliedern als auch mit den entsendenden Organisationen.

2. Der Informationsaustausch von den Gremienmitgliedern zu ihren Gewerkschaften ist ungenügend. Oft haben die Gremienmitglieder den Eindruck, die Organisation interessiere sich nicht für ihre Tätigkeit. Es gibt keine Mechanismen, die diesen Austausch strukturieren könnten. Die Gremienmitglieder nutzen die vielfältigen, von den Gewerkschaften angebotenen, Informationen sehr gut. Allerdings bemängeln sie die Qualität der Informationen.

3. Die gewerkschaftlichen Gremienmitglieder haben großes Interesse an Schulung und Weiterbildung. Es gibt aber keine, auch nicht gewerkschaftliche, Bildungsangebote, die neue Gremienmitglieder auf ihre Aufgabe vorbereiten würden oder die systematisch Gremienmitglieder während ihrer Arbeit begleiten. Die Gremienmitglieder als mitbestimmungspolitische Akteure werden bisher, im Gegensatz zu Betriebs- und Aufsichtsräten, mit ihren Aufgaben weitgehend allein gelassen.

Fazit und Ausblick

Gewerkschaften verstehen sich zum einen als Vertreter der Rundfunknutzerinnen und –nutzer insgesamt, zum anderen als Interessenvertretung der in den Medien Beschäftigten. Gewerkschaftlicher Akteure sind im Rahmen von Governance vielfältig medienpolitisch aktiv. Programmatische und organisatorische Voraussetzungen in den Gewerkschaften und die Handlungs- und Einflussmöglichkeiten der Mitbestimmungsakteure in den Rundfunkgremien hängen eng zusammen. Die Gewerkschaften nutzen zu wenig die ihnen gesetzlich eröffneten Möglichkeiten zur Mitbestimmung in den Medien und damit als Governanceakteure. Die gewerkschaftlichen Gremienmitglieder könnten als mitbestimmungspolitische Akteure wichtige Vernetzungsknoten in der Medienpolitik sein und von den Organisationen besser als solche genutzt werden. Ihre Information und Qualifikation durch die entsendenden Organisationen sollte verbessert werden. Für eine effektivere „Mitbestimmte Medienpolitik" müsste die Vernetzung mit anderen gesellschaftlich relevanten Gruppen intensiviert werden. Das „Expertenthema" Medienpolitik wird sowohl über die Gremien als auch über die Gewerkschaften selbst zu wenig transparent für eine breitere Öffentlichkeit dargestellt. Auch dies ist ein Manko im Sinne von Governance-Anforderungen.

Am Schluss sei noch auf drei Themen hingewiesen, die einer weiteren wissenschaftlichen Betrachtung und Analyse wert wären:

1. Insbesondere sind die zivilgesellschaftlichen Akteure in der Medienpolitik ein lohnenswertes Forschungsobjekt. Die Untersuchung der gewerkschaftli-

chen Medienpolitik hat gezeigt, dass es sich durchaus lohnen könnte, auch andere medienpolitische Akteure wie Kirchen, Verbraucherorganisationen und Wohlfahrtsverbände in den wissenschaftlichen Blick zu nehmen. In Deutschland fehlt es an eigenen Rezipientenvereinigungen. Diese Lücke könnten die gesellschaftlich relevanten Gruppen füllen, im Sinne eines demokratischen Mediensystems und dessen Fortbestand. Wie nichtgewerkschaftliche Organisationen dies tun oder nicht tun, welche Voraussetzungen sie mitbringen oder woran es mangelt, sollte dabei untersucht werden.

2.   Mit der zunehmend komplizierten Beschaffenheit der Medienwelt werden auch die Anforderungen an die medienpolitischen Akteure immer höher. Vor diesem Hintergrund sollte sich die Wissenschaft intensiver mit den Rahmenbedingungen der Gremien beschäftigen. Und dabei speziell mit ihrer Kompetenz, Qualifizierung und Weiterbildung.

3.   Kommunikationswissenschaftlich ist besonders die Frage nach der Transparenz interessant. Im Zeichen von Governance geht es vor allem darum, wie medienpolitische Themen einer breiteren Öffentlichkeit nahe gebracht werden können. Dafür gibt es in jüngster Zeit durchaus Ansätze. Auch wenn man vieles am EU-Verfahren und den Regelungen des 12. Runfunkänderungsstaatsvertrages kritisieren kann: Jetzt müssen die Gremien deutlich stärker an die Öffentlichkeit gehen, um die Verfahren der 3-Stufen-Tests transparent zu machen. Hier liegt durchaus eine Chance, auch insgesamt den Umgang mit der Öffentlichkeit zu verbessern. Denn umfassend und ausreichend ist die Transparenz bis heute nicht.

Literatur

Benz, Arthur (Hrsg.) (2004): Governance – Regieren in komplexen Regelsystemen. Eine Einführung. Wiesbaden

Benz, Arthur/Lütz, Susanne/Schimank, Uwe/Simonis, Georg (Hrsg.) (2007): Handbuch Governance. Theoretische Grundlagen und empirische Anwendungsfelder. Wiesbaden

Hoffmann-Riem, Wolfgang (2000a): Thesen zur Regulierung der dualen Rundfunkordnung. In: Medien und Kommunikationswissenschaft, 2000, Jg. 48, Heft 1. S. 7-22

Jann, Werner (2005): Governance als Reformstrategie – vom Wandel und der Bedeutung verwaltungspolitischer Leitbilder. In: Schuppert, Gunnar Folke (Hrsg.) (2005): Governance-Forschung. Vergewisserung über Stand und Entwicklungslinien (Schriften zur Governance-Forschung, Bd. 1) Baden-Baden

Kleinsteuber, Hans J. (2001): Medienpolitik. In: Nohlen, Dieter (Hrsg.)(2001): Kleines Lexikon der Politik, München

Kleinsteuber, Hans J. (2005): Medienpolitik, in: Hepp, Andreas,/Krotz, Friedrich/Winter, Carsten (Hrsg.)(2005): Globalisierung der Medienkommunikation. Eine Einführung im globalen Kontext. Wiesbaden

Koiiman, Jan (2005): Governing as Governance. In: Schuppert, Gunnar Folke (Hrsg.) (2005): Governance-Forschung. Vergewisserung über Stand und Entwicklungslinien (Schriften zur Governance-Forschung, Bd.1) Baden-Baden.

Nehls, Sabine (2009): Mitbestimmte Medienpolitik. Gewerkschaften, Gremien und Governance in Hörfunk und Fernsehen. Wiesbaden

Schimank, Uwe (2007): Elementare Mechanismen. In: Benz, Arthur/Lütz, Susanne/Schimank, Uwe/Simonis, Georg (Hrsg.) (2007): Handbuch Governance. Theoretische Grundlagen und empirische Anwendungsfelder. Wiesbaden

Trappel, Josef (2007): Governance Ansätze in der Medienregulierung. In: Jarren, Otfried / Donges, Patrick (Hg.): Ordnung durch Medienpolitik? Konstanz. (UVK) S. 253-270.

Wie die Medienorganisation zur Demokratie beiträgt – Mitbestimmung und Sicherung der redaktionellen Unabhängigkeit im Spiegel des *Media for Democracy Monitor*

Josef Trappel

Abstract

Massenmedien sind ein unverzichtbarer Bestandteil zeitgenössischer Demokratien. Sie ermöglichen die gesellschaftliche Selbstverständigung, halten Foren für unterschiedliche Meinungen und Positionen bereit und kontrollieren diejenigen, die Macht ausüben. Oder sie tun es nicht. Massenmedien genießen die Freiheit, ihre Leistungen in den Dienst der Demokratie zu stellen – oder es bleiben zu lassen. Das Forschungsprojekt *Media for Democracy Monitor* untersucht die Leistungen, die Massenmedien für das Funktionieren moderner Demokratien erbringen. In einer Pilotuntersuchung wurden 2008 die marktführenden Massenmedien in fünf europäischen Ländern untersucht. Eine Untersuchungsdimension betrifft die organisationsinterne Wahrung demokratischer Prinzipien. Die Ergebnisse zeigen eine Kluft zwischen den untersuchten Ländern. Von einer durchgehend vorbildlichen Umsetzung demokratischer Prinzipien innerhalb von Medienorganisationen kann jedenfalls keine Rede sein.

1 Medienkrise und Leistungsgrenzen

Lange hat es nicht gedauert, bis die dominierenden Medienunternehmen öffentlich und mit Nachdruck ihre missliche wirtschaftliche Lage beklagten. Im Herbst 2007 ist verantwortungslosen US-Bankern eine bemerkenswerte Spekulationsblase in den Subprime-Immobilienmärkten in den Händen zerplatzt, was in der Folge die Weltwirtschaft in eine veritable Krise stürzte. Ausbleibende Investitionen, vor allem aber eine hartnäckig anhaltende Konsumflaute haben die Budgets großer und kleiner Unternehmen der Konsumgüter- und Dienstleistungsindustrie zum Schmelzen gebracht. Bevorzugter Gegenstand der rasch einsetzenden Sparbemühungen waren schon im Folgejahr 2008 die Kosten für Produkt- und Imagewerbung. Solche Kosten lassen sich von werbetreibenden Unternehmen relativ rasch und ohne gravierende Konsequenzen für die eigene Organisation einsparen. Diesen nicht vorhergesehenen Einschnitt bei den Werbeaufwendungen haben jene Medienunternehmen unmittelbar zu spüren bekommen, deren Geschäftsmodell stark von der Werbekonjunktur abhängt. Und dies sind unterdessen fast alle tonangebenden Massenmedien. Die von den Vereinigten Staaten exportierte Bankenkrise hat also ohne nennenswerte Vorwarnzeit die werbefinanzierten Medien weltweit erfasst.

Die betroffenen Medienunternehmen haben nicht gezögert, rigorose Kostensenkungsprogramme einzuleiten: Unter der Flagge der Bekämpfung der konjunkturellen Flaute in den Werbemärkten gingen viele Medienunternehmen daran, ihr Kostengerüst den sinkenden Werbeumsätzen anzupassen, was in einer Branche, die durch hohe Fixkosten gekennzeichnet ist, nicht viel anderes bedeutet als die Senkung der Arbeitskosten durch Abbau von Arbeitsplätzen. Rasch war klar, dass nicht nur die Verwaltung, sondern auch und vor allem die Redaktionen darunter leiden würden. Journalistinnen und Journalisten betriebsbedingt zu entlassen galt bis zur aktuellen Krise als Sakrileg. In den Jahren 2008 und 2009 haben aber selbst jene Medienunternehmen diesen Weg eingeschlagen, in denen bisher so etwas wie eine Arbeitsplatzgarantie bestand. Die *Frankfurter Allgemeine Zeitung* hat ebenso journalistische Arbeitsplätze abgebaut wie die *Neue Zürcher Zeitung* und der *Tages-Anzeiger*.

Die Kritik an einem übereilten Stellenabbau in den Jahren 2008 bis 2010 reiht sich ein in eine Liste von Vorwürfen an die markt- und meinungsführenden Medien in modernen Demokratien. Die kommunikationswissenschaftliche, soziologische und politikwissenschaftliche Literatur kritisiert nicht zuletzt im Kontext eines „neuen Strukturwandels der Öffentlichkeit" (Imhof 2006: 199ff) die Medien wegen ihrer zunehmenden Responsivität gegenüber kommerziellen Ansprüchen (McManus 2009), der Vernachlässigung öffentlicher gegenüber privater Interessen und der ausgreifenden Strukturierung von Öffentlichkeit nach einer eigenen Medienlogik (Mediatisierung) (Mazzoleni/Schulz 1999).

Diese Erscheinungsformen des medialen Wandels in Verbindung mit der betriebswirtschaftlich motivierten Reaktion der Medienunternehmen auf die Wirtschaftskrise werfen die fundamentale Frage auf, ob und in welchem Ausmaß die Medien noch jene Leistungen erbringen, die zeitgemäße Demokratien zur Funktionserhaltung brauchen und die Bürgerinnen und Bürger von den Medien erwarten. Mit dieser Fragestellung begibt sich die Sozialwissenschaft auf normatives und daher schwieriges Gelände. Welche Medienleistungen Demokratien brauchen, entzieht sich einer allgemein gültigen und statischen Festlegung. Vielmehr ist dieser Bedarf Teil und Ergebnis eines gesellschaftlichen Aushandlungsprozesses, der – soweit kann Konsens angenommen werden – nicht allein durch die Nachfrage der Rezipientinnen und Rezipienten nach Medienleistungen bestimmt wird.

Eine mögliche und sinnvolle normative Orientierungsmarke stellt das verfassungsgesetzlich festgelegte und durch die tägliche Praxis näher bestimmte Demokratieverständnis dar. Als Standard eines westlichen Demokratieverständnisses kann demnach gelten, dass Medien staatsfern zu organisieren sind, dass sie eine für den politischen Prozess bedeutsame Informationsaufgabe übernehmen, dass sie als Vermittler zwischen verschiedenen Positionen und Auffassungen in heterogenen Gesellschaften wirken und dass ihnen die Aufgabe zufällt, diejenigen zu überwachen, die in der Gesellschaft Macht ausüben. Die „Wachhund-Funktion" richtet sich in der liberalen Tradition vor allem auf Staat und Regierung, im republikanischen Verständnis darüber hinaus aber auch auf alle anderen Machtzentren, wie etwa Unternehmen und Interessensverbände.

Die Gesellschaft hat den Medien die Erfüllung dieser vielfältigen Informations-, Vermittlungs- und Kontrollaufgaben in großer Autonomie übertragen. Eine rechtlich verbindliche und mit Sanktionsgewalt ausgestattete Kontrolle der Leistungen der Medien ist in demokratischen Regierungsformen jedoch ausgeschlossen. Die Medien genießen in diesem Sinn einen großen gesellschaftlichen Vertrauensvorschuss. Ein Diskurs über die Frage, ob die Medien diesem Vertrauensvorschuss gerecht werden, findet – wenn überhaupt – wieder nur in den Medien statt und entspinnt sich häufig einzelfallbezogen an journalistischen Fehlleistungen. Auch in der Kommunikationswissenschaft wird die Debatte um die demokratiegerechte Leistungsfähigkeit der Medien nicht systematisch geführt. Angesichts der Krise, in der sich – jedenfalls nach Aussage der Spitzenmanager der großen Medienhäuser – die Branche befindet, erscheint die sozialwissenschaftliche Auseinandersetzung zumindest insofern sinnvoll, als empirische Befunde über Funktionsfähigkeit und Funktionsverluste der Massenmedien eine breitere Debatte in Gang setzen könnten.

Media for Democracy Monitor

Die interessensleitende Fragestellung des Forschungsprojekts *Media for Democracy Monitor* betrifft die Leistungsfähigkeit der nachrichtenführenden Massenmedien im Hinblick auf die Anforderungen moderner, westlicher Demokratien. Aus der klassischen Demokratietheorie lassen sich die drei genannten Funktionsstränge identifizieren: Freiheit, Vermittlung und Kontrolle (watchdog) (Curran 2000; 2005; Held 2002; Keane 1991; Lauth 2004; McQuail 2006; Meyer 2009; Strömbäck 2005; Voltmer 1999). Jeder Funktion lassen sich auf struktureller und auf akteursbezogener Ebene Indikatoren zuordnen, deren qualitative oder quanti-

tative Bestimmung ein differenziertes Bild der demokratiebezogenen Leistungsfähigkeit der führenden Nachrichtenmedien eines Landes ergibt.

2008 führten Sozialwissenschaftlerinnen und Sozialwissenschaftler aus fünf
europäischen Ländern einen ersten Durchlauf dieses *Media for Democracy Mo-
nitors* durch. Insgesamt wurden in diesen Ländern dieselben 19 Indikatoren empirisch bestimmt und bewertet. Im Endergebnis schnitten die Niederlande im
Vergleich zu Deutschland, der Schweiz, Portugal und Litauen am besten ab (die
gesamte Untersuchung ist dokumentiert unter Trappel/Maniglio 2009).

Auf der akteursbezogenen Ebene untersucht der *Media for Democracy Monitor* diejenigen Maßnahmen, die von den führenden Nachrichtenmedien ergriffen werden, um die demokratierelevante Leistungsfähigkeit sicher zu stellen.
Diese Frage thematisiert den spezifischen Verhaltenskodex, der von den Unternehmen für die eigene Tätigkeit entwickelt wird und als Richtschnur für das
Verhalten der Beschäftigten gilt. Solche internen Kodizes können explizit zum
Beispiel in Form von Statuten oder Leitbildern festgelegt sein, sie können sich
aber auch implizit im sozialen Kontext der Organisation herausbilden.

Existenz, Ausgestaltung und Wirksamkeit solcher Regeln werden im Rahmen der Media Governance Debatte zur Diskussion gestellt. Aus einer betriebswirtschaftlichen Perspektive können interne Regeln unter dem Begriff der *Corporate Governance* zusammengefasst werden. In der einschlägigen Literatur
wird der spezifische Charakter von Medienunternehmen betont, der sich in besonderen Konstellationen von Interessenskonflikten manifestiert. Mit Bezug auf
Medienunternehmen stellt Arrese (2005: 111) fest: „Nevertheless, given the
peculiarities of these companies, the intensity of conflicts of interests that raise
within them, the nature of their contents – which generate communication relations among elites, it is necessary to think about more complex models in order
to integrate corporate governance and news governance suitably." Arrese weist
auf das Spannungsverhältnis hin, das zwischen der Bedeutung der Medien für
die öffentliche Kommunikation und den damit verbundenen Verpflichtungen
einerseits und den qualitativen Ansprüchen an die Nachrichtenverarbeitung andererseits besteht.

Robert Picard fokussiert in seiner Analyse medienspezifischer Corporate
Governance Regeln auf die Beziehungen zwischen dem Management und den
Eigentümern (Aktionariat) sowie die Abstimmungsregeln innerhalb der Aufsichtsorgane (Picard 2010). Insgesamt benennt er acht Handlungsfelder, die der
Regelung bedürfen, um die Glaubwürdigkeit und Transparenz von Medienunternehmen zu sichern: Die Existenz veröffentlichter Governance Regeln, die Stim-
mengewichtung der Aktionäre, die Zusammensetzung und die Herkunft der Mitglieder des Verwaltungsrates, der Anteil von firmenexternen Verwaltungs- und
Aufsichtsräten, die Besoldungsregeln (einschließlich der Zusammensetzung der

compensation committees), sowie die Verflechtung auf Managementebene mit anderen Unternehmen. Gut geführte Medienunternehmen, so Picard, veröffentlichen die entsprechenden Informationen zur Corporate Governance im *investor relations* Bereich der Firmen-Website.

Mit einem anderen Aspekt von Media Governance beschäftigt sich Werner A. Meier (2006: 204). Er unterscheidet zwischen Governance *für, in* und *durch* Medien. Als Governance *für* Medien bezeichnet Meier die medienexternen Einflüsse auf die Rahmenbedingungen von Medien, also etwa die Mediengesetzgebung. Governance *durch* Medien bezeichnet den Beitrag und Einsatz der Medien zur Durchsetzung gesellschaftlicher und demokratischer Ziele. Der für die internen Regeln von Medienunternehmen eingeführte Begriff der Governance *in* Medien beschäftigt sich mit den Machtbeziehungen innerhalb von Medienunternehmen. Meier fasst den Begriff weiter als Picard und schließt neben den Regeln für die formalen Beziehungen zwischen Aufsichts- und Verwaltungsräten mit dem Management, die häufig durch ein Auseinanderklaffen der Interessen der Kapitalgeber und derjenigen der Unternehmensleitung gekennzeichnet sind, auch die Beziehungen zwischen Geschäftsführung und Chefredaktion und den Journalistinnen und Journalisten mit ein.

Der *Media for Democracy Monitor* schließt an dieses Governance Verständnis an. Governance *in* Medien soll aus der Perspektive der Sicherstellung von demokratierelevanten Leistungen dafür sorgen, dass in der Dimension der *Freiheit* möglichst großer Spielraum für die journalistische Arbeit der Nachrichtenredaktionen besteht. Als Arbeitshypothese ist davon auszugehen, dass dieser Spielraum dann besonders groß ist, wenn Regeln dafür sorgen, dass (Indikator 1) die Medieneigentümer kein Durchgriffsrecht auf die redaktionelle Arbeit besitzen; und (Indikator 2) Regeln die Nachrichtenschaffenden vor dem Zugriff externer Interessen schützen. Implizite Regeln müssen in diesen beiden Fällen als weniger wirksam betrachtet werden, weil das Machtgefälle in Indikator 1 wenig Gewähr für die Verteidigung der journalistischen Unabhängigkeit bietet, und der Druck externer Interessen, zum Beispiel der Werbewirtschaft, häufig subtile Formen annehmen kann. Kodifizierte Regeln als Schutz vor Eingriffen in die Redaktionsautonomie sind in diesen beiden Fällen vorzuziehen.

Ein dritter Indikator für die Demokratietauglichkeit von Nachrichtenredaktionen ist die Ausprägung der redaktionellen Demokratie, also die Frage, in welcher Form demokratische Verhaltensregeln auch innerhalb der Redaktion gelten. Dies kann etwa die Modalitäten bei der Bestellung eines Chefredakteurs oder einer Chefredakteurin betreffen, bei der eine mehr oder weniger große Mitentscheidungskompetenz den Mitgliedern der Redaktion eingeräumt wird oder nicht. Dies kann aber auch die expliziten oder impliziten Regeln bei der Aushandlung redaktioneller Entscheidungen im Tagesgeschäft betreffen.

Die empirische Datenerhebung und –interpretation wurde in Deutschland von Frank Marcinkowski und André Donk geleistet, in Litauen von Auksė Balčytienė und Eglė Naprytë, in den Niederlangen von Leen d'Haenens, in Portugal von Joaquim Fidalgo und in der Schweiz von Tanja Maniglio und Josef Trappel (die Berichte zu den Indikatoren in den einzelnen Ländern sind vollständig dokumentiert in Trappel/Meier 2010).

Indikator 1 „Schutz vor *interner* Einmischung in redaktionelle Angelegenheiten"

Redaktionen, verstanden als soziale Einrichtungen, sind in komplexe Beziehungsgeflechte eingebunden. Dieser Indikator stellt die Frage, in welchem Grad die redaktionelle Autonomie gegenüber internen Anspruchsgruppen innerhalb von nachrichtenführenden Medien gewährleistet ist. Solche organisationsinternen Anspruchsgruppen können vertikal betrachtet Eigentümer, deren Vertreter oder Mitglieder der Aufsichtsgremien (Aufsichtsrat) sein, auf horizontaler Ebene kommt die interne Revisionsstelle, vor allem aber die kaufmännische Abteilung in Betracht.

Aus demokratischer Perspektive wird angenommen, dass redaktionelle Leistungen dann besonders unabhängig erbracht werden können, wenn kodifizierte Regeln das Verhältnis zwischen Mitgliedern der Redaktion und anderen internen Anspruchsgruppen gestalten. Solche Regeln sollen die Mitglieder der Redaktion davor schützen, inhaltliche Entscheidungen nicht aufgrund ihrer eigenen professionellen Einschätzung zu treffen, sondern in Abhängigkeit von internen Ansprüchen oder in Reaktion auf interne Einflussversuche. Das Konzept dieses Indikators geht davon aus, dass formale Regeln wirkungsvoller sind als mündliche Absichtserklärungen aller Beteiligten. Der Indikator fragt nicht nur nach der Existenz solcher Regeln, sondern auch nach ihrer Anwendung und nach den damit gesammelten Erfahrungen.

Eine besondere Position nimmt die Person des Chefredakteurs oder der Chefredakteurin ein. Diese Person agiert an der Schnittstelle zwischen Redaktion und anderen internen Anspruchsgruppen. Daher ist von besonderer Bedeutung, in welcher Form Rechte und Pflichten der Chefredaktion unternehmensintern festgelegt sind, welche *Corporate Governance* Regeln also für diese Position bestehen.

Methodisch sind die Informationen zur Bearbeitung dieses Indikators nur durch die Befragung Betroffener zu beschaffen. In den fünf Ländern wurden daher qualitative Leitfadeninterviews mit Mitgliedern von Redaktionen geführt, um sowohl die Existenz solcher Regeln zu erheben, als auch die Erfahrungen mit ihrer Anwendung zu dokumentieren.

In *Deutschland* herrscht nach Auskunft der befragten Medienunternehmen eine strikte Trennung zwischen Redaktion und Management. Selbst in jenen Unternehmen, in denen regelmäßige Treffen zwischen diesen Personengruppen stattfinden, erklärten die Redaktionsmitglieder, keinem Druck seitens des Managements ausgesetzt zu sein. Als heikel wird von einigen Interviewpartnern der Sonderfall der Berichterstattung über das eigene Medium oder den eigenen Medienkonzern beschrieben. Dort komme es gelegentlich zu Einflussversuchen.

In *Litauen* schreibt das Gesetz den Nachrichtenredaktionen vor, einen *Code of Ethics* zu verabschieden. Solche internen Richtlinien bestehen zwar formal in den meisten Redaktionen, sie sind aber für die tägliche Arbeit weitgehend wirkungslos. In zwei der untersuchten Nachrichtenmedien besteht eine Personalunion von Chefredakteuren und Unternehmensleitungen, was einerseits dem demokratisch geforderten Trennungsgebot von Redaktion und kaufmännischer Leitung widerspricht, vor allem aber diese Person in einen permanenten Interessenskonflikt bringt. Werbung und Redaktion sind zwar in den meisten Fällen nicht formal getrennt, eine Verflechtung des Personals (z.B. Journalisten, die auch für die Anzeigenabteilung schreiben) ist allerdings in Litauen auch nicht üblich. Gelegentlich werden interne Konflikte öffentlich, so etwa die Kündigung der Journalistinnen und Journalisten bei der Übernahme der Nachrichtenagentur ELTA durch ein Medienunternehmen, weil der neue Eigentümer nach Ansicht der Journalisten Einfluss auf den Inhalt nehmen wollte.

In den *Niederlanden* legen die Redaktionsstatuten in der Regel fest, dass die kaufmännische und die redaktionelle Arbeit strikt zu trennen sind. Allerdings haben in den letzten Jahren Verlagsverantwortliche die Diskussion angestoßen, ob eine solch strikte Trennung noch angemessen sei. In großen niederländischen Verlagen scheint eine Praxis Einzug zu halten, wonach sich die redaktionellen Leiterinnen und Leiter mit ihren Marketing- und Anzeigenkollegen regelmäßig absprechen. Dabei kommen die Verlagsleiterinnen und -leiter unter Druck, die Berichterstattung den Wünschen der Kolleginnen und Kollegen anzupassen. Diese Entwicklung geht in den Niederlanden mit einer generellen Aufwertung der Bedeutung von Marketing- und Anzeigenabteilung einher.

In *Portugal* wird die Trennung zwischen Redaktion und kaufmännischer Abteilung grundsätzlich respektiert, auch wenn diese Trennung nicht immer schriftlich und verbindlich festgelegt ist. Bei der Gründung der Zeitung *Público* 1990 veröffentlichten Redaktion und Eigentümer gemeinsam eine Erklärung über die Trennung der redaktionellen und kommerziellen Geschäfte. Dennoch gestanden in Portugal einzelne Interviewpartner aus den Redaktionen ein, dass bei heiklen Recherchen Rücksicht auf die Interessen der Eigentümer genommen werde. Derartige Selbstzensur könne, so die Gesprächspartner, nie ganz ausgeschlossen werden.

In der *Schweiz* halten die Nachrichtenredaktionen die Trennung von Redaktion und kaufmännischer Abteilung nach eigener Aussage strikt aufrecht. In manchen Nachrichtenmedien sprechen sich die Anzeigen- und Werbeleiter mit der Redaktion über Beilagen oder Themenschwerpunkte ab, eine kontinuierliche Zusammenarbeit findet jedoch nicht statt. Allerdings bestehen in den untersuchten Nachrichtenmedien auch keine schriftlichen Trennungsregeln.

Indikator 2 „Schutz vor *externer* Einmischung in redaktionelle Angelegenheiten"

Dieser Indikator fragt nach den Vorkehrungen, die ein nachrichtenführendes Medium vor dem Einfluss von externen Anspruchsgruppen schützt. Ein solcher externer Einfluss kann aus Versuchen politischer Akteure bestehen, Einfluss auf die Berichterstattung zu nehmen – etwa durch direkte Intervention bei den Mitarbeitenden der Redaktion, bei der Chefredaktion oder bei den Eigentümerinnen und Eigentümern. Ein spezifischer Fall sind öffentliche Medienunternehmen: Dort können Regierungen oder im Parlament vertretene politische Parteien Vertreter in die Aufsichtsgremien der Medien entsenden. Versuchen solche Personen Einfluss auf die redaktionelle Arbeit zu nehmen, wird die Unterscheidung zwischen interner und externer Einmischung obsolet. Entscheidend für diesen Indikator ist einzig, ob Regeln den Umgang mit derartigen Einflussversuchen zum Schutz der redaktionellen Autonomie festlegen.

Eine andere Qualität weisen externe Einflussversuche durch Geschäftspartner bzw. Kunden werbefinanzierter Medien auf. Dies kann aus Missfallenskundgebungen der Werbeauftraggeber über die redaktionelle Arbeit bestehen, kann aber auch bis zu einem mehr oder weniger explizit begründeten Anzeigen- oder Werbeboykott gehen. Aus demokratiepolitischer Sicht stellen derartige Interventionen dann ein Problem dar, wenn die ökonomische Abhängigkeit des betreffenden Mediums von einem oder wenigen Werbekunden groß ist. Eine möglichst breite Ertragsstreuung über zahlreiche Werbekunden hinweg reduziert diese Risiken.

Auch dieser Indikator ist empirisch nur durch Befragung zu erfassen. In den geführten Leitfadeninterviews mit Mitgliedern der Redaktionen und der kaufmännischen Abteilungen wurde auch nach Beispielen für Einflussversuche – oder für erfolgreiche Interventionen – gefragt.

Die ausgewählten führenden Nachrichtenmedien in *Deutschland* sind von externen Interessen nach eigenem Befinden kaum unter Druck zu setzen. Diese Medien sind Teil größerer Medienkonzerne, deren wirtschaftliche Basis ausreicht, um jegliche Einflussversuche von kommerziellen Werbekunden zu unterbinden. Auch politische Einflussversuche waren in der Vergangenheit erfolglos und wurden von der Redaktionsleitung entsprechend abgewiesen. Allerdings ist einzuschränken, dass dieser Befund nur für jene Nachrichtenmedien zutrifft, deren ökonomische Basis nicht ernsthaft gefährdet ist.

In *Litauen* besteht wenig Schutz der Redaktionen vor dem Einfluss vor allem der werbetreibenden Wirtschaft. Einzelne befragte Chefredakteure gaben an, bereits von solchen Werbekunden unter Druck gesetzt oder gar bedroht worden zu sein. Auch *Transparency International* kam in einer Untersuchung 2005/2006 zu demselben Schluss und berichtet von Geschäftsleuten, denen die inhaltliche Intervention gelungen war. Generell wird die Presse für externen Druck als anfälliger (und korrupter) angesehen als die nationalen Fernsehveranstalter.

In den *Niederlanden* sind die meisten führenden Nachrichtenmedien gemischt finanziert aus Nutzungsgebühren (Entgelt für die Zeitung, Gebühr für den öffentlichen Rundfunk) und Werbung. Von den werbetreibenden Unternehmen dominiert keines ein nachrichtenführendes Medium, die Erlösströme sind weitgehend ausgeglichen. Der öffentliche Rundfunk finanziert sich nur zu einem kleinen Teil aus Werbung, was das ökonomische Einfluss- und Druckpotenzial der Werbewirtschaft ebenfalls reduziert.

Der *portugiesische* Werbemarkt besteht aus so wenigen Akteuren, dass zwischen den werbeführenden Medien und der werbetreibenden Wirtschaft enge Verbindungen bestehen. Die Trennungsnorm von redaktionellem Teil und Werbung wird auf Druck der Werbewirtschaft immer häufiger verletzt. Die wirtschaftlichen Probleme, mit denen sich die meisten portugiesischen Medien konfrontiert sehen, tragen dazu bei, den Einfluss der werbetreibenden Wirtschaft weiter zu vergrößern.

In der *Schweiz* zählen politische Interventionen in den Redaktionen zwar zum Alltag, diese sind aber auf die Lobbyarbeit vorbereitet und die Chefredakteurinnen und Chefredakteure wehren diese Einflussversuche erfolgreich ab. Weniger eindeutig ist die Lage im Hinblick auf Interventionen der werbetreibenden Wirtschaft. Besonders die zur Gänze werbefinanzierte Pendlerpresse verletzt gelegentlich die Trennungsnormen. Im Gegensatz dazu spielen Druckversuche der Werbekunden im öffentlichen Rundfunk kaum eine Rolle, weil das öffentliche Radio zur Gänze werbefrei ist und das öffentliche Fernsehen nur zu einem Viertel aus Werbung finanziert wird.

Indikator 3 „Redaktionelle Mitentscheidungsregeln (redaktionsinterne Demokratie)"

Dieser Indikator setzt bei der Frage an, in welcher Form innerhalb von Redaktionen demokratische Regeln gelten und eingeübt werden. Der Alltag von Nachrichtenjournalistinnen und –journalisten ist gekennzeichnet von einer Vielzahl von Entscheidung. Die Auswahl der Nachrichten ist ebenso Teil der täglichen Arbeit am Newsdesk wie die Entscheidung darüber, welche Ereignisse vertieft behandelt werden, welche Meinungen zu (politischen) Ereignissen eingeholt werden, welche Personen in den Beiträgen zu Wort kommen, wieviel Raum (in Radio und Fernsehen: Zeit) den einzelnen Beiträgen zugestanden wird, etc.

Die große Mehrheit dieser Entscheidungen wird in der Regel in eigener Verantwortung und allein getroffen. Mit der Tragweite der Ereignisse und der Berichterstattung darüber nimmt auch die Notwendigkeit innerhalb der Redaktion zu, Entscheidungen zu besprechen oder gemeinsam zu treffen. Die Debatte innerhalb der Redaktion ist ein zentrales Qualitätsmerkmal und eine inhaltliche Stellgröße. Aus demokratischer Sicht ist relevant, wie innerhalb der Redaktion inhaltliche Entscheidungen zustande kommen. Je mehr Gelegenheit zur Debatte besteht, je besser die diskursiven Räume ausgestaltet sind, desto eher ist davon auszugehen, dass die redaktionellen Entscheidungen der demokratischen Diskurskultur entsprechen. Selbstverständlich sind unterschiedliche journalistische Formate und Genres in unterschiedlichem Ausmaß von diesem demokratischen Anspruch erfasst. Meinungsbeiträge, Glossen oder Kommentare spiegeln die individuelle Meinung wider (geben aber häufig ihrerseits redaktionsintern Anlass zur Diskussion). Berichte, Interviews oder die Haltung der Redaktion bei umstrittenen politischen, wirtschaftlichen oder kulturellen Fragen sind das Ergebnisse eines internen Entscheidungsverfahrens, das durch das bessere Argument, aber auch durch die interne Ressourcenverteilung (Zeit, Geld, Rechercheaufwand) gesteuert wird. Je ausgeprägter die Diskussionskultur in einer Redaktion, desto eher entspricht sie demokratischen Prinzipien.

Stärker noch als bei der Entscheidung über Fragen der Berichterstattung können demokratische Verfahren bei der internen Mitbestimmung oder Mitentscheidung eingeübt werden. Die Existenz von Redakteursräten (*newsroom councils*), Vertreterinnen oder Vertreter der Redaktion in den Aufsichts- und Verwaltungsräten des Unternehmens, oder die Mitbestimmung bei der Bestellung der Chefredaktion sind unterschiedliche Ebenen der demokratischen Mitwirkung der Redaktionsmitglieder bei der *Corporate Governance*.

Methodisch lässt sich das gelebte demokratische Niveau durch Beobachtung, oder durch die Befragung von Redaktionsmitgliedern über die Kenntnis der in der betreffenden Redaktion geltenden Statuten erfassen. Wie bei den anderen beiden hier diskutierten Indikatoren interessieren nicht nur die kodifizierten Regeln, sondern auch und vor allem die gelebte Praxis.

In *Deutschland* bestehen in vielen Redaktionen Redaktionsstatute, die auch eine Interessenvertretung der Journalistinnen und Journalisten regeln. Allerdings endet die betriebliche Mitbestimmung in der Regel bei der Entscheidung über Führungspositionen. Diese Entscheidung behalten sich die Eigentümer vor. Zwei

Medien bildeten in dem gewählten Sample die Ausnahme: Der Spiegel, in dem die Mitarbeitenden gleichzeitig auch Eigentümer sind und daher bei der Besetzung der Chefredaktionen mitreden, und die Süddeutsche Zeitung, die einen Redakteursrat eingerichtet hat, der mit einer Zweidrittelmehrheit sogar die Besetzungsvorschläge der Eigentümer zurückweisen kann.

In *Litauen* werden die Führungspositionen in den Nachrichtenmedien durchgängig hierarchisch besetzt. Eine Mitentscheidungsmöglichkeit für die Mitglieder der Redaktionen besteht nicht, lediglich bei einem Online-Medium (*Bernardinai.lt*) wird die Redaktion bei der Besetzung der Chefpositionen befragt.

In den *Niederlanden* erfolgt die Besetzung der Chefredaktion in aller Regel nur in Mitwirkung bzw. durch die Mitentscheidung der Mitglieder der Redaktion. Bei der Zeitung De Gelderlander schlagen beispielsweise das Management und die Redaktion je einen Kandidaten oder eine Kandidatin vor, wobei beide Seiten den jeweiligen Gegenvorschlag mit einem Veto belegen können. Die Besetzung erfolgt nur dann, wenn sich die beiden Seiten einigen. Dieses Verfahren ist in den Redaktionsstatuten festgelegt und zwingt die Beteiligten zu einer Verhandlungslösung.

In *Portugal* verpflichten die Verfassung sowie die entsprechende Ausführungsgesetzgebung die Medienunternehmen dazu, redaktionsintern demokratische Regeln anzuwenden. Redaktionen haben das Recht, eine Vertretung zu bestimmen, die über Mitentscheidungskompetenzen etwa bei Personalentscheidungen verfügt. Auch wenn in der Praxis diese Mitentscheidungsverfahren unterschiedlich gut funktionieren, so hat sich in den portugiesischen Nachrichtenredaktionen doch eine demokratische Kultur der Mitwirkung etabliert. Viele Redaktionen verfügen auch über intern beschlossene und verbindliche Verhaltenskodizes.

Die *Schweiz* erweist sich im Hinblick auf die Ausgestaltung von Mitbestimmungsrechten der Mitglieder der Nachrichtenredaktionen als wenig demokratisch. Weder existieren in den führenden Nachrichtenmedien Redaktionsräte oder andere Formen betrieblicher Mitbestimmung, noch bestehen interne Mitspracherechte bei der Besetzung von Führungspositionen. Chefredakteurinnen und Chefredakteure werden von den Eigentümern ohne Mitwirkung der Redaktion eingesetzt.

Fazit

Die Auswertung der ersten Erhebungswelle des *Media for Democracy Monitor* hat gezeigt, dass in den untersuchten Ländern erhebliche Unterschiede bei den drei Indikatoren bestehen. Von einem einheitlich hohen demokratischen Niveau kann nicht die Rede sein. Bemerkenswerte Unterschiede zeigen sich bei der Ausgestaltung von Mitentscheidungsrechten innerhalb der Redaktionen. Die führenden Nachrichtenmedien in den Niederlanden und in Portugal räumen der demokratischen Praxis innerhalb der Redaktionen erheblich mehr Raum ein als jene in Deutschland und der Schweiz. In Portugal stützen sich die entsprechenden *Corporate Governance* Regeln sogar auf eine Verfassungsbestimmung. Die Trennungsnorm von Geschäft und Redaktion hingegen wird der Form nach in allen Ländern respektiert, Kompromisse werden aber dann eingegangen, wenn die wirtschaftliche Lage den Medien zusetzt. In wirtschaftlich schwierigen Zeiten sind die Medien eher bereit, ihre Unabhängigkeit im Dienste der Wirtschaftlichkeit zu kompromitieren.

Die eingangs angesprochene Medienkrise lässt also erwarten, dass mit einer Erosion der Unabhängigkeit der Nachrichtenmedien zu rechnen ist. Einflussversuche von unternehmensexternen Akteuren aus der Werbewirtschaft könnten in Zeiten der wirtschaftlichen Krise eher erfolgreich sein als in Zeiten, zu denen hohe Profite erwirtschaftet werden. In einer solchen Situation stellt sich aus kommunikationswissenschaftlicher und medienpolitischer Perspektive die Frage, welche Regulierungs- oder Governance-Formen die besten Voraussetzungen dafür schaffen, dass Nachrichtenmedien die bestmöglichen Leistungen für die Demokratie erbringen.

Für das Jahr 2010 ist eine weitere Erhebungswelle mit über zehn Ländern geplant. Aufgrund der Erfahrungen der ersten Welle wurde der Indikatorenkatalog etwas erweitert und vertieft. Eine Vergleichbarkeit mit der ersten Welle sollte aber gewährleistet werden. Das Projekt wird vom Autor dieses Beitrages koordiniert.

Literatur

Arrese, Angel (2005): Corporate Governance and News Governance in Economic and Financial Media. In: Picard, Robert (Hrsg.): Corporate Governance of Media Companies. Jönköping, S. 77-125.

Curran, James (2000): Rethinking Media and Democracy. In: Curran, James/Gurevitch, Michael (Hrsg.): Mass Media and Society. Third Edition. London: Arnold, S. 120-154.

Curran, James (2005): What Democracy Requires of the Media. In: Overholser, Geneva/Hall Jamieson, Kathleen (Hrsg.): The Press. Oxford: Oxford University Press, S. 120-140.

Held, David (2002): Models of Democracy. 3rd Edition. Oxford: Polity Press.

Imhof, Kurt (2006): Mediengesellschaft und Medialisierung. In: Medien & Kommunikationswissenschaft, Jg. 54, Nr. 2, S. 191-215.

Keane, John (1991): The Media and Democracy. Cambridge: Polity Press.

Lauth, Hans-Joachim (2004): Demokratie und Demokratiemessung. Eine konzeptionelle Grundlage für den interkulturellen Vergleich. Wiesbaden: VS Verlag.

Mazzoleni, Gianpietro/Schulz, Winfried (1999): „Mediatization" of Politics. A Challenge for Democracy? . In: Political Communication, Jg. 16, Nr. 3, S. 247-261.

McManus, John (2009): The Commercialization of News. In: Wahl-Jorgensen, Karin/Hanitzsch, Thomas (Hrsg.): Handbook of Journalism Studies. New York, London: Routledge, S. 218-233.

McQuail, Denis (2006): Media roles in society. In: Carpentier, Nico et al. (Hrsg.): Researching Media, Democracy and Participation. The Intellectual Work of the 2006 European Media and Communication Doctoral Summer School. Tartu: Tartu University Press, S. 47-58.

Meier, Werner A. (2006): „Media Ownership Governance": Plattform für einen Risikodialog über Medienmacht. In: Marcinkowski, Frank/Meier, Werner A./Trappel, Josef (Hrsg.): Medien und Demokratie. Europäische Erfahrungen. Bern, Stuttgart, Wien: Haupt, S. 193-211.

Meyer, Thomas (2009): Was ist Demokratie? Eine diskursive Einführung. Wiesbaden: VS Verlag.

Picard, Robert (2010): Monitoring Corporate Governance in US and European Media Firms. In: Trappel, Josef/Meier, Werner A. (Hrsg.): On Media Monitoring. The Media and Their Contribution to Democracy. New York: Peter Lang, (forthcoming).

Strömbäck, Jesper (2005): In Search of a Standard: four models of democracy and their normative implications for journalism. In: Journalism Studies, Jg. 6, Nr. 3, S. 331-345.

Trappel, Josef/Maniglio, Tanja (2009): On Media Monitoring – the Media for Democracy Monitor (MDM). In: Communications, Jg. 34, Nr. 2, S. 169-201.

Trappel, Josef/Meier, Werner A. (Hrsg.) (2010): On Media Monitoring. The Media and Their Contribution to Democracy. New York: Peter Lang (forthcoming).

Voltmer, Katrin (1999): Medienqualität und Demokratie. Eine empirische Analyse publizistischer Informations- und Orientierungsleistungen in der Wahlkampfkommunikation. Baden-Baden: Nomos Universitätsschriften: Politik.

Rechtlicher Rahmen für den öffentlichen Rundfunk nach dem Verfahren über die staatliche Beihilfe in Deutschland: Prokrustesbett oder Hängematte?

Wolfgang Schulz

Einleitung

Der öffentlich-rechtliche Rundfunk wird in Deutschland über Gebühren finanziert. Im Jahr 2003 reichte der Verband Privater Rundfunk- und Telemedien e.V., VPRT, Beschwerde bei der Kommission ein mit der Begründung, daß die Gebühren staatliche Beihilfe im Sinne von Artikel 87 Abs. 1 EG-Vertrag darstellen und den Wettbewerb zwischen den öffentlich-rechtlichen und den privaten Rundfunksäulen in Deutschland durch Begünstigung der öffentlich-rechtlichen Rundfunkanstalten verzerren. Es wurde vorgebracht, daß der den öffentlich-rechtlichen Rundfunkanstalten gewährte Ausgleich und die ihnen gezahlte Finanzhilfe über das hinausgehe, was zu einer ordnungsgemäßen Erfüllung des öffentlich-rechtlichen Auftrags erforderlich wäre, und daß das System der öffentlichen Finanzierung den Wettbewerb in bezug auf neue Online-Inhalte verzerre. Die Bundesrepublik erwiderte daraufhin, daß die Gebühren, die den mit dem öffentlich-rechtlichen Auftrag betrauten öffentlich-rechtlichen Rundfunkanstalten gewährt werden, weder staatliche Beihilfe noch eine Begünstigung bestimmter Unternehmen im Sinne von Artikel 87 Abs. 1 darstellen. Die Bundesrepublik machte geltend, daß der öffentlich-rechtliche Auftrag klar definiert sei, die den Gebühren zugrundeliegenden Parameter objektiv und transparent wären, und daß durch die in Deutschland geltenden rechtlichen Rahmenbedingungen gewährleistet sei, daß die den öffentlich-rechtlichen Rundfunkanstalten gewährte finanzielle Unterstützung nicht über das hinausgehe, was zur Erfüllung des Auftrags erforderlich ist. Es werde somit davon ausgegangen, daß die rechtlichen Rahmenbedingungen in Deutschland die vom Europäischen Gerichtshof (EuGH) im Fall Altmark festgelegten Kriterien erfüllen und daher nicht mehr den Bestimmungen des Artikels 87 Abs. 1 EG-Vertrag unterliegen.

Die Europäische Kommission betrachtet hingegen diese Gebühren als staatliche Beihilfe im Sinne der Artikel 86 und 87 EG. Die Kommission überprüfte zunächst, ob die Gebühren in Deutschland eine staatliche Beihilfe im Sinne von

Artikel 87 Abs. 1 darstellen und kam zu dem Schluß, daß die Gebühren tatsächlich diesem Artikel unterliegen. Daraufhin prüfte die Kommission, ob die Freistellungsregelung in Artikel 86 Abs. 2 anwendbar ist, wobei sie die Anwendbarkeit der in Artikel 87 Abs. 3 (d) festgelegten Freistellungsregelung für Beihilfen zur Förderung der Kultur implizit ausschloß. Der zwischen Deutschland und der Europäischen Kommission 2007 vereinbarte Kompromiß zur Beilegung des Verfahrens über staatliche Beihilfe in Deutschland (Beihilfekompromiß) beinhaltet eine Reihe von Anforderungen, die von den Bundesländern – denen die Gesetzgebungskompetenz für Rundfunkangelegenheiten obliegt – durch Änderung des Rundfunkstaatsvertrages im Jahr 2009 erfüllt wurden. Dieser Kompromiß war höchst umstritten und ist das direkte Ergebnis des oben erwähnten Streits zwischen der EU-Kommission und der Bundesrepublik.

Künftig müssen neue oder veränderte Internetangebote einem „Drei-Stufen-Test" unterzogen werden, der der Feststellung dient, ob das fragliche Angebot mit dem öffentlich-rechtlichen Auftrag im Einklang steht und die Anforderungen der Artikel 86 und 87 EG erfüllt. Anhand des Tests, der in § 11f Abs. 4 des Rundfunkstaatsvertrages festgelegt ist, soll geprüft werden, ob das neue Telemedienangebot dem öffentlich-rechtlichen Auftrag entspricht und, wenn dies der Fall ist, ob es in qualitativer Hinsicht zum publizistischen Wettbewerb beiträgt. Dieses Verfahren erfüllt eine ähnliche Funktion wie der Public-Value-Test und die Bewertung der Auswirkungen durch die BBC. Aufgrund deutscher Besonderheiten bestehen jedoch wesentliche Unterschiede. Der Public-Value-Test der BBC basiert hauptsächlich auf zwei Elementen: Erstens, auf einer Bewertung des Public Value und zweitens auf einer Bewertung der Marktauswirkungen. Diese Bewertung wird vom Ofcom durchgeführt, und zwar unter der Aufsicht eines gemeinsamen Lenkungsausschusses (Joint Steering Group, JSG), in dem der BBC Trust und das Ofcom gleichberechtigt vertreten sind. Der deutsche Public-Value-Test und seine Mechanismen unterscheiden sich vom britischen Modell und werden daher im Anschluß näher erläutert.

Das Beihilfeverfahren gegen die Bundesrepublik hat nicht nur den rechtlichen Rahmen in Deutschland verändert, die Europäische Kommission stützte sich zudem bei der Formulierung ihrer geänderten Rundfunkmitteilung, in der sie eine Stellungnahme darüber abgibt, wie in Beihilfeverfahren betreffend den öffentlich-rechtlichen Rundfunk zukünftig zu urteilen ist, auf ihre in dieser Rechtssache gesammelten Erfahrungen. Dieser Beitrag beschreibt und erörtert sowohl die innerstaatlichen als auch die europäischen Auswirkungen dieser Rechtssache.

Besonderheiten des deutschen dualen Rundfunksystems

Verfassungsrechtliche Grundlage

Das deutsche Rundfunksystem wurde in hohem Maße durch den verfassungsrechtlichen Rahmen, nämlich durch Artikel 5 Abs. 1 Grundgesetz geprägt, in dem die Rundfunkfreiheit garantiert wird. Diese Garantie ist in einem eher allgemeinen Wortlaut festgelegt und ist somit vom Bundesverfassungsgericht auszulegen. Das Bundesverfassungsgericht hat in mehreren Grundsatzentscheidungen ein besonderes Verständnis für diese Freiheit entwickelt. Laut Rechtsprechung des Gerichts wird die Rundfunkfreiheit nicht in erster Linie zum Schutz der Interessen einzelner Rundfunkveranstalter gewährt, sondern zur Sicherung der freien öffentlichen und individuellen Meinungsbildung. Dieser Regelung zufolge muß der Gesetzgeber eine Rundfunkordnung schaffen, die für ihre Verfassungsmäßigkeit bestimmte vom Bundesverfassungsgericht in den oben genannten Grundsatzentscheidungen festgelegte Anforderungen erfüllen muß. Rechtsakte, die den Rundfunk betreffen, können vor dem Verfassungsgericht angefochten werden, wenn sich öffentlich-rechtliche oder private Rundfunkveranstalter um ihre im Grundgesetz in Artikel 5 Abs. 1 festgelegten Grundrechte betrogen fühlen.

Die Länder haben entsprechend den verfassungsrechtlichen Rahmenbedingungen ein sogenanntes „duales Rundfunksystem" mit einer öffentlich-rechtlichen und einer privaten „Rundfunksäule" geschaffen, der jeweils ein gesetzlicher Auftrag zur Förderung der öffentlichen und individuellen Meinungsbildung übertragen wurde.

Aus den Entscheidungen des Bundesverfassungsgerichts, die eine besondere Bedeutung für die rechtliche Grundlage des öffentlich-rechtlichen Rundfunks in Deutschland haben, sind einige Anforderungen abzuleiten:

1. Freiheit vor staatlicher Einflußnahme: Trotz der Tatsache, daß der Gesetzgeber die Rundfunkordnung gestalten muß, darf weder der Gesetzgeber noch die Regierung die publizistische Freiheit einer Rundfunkanstalt beeinflussen. Dies bedeutet, daß es dem Gesetzgeber nicht gestattet ist, den öffentlich-rechtlichen Auftrag bis ins Einzelne zu definieren und er an eine allgemeinere Regulierung des Gesamtprogramms als solches gebunden ist. Daneben ist der Gesetzgeber befugt, organisatorische und prozedurale Vorschriften zu erlassen. Darüber hinaus dürfen Entscheidungen über die Rundfunkgebühr nicht mit Entscheidungen über Programmfragen gekoppelt werden.

2. Nicht nur Bestandsgarantie, sondern auch Entwicklungsgarantie für den öffentlich-rechtlichen Rundfunk: Da der öffentlich-rechtliche Rundfunk im

Rahmen der dualen Rundfunkordnung weiterhin eine wichtige Funktion erfüllen muß, kann der Gesetzgeber bei Änderungen des Mediensystems –
insbesondere bei einer veränderten Nutzung des Mediensystems – verfassungsrechtlich verpflichtet sein, die öffentlich-rechtlichen Rundfunkanstalten in die Lage zu versetzen, neue Programmformate anzubieten, damit sie
diesen Bedürfnissen gerecht werden können.

Der öffentlich-rechtliche Rundfunk in Deutschland basiert entsprechend den
oben genannten Grundsätzen auf den Vorschriften des Rundfunkstaatsvertrages
(RStV) und einem für jede öffentlich-rechtliche Rundfunkanstalt in Deutschland
gesondert festgelegten Gründungsgesetz. Die öffentlich-rechtliche Säule besteht
somit aus verschiedenen öffentlich-rechtlichen Rundfunkanstalten, die den deutschen Föderalismus vertreten. Die Rundfunkanstalten sind in der Arbeitsgemeinschaft der öffentlich-rechtlichen Rundfunkanstalten in Deutschland (ARD) organisiert , die die Interessen der 9 dezentralisierten regionalen öffentlich-
rechtlichen Rundfunkanstalten (und der hier nicht interessierenden Deutschen
Welle) als gemeinsames Netzwerk vertritt. Eine weitere von den Ländern gegründete Rundfunkanstalt ist das Zweite Deutsche Fernsehen (ZDF). Im Gegensatz zur ARD verfügt das ZDF über kein gemeinsames Netzwerk und hat keine
regionalen Varianten oder angeschlossenen Länderanstalten.

In bezug auf den Auftrag der öffentlich-rechtlichen Rundfunkanstalten gibt
es eine zentrale Bestimmung in § 11 des Rundfunkstaatsvertrages, in der die
öffentlich-rechtlichen Rundfunkanstalten mit der Herstellung und Verbreitung
von Hörfunk- und Fernsehprogrammen und – vor der 12. Änderung des Rundfunkstaatsvertrages – mit sogenannten programmbegleitenden und programmbezogenen Telemedienangeboten beauftragt werden. Ein solch expliziter Auftrag
ist aufgrund der in Deutschland verfassungsrechtlichen Verpflichtungen erforderlich. Dennoch muß der im Rundfunkstaatsvertrag verankerte Auftrag den
öffentlich-rechtlichen Rundfunkanstalten genügend Entscheidungsfreiheit gewähren, um ihre Autonomie und Unabhängigkeit von staatlichem Einfluß zu
garantieren. Daneben müssen die öffentlich-rechtlichen Rundfunkanstalten bei
der Gestaltung ihrer Sendepläne allgemeine Funktionen erfüllen und mit ihren
Angeboten zur Information, Kultur, Bildung und Unterhaltung beitragen (§ 11
Abs. 1, Satz 4 Rundfunkstaatsvertrag). 2003 wurde außerdem eine Formvor-
schrift eingeführt, die möglicherweise den Umfang des öffentlich-rechtlichen
Auftrags beeinflussen könnte. Die öffentlich-rechtlichen Rundfunkanstalten sind
verpflichtet, einen Jahresbericht über die Erfüllung ihres Auftrags zu veröffentlichen. Mit dieser Anforderung sollte eine öffentliche Diskussion ermöglicht und
der Rechenschaftspflicht genüge getan werden. Vor dem Beihilfeverfahren

gegen Deutschland wurde jedoch keine nennenswerte öffentliche Diskussion über den öffentlich-rechtlichen Auftrag geführt.

Ein weiteres Merkmal des öffentlich-rechtlichen Rundfunksystems in Deutschland ist die Beaufsichtigung der Rundfunkanstalten durch einen internen Rundfunkrat, der sich aus Mitgliedern gesellschaftlich relevanter Gruppen zusammensetzt (die Zusammensetzung variiert, normalerweise sind jedoch politische Parteien, Gewerkschaften, Arbeitgeberverbände und Kirchen vertreten). Die Rundfunkräte haben keinen publizistischen Einfluß. Ihre Kompetenz liegt hauptsächlich in der Befugnis, den Intendanten der Rundfunkanstalt zu wählen oder abzuberufen. Darüber hinaus haben sie die Aufgabe zu gewährleisten, daß die Programminhalte den gesetzlichen Anforderungen entsprechen. Bezüglich dieses internen Kontrollsystems gab es einige allgemeine Kritikpunkte. Diese waren hauptsächlich:

1. Die Tatsache, daß die Rundfunkratsmitglieder überwiegend von politischen oder gar Verwaltungsorganen gewählt werden, birgt die Gefahr der staatlichen Einflußnahme.

2. Da sich die Rundfunkräte aus Laien zusammensetzen, sind die Mitglieder im Nachteil, wenn es darum geht, dem Intendanten und seinen Mitarbeitern ein wirksames Gegengewicht entgegenzusetzen.

3. Als unabhängiges internes Gremium müssen die Rundfunkräte einen Weg finden, eine ausreichend professionelle Distanz zur Rundfunkanstalt zu wahren.

4. Die Vertretung einer modernen, komplexen und dezentralisierten Gesellschaft stellt für ein Rundfunkratssystem eine fundamentale Herausforderung dar.

Die Bildung eines internen Rundfunkrates ist verfassungsrechtlich zwar nicht vorgeschrieben, wurde jedoch vom Bundesverfassungsgericht als verfassungsmäßig angesehen. Außerdem wurde bisher keine bessere Methode entwickelt, eine Verbindung zwischen einer öffentlich-rechtlichen Rundfunkanstalt und der Gesellschaft herzustellen. Eine solche Verbindung ist zur Erfüllung des öffentlich-rechtlichen Auftrags notwendig, sie muß jedoch an weitere prozedurale Maßnahmen gekoppelt werden.

Strukturelle Diversifizierung im dualen System

Verfassungsrechtlich handelt es sich bei dem Verhältnis zwischen privatem und öffentlich-rechtlichem Rundfunk nicht um eine Arbeitsteilung im sogenannten dualen Rundfunksystem, bei der etwa der öffentlich-rechtliche Rundfunk darauf beschränkt ist, nur solche Kommunikationsgüter bereitzustellen, die der Markt

nicht anzubieten in der Lage ist. Hilfreich für das richtige Verständnis des Ver-
hältnisses der beiden Rundfunksäulen zueinander ist der Blick auf die von Hoffmann-Riem sogenannte „strukturelle Diversifizierung". Die Struktur des Rundfunksystems beruht auf der Annahme, daß Schwächen der einen Säule durch
Stärken der anderen ausgeglichen werden und umgekehrt.

Das Bundesverfassungsgericht hat verschiedene Marktmängel festgestellt,
die sich strukturell auf das Programmangebot auswirken. Offenbar erreicht der
private Rundfunk aus Gründen des Wettbewerbsverhaltens privater Rundfunkunternehmen am Markt nicht die in Art. 5 Abs. 1, S. 2 GG festgelegten kommunikativen Ziele, nämlich die Gewährleistung der Vielfalt, die sowohl für den
Einzelnen als auch für die Allgemeinheit eine unverzichtbare Grundvoraussetzung für eine freie und offene Meinungsbildung ist. Was den privaten Rundfunk
betrifft, fallen journalistisch professionelle Angebote häufig der Kommerzialisierung zum Opfer, und riskante Formate können zugunsten bewährter Schemata
und Darsteller verdrängt werden. Auf der anderen Seite verfügt der private
Rundfunk durch seine Handelsbeziehungen zumindest über einen effizienten
Sensor für die kurzfristigen Interessen des Publikums. Zudem ist er aufgrund
seiner autonomen Finanzierung weitgehend frei von staatlichem Einfluß.

Die oben erwähnten negativen Struktureffekte, die sich aus dem markt-
orientierten Verhalten privater Rundfunkunternehmen ergeben, können durch
den öffentlich-rechtlichen Rundfunk kompensiert werden, der eher an den journalistisch professionellen Standards festhalten kann. Darüber hinaus kann der
öffentlich-rechtliche Rundfunk ein Gegengewicht zu möglichen Meinungs-
monopolen privater Rundfunkunternehmen bilden. Die Vielfalt wird außerdem
durch die Tatsache begünstigt, daß der öffentlich-rechtliche Rundfunk von der
Allgemeinheit finanziert wird. Ein solches Finanzierungssystem ermöglicht Pro-
gramminnovationen und kann als eine Form kommunikativen Risikokapitals
angesehen werden.

Doch auch der öffentlich-rechtliche Rundfunk hat seine Schwächen. Trotz
aller verfassungsrechtlichen Bemühungen, Staatsfreiheit zu gewährleisten, kann
der Staat auf den öffentlich-rechtlichen Rundfunk eher Einfluß nehmen als auf
den privaten. Eine weitere Schwäche liegt im scheinbaren Vorteil der finanziellen Unabhängigkeit. Eine autonome, garantierte Finanzierung kann zu einer
Loslösung von den gesellschaftlichen Kommunikationsbedürfnissen und zu
einem rein elitären Programmangebot führen, wenn dies nicht durch andere Mechanismen verhindert wird.

Das Beihilfeverfahren gegen Deutschland

Die zwölfte Änderung des Rundfunkstaatsvertrages und die Einführung des Drei-Stufen-Tests in das deutsche Rundfunksystem sind auf die Entscheidung der EU-Kommission über staatliche Beihilfe auf der Grundlage des Beihilfekompromisses im Frühjahr 2007 zurückzuführen. Die Kommission forderte von Deutschland, den öffentlich-rechtlichen Auftrag präziser zu definieren, insbesondere im Hinblick auf sogenannte neue Dienste wie solche, die auf dem Internet-Protokoll-Standard basieren sowie spezielle Angebote für mobile Anwendungen wie DVB-H (mobiles Fernsehen).

Im Beihilfekompromiß versucht man mit dem Drei-Stufen-Test als Kernstück den öffentlich-rechtlichen Rundfunkauftrag für den Bereich neue Dienste konkret zu definieren. Die Entscheidung der Europäischen Kommission war der Auslöser über den öffentlich-rechtlichen Auftrag nachzudenken, aber nicht der Grund für eine solche Notwendigkeit. Unabhängig von europäischen Anforderungen – manche würden von Zumutungen sprechen – besteht auch in Zeiten konvergenter Unübersichtlichkeit ein Bedürfnis, die folgenden zwei Prinzipien in Einklang zu bringen: die staatsfreie Organisation des öffentlich-rechtlichen Rundfunks und die erforderliche Bindung zwischen Rundfunk und Gesellschaft. Der Drei-Stufen-Test wurde entwickelt, um diese beiden Prinzipien miteinander kompatibel zu machen.

Die sich widersprechenden Auffassungen der Kommission und der Bundesrepublik

Die Europäische Kommission geht davon aus, daß es sich bei der Finanzierung der öffentlich-rechtlichen Rundfunkanstalten in Deutschland durch Rundfunkgebühren um eine staatliche Beihilfe nach Artikel 87 Abs. 1 EG handelt. Auf der Grundlage dieser Auslegung muß ein solches Finanzierungssystem die Anforderungen des Artikels 86 Abs. 2 EG erfüllen und somit ein klarer Auftrag bestehen.

Im Hinblick auf die zum Zeitpunkt der Entscheidung geltenden Rechtsvorschriften nahm die Kommission zur Kenntnis, daß die Auftragsdefinition in § 11 Abs. 1 RStV allgemein und breit gefaßt und von den Rundfunkanstalten selbst rechtsverbindlich zu präzisieren ist. Dieses Verfahren wurde im großen und ganzen als europarechtskonform angesehen. In bezug auf den Auftrag für zusätzliche digitale Kanäle und Telemediendienste sah die Kommission jedoch Defizite bei der Präzision der Definition.

Die Bundesrepublik vertrat einen grundsätzlich anderen Rechtsstandpunkt. Sie ist der Auffassung, daß das deutsche Finanzierungssystem für den öffentlich-rechtlichen Rundfunk keinesfalls eine staatliche Beihilfe im Sinne von Artikel 87 Abs. 1 EG darstellt. Zum einen liege keine „Begünstigung" vor, da die vom

EuGH in der Altmark-Trans Entscheidung festgelegten Kriterien erfüllt sind. Die öffentlich-rechtlichen Rundfunkanstalten erhalten lediglich die Nettokosten für die Erfüllung ihres öffentlich-rechtlichen Auftrags. Zum anderen ist die Bundesrepublik der Auffassung, daß das Finanzierungssystem für den öffentlich-rechtlichen Rundfunk keine staatliche Maßnahme darstellt und hierfür keine staatlichen Mittel verwendet werden.

Nicht zuletzt um diesen grundsätzlichen Streit nicht weiter ausfechten zu müssen, wurde zwischen der Kommission und der Bundesrepublik ein Kompromiß gefunden.

Diskussion

Die Argumentation der Kommission, daß die Finanzierung des öffentlich-rechtlichen Rundfunks in Deutschland durch Rundfunkgebühren staatliche Beihilfe darstellt, weist einige Schwachpunkte auf. In Artikel 87 EG heißt es, daß Beihilfen von den Mitgliedstaaten aus staatlichen Mitteln gleich welcher Art gewährt werden. Zudem ist im Hinblick auf das Ziel dieser Bestimmung, nämlich die Verfälschung des Wettbewerbs durch die Mitgliedstaaten zu verhindern, ein gewisser staatlicher Einfluß auf die Zuteilung dieser zu einer Wettbewerbsverfälschung führenden Mittel erforderlich, wenn die Beihilfe dem Anwendungsbereich der Definition entsprechen soll. In Deutschland hat eine unabhängige Kommission die Aufgabe, die Höhe der für die Erfüllung des öffentlich-rechtlichen Auftrags erforderlichen Gelder zu prüfen. Somit bleibt nur wenig Spielraum für staatlichen Einfluß. Nach dem Grundgesetz können Regierungen und Gesetzgeber die Prüfung der unabhängigen Kommission nur dann außer Kraft setzen, wenn die Gefahr besteht, daß die Rundfunkgebühr eine finanzielle Überbelastung für die Gebührenzahler darstellt.

Die Kernfrage lautet, ob tatsächlich eine „Begünstigung" bestimmter Unternehmen durch staatliche Beihilfen vorliegt. Die Frage, unter welchen Bedingungen eine staatliche Maßnahme als „Begünstigung" im Sinne von Artikel 87 Abs. 1 EG angesehen und somit als staatliche Beihilfe eingestuft werden kann, war zwischen der Kommission und den europäischen Gerichten umstritten.

Es liegen mehrere Entscheidungen des Gerichts erster Instanz und dem EuGH vor, in denen die Voraussetzungen für eine solche Begünstigung festgelegt sind. Die Prüfungskriterien wurden vor allem in der Rechtssache Altmark Trans unter Aufrechterhaltung des bereits im Fall Ferring umgesetzten und „wieder aufgenommenen" „Ausgleichsansatzes" festgelegt. Die vier Hauptkriterien werden als die „Altmark-Kriterien" bezeichnet. Wenn eine staatliche Maßnahme diese Kriterien erfüllt, handelt es sich nicht um staatliche Beihilfe, sondern lediglich um einen Kostenausgleich für die Erbringung der öffentlichen Dienstleistung.

Für die beiden entgegengesetzten und konkurrierenden Auffassungen der europäischen Gerichte und der Europäischen Kommission haben sich die Begriffe „Ausgleichsansatz" und „Beihilfeansatz" etabliert, wobei ersterer von den europäischen Gerichten verfolgt wird und letzterer bislang von der Europäischen Kommission angewendet wurde. Beim „Ausgleichsansatz" wird eine staatliche Maßnahme nicht als Beihilfe angesehen, wenn die vier Altmark Trans Kriterien streng eingehalten werden. Hier liegt der Fokus auf der Frage, ob die gewährte finanzielle Unterstützung den erforderlichen Kostenausgleich für die fragliche öffentliche Dienstleistung übersteigt. Nach dem „Beihilfeansatz" erfüllen Finanzbeihilfen grundsätzlich die Voraussetzungen des Artikels 87 Abs. 1 EG, können jedoch nach Artikel 86 Abs. 2 EG gerechtfertigt sein, wenn die Bedingungen dieser Ausnahmeregelung erfüllt sind.

Die Kommission hat allerdings im letzten Beihilfeverfahren ein neues Verfahren angewendet: Sie prüft zuerst die vier Kriterien aus dem Altmark-Urteil des EuGH, und wenn diese Kriterien erfüllt sind, wird die Rechtssache von der Kommission nicht weiter geprüft, da es sich bei der staatlichen Maßnahme in diesem Fall nicht um Beihilfe gemäß Artikel 87 Abs. 1 EG handelt. Wenn die Altmark-Kriterien nicht erfüllt sind, prüft die Kommission, ob eine Rechtfertigungsmöglichkeit nach Artikel 86 Abs. 2 EG besteht, wobei sie implizit unterstellt, daß die Freistellungsregelung für Maßnahmen zur Förderung der Kultur in Artikel 87 Abs. 3 EG nicht angewendet werden können. Es ist erstaunlich, daß die Kommission in jüngsten Rechtssachen nur wenig Interesse an einer vollständigen und genauen Prüfung der Altmark-Kriterien gezeigt hat. So hat sie in ihren Entscheidungen bezüglich RAI, RTP, France 2 und France 3 die Frage nicht beantwortet, ob das erste und dritte Altmark-Kriterium erfüllt wurde. Allerdings ist es ausreichend, auf die Kriterien hinzuweisen, die nicht erfüllt wurden. Der Grund für die Wahl eines solchen Verfahrens könnte gewesen sein, daß die Kommission nicht alle Kriterien im Sinne des Anwendungsbereiches von Artikel 87 Abs. 1 EG prüfen wollte, um sich Argumente für die Prüfung der Rechtfertigungsmöglichkeiten nach Artikel 86 Abs. 2 EG vorzubehalten.

Erstes Altmark Kriterium

Definition der Verpflichtung

Erstens muß das begünstigte Unternehmen gemeinwirtschaftliche Verpflichtungen zu erfüllen haben und diese Verpflichtungen müssen klar definiert sein. Im Hinblick auf das erste Kriterium wird weitgehend anerkannt, daß es das Recht der Mitgliedstaaten ist, konkret zu definieren, was als gemeinwirtschaftliche Verpflichtung angesehen wird. Wie im Amsterdamer Protokoll festgelegt, haben daher die Mitgliedstaaten das Recht, den öffentlich-rechtlichen Rundfunkauftrag zu definieren, während die Rolle der Kommission darauf beschränkt ist, den Auftrag auf offensichtliche Fehler zu prüfen. Das Konzept der gemeinwirtschaftlichen Verpflichtung entspricht dem Konzept einer Dienstleistung von allgemeinem wirtschaftlichem Interesse im Sinne von Artikel 86 Abs. 2 EG. Somit sind die zu berücksichtigenden Kriterien trotz der unterschiedlichen Ansätze der Kommission und des EuGH nahezu identisch. Der EuGH hat darauf hingewiesen, daß die Verpflichtung über die Verpflichtungen hinausgehen muß, die ein Unternehmen eines bestimmten Sektors normalerweise zu erfüllen hat.

Wenn der öffentlich-rechtliche Auftrag ausreichend präzise definiert ist und die nachfolgenden drei Kriterien erfüllt sind, kann die den öffentlich-rechtlichen Rundfunkanstalten gewährte finanzielle Unterstützung als „Ausgleich" gewertet werden, anstatt als eine Form der „Begünstigung" und erfüllt somit nicht die Bedingungen des Artikels 87 Abs. 1 EG. Die Bundesrepublik vertrat den Standpunkt, daß die Definition des öffentlich-rechtlichen Auftrags in § 11 RStV ausreichend präzise ist und eine Begünstigung der öffentlich-rechtlichen Rundfunkanstalten, die als staatliche Beihilfe angesehen werden könnte, somit nicht vorliegt.

Der Ermessensspielraum der Mitgliedstaaten im Allgemeinen

Was ein solches Beihilfeverfahren betrifft, wird hier ein wichtiger Punkt angesprochen, nämlich der Unterschied zwischen der Präzisierung und der Entscheidungsfreiheit der öffentlich-rechtlichen Anstalten bei der Festlegung des Rundfunkauftrags. Was die Entscheidungsfreiheit betrifft, wird den Mitgliedstaaten ein Ermessensspielraum bei der Auftragsdefinition durch das Amsterdamer Protokoll eingeräumt.

Ohne das Amsterdamer Protokoll und den Ermessensspielraum, der den Mitgliedstaaten hinsichtlich ihrer Entscheidungsfreiheit bei der Auftragsdefinition eingeräumt wird, würde die Kommission es der Bundesrepublik oder anderen Mitgliedstaaten nahezu unmöglich machen, den öffentlich-rechtlichen Auftrag an neue technologische Entwicklungen anzupassen. Es würde nicht nur die Zuständigkeit der Mitgliedstaaten stark einschränken, den Auftrag zu definieren, sondern würde im Falle der Bundesrepublik auch gegen das Grundgesetz verstoßen und eine dynamische Auftragsdefinition unter Berücksichtigung der sich verändernden technologischen Gegebenheiten vorschreiben.

In der Rechtssache BBC Digital Curriculum befaßte sich die Kommission erstmalig mit Online-Angeboten einer öffentlich-rechtlichen Rundfunkanstalt. Nachdem die Kommission ursprünglich erklärte, daß es sich bei der Finanzierung der BBC Digital Curriculum um staatliche Beihilfe im Sinne von Artikel 87 Abs. 1 EG handelte, stellte sie anschließend fest, daß die Beihilfe nach Artikel 86 Abs. 2 EG gerechtfertigt wäre. Der Ausgang dieser Rechtssache war also nicht besonders spektakulär. Obwohl die Kommission anführte, daß zwischen den Online-Aktivitäten und dem Fernsehprogramm der BBC kein enger Zusammenhang bestand, ist es dennoch bemerkenswert, daß sie die Online-Aktivitäten nach Artikel 86 Abs. 2 EG als gerechtfertigt ansah und damit den Mitgliedstaaten einen großen Ermessensspielraum für die Definition des öffentlich-rechtlichen Auftrags bei Online-Inhalten einräumte.

Eine kürzlich ergangene Gerichtsentscheidung verlangt einen breiteren Ermessensspielraum. In der Rechtssache BUPA wendete das erstinstanzliche Gericht ein noch flexibleres Verfahren an, was die Präzisierung der Definition der übertragenen Dienstleistung betrifft. Die rasanten Entwicklungen im Rundfunksektor erfordern wie im Fall BUPA ein ähnliches Maß an Flexibilität. Die Forderung nach einem größeren Ermessenspielraum für die Mitgliedstaaten wird durch den Artikel 10 EG zugrundeliegenden Grundsatz der gegenseitigen Rücksichtnahme gestärkt. Diesem Grundsatz zufolge muß die Kommission berücksichtigen, ob die Auslegung von europäischem Recht die Mitgliedstaaten dazu zwingt, grundlegende verfassungsrechtliche Ansprüche aufzugeben.

Ermessensspielraum bei der Festlegung des öffentlich-rechtlichen Auftrags

Die Prüfungsmöglichkeiten der Kommission sind auf die Feststellung begrenzt, ob der Mitgliedstaat einen „offensichtlichen Fehler" bei der Ausgestaltung des öffentlich-rechtlichen Dienstleistungsauftrags begangen hat. Angesichts der Konvergenzentwicklungen und Veränderungen im Zuschauer- und Zuhörerverhalten ist es unglaubwürdig, die Einbeziehung von Online-Angeboten als einen so offensichtlichen Fehler bei der Festlegung des Auftragsumfangs anzusehen. Folglich erkannte die Kommission im Beihilfeverfahren gegen Deutschland an, daß Online-Angebote im Rahmen des Auftrags liegen können.

Die Vielfalt möglicher Online-Dienste ist jedoch enorm. Daher muß ein Verfahren festgelegt werden, anhand dessen man beurteilen kann, welche Dienstleistungen im Rahmen des öffentlich-rechtlichen Auftrags liegen. Wie bereits dargelegt, kann der Sinn einer solchen Beurteilung nicht darin bestehen, ein Marktversagen im Online-Sektor an sich nachzuweisen, sondern es muß geprüft werden, ob für eine bestimmte Dienstleistungsart unverhältnismäßige Auswirkungen auf den Wettbewerb erwartet werden können.

Im Hinblick auf die notwendige Präzision bei der Festlegung des öffentlich-rechtlichen Auftrags muß ein Mittelweg gefunden werden zwischen der Gewährleistung, die Grenzen des Auftragsumfangs für Wettbewerber vorhersehbar zu gestalten und der Notwendigkeit, den Medienunternehmen die Flexibilität einzuräumen, die sie in konvergierenden Medienumgebungen benötigen. Das vorläufige Ergebnis dieser Bemühungen ist der deutsche Drei-Stufen-Test, der in § 11f Abs. 4 des Rundfunkstaatsvertrages festgehalten ist und das „Herzstück" des

Beihilfekompromisses zwischen der Bundesrepublik und der Kommission bildet. Mit diesem Test soll geprüft werden, ob die öffentlich-rechtlichen Anstalten den im Rundfunkstaatsvertrag festgelegten öffentlich-rechtlichen Auftrag einhalten. Weiterhin soll hiermit garantiert werden, daß der über Rundfunkgebühren gewährte Ausgleich nicht über das hinausgeht, was zur Abdeckung der Kosten erforderlich ist, die bei der Erfüllung dieses Auftrags durch Bereitstellung neuer Online-Inhalte entstanden sind. Die jüngsten Fälle zeigen, daß europäische Gerichte bereit sind, den Mitgliedstaaten nach europäischem Recht mehr Spielraum für die Ausübung ihrer nationalen Medienpolitik einzuräumen als die Kommission bereit war. So urteilte beispielsweise das Gericht erster Instanz in der Rechtssache TV2/Dänemark gegen die Kommission, daß für eine präzise Definition des öffentlich-rechtlichen Auftrags die Aussage ausreicht, „der gesamten dänischen Bevölkerung ein auf Qualität, Vielseitigkeit und Abwechslung ausgerichtetes Fernsehprogramm mit breitem Spektrum zu bieten." Ein kürzlich ergangenes EuGH-Urteil zur Übertragung von Fernsehprogrammen über deutsche Kabelnetze deutet in eine ähnliche Richtung.

Mit der neu gefaßten Definition des öffentlich-rechtlichen Auftrags in § 11 RStV und durch Einführung des Drei-Stufen-Tests für neue Online-Inhalte gemäß § 11f Abs. 4 des Vertrages erfüllt die Bundesrepublik nun zweifellos das erste Altmark Trans-Kriterium.

Die übrigen Altmark-Kriterien

Das zweite Kriterium, das ein Mitgliedstaat nach dem Altmark-Urteil erfüllen muß, schreibt vor, daß die Parameter, auf deren Grundlage der Ausgleich berechnet wird, vorher objektiv und transparent aufzustellen sind. Dadurch wird verhindert, daß der Mitgliedstaat das empfangende Unternehmen gegenüber Konkurrenzunternehmen begünstigt, um die „Dienstleistung von allgemeinem wirtschaftlichem Interesse" im Sinne von Artikel 86 Abs. 2 EG nach dem „Beihilfeansatz" zu mißbrauchen. Die Mitgliedstaaten müssen garantieren, daß die gemeinwirtschaftliche Dienstleistung tatsächlich unterstützt wird, wie es in der Beauftragung festgelegt wurde. Gemäß § 1 Abs. 1 des Rundfunkfinanzierungsstaatsvertrages stellt in Deutschland ein unabhängiges Organ, nämlich die Kommission zur Überprüfung und Ermittlung des Finanzbedarfs der Rundfunkanstalten (KEF), die Höhe der Finanzmittel fest, die die öffentlich-rechtlichen Rundfunkanstallen als Ausgleich für die ihnen übertragenen öffentlich-rechtlichen Verpflichtungen benötigen. Nach § 2 Abs. 3 des Vertrages darf die KEF überprüfen, ob der von den öffentlich-rechtlichen Rundfunkanstalten gemäß § 1 Abs. 1 angemeldete Finanzbedarf den Grundsätzen von Wirtschaftlichkeit und Sparsamkeit entspricht. Der rechtliche Rahmen umfaßt somit klare, objektive und transparente Kriterien, anhand denen die Kosten von der öffentlich-rechtlichen

Anstalt ermittelt und anschließend von der KEF unter der Voraussetzung nochmals bestätigt werden, daß die öffentlich-rechtliche Rundfunkanstalt die vorher
festgelegten Bedingungen erfüllt. Die Parameter für die Ermittlung nach § 2 Abs.
3 des Rundfunkfinanzierungsstaatsvertrages werden im Vorwege festgelegt, und
die Überprüfung durch die KEF erfüllt die Transparenzanforderungen. Jeder
andere Ansatz würde gegen das deutsche Grundgesetz verstoßen, das den öffentlich-rechtlichen Rundfunkanstalten eine Finanzierung garantiert, die den tatsächlichen Kosten für die Erfüllung des öffentlich-rechtlichen Auftrags entspricht.
Deutschland gewährleistet somit, daß die der Ermittlung des Ausgleichs zugrundeliegenden Parameter und prozeduralen Vorschriften im Einklang mit den Anforderungen des zweiten Altmark-Kriteriums ausgestaltet werden.

Das dritte Altmark-Kriterium schreibt vor, daß der Ausgleich nicht über das
hinausgehen darf, was erforderlich ist, um die Kosten der Erfüllung der gemeinwirtschaftlichen Verpflichtungen unter Berücksichtigung der dabei erzielten
Einnahmen und eines angemessenen Gewinns aus der Erfüllung dieser Verpflichtungen vollständig zu decken. Dieses Kriterium ist deshalb von entscheidender Bedeutung, da hiermit sichergestellt wird, daß dem empfangenden Unternehmen keine finanzielle Beihilfe gewährt wird, die den Wettbewerb verfälscht
oder zu verfälschen droht und so die Position des Unternehmens in ungerechtfer-
tigter Weise stärkt. Nach § 2 Abs. 3 des Rundfunkfinanzierungsstaatsvertrages
darf die KEF überprüfen, ob der Finanzbedarf der öffentlich-rechtlichen Rundfunkanstalten den Grundsätzen von Wirtschaftlichkeit und Sparsamkeit entspricht. Die KEF gibt regelmäßig Berichte heraus und gewährleistet damit, daß
der den öffentlich-rechtlichen Rundfunkanstalten gewährte Ausgleich nicht über
das hinaus geht, was bei der Erfüllung der gemeinwirtschaftlichen Verpflichtung
zur Abdeckung der Kosten erforderlich ist. Dieser Bericht enthält ausführliche
Informationen über die Kosten der jeweiligen öffentlich-rechtlichen Rundfunkanstalt. Dieses Verfahren erfüllt offenkundig das dritte vom EuGH im Altmark-
Urteil aufgestellte Kriterium und kann nicht als unzureichend bemängelt werden.

Das vierte und heftig kritisierte Kriterium schreibt einen Vergleich mit
einem effizienten Unternehmen vor. Wenn das Unternehmen zur Erfüllung des
gemeinwirtschaftlichen Auftrags verpflichtet ist und nicht im Rahmen eines
Verfahrens zur Vergabe öffentlicher Aufträge ausgewählt wurde, durch das ein
Bieter mit dem niedrigsten Preisangebot mit dem Zuschlag berücksichtigt wird,
schreibt das Altmark-Urteil vor, daß die Höhe des Ausgleichs auf der Grundlage
der Kosten bestimmt wird, die jedes andere gut geführte Unternehmen bei der
Erbringung des öffentlich-rechtlichen Auftrags hätte.

In Deutschland kann die KEF prüfen, ob die von den öffentlich-rechtlichen
Rundfunkanstalten angeforderte finanzielle Beihilfe den Grundsätzen von Wirtschaftlichkeit und Sparsamkeit entspricht, doch nach § 2 Abs. 5 des Rundfunkfi-

nanzierungsstaatsvertrages muß die Ermittlung grundsätzlich auf der Basis tat-
sächlicher Fakten und Zahlen und nicht auf der Grundlage von Vergleichen mit
anderen Unternehmen erfolgen. Eine strikte Anwendung dieses Kriteriums auf
den deutschen Fall wäre unangemessen. Es ist in Deutschland unmöglich, eine
durchschnittliche öffentlich-rechtliche Rundfunkanstalt zu ermitteln, die als
Vergleichsmaßstab für ein effizientes Unternehmen dienen kann. Ein Vergleich
zwischen öffentlich-rechtlichen und privaten Rundfunkveranstalter wäre nicht
mit dem Grundgesetz vereinbar, das den öffentlich-rechtlichen Rundfunkanstalten den tatsächlichen Ausgleich garantiert, den sie zur Erfüllung des öffentlich-
rechtlichen Auftrags benötigen. Ein Vergleich zwischen öffentlich-rechtlichen
und privaten Rundfunksäulen ist deswegen unangebracht, weil private Rundfunkunternehmen nicht dem oben genannten öffentlich-rechtlichen Auftrag
unterliegen und von daher eine andere Art der Dienstleistung erbringen.

Im Fall Deutschland müßte der Ansatz der Kommission möglicherweise im
Lichte des erstinstanzlichen Urteils im Fall Bupa geprüft werden. Der weite
Ermessensspielraum, der den Mitgliedstaaten vom Gericht erster Instanz eingeräumt wurde und der flexiblere Ansatz bezüglich der vier Altmark-Kriterien
widerspricht der jüngst angewandten Praxis der Kommission, den Inhalt und die
Kosten des öffentlich-rechtlichen Rundfunks in den Mitgliedstaaten in Frage zu
stellen. Der EuGH vertritt die klare Auffassung, daß in bezug auf gemeinwirtschaftliche Verpflichtungen die Ausschreibung öffentlich-rechtlicher Dienstleistungen im Rahmen eines Verfahrens zur Vergabe öffentlicher Aufträge das beste
Instrument ist. Dies sollte jedoch nicht ausnahmslos als striktes Kriterium gewertet werden. Wenn jedes Mal ein Verfahren zur Vergabe öffentlicher Aufträge
vorgeschrieben ist, würde dieses einen exzessiven Eingriff in die Zuständigkeit
der Mitgliedstaaten und einen Verstoß gegen das in Artikel 5 EG festgelegte
Subsidiaritätsprinzip darstellen. Ein offenes Auftragsvergabeverfahren für öffentlich-rechtliche Rundfunkanstalten ist in Deutschland nicht angebracht. Der
öffentlich-rechtliche Rundfunk basiert auf Beständigkeit und einem Regelwerk,
das Freiheit und Unabhängigkeit garantiert. Ein öffentliches Vergabeverfahren
ist daher nicht geeignet, um der Rundfunkanstalt die Beständigkeit zu geben, die
sie für die Einhaltung des gemeinwirtschaftlichen Auftrags benötigt. Da die
Ausschreibungsmethode ungeeignet ist, könnte es eine Option sein, eine Ver-
gleichsmethode zu wählen, die eine objektive und externe Analyse vorschreibt.
Der Ausgleich könnte auf der Grundlage einer Analyse der Kosten ermittelt
werden, die einem durchschnittlichen und gut geführten Unternehmen für die
Erbringung seiner gemeinwirtschaftlichen Verpflichtung entstanden worden
wären. Der auf Wirtschaftlichkeit und Sparsamkeit abstellende Ansatz der KEF
gewährleistet, daß der öffentlich-rechtlichen Rundfunkanstalt keine finanzielle
Beihilfe gewährt wird, die nicht auch jedem anderen Rundfunkveranstalter mit

vergleichbarem gemeinwirtschaftlichem Auftrag gewährt werden würde. Das im Rundfunkfinanzierungsstaatsvertrag umgesetzte deutsche System ist eine objektive und externe Methode zur Ermittlung des Finanzbedarfs öffentlich-rechtlicher Rundfunkanstalten und erfüllt somit das vierte Altmark-Kriterium.

Nach Einführung des Drei-Stufen-Tests kann die Bundesrepublik sehr überzeugend argumentieren, daß die der öffentlich-rechtlichen Säule gewährten Gebühren die Altmark-Kriterien erfüllen und keine staatliche Beihilfe im Sinne von Artikel 87 Abs. 1 EG darstellen.

Der Kompromiß und die Entscheidung der Kommission

Der Kompromiß wurde nicht zuletzt unter der Prämisse der Kommission erzielt, daß die Finanzierung im Einklang mit Artikel 86 Abs. 2 EG erfolgen müßte. Die sich aus dem Beihilfekompromiß für die Auftragsdefinition ergebenden materiellen Voraussetzungen bilden die Rahmenbedingungen für den Drei-Stufen-Test. Für Online-Dienste, die journalistisch-redaktionelle Dienstleistungen sowie auf journalistischen und redaktionellen Entscheidungen beruhende Dienstleistungen beinhalten, wird nach dem Beihilfekompromiß ein spezieller Auftrag verlangt.

Die Länder haben das Verfahren für die Genehmigung neuer öffentlich-rechtlicher Rundfunkdienste entsprechend den Vorgaben des Kompromisses im Rundfunkstaatsvertrag festgelegt. Die öffentlich-rechtlichen Rundfunkanstalten sind verpflichtet, für alle neuen oder veränderten digitalen Angebote einen Drei-Stufen-Test nach § 11f Abs. 4 RStV durchzuführen. Die Stufen sind im Gesetz niedergelegt, und die Rundfunkanstalt muß für jedes Angebot folgendes prüfen:

1. ob das Angebot Teil des öffentlich-rechtlichen Auftrags ist und damit den demokratischen, sozialen und kulturellen Bedürfnissen einer Gesellschaft entspricht,
2. ob es in qualitativer Hinsicht zum „publizistischen Wettbewerb" beiträgt, sowie
3. der Aufwand, der für die Erbringung des Angebots vorgesehen ist.

Die im Rundfunkstaatsvertrag vorgeschlagenen Maßnahmen wurden in der Gesetzesbegründung im Hinblick auf die Definition des „publizistischen Wettbewerbs" konkretisiert.

Hierbei sind folgende Punkte zu berücksichtigen:

- Umfang und Qualität der vorhandenen, frei zugänglichen Angebote und marktrelevante Auswirkungen des geplanten Angebots.
- Inwieweit das geplante Angebot (das unterhaltende Elemente enthalten kann) die freie öffentliche Meinungsbildung unter Berücksichtigung der bereits vorhandenen Angebote sichern soll.

Nicht jede Änderung eines Online-Angebots muß die Durchführung des oben beschriebenen Verfahrens auslösen. Der Rundfunkstaatsvertrag sieht daher vor, daß öffentlich-rechtliche Rundfunkanstalten transparente und nachvollziehbare Kriterien festlegen, um prüfen zu können, ob ein neues Angebot vorliegt, das die Anwendung des Verfahrens erfordert. Die Rundfunkanstalten werden aufgefordert, die folgenden Kriterien zu berücksichtigen:

- die Bedeutung des Vorhabens für den Wettbewerb der Medien
- die finanzielle Relevanz des Vorhabens
- die geplante Dauer des Vorhabens
- ob im Programm bereits vergleichbare Angebote enthalten sind, die aus Sicht der Nutzer austauschbar sind.

Wie bei jeder Regulierung von Online-Angeboten, ist es weitaus schwieriger, das fragliche Online-Angebot zu präzisieren als ein lineares Rundfunkangebot.

Umsetzung des „Drei-Stufen-Tests" in Deutschland

Die 12. Änderung des Rundfunkstaatsvertrages

In der 12. Änderung des Rundfunkstaatsvertrages werden der Kompromiß und die Entscheidung der Kommission nicht Wort für Wort umgesetzt. Während des Gesetzgebungsverfahrens wurden einige Anpassungen vorgenommen.

Erstens ist der Umfang des Tests auf Telemedien beschränkt (wie in § 1 des Telemediengesetzes festgelegt: Online-Angebote, bei denen es sich weder um Fernsehen noch um Telekommunikation handelt). Für neue digitale Fernsehprogramme müßte das Gesetz, d.h. der Rundfunkstaatsvertrag geändert werden. Einige Telemedien, wie Angebote, die eine Woche für den kostenfreien Abruf zwischengespeichert werden (seven-day catch-up) sowie programmbezogene Telemedien, die für eine Woche abrufbar sind, fallen unter den im Rundfunkstaatsvertrag festgelegten öffentlich-rechtlichen Auftrag, ohne daß hierfür ein Drei-Stufen-Test durchgeführt werden muß. Zweitens sind einige Angebote (wie Online-Partnervermittlungsdienste) von der Einbeziehung in den öffentlich-rechtlichen Auftrag gesetzlich ausgeschlossen. Und schließlich hat vor allem politischer Druck von Seiten der Verlagshäuser dazu geführt, daß nicht programmbezogene, presseähnliche Angebote vom öffentlich-rechtlichen Auftrag ausgeschlossen wurden. Letzteres wird wohl zu rechtlichen Auseinandersetzungen führen, da nicht klar ist, was die Auffassung von nicht programmbezogenen, presseähnlichen Angeboten ausschließen könnte. Ein Grund für die Position der

Verlagshäuser scheint die Befürchtung gewesen zu sein, daß die text-basierten Online-Angebote der Rundfunkanstalten im Suchmaschinenranking mit den Online-Angeboten der Zeitungen konkurrieren könnten. Doch angesichts der Entwicklungsgarantie, die dem öffentlich-rechtlichen Rundfunk verfassungsmäßig zuerkannt wird, ist nur eine enge Auslegung dieser Ausnahme sinnvoll. Folglich werden nur die mit Offline-Presseprodukten vergleichbaren Angebote ausgeschlossen.

Trotz seines begrenzten Anwendungsbereichs ist der Drei-Stufen-Test von großer Bedeutung, da sich die Aufgabe der Rundfunkräte ändert und sie den Test künftig durchzuführen haben. Es liegt somit an ihnen zu gewährleisten, daß die Programme im Einklang mit dem öffentlich-rechtlichen Auftrag stehen. Zudem haben schon die ersten freiwilligen Tests eine heftige Debatte über die besondere gemeinwirtschaftliche Qualität der Inhalte innerhalb und außerhalb der öffentlich-rechtlichen Rundfunkanstalten entfacht.

Der Drei-Stufen-Test und seine Funktion

Betrachtet man die Kompetenz der Rundfunkanstalten im Hinblick auf die Konkretisierung ihres Auftrags aus verfassungsrechtlicher Sicht, läßt sich feststellen, daß sie das machen, was normalerweise in die Zuständigkeit des Gesetzgebers fällt: Sie gestalten die Rundfunkordnung. Aufgrund der multipolaren Interessen aller Beteiligten gilt als anerkannt, daß das Gesetz nur den Rahmen für einen weiten Anwendungsbereich bieten muß.

Der Gesetzgeber würde grundsätzlich verfassungswidrig handeln, wenn er das verfassungsmäßige Ziel, eine freie öffentliche und individuelle Meinungsbildung zu sichern, aus den Augen verliert, es mit ungeeigneten Mitteln anstrebt oder einzelne Interessen in verfassungswidriger Weise vernachlässigt. Was die Erfüllung einer verfassungsmäßigen Garantie betrifft, kann dem Gesetzgeber dieser breite Spielraum nur eingeräumt werden, wenn er nachprüfbare Gründe für seine Wahl innerhalb dieses Spielraums angibt. Dieses prozedurale Element ist von grundlegender Bedeutung.

Ähnlich strukturelle Methoden gelten für die Rundfunkräte bei der Durchführung des Tests. Wie oben beschrieben, steht ihnen für die Anwendung des Tests ein gewisser Spielraum zur Verfügung, den der Gesetzgeber aus Gründen der Staatsfreiheit des Rundfunks selbst nicht ausnutzen kann. Die Rundfunkräte müssen ihre Entscheidung für oder gegen ein Angebot auf der Grundlage treffen, inwieweit es zur freien öffentlichen und individuellen Meinungsbildung in der Bundesrepublik beiträgt.

Begründungspflichten

Ebenso wie der Gesetzgeber müssen öffentlich-rechtliche Rundfunkanstalten ihre Entscheidungen über neue Medienangebote begründen. Dies ist nicht nur eine politische Verpflichtung in dem Sinne, daß diejenigen, die Privilegien, wie eine Gebührenfinanzierung genießen, der Gesellschaft eine Erklärung schuldig sind, wie und wofür die Mittel ausgegeben werden, sondern auch eine verfassungsrechtliche Verpflichtung. Begründen heißt vor allem, die Gründe für das eigene Handeln anzugeben, aber auch diese Handlung gegenüber Dritten zu rechtfertigen. Ist die Handlung gerechtfertigt, ist dies die Basis für weiteres Handeln.

Die Begründung ist das Kernstück des neu eingeführten Drei-Stufen-Tests in § 11f Abs. 4 RStV. Das hier angegebene Verfahren dient der Prüfung, ob die Bereitstellung von Online-Inhalten für die Erfüllung des öffentlich-rechtlichen Auftrages notwendig ist und somit von den öffentlich-rechtlichen Rundfunkanstalten gerechtfertigt werden kann. Die Frage ist, ob das neue Online-Angebot einen gewissen öffentlichen Mehrwert hat. Der rechtliche Rahmen in Deutschland garantiert außerdem, daß der Ausgleich, der den öffentlich-rechtlichen Rundfunkanstalten gewährt wird, nicht über das hinausgeht, was zur Erfüllung des gemeinwirtschaftlichen Auftrags im Hinblick auf das Online-Angebot erforderlich ist.

Die öffentlich-rechtlichen Rundfunkanstalten werden künftig nicht nur gute Programmideen entwickeln müssen, sondern auch gute Begründungen. Daher kann der Programmauftrag als Prozeß seiner Begründung angesehen werden.

Der Drei-Stufen-Test kann als Kompromiß zwischen der Kommission und der Bundesrepublik verstanden werden, bei dem erstere bemüht war, Europarecht einzuhalten und letztere, die vom Bundesverfassungsgericht festgelegten verfassungsrechtlichen Vorgaben zu erfüllen. Die Kommission verlangt eine möglichst präzise Auftragsdefinition, während das Grundgesetz den öffentlich-rechtlichen Rundfunkanstalten Unabhängigkeit und Autonomie für ihre Programme garantiert.

Der Test im Überblick

Die Auffassung über die demokratischen, sozialen und kulturellen Bedürfnisse der Gesellschaft ist im Amsterdamer Protokoll festgehalten. Im Rundfunkstaatsvertrag müssen diese Bedürfnisse hingegen unter Berücksichtigung der oben erwähnten Funktion des öffentlich-rechtlichen Rundfunks im dualen öffentlichrechtlichen/privaten System festgelegt werden. Die erste Stufe erfordert zunächst die Bestimmung des Kommunikationsbedarfs, auf den sich die Rundfunkanstalten einstellen. Es ist notwendig, stets einen aktuellen Überblick darüber zu haben, wie die Medien von den Bürgern genutzt werden und welche Funktion Medienaktivitäten in ihren und in den Augen der Gesellschaft erfüllen. Diese Bedürfnisse sind nicht nur einfach empirische Fakten, sondern haben auch eine normative Komponente – es ist der Empfänger als Bürger, der zählt. Daher ist es weder ausreichend noch in allen Fällen erforderlich, den aktuellen Bedarf der Verbraucher durch Umfragen zu ermitteln.

Diese Stufe des Tests entspricht dem Stadium, an dem die öffentlich-rechtlichen Rundfunkanstalten darzulegen haben, ob und warum ein Bedürfnis nach (beispielsweise) zeitversetzter Nutzung von Fernsehinhalten besteht und ob für Nachrichtensendungen und Musikshows oder für eingekaufte Spielfilme und selbstfinanzierte Spielfilme usw. unterschiedliche Bedürfnisse vorhanden sind. Es ist sinnvoll, zwischen linearen und nichtlinearen Medienaktivitäten zu differenzieren. Bei den nichtlinearen Angeboten kann es gerechtfertigt sein, zwischen audiovisuellen und textlichen Angeboten zu unterscheiden.

Die zweite Stufe erfordert eine in mehreren Schritten durchzuführende Untersuchung und unterschiedliche Fachkompetenz. In dieser Stufe ist zu prüfen, ob das neue Online-Angebot einen qualitativen Beitrag zum publizistischen Wettbewerb leistet. Diese Stufe ist entscheidend, da mit diesem Schritt das Verhältnis zwischen den öffentlich-rechtlichen und privaten Rundfunksäulen im dualen System geklärt werden soll. Gemäß § 11f Abs. 4 RStV sind die vorhandenen frei zugänglichen und vergleichbaren Online-Angebote sowie die Auswirkung neuer Telemedienprogramme auf den Markt zu berücksichtigen. Im ersten Schritt sind die konkurrierenden Medienangebote zu bestimmen. Dies erfordert eine Analyse der ökonomischen Märkte. Zudem muß eine Prognose erstellt werden, welche Auswirkungen durch das neue Medienangebot zu erwarten sind. Hierfür sind medienökonomische Sachkenntnisse erforderlich. Der Rundfunkstaatsvertrag schreibt vor, daß die Rundfunkräte ein Gutachten über die marktlichen Auswirkungen des geplanten Angebots zu erstellen haben (§ 11f Abs. 5 RStV). Diese Aufgabe nach empirischen Gesichtspunkten durchzuführen, ist eine methodologische Herausforderung und erfordert zudem Informationen über die Rentabilität kommerzieller Konkurrenzangebote.

Die anschließende Prüfung hat eine bestmögliche Optimierung des publizistischen Wettbewerbs zum Inhalt. Es ist der Grad an publizistischem Wettbewerb zu bewerten, der erwartet wird, sobald das geplante Medienangebot eingeführt ist. Dabei ist die besondere Qualität der öffentlich-rechtlichen Medienangebote zu berücksichtigen, aber auch die Interaktionen zwischen verschiedenen Medienangeboten, wie potentielle Qualitätssteigerungen, wenn private Angebote mit öffentlich-rechtlichen in Konkurrenz treten und umgekehrt.

Stehen unterschiedliche Optionen zur Verfügung, müssen Qualitätskriterien für die Entscheidungsfindung herangezogen werden. Qualitätskriterien sind ein grundlegendes Erfordernis, um den besonderen öffentlichen Mehrwert des öffentlich-rechtlichen Medienangebots nachvollziehbar zu begründen. Die öffentlich-rechtlichen Rundfunkanstalten ARD und ZDF haben vor einigen Jahren bereits den Versuch unternommen, Qualitätskriterien für die Bewertung einzelner Projekte festzulegen.

In der wissenschaftlichen Diskussion über den Qualitätsbegriff hat sich die grundlegende Erkenntnis etabliert, daß Qualität nicht als feststehendes, in meßbare Kriterien zerlegbares Ziel definiert werden kann, sondern als Prozeß zu verstehen ist. Qualität ist ein höchst verschwommener Begriff. Die Parameter für die Definition des Begriffs „journalistische Qualität" müssen objektiv und exemplarisch sein und dürfen nicht als endgültig angesehen werden. Je mehr Kriterien für die Steuerung des Prozesses zur Verfügung stehen, desto rationaler und weniger subjektiv wird der Prozeß verlaufen.

Hier können nur erste Beispiele für typische Kriterien gegeben werden. Überprüft man mögliche Kriterien, wird schnell klar, daß über strukturelle Kriterien schneller Einigkeit erzielt werden kann als über die Kriterien für die Merkmale des Produkts. In diesem Sinne wäre ein eigenes Korrespondentennetz einer öffentlich-rechtlichen Rundfunkanstalt zweifellos ebenso ein Qualitätsmerkmal wie ihre Fachausbildung und die Durchführung regelmäßiger Schulungsmaßnahmen. Es wird auch deutlich, daß für journalistisch-redaktionelle Angebote eher Qualitätskriterien entwickelt werden können als für Unterhaltungsprogramme.

Es gibt gewisse abstrakte Kriterien, die als geeignete Parameter dienen können, wie Einhaltung der journalistischen Sorgfaltspflicht, Programmunabhängigkeit, Trennung zwischen redaktionellem Inhalt und Werbung, aber auch Kriterien, wie Originalität, Relevanz, Vielfalt, Informationsgehalt, Transparenz und Verständlichkeit. Je mehr Kriterien erfüllt werden, desto eher trägt das neue Online-Angebot in qualitativer Hinsicht zum publizistischen Wettbewerb nach Maßgabe von § 11f Abs. 4 RStV bei.

Eigen- und Fremdproduktionen sind ein weiterer Diskussionspunkt. Wenn sie von öffentlich-rechtlichen Rundfunkanstalten angeboten werden, werden sie einer Bewertung bedürfen. Bestehende Qualitätssicherungssysteme müssen identifiziert und ihr Umfang geprüft werden (gelten sie für sowohl für Fremdproduktionen als auch für Eigenproduktionen?).

Die Unsicherheit im Fachdiskurs in bezug auf die Frage, was unter journalistischer Produktion von Inhalten zu verstehen ist und welche Qualitätsstandards für „Journalismus" und „Unterhaltungsjournalismus" anzuwenden sind, spiegelt sich im Konkretisierungsverfahren wider. Möglicherweise kann der Fachdiskurs von den aus den Tests gewonnenen Erkenntnissen profitieren.

Ungeachtet der Tatsache, daß es den öffentlich-rechtlichen Rundfunkanstalten gestattet ist, im Bereich der Unterhaltung tätig zu sein, wird es sicherlich leichter sein, den besonderen öffentlichen Mehrwert eines Nachrichtenkanals zu begründen als eines eingekauften Unterhaltungsprogramms. Die Vorgaben der gesetzlichen Rahmenbedingungen basieren auf der Erkenntnis, daß der öffentlich-rechtliche Rundfunk in qualitativer Hinsicht zum publizistischen Wettbewerb im journalistisch-redaktionellen Bereich beitragen kann. Daher wird er nach Maßgabe des Beihilfekompromisses mit dem Angebot journalistisch-redaktioneller Telemedien oder mit einem Telemedienangebot beauftragt, das auf journalistisch-redaktionellen Entscheidungen beruht.

Generell wird es erforderlich sein, die strukturellen Vorteile des öffentlich-rechtlichen Rundfunks für jedes Projekt aufzuzeigen. Die verfassungsrechtlichen und gesetzlichen Funktionen des öffentlich-rechtlichen Rundfunks sind letztendlich entscheidend. Im Idealfall wirken sich die in Begründungsdiskursen als erfolgreich erwiesenen Qualitätsmerkmale auf die allgemeine Qualität der von den Rundfunkanstalten entwickelten Medienangebote aus. So würde das Verfahren seine eigentliche Funktion erfüllen: Der Programmauftrag wird zum Prozeß seiner eigenen Begründung.

Die Entscheidung auf dieser Stufe erfordert nicht nur eine qualitative Bewertung des öffentlich-rechtlichen Angebots, sondern auch die Bewertung der Frage, in welcher Beziehung es zu anderen, auch privaten Konkurrenzangeboten steht. Die Qualität des zu bewertenden Medienangebots ist nicht das einzige in Betracht zu ziehende Kriterium. Es muß auch bewertet werden, inwieweit das Angebot andere ergänzt oder verstärkt und wie es mit Konkurrenzprodukten interagiert. Die Prüfung sollte die Frage beantworten, ob Wettbewerb als Instrument zur Qualitätssicherung wirkt und warum daher eine Vielzahl von Angeboten ein Vorteil ist.

Im Hinblick auf die verfassungsrechtliche Funktion von Medienangeboten für die öffentliche Kommunikation kann ein konkurrenzloses Angebot einer öffentlich-rechtlichen Rundfunkanstalt in einigen Marktsegmenten zwar von größerem Vorteil sein als ein konkurrenzloses Angebot eines privaten Rundfunkunternehmens, doch der Wettbewerb zwischen einem öffentlich-rechtlichen und einem privaten Rundfunkanbieter kann aufgrund der strukturellen Diversifikation dem Wettbewerb zwischen zwei öffentlich-rechtlichen Rundfunkanstalten überlegen sein. Was dies betrifft, müssen im Rahmen des Drei-Stufen-Tests Vergleichsheuristiken entwickelt werden.

In der dritten Stufe ist finanzielle Transparenz gefordert. Es ist vom Rundfunkrat zu prüfen, ob die Angebote die Kosten rechtfertigen. Der Gesetzgeber hatte hierbei jedoch nicht die Absicht, ein neues Modell zur Finanzkontrolle einzuführen.

Schlußfolgerungen und Ausblick

Der Fall der Bundesrepublik zeigt, daß Mitgliedstaaten, die den öffentlich-rechtlichen Auftrag auf Online-Angebote ausweiten, die Vorschriften für staatliche Beihilfe nach Artikel 87 und 86 EG erfüllen können. Ob sie aus dieser Möglichkeit Nutzen ziehen können, hängt von nationalem Recht ab. In Deutschland sind die öffentlich-rechtlichen Rundfunkanstalten sogar in gewisser Hinsicht verfassungsrechtlich verpflichtet, neue Übertragungswege zu nutzen, wenn dies für die Erfüllung ihrer öffentlich-rechtlichen Aufgabe erforderlich ist.

Die Einbeziehung von Online-Angeboten in den öffentlich-rechtlichen Auftrag ist allerdings auch mit einigen Problemen verbunden, die nicht auf europäisches Recht zurückzuführen sind. Das Angebot an Online-Medien ist nahezu unbegrenzt, und daraus ergibt sich die Frage: Wie kann man die Art der Dienstleistung, mit deren Angebot die öffentlich-rechtlichen Rundfunkanstalten betraut wurden, definieren?

Die ersten Tests, die in Deutschland unter den neuen Rahmenbedingungen freiwillig durchgeführt wurden, haben gezeigt, daß dieser Prozeß die öffentlich-rechtliche Angebotskultur in ihrem Kern trifft, da er die Verantwortlichen in den Rundfunkanstalten zwingt, Strategien für ihre Online-Erweiterung zu entwickeln. Hierbei müssen sie sich über die strukturellen Veränderungen in bezug auf die öffentliche Kommunikation und die besondere Rolle im klaren sein, die öffentlich-rechtliche Rundfunkanstalten im Hinblick auf die Optimierung des Spielraums für eine freie individuelle und öffentliche Meinungsbildung einnehmen, die in Deutschland verfassungsrechtlich von herausragender Bedeutung ist.

Ein weiterer wichtiger Punkt ist, daß nach dem deutschen System die gesamte Verantwortung für den Drei-Stufen-Test bei den Rundfunkräten liegt. Strukturelle Defizite in diesem internen Aufsichtssystem können Probleme mit dem neuen Verfahren zur Konkretisierung des öffentlich-rechtlichen Auftrags mit sich bringen. Im Idealfall werden die Rundfunkräte im Rahmen ihres neuen Aufgabenbereichs eine vernünftige professionelle Distanz zu den Rundfunkanstalten aufbauen und sich mehr Sachkenntnisse aneignen, um als wirksames Gegengewicht zum Intendanten zu agieren. Im August 2009 wurde der Intendant des WDR offensichtlich vom Rundfunkrat überrascht, als dieser die Anträge für zwei Internetkanäle ablehnte.

Das Verfahren im Rahmen des Drei-Stufen-Tests gibt privaten Wettbewerbern zudem die Möglichkeit, eine eigene Stellungnahme abzugeben. Der Rundfunkrat ist verpflichtet, diese Stellungnahme in seiner Entscheidung zu berücksichtigen, ob ein geplantes Angebot als Teil des öffentlich-rechtlichen Auftrags aufgenommen werden kann oder nicht. Dies ist im deutschen System eher neu und dürfte wohl einige Probleme auf deutscher Ebene lösen. Es ist von Vorteil, daß dieser Prozeß stattfinden kann, ohne daß bei jeder Anfechtung eines öffent-lich-rechtlichen Dienstleistungsangebots durch einen privaten Wettbewerber ein Beihilfeverfahren auf europäischer Ebene eingeleitet wird.

Was die „professionelle Distanz" betrifft, die das nationale Aufsichtsgre-mium einnehmen soll, hat die Europäische Kommission in ihrer Mitteilung über staatliche Beihilfen einige Anforderungen festgelegt, die gewährleisten sollen, daß seitens der Geschäftsführung einer öffentlich-rechtlichen Rundfunkanstalt kein Einfluß auf die Kontrollgremien ausgeübt wird und darüber hinaus der ver-trauliche Umgang mit Informationen Dritter im Rahmen des Verfahrens gewähr-leistet ist. Nach Auffassung der Kommission sollte die Prüfung regelmäßig von einer externen Stelle durchgeführt werden. Dagegen sah sich die Europäische Kommission im Verfahren gegen Deutschland anscheinend gezwungen, ein auf Rundfunkräten basierendes System anzuerkennen, in dem eine „Chinesische Mauer" zwischen dem internen Aufsichtsgremium und anderen Teilen des Unternehmens liegt – eine fragwürdige Metapher, wenn die freie Meinungsäuße-rung auf dem Spiel steht (die Kommission verwendete diesen Begriff in einer früheren Mitteilungsfassung, ließ ihn in späteren Fassungen jedoch aus; er hat sich dennoch unter deutschen Medienpolitikexperten als – manchmal zynische – Redewendung durchgesetzt). Nach Auffassung der Kommission sind den Rund-funkräten in diesen besonderen Fällen ausreichende finanzielle und personelle Ressourcen zu gewähren, um ihre funktionelle Unabhängigkeit zu wahren. An-gesichts der oben erwähnten Notwendigkeit, die professionelle Funktion der Rundfunkräte in Deutschland zu stärken, ist diese Forderung der Kommission sehr vernünftig.

In ihrer Mitteilung stellt die Kommission daher fest, daß es in die Zustän-digkeit der Mitgliedstaaten fällt, einen Mechanismus zur Sicherstellung einer wirksamen Kontrolle der Erfüllung des gemeinwirtschaftlichen Auftrags zu wäh-len. Eine wirksame Kontrolle dürfte nur von einem Gremium gewährleistet wer-den können, das effektiv von der Geschäftsführung der öffentlich-rechtlichen Rundfunkanstalt unabhängig ist.

Neben Großbritannien, sind einige Mitgliedstaaten im Begriff, einen Public-Value-Test einzuführen oder haben dies bereits getan. In Dänemark wurde ein Test eingeführt, der von der Rundfunkanstalt selbst durchgeführt wird. Im iri-schen Rundfunkgesetz von 2008 wurde ein Public-Value-Test festgelegt, der vom zuständigen Minister vorgenommen wird. Irland hatte, wie Belgien, der Kommission zugesagt, diesbezüglich entsprechende Schritte einzuleiten.

Durch die Tatsache, daß die Kommission das Beihilfeverfahren gegen Deutschland zur weiteren Ausgestaltung ihrer Verfahrensweise gewählt hat, könnte eine schwere Last für kleinere Mitgliedstaaten bedeuten. Das Ergebnis aus dem Kompromiß ist ein eher kompliziertes Verfahren, das aufwendiger ist

als dies für die Erfüllung der Gemeinschaftsvorgaben nötig ist. Einige bezeich-
nen den Drei-Stufen-Test als „bürokratisches Monster." Dennoch legen die ersten Erfahrungen nahe, daß der Test allmählich seine beiden Ziele erreicht: das
interne Kontrollsystem zu stärken und den öffentlich-rechtlichen Rundfunkanstalten einen Spielraum zu gewähren, sich an die sich ändernde Medienlandschaft anzupassen und gleichzeitig die Verantwortlichkeit zu wahren. Kein
Wunder also, daß die neuen Rahmenbedingungen für die öffentlich-rechtlichen
Rundfunkanstalten weder Prokrustesbett noch Hängematte sind, sondern ein
Licht auf die tiefe Wahrheit des Sprichworts werfen: „Wie man sich bettet, so
liegt man."

„Sozialer Dialog im Bereich der AV-Medien (SDAV)" und medienpolitische Initiativen von Euro-MEI

Heinrich Bleicher-Nagelsmann

Euro-MEI ist die europäische Region von UNI-MEI, einer globalen Gewerkschaft für die Bereiche Medien (Rundfunk und Film) und Kunst (Theater, Bildende Kunst, Schriftsteller und Sport). Sie organisiert Festangestellte sowie Freiberufliche in den genannten Sektoren.[1] UNI-MEI wiederum ist ein Sektor von UNI- Union Network International und umfasst über 140 Gewerkschaften und Berufsorganisationen (Guilds) mit ca. 250.000 Beschäftigten in über 70 Ländern weltweit.[2]

UNI-MEI dient als Kontaktstelle für ihre Mitgliedsgewerkschaften, die in einem zunehmend internationalisierten Sektor tätig sind. Sie versteht sich als Clearingstelle für nützliche Informationen, vor allem im Zusammenhang mit binationalen, internationalen oder multinationalen Produktionen oder in Fällen einer grenzüberschreitenden Tätigkeit von Mitgliedern ihrer Mitgliedsorganisationen.

UNI-MEI befasst sich mit unterschiedlichen Fragen, von der Entwicklung der Branchenstruktur, mit handelspolitischen Fragen, technologischer Entwicklung und tariflichen Fragen bis hin zu Urheberrechten und damit zusammenhängenden Rechten. Die Internationale sorgt für Informationsaustausch über Tarifabkommen, Rechtsnormen und Praktiken in den von ihr auf internationaler Ebene vertretenen Bereichen und unterstützt ihre Mitglieder bei der Organisierung und Durchsetzung von Gewerkschaftsrechten.

Gemeinsam mit dem Internationalen Verband der Schauspieler (FIA) und Musiker (FIM) bildet UNI-MEI die Internationale Allianz für Kunst und Unterhaltung (International Alliance for Entertainment and Arts), die es auch auf der Europa-Ebene (EAEA) gibt.

---

[1] MEI steht für Media Entertainment International. Die Internationale für den Medien- und Unterhaltungsbereich hat sich 2000/2001 mit der Internationalen Grafischen Föderation (IGF), dem Internationalen Bund der Privatangestellten (FIET) und der Internationalen für Post und Telekommunikation (PTTI) zu UNI – Union Network International zusammengeschlossen. Zur Geschichte der MEI siehe: Fattmann, Rainer (2001): Der lange Weg zur Zusammenarbeit : zur Geschichte der Gewerkschaftsinternationalen im Bereich Kunst, Kultur, Medien und Unterhaltung nach dem Zweiten Weltkrieg (Beiträge aus dem Archiv der Sozialen Demokratie; 3). Bonn

[2] http://www.uniglobalunion.org/Apps/iportal.nsf/pages/20090205_yfb5En

Die medienpoltischen Aktivitäten und Initiativen erstrecken sich auf verschiedene Aktions- bzw. Handlungsfelder. Insbesondere sind dabei zu nennen Gesetzgebungsverfahren (EU-Richtlinien), der Soziale Dialog im Audiovisuellen Bereich (SDAV) sowie fachspezifische Tagungen und Seminare.

Gesetzgebungsverfahren (EU-Richtlinien)

Ein Beispiel für die Teilnahme an einschlägigen Gesetzgebungsverfahren ist der Beratungsprozess beim Übergang von der Richtlinie „Fernsehen ohne Grenzen"[3] zur Richtlinie über audiovisuelle Mediendienste (AVMD-Richtlinie)[4]. Euro-MEI hat an dem mehrjährigen Beratungsprozess und damit verbundenen Anhörungen teilgenommen und mit Datum vom 4. Juli 2003 eine Grundsatzposition vorgelegt.[5] Im weiteren Verfahren, dass wir mit vielfältigen Lobbyaktivitäten begleitet haben wurden noch fortentwickelte und präzisierte Positionspapiere vorgelegt; u.a. zu einer großen Konferenz in Liverpool im Jahr 2005[6] und im Juni 2006. Am 29. November 2007 hat das Parlament die neue Richtline beschlossen, die dann am 19. Dezember in Kraft getreten ist.[7]

Der gesamte Beratungsprozess ist gut dokumentiert und gibt damit ein interessantes Bespiel für den Entstehungsprozess einer Richtlinie.[8] Ein weiteres Beispiel sind die Beratungen um die Frage der „Staatlichen Beihilfen im öffentlich-rechtlichen Rundfunk" unter anderem durch eine offene Konsultation im April/Mai 2009. Auch hierzu hat Euro-MEI sich positioniert und an verschiedenen Beratungen teilgenommen.[9]

---

[3] RICHTLINIE DES RATES vom 3. Oktober 1989 zur Koordinierung bestimmter Rechts- und Verwaltungsvorschriften der Mitgliedstaaten über die Ausübung der Fernsehtätigkeit (89/552/EWG)

[4] http://ec.europa.eu/avpolicy/reg/tvwf/index_de.htm

[5] Positionspapier - Die Revision der Richtlinie „Fernsehen ohne Grenzen" sowie „EURO-MEI zur EU-Richtlinie »Fernsehen ohne Grenzen« vom 27. Juni 2006" http://medien-kunst-industrie.verdi.de/-/7rE

[6] EURO-MEI comments on the European Commission's Issue Papers for the Audiovisual Conference in Liverpool 5 September 2005

[7] http://europa.eu/legislation_summaries/audiovisual_and_media/l24101a_de.htm

[8] http://ec.europa.eu/avpolicy/reg/history/codecision/index_de.htm

[9] Euro-MEI, Position on the Review of the Communication from the Commission on the Application of State Aid Rules to Public Service Broadcasting, 7 March 2008 http://medien-kunst-industrie.verdi.de/-/7rn

Sozialer Dialog im Audiovisuellen Bereich

Ein zentraler Arbeitsschwerpunkt auf europäischer Ebene ist der Soziale Dialog (SD) zwischen Arbeitgebern und Gewerkschaften. „Auf sektoraler Ebene hat der soziale Dialog 1998 eine entscheidende Entwicklung erfahren, als die Kommission die Einrichtung von Ausschüssen des sektoralen Dialogs zur Förderung des Dialogs zwischen den Sozialpartnern in den Sektoren auf europäischer Ebene beschloss (Beschluss der Kommission vom 20. Mai 1998 – 98/500/EG). Die Mitteilung legte genaue Vorschriften für die Einrichtung, Repräsentativität und die Arbeitsweise der neuen sektoralen Ausschüsse fest, die als zentrale Gremien zur Anhörung, für gemeinsame Initiativen und Verhandlungen gedacht sind. Die Ausschüsse für den sektoralen sozialen Dialog werden unter Wahrung der Autonomie der Sozialpartner eingerichtet. Die Vereinigungen der Sozialpartner stellen bei der Europäischen Kommission einen gemeinsamen Antrag auf Teilnahme am Dialog auf europäischer Ebene. Die Vereinigungen, die Arbeitgeber und Arbeitnehmer auf europäischer Ebene repräsentieren, müssen zum Zeitpunkt der Antragstellung folgende Kriterien erfüllen:

- Sie müssen sektor- oder berufsspezifisch arbeiten und über eine Struktur auf europäischer Ebene verfügen;
- Sie müssen aus Verbänden bestehen, die in ihrem Land integraler und anerkannter Bestandteil des Systems der Arbeitsbeziehungen sind, Vereinbarungen aushandeln können und in mehreren Mitgliedstaaten repräsentativ sein;
- Sie müssen über geeignete Strukturen verfügen, um an der Arbeit der Ausschüsse effektiv teilnehmen zu können."[10]

Euro MEI ist an zwei Sozialen Dialogen beteiligt. Zum einen im AV-Bereich und zum anderen im Bereich Life Performance.

Der Soziale Dialog im AV-Bereich (SDAV) konnte im April 2004 nach langen und nicht immer einfachen Vorverhandlungen vereinbart und aufgenommen werden. Beteiligte daran sind die Europa-Organisationen der Rundfunkanstalten und Filmproduzenten sowie die dort tätigen Gewerkschaften. Bei den Arbeitgeberverbänden handelt es sich um: Die Association of Commercial Television in Europe (Vereinigung kommerzieller Fernsehsender in Europa, ACT), die Association of European Radios (Verband Europäischer Radiosender, AER), die European Coordination of Independent Producers (Europäische Koordination unabhängiger Produzenten, CEPI), die European Broadcasting Union (Europäische Rundfunkunion, EBU) und die International Federation of Film Producers

---

[10] http://ec.europa.eu/social/main.jsp?catId=480&langId=de

Associations (Internationaler Filmproduzentenverband, FIAPF). Zu den im Ausschuss vertretenen Arbeitnehmerorganisationen zählen: der Europäische Journalistenverband (EFJ), EURO-MEI (Europäische Föderation der Gewerkschaften des Medien- und Unterhaltungssektors), die International Federation of Actors (Internationaler Schauspielerverband, FIA) und die International Federation of Musicians (Internationaler Musikerverband, FIM). EURO-MEI ist als größte europäische Gewerkschaftsorganisation in diesem Dialog auf Gewerkschaftsseite federführend.

Die Themenfelder des SDAV beziehen sich in erster Linie auf Fragen der Beschäftigung, Gleichstellung und (Anti-)Diskriminierung, Ausbildung und Qualifikation sowie der europäischen Erweiterung und den sich daraus ergebenden Konsequenzen. In diesem Zusammenhang stellte eine im Mai 2006 in Warschau durchgeführte Konferenz eine wichtige Etappe dar. Sie stand unter dem Thema „Die Industrie des audiovisuellen Bereichs in Bewegung – Der Soziale Dialog als Instrument zur Bewältigung eines sich verändernden Umfelds". Auf der Konferenz sollten die Auswirkungen der Erweiterung der Europäischen Union auf den europäischen Sozialen Dialog im audiovisuellen Bereich bewertet werden. Sie war Teil eines Projekts, dessen Ziel darin bestand:

1. die Sozialpartner herauszustellen und die Sozialdialogstrukturen in den neuen EU-Mitgliedstaaten und Kandidatenländern zu bewerten;
2. Einen Erfahrungsaustausch über die europäischen und nationalen Politiken im Kultursektor und im sozialen Bereich zu fördern. Berufserfahrungen und Erfahrungen im Hinblick auf die Sozialdialogstrukturen auf nationaler und EU-Ebene auszutauschen, sowie die Sozialpartner in den EU-Mitgliedstaaten über die Funktionsweise des Sozialen Dialogs in anderen Ländern und auf EU-Ebene zu informieren.

Im Rahmen des Projekts wurde eine Studie durchgeführt, in der sowohl die Sozialpartner als auch die Strukturen und die Funktionsweise des Sozialen Dialogs im Audiovisuellen Sektor in den neuen Mitgliedsstaaten und den Kandidatenländern untersucht wurden. Die Ergebnisse der Studie wurden auf der Konferenz präsentiert. Sie machten insbesondere deutlich, wie groß der Handlungsbedarf gerade in den Erweiterungsländern noch ist. Ein sozialer Dialog kann oft allein schon deshalb nicht stattfinden, weil keine ausreichenden Strukturen auf Seiten der Arbeitgeber oder auch Gewerkschaften vorhanden sind.

Mit einigen Anstrengungen kam unter Beteiligung aller Partner des SDAV zum Abschluss der Konferenz eine gemeinsame Erklärung („Warschauer Erklärung")[11] zustande in der die EU und ihre Mitgliedsstaaten aufgerufen wurden, den Sozialen Dialog auf allen Ebenen zu unterstützen und zu fördern. Außerdem wurde gefordert, das Komitee für Sozialen Dialog als Vertretung des audiovisuellen Sektors in Angelegenheiten der EU-Beschäftigungs- und Sozialpolitik zu konsultieren, wenn diese direkte oder indirekte Auswirkungen auf den audiovisuellen Sektor haben.

Die Partner des SDAV selbst vereinbarten

- die Machbarkeit von Informationstreffen erörtern, die der Weiterführung der in dieser Konferenz und bei dem Projekt zum sozialen Dialog innerhalb der neuen Mitgliedsstaaten gewonnenen Erkenntnisse dienen könnten;
- die im Grünbuch zum Arbeitsrecht behandelten Themen im Rahmen des EU-Komitees für sozialen Dialog im audiovisuellen Sektor diskutieren;
- in Sachen Best Practices einen Informationsaustausch pflegen, und
- ihre Arbeit in den Bereichen Neue Technologien und Schulung, Training sowie Weiterbildung fortsetzen.

Im weiteren Verlauf der gemeinsamen Arbeit ist es dann auch zu einer gemeinsamen Positionierung hinsichtlich des Grünbuchs Arbeitsrecht in ausgewählten Fragen gekommen. Ein entscheidendes Problem in diesem Zusammenhang ist die Definition der Begriffe (des Status) Arbeiter und Selbständiger in all seinen Varianten. Die Grundsatzauffassung von MEI ist, dass auch Selbständige (Soloselbständige) als Arbeiter (worker) anzusehen sind, um damit einen Status zu erhalten, der ihnen alle einschlägigen Rechte sichert. Hier sind die Arbeitgebervertreter und auch Vertreter der Kommission durchaus anderer Auffassung. In dem gemeinsamen Statement konnte aber die Bedeutung einer adäquaten Lösung im Interesse beider Seiten des SDAV konstatiert und herausgestellt werden. Die Diskussion über diese Thematik ist nicht zuletzt wegen der wachsenden grenzüberschreitenden Arbeit und Tätigkeit von Kultur- und Medienschaffenden dringend notwendig. Ihre ökonomische und soziale Absicherung darf nicht wegen unzureichender rechtlicher Regelungen auf Dauer gefährdet sein. Die Komplexität und Schwierigkeit des Themas wird schon daran deutlich, dass allein der Abstimmungsprozess unter den beteiligten Gewerkschaften bei gleicher Zielsetzung aufgrund unterschiedlicher nationaler Regelungen und Lösungsansätze äußerst schwierig ist.

Beim Thema Chancengleichheit gestaltete sich der Informationsaustausch und die Diskussion durchaus verträglicher und ergebnisorientierter. In den zweimal pro Jahr stattfindenden Plena des SDAV referierten beide Seiten aus

---

[11] Warschauer Erklärung: Die audiovisuelle Industrie im Aufbruch, sozialer Dialog als Instrument zur Bewältigung eines sich verändernden Umfelds, Warschau, 7. Mai 2006, http://medien-kunst-industrie.verdi.de/-/7rB

unterschiedlicher Sicht über die Praxis von Gleichstellung (Gender Equality) in den Rundfunkanstalten. Einvernehmlich wurde Ende 2009 eine Arbeitsgruppe eingerichtet, deren Aufgabe es ist

- Einen vertieften Austausch über existierende Genderpolitik im AV-Sektor voranzutreiben und gute Praxisbeispiele herauszuarbeiten;
- Gute Ansätze und Handlungsorientierungen zur Gleichstellung der Geschlechter an allen Arbeitsplätzen herauszustellen und länderübergreifend zu fördern.

Außerdem hat die Arbeitsgruppe das Mandat, eine Rahmenstrategie auszuarbeiten die den Focus auf folgende Aspekte legt: Abschaffung von geschlechtsspezifischen Stereotypen, Verhinderung von Diskriminierung bei der Einstellung, Karriereentwicklung, Aus- und Fortbildung sowie der Bezahlung (equal pay) und insgesamt zur Verbesserung der Arbeits- und Lebensbedingungen (work-life-balance).

UNI-MEI's Schwestergewerkschaft FIA[12], ebenfalls am SDAV beteiligt hat als Ergebnis eines Forschungsprojektes eine Studie über „Das Geschlechterbild Im Wandel: Die Förderung der Beschäftigungsmöglichkeiten von Frauen In den darbietenden Künsten" vorgelegt, die einen guten Einblick in die Gesamtproblematik gibt.[13]

Seit der EU-Erweiterung auf 27 Mitgliedsstaaten ist das Thema „Enlargement" ein Schwerpunkt im SDAV. Die Organisationen beider Seiten haben ein Interesse daran, dass auch in den Erweiterungsländern der mittel- und osteuropäischen Staaten funktionierende Strukturen des Sozialen Dialogs entstehen. Die schon erwähnte Warschauer Konferenz von 2006 war bereits in diesem Kontext angesiedelt. In der Folgezeit wurden mehrere Veranstaltungen und Seminare z. B. in Prag, Slowenien und Rom durchgeführt, die dem internen Informationsaustausch der Sozialpartner ebenso dienten wie der gemeinsamen Diskussion. In diesen Kontext gehören auch mehrtägige Informationsbesuche von Gewerkschafts- oder Arbeitgebervertretern aus Ost- und Mitteleuropa bei den jeweiligen Schwesterorganisationen. Gegenstand dieser Besuche waren alle Themen von der Wirtschafts- und Sozialpolitik bis zur Tarifpolitik. Einen besonderen Stellenwert bei diesen Informationsbesuchen nahmen immer auch Fragen der Mitgliedergewinnung und die spezifischen Probleme der Freien und Selbständigen ein. Neben den schon genannten Statusfragen des Grünbuchs Arbeitsrecht waren dies die Künstlersozialkasse und das Urheberrecht/Urhebervertragsrecht.

---

[12] http://www.fia-actors.com/en/index.html
[13] http://www.fia-actors.com/en/research.html

Das Thema Urheberrecht im digitalen Zeitalter war und ist auch Gegenstand der Diskussionen im SDAV. Zum Ende des Jahres 2009 wurde nach langen Diskussionen eine gemeinsame Stellungnahme über den Schutz von Kreativität, Innovation und Arbeitsplätzen verabschiedet, die bei unterschiedlicher Auffassung bezüglich geeigneter Maßnahmen auch die Bekämpfung der Verletzung von Urheberrechten im Internet thematisiert[14]. Während ansonsten zumindest auf Seiten der beteiligten Gewerkschaften weitestgehende Einigkeit in allen inhaltlichen Fragen existiert, werden bei dieser Thematik bedingt maßgeblich durch die unterschiedliche Konzeption des angelsächsischen Copyrights und des kontinentaleuropäischen Urheberrechts (droite morale) unterschiedliche Auffassungen deutlich. Eine „creative coalition" wie sie in England existiert oder Regelungen nach dem französischen Hadopi-Gesetz (three-strikes-out) sind für ver.di in der Bundesrepublik nicht vorstellbar. Eine neue Qualität wird diese Debatte wohl auch durch die Diskussionen um den jüngst veröffentlichten Entwurf des Anti-Piraterie-Abkommens ACTA bekommen.[15]

Europäische Betriebsräte und Fachseminare

Um die Informations- und Handlungsmöglichkeiten der Medienschaffenden zu fördern, nutzen wir auch die Möglichkeit, europäische Betriebsräte zu bilden. Auf Basis der 2009 verabschiedeten Richtlinie[16] ist ein Verfahren zur Bildung eines Europäischen Betriebsrates bei Pro7Sat.1 angestoßen worden. Diskutiert wurde dieses Vorhaben in mehreren Sitzungen einer dafür von Euro-MEI eingerichteten Arbeitsgruppe und schließlich im Rahmen eines Seminars zum Privaten Rundfunk Anfang Februar 2009 in der Bundesvorstandsverwaltung von ver.di in Berlin. Dieses Seminar kann als Beispiel für andere genommen werden, die Euro-MEI für seine Mitgliedsgewerkschaften in den Sektoren öffentlich-rechtlicher Rundfunk, privater Rundfunk, Film oder auch Theater durchführt.

An dem Berlin-Seminar nahmen Betriebsräte aus Spanien, Frankreich, Italien, Finnland, Schweden, Tschechien, Großbritannien, Slowenien, Luxemburg und Deutschland teil.

Folgende Themen von einzelnen Teilnehmern/-innen jeweils mit Kurzreferaten vorgestellt und dann gemeinsam diskutiert:

- Trends im privaten Rundfunk in Europa: Integration von Fernsehen und Produktion

---

[14] http://www.uniglobalunion.org/Apps/iportal.nsf/pages/mei_gcadtEn
[15]   http://ec.europa.eu/trade/creating-opportunities/trade-topics/intellectual-property/anti-counterfeiting/
[16]   Zum   Text   der   Richtlinie   und   der   ver.di-Einschätzung   siehe http://mitbestimmung.verdi.de/europaeischer_betriebsrat/revision_der_ebr-richtlinie_1

- Effekte der Umstrukturierungen auf die Vertretung der Arbeitnehmerinteressen
- Europäische Betriebsräte bilden und betreuen
- Situation und Perspektiven in den Betriebsräten (Diskussionsrunde   mit Betriebsräten von Pro7Sat.1, Mediaset, RTL, Planeta und Canal-Plus/Vivendi)
- Aufbau effektiver Betriebsräte
- Vernetzung über Ländergrenzen und Unternehmensgruppen hinaus.

Bei der Bildung von Europäischen Betriebsräten kann auch auf großes Know how und Unterstützung von UNI-Europa zurückgegriffen werden. Dort gibt es im Brüsseler Büro wo auch Euro-MEI angesiedelt ist ein Referat für EBRs.[17]

In dieser Frage wie auch anderen, die nicht rein branchenspezifisch sind (z. B. Arbeitszeit, Organisierung, Finanz- und Wirtschaftspolitik auf europäischer Ebene), kann sich Euro-MEI auf die fachliche und politische Unterstützung von UNI und seinen Abteilungen stützen, was die Kompetenz und Handlungsfähigkeit deutlich stärkt.

---

[17] http://www.uniglobalunion.org/Apps/iportal.nsf/pages/20090213_8cm2De

Lästig oder nützlich? Effektiv oder überflüssig? Aus der Praxis der Gremienarbeit

Tina Kolbeck

Abstract

Als „Sachverwalter der Allgemeinheit" kontrollieren Rundfunkräte qua Auftrag die öffentlich-rechtlichen Anstalten. Kritiker werfen ihnen gerne Dilettantismus und zu große Nähe zu den zu kontrollierenden Sendern vor. Aus diesem Vorwurf spricht auch die Arroganz von Experten. Die Konstruktion des „binnenpluralen Kontrollorgans" – eines Organs, das anstaltsintern berät und kontrolliert – mag zwar problematisch sein. Die Praxis zeigt aber: Rundfunkräte sind ihren Anstalten verbunden und loyal, aber zugleich bedacht auf ihre Unabhängigkeit und Kritikfähigkeit. Als Gebührenzahler und Mediennutzer sind Rundfunkräte zudem Experten des Medien-Alltags. Die Drei-Stufen-Tests stärken die Position der Gremien. Dies zeigt exemplarisch der bundesweit erste Drei-Stufen-Test, den der NDR-Rundfunkrat zur Einführung der NDR-Mediathek freiwillig gestartet hat. Arbeitsebenen, Entscheidungsabläufe und Kompetenzen sind neu geschaffen worden. Die Kritik an der Arbeit des Gremiums ist von den Interessen kommerzieller Anbieter geleitet und zielt darauf ab, die Gremien in den laufenden Tests zu verunsichern. Im Vordergrund stehen nicht die marktlichen Auswirkungen, sondern das Interesse der Allgemeinheit. Es geht darum, Bürgerinnen und Bürgern den freien Zugang zu hochwertigen und vielfältigen öffentlich-rechtlichen Telemedienangeboten zu garantieren.

Laienhaft oder professionell?

Kritiker werfen den ehrenamtlichen Rundfunkräten gerne Dilettantismus vor. Tatsächliche Kontrolle fände nicht statt, es herrsche muntere Scheindemokratie, so ihr Urteil. Die Praxis aber zeigt: Aus diesem Vorwurf spricht mangelnde Kenntnis der Gremienarbeit, eine gewisse Überheblichkeit von Experten und ein nicht unwesentlicher Einfluss von Lobbyisten. Aus meinem ursprünglichen Beruf als Diplom-Ingenieurin kommt mir dieser Vorwurf außerdem sehr bekannt vor. In Planungsprozessen, in die Bürgerinnen und Bürger als so genannte Betroffene einbezogen werden sollen, lautet ein oft gehörter Vorwurf: „Die wissen ja nicht, worüber sie reden. Die haben keine Ahnung." Sicher, Betroffene mögen im Vergleich zu Fachleuten in der Regel nur über laienhaftes Wissen verfügen. Aber trotzdem sind sie Experten ihres Alltags. Aus ihren Erfahrungen kennen sie die Probleme vor Ort und wissen, welche Veränderungen erforderlich sind. Ihr Wissen und ihre Bedürfnisse einzubeziehen, lohnt sich also. Dabei ist unbestritten: Partizipation ist anstrengend, und zwar für alle Beteiligten. Sie verkompliziert und verlängert Entscheidungsprozesse. Aber sie führt auch zu größerer Passgenauigkeit und höherer Akzeptanz des Endprodukts.

Rundfunkräte spielen eine andere Rolle als Betroffene, die in Entscheidungen lediglich einbezogen werden. Rundfunkräte partizipieren nicht nur, sie bestimmen laut gesetzlichem Auftrag mit. Als „Sachverwalter der Allgemeinheit" sollen sie Rundfunkanstalten kontrollieren und beraten. Sie vertreten die Interessen der Allgemeinheit und berücksichtigen dabei die vielfältigen Meinungen der Bürgerinnen und Bürger. Rundfunkräte achten darauf, dass die Sender die Vorgaben der Staatsverträge erfüllen. Sie überwachen die Einhaltung der Programmanforderungen, ohne dabei in die Programmhoheit der Intendanz einzugreifen.

Dabei sind die einzelnen Mitglieder in der Regel keine Medienexperten, jedenfalls zunächst nicht. Im Laufe ihrer Arbeit im Gremium eignen sie sich aber durchaus umfassendes medienpolitisches Wissen an. Und genau wie die von Planung Betroffenen Alltags-Experten sind, sind Rundfunkräte von Anfang an Medien-Alltagsexperten. Schließlich nutzen sie tagtäglich Radio, Fernsehen und Internet und verfügen so über ein gesundes Nutzer-Wissen. Die von Zeit zu Zeit erhobene Forderung nach Einführung einer zusätzlichen Publikumsbank in den Rundfunkräten erscheint daher komplett überflüssig. Denn was sind Gremien anderes als zugleich immer auch Publikum?

Distanzlos und kritisch?

Ein weiterer, oft angeführter Kritikpunkt an den Räten ist die angeblich große Nähe zu den zu kontrollierenden Sendern. Zugegeben: Die gesetzlich vorgeschriebene Konstruktion des „binnenpluralen Kontrollorgans" – eines Organs also, das im Gegensatz zu den Gremien des privaten Rundfunks anstaltsintern berät und kontrolliert – ist zwar nicht unkompliziert. Aber der Gesetzgeber hat dies bewusst so gewählt. Und die Praxis zeigt: Rundfunkräte sind ihren Anstalten zwar verbunden und loyal, aber sehr bedacht auf ihre Unabhängigkeit. Streitkultur und Konfliktbereitschaft sind durchaus vorhanden.

Der NDR-Rundfunkrat jedenfalls nimmt seinen Auftrag ernst. Über Monate hinweg haben sich Mitglieder des Programmausschusses beispielsweise intensiv mit der Sendung „Anne Will" auseinandergesetzt, Gespräche mit der Redaktion geführt, Sendungen besucht sowie kritische Anmerkungen zur Auswahl von Themen und Gesprächspartnern sowie zum Setting des Studios gemacht. Der Programmausschuss hat vor dem Hintergrund der Finanz- und Wirtschaftskrise mit den zuständigen Redaktionen eine intensive und ausführliche Diskussion über die Wirtschaftsberichterstattung des NDR geführt. Auch die Verpflichtung von Oliver Pocher für die Harald-Schmidt-Show, die Gestaltung der Gala zum 100. Geburtstag von Heinz Ehrhardt oder die Nebentätigkeit von Moderatoren waren ausführlich Thema. Und diese Auseinandersetzung mit den Programminhalten wird von den Gremienmitgliedern keineswegs laienhaft, sondern professionell vorbereitet und kritisch geführt. Die Diskussion in den Gremien ist dabei oft Ausdruck einer aktuellen gesellschaftlichen Debatte. Die Rundfunkräte halten den öffentlich-rechtlichen Anstalten in der direkten Auseinandersetzung einen Spiegel vor. Was diese darin erblicken (müssen), kann manchmal durchaus unangenehm und die Auseinandersetzung damit – wir erinnern uns – anstrengend, aber produktiv sein.

Herausforderung Drei-Stufen-Test

Der 12. Rundfunkänderungsstaatsvertrag, der seit 1. Juni 2009 in Kraft ist, weist den Gremien mit dem Drei-Stufen-Test eine weitere, völlig neue Aufgabe zu. Das Gesetz regelt, welche öffentlich-rechtlichen Angebote im Internet zulässig sind. Grundsätzlich dürfen Rundfunkanstalten ihre Programme und die Begleitinformationen sieben Tage online bereitstellen. Darüber hinausgehende neue Angebote müssen in einem Telemedienkonzept dargelegt werden und einen Drei-Stufen-Test durchlaufen. Auch der gesamte Online-Bestand der Öffentlich-Rechtlichen musste durch die Gremien geprüft werden, und zwar innerhalb des Zeitraums vom 1. Juni 2009 bis zum 31. August 2010. Auf die Rundfunkräte kommt also eine Menge Arbeit zu.

Im Rahmen der Drei-Stufen-Tests ist zu prüfen, inwieweit die Telemedien-Angebote den demokratischen, sozialen und kulturellen Bedürfnissen der Gesellschaft entsprechen, ob sie einen publizistischen Mehrwert besitzen und ob sie angemessen finanziert sind. Dieser komplexe Abwägungsprozess betraut die Gremien mit noch größerer Verantwortung, ihre Eigenständigkeit ist mehr denn je gefordert. Dass die Arbeit der Gremien stärker als bisher in den Fokus der Öffentlichkeit rücken würde, war den Rundfunkräten daher von Anfang an bewusst. Auch aufgrund der vorangegangenen politischen Auseinandersetzung um den Rundfunkänderungsstaatsvertrag war hohe Aufmerksamkeit zu erwarten.

Um Erfahrungen mit dem komplexen Verfahren zu sammeln, beschloss der NDR-Rundfunkrat auf Anregung des Intendanten, bereits vor In-Kraft-Treten des neuen Gesetzes freiwillig einen Probedurchlauf und damit den bundesweit

ersten Drei-Stufen-Test zu starten. Getestet werden sollte die NDR-Mediathek.
Dieser Baustein des Internetauftritts www.ndr.de soll Fernseh- und Radio-
Beiträge bündeln und sie zum kostenlosen Abruf per Mausklick anbieten. Auch
die Livestreams, also die gerade laufenden Programme, sollen über die Media-
thek abrufbar sein.

Bereits lange vor Beginn des freiwilligen Verfahrens hatte sich die
„Arbeitsgruppe Drei-Stufen-Test" gegründet. Gremienmitglieder haben dort
detaillierte Verfahrensschritte entwickelt und Kriterien für die anstehenden Entscheidungen vorbereitet. Auf Grundlage der Satzung des Rundfunkrats wurde
beim Start des freiwilligen Tests ein Geschäftsordnungs- und Koordinierungsausschuss ins Leben gerufen. Seine Aufgabe war und ist, das anstehende sowie
alle zukünftigen Verfahren zu koordinieren und die Entscheidungen vorzuberei-
ten.

Wie vom Gesetzgeber vorgeschrieben, legte der Intendant zu Beginn des
Verfahrens im November 2008 ein Telemedienkonzept für die NDR-Mediathek
vor. Gleichzeitig mit der öffentlichen Bekanntgabe des Drei-Stufen-Tests auf der
Website des NDR-Rundfunkrates wurden Dritte aufgefordert, Stellungnahmen
zum geplanten Vorhaben abzugeben. Die Vergabe eines Gutachtens zu den
marktlichen Auswirkungen der NDR-Mediathek wurde öffentlich ausgeschrie-
ben. Um Transparenz zu gewährleisten, entwickelte der Koordinierungsausschuss nachvollziehbare Kriterien für das Vergabeverfahren. Prof. Dr. Hardy
Gundlach von der Hochschule für Angewandte Wissenschaften Hamburg wurde
schließlich mit der Erstellung des medienökonomischen Gutachtens beauftragt.

Nach Ablauf der gesetzlich vorgegebenen Fristen wurden die Stellungnahmen Dritter, deren Kommentierung durch den Intendanten sowie die Ergebnisse
des Gutachtens in allen Ausschüssen ausführlich behandelt. Der Programmausschuss hatte bereits zuvor Prüfkriterien aufgestellt, um den „publizistischen
Mehrwert" des neuen Internetangebots transparent beurteilen zu können. Der
Koordinierungsausschuss kam in einer abschließenden Abwägung zu dem
Schluss, dass die NDR-Mediathek dem öffentlich-rechtlichen Auftrag entspricht
und den Anforderungen des Rundfunkstaatsvertrages gerecht wird. „Die kosten-
lose und zeitsouveräne Möglichkeit des Abrufs von interessanten Radio- und
Hörfunksendungen im Internet, die durch die Rundfunkgebühr bereits bezahlt
worden sind, ist eine Angebotsergänzung mit Blick auf das veränderte Nut-
zungsverhalten von Hörern und Zuschauern", heißt es in der Pressemitteilung,
mit der die Genehmigung der NDR-Mediathek am 27. März 2009 bekannt gegeben wurde. Am 15. April 2009 ging die NDR-Mediathek online.

Durchschaubare Kritik

Wie schon der Rundfunkänderungsstaatsvertrag nur unter großem Lobby-Getöse zustande gekommen war, stand auch die Durchführung dieses ersten Drei-Stufen-Tests von Anfang an im Fokus der Interessensvertreter des privaten Rundfunks. Dass die Privaten kein gutes Haar an der Arbeit der Gremien lassen würden, zeigten schon die 17 eingegangenen Stellungnahmen Dritter. Diese waren überwiegend von kommerziellen Fernseh- und Hörfunkunternehmen sowie von Printmedienhäusern und ihren Verbänden verfasst worden. Kritisiert wurden formale Aspekte wie die Freiwilligkeit des Tests, die angeblich schlechte Information der Öffentlichkeit sowie die zu knappe Fristsetzung. Aber auch das Konzept der NDR-Mediathek, die geplante Verweildauer der Inhalte sowie die Plausibilität der Finanzierung wurden in Frage gestellt. Die Massivität und stellenweise Polemik, mit der die Einwände aufgeführt wurden, verwundert. Es darf bezweifelt werden, dass ein kleines Element eines Online-Auftrittes, wie ihn die NDR-Mediathek darstellt, zum Niedergang privater Online-Plattformen führt. Nach dem Start verzeichnete die NDR-Mediathek rund 50.000 Klicks pro Tag, ein Klacks im Vergleich zu kommerziellen Angeboten.

Kaum war der freiwillige Test abgeschlossen, prasselte weitere Kritik auf den NDR-Rundfunkrat ein. Öffentlich wurde in Aufsätzen, Diskussionsrunden und Stellungnahmen festgestellt, das Gremium habe schlechte Arbeit geleistet. Die Direktoren der Landesmedienanstalten monierten in einem Positionspapier den Ablauf, die Durchführung und das Ergebnis des ersten Drei-Stufen-Tests. Die Vorgaben des Rundfunkstaatsvertrages seien nicht hinreichend umgesetzt worden, das Gutachten nicht ausgewogen gewesen. Es gäbe handwerkliche Fehler, falsche Schlüsse und fehlgeleitete Interpretationen zu den ökonomischen Auswirkungen. Lukas Repa, Vertreter der EU-Wettbewerbskommission, kritisierte das Verfahren auf einer Tagung mit den Worten „Da ist vielleicht nicht alles ideal gelaufen", wollte jedoch keine Details nennen. Aufgrund der Freiwilligkeit des Tests sprach er aber von einem „Freischuss". Der Präsident des Privatsenderverbandes VPRT, Jürgen Doetz, hingegen wertete die Kritik der EU-Kommission als „einen deutlichen Schuss vor den Bug der öffentlich-rechtlichen Sender".

Die Art und Weise der Kritik, aber auch die Energie, mit der sich die Privaten den Drei-Stufen-Tests widmen, legen den Verdacht nahe, dass die Arbeit der Gremien durch polemische Kommentare gezielt torpediert werden soll. Dabei ist die Kritik zum Teil sogar widersprüchlich. So steht zum Beispiel auf der einen Seite der Vorwurf der Privaten, marktrelevante Daten seien nicht ausreichend in die Gutachten einbezogen worden. Auf der anderen verwahren sie sich dagegen, Betriebsgeheimnisse zu lüften und Gutachtern relevante Informationen zur Verfügung zu stellen. Letztendlich verfolgt die permanent geäußerte Kritik an der Arbeit der Gremien wohl das Ziel, in der Öffentlichkeit das Bild von der Zielsetzung und Methodik des Dreistufentests zu verzerren. Die Vertreter kommerzieller Sender versuchen, die marktlichen Auswirkungen zum wichtigsten Kriterium im Dreistufentest zu erheben. Im Vordergrund der Prüfung stehen aber nicht die Geschäftsinteressen der kommerziellen Anbieter, sondern das Interesse der Allgemeinheit. Es geht darum, allen Bürgerinnen und Bürgern den freien Zugang zu hochwertigen und vielfältigen öffentlich-rechtlichen Angeboten in den neuen Medien zu garantieren. Der erste freiwillige Test zur NDR-Mediathek wurde außerdem unter Rechtsaufsicht durchgeführt. Es gab keinerlei formale oder inhaltliche Beanstandungen der beteiligten vier Staatskanzleien aus Hamburg, Schleswig-Holstein, Mecklenburg-Vorpommern und Niedersachsen.

Unabhängig, transparent und professionell

Die NDR-Gremienmitglieder waren sich von Anfang an der Verantwortung bewusst, die sie mit der Durchführung des Drei-Stufen-Tests übernommen hatten. Der Rundfunkrat hat deshalb großen Wert darauf gelegt, das Verfahren fachlich und organisatorisch angemessen zu bewältigen. Mit dem ersten Drei-Stufen-Test hat das Gremium bewiesen, dass es in der Lage ist, unabhängig, transparent und professionell zu arbeiten. Und das in einem Verfahren, das durch den Gesetzgeber „oft widersprüchlich, mehrdeutig und wenig konkret" geregelt wurde, wie ein Gutachten des Instituts für Rundfunkökonomie an der Universität Köln schon im April 2009 feststellte.

Für das komplexe Verfahren hat der NDR-Rundfunkrat Arbeitsebenen, Entscheidungsabläufe und Kompetenzen neu geschaffen. Ausschüsse haben Details und Kriterien des Verfahrens unabhängig festgelegt. Ein Geschäftsordnungs- und Koordinierungsausschuss wurde gegründet, um die Entscheidungen zu koordinieren. Das Gremienbüro wurde personell aufgestockt, um die anfallende Arbeit bewältigen zu können. Die interne Vernetzung der Gremienmitglieder per Intranet wurde vereinfacht. Durch Qualifikationen wie etwa einem Vortrag über wissenschaftliche Qualitätskriterien durch das Hamburger Hans-Bredow-Institut professionalisieren sich die Mitglieder kontinuierlich weiter.

Sicher: Die Arbeit der Gremien kann immer noch weiter perfektioniert werden, nicht nur in Bezug auf den Drei-Stufen-Test. Die Rundfunkräte sollten den Mut zu mehr Öffentlichkeit und zum Dialog mit den Vertretern des privaten Rundfunks haben. Die Gremien könnten öffentlich tagen, ihre Pressearbeit und Präsenz im Internet weiter ausbauen. Der Fachwissenvorsprung der Anstalten könnte durch die Schaffung eines wissenschaftlichen Dienstes ausgeglichen werden. Für eine stete Professionalisierung sollten die entsendenden Organisationen ihren Mitgliedern gezielte Informationen und Fortbildungsangebote anbieten. Deren Wissen könnte auch durch mehr Austausch der Erfahrungen untereinander verbreitert werden.

Und schließlich sollten Verbände und Organisationen ernsthaft über eine gezielte Benennung von jüngeren Vertretern für die Rundfunkgremien nachdenken. Deren Altersschnitt spiegelt in keiner Weise den Altersschnitt des Publikums wieder. Wie junge Zielgruppen langfristig an die öffentlich-rechtlichen Sender gebunden werden können, ist aber eine der wichtigsten Fragen für deren Zukunft. Die Beteiligung jüngerer Bevölkerungsgruppen an den Aufsichtsgremien ist dazu ein wichtiger Baustein. Die Diskussion über Oliver Pocher, Charlotte Roche oder Stefan Raab würde vermutlich manches Mal deutlich anders verlaufen.

Kampf ums Netz

Aber der Streit um die Drei-Stufen-Tests wird auch unabhängig von einer Verbesserung der Gremienarbeit weitergehen. Die politischen Vorgaben des Rundfunkänderungsstaatsvertrages wollen umgesetzt werden, 30 neue Verfahren stehen an. Der NDR-Rundfunkrat hat bereits den Test für „NDR Online" inklusive „N-JOY XTRA" und „NDR Text" eingeleitet. Außerdem hat er die Federführung für die Verfahren zur Prüfung von www.tagesschau.de und www.einsextra.de, komplexe Abläufe im Rahmen der ARD. Die Gremien werden also noch eine Weile im Kreuzfeuer der Lobbyisten stehen. Denn letztlich dreht sich der öffentliche Streit nicht um die Qualität der Arbeit, die die Gremien abliefern, sondern darum, was Öffentlich-Rechtlichen im Internet erlaubt sein soll und was nicht. Die Privaten laufen Sturm gegen die Aktivitäten von ARD und ZDF, weil sie ihre Pfründe im Netz bedroht sehen. Der Kampf zwischen Privaten und Öffentlichen, der in Brüssel mit dem Beihilfekompromiss ein vorläufiges Ende gefunden hatte, wird nun weiter auf dem Rücken der Gremien ausgetragen.

Aus Sicht der Gewerkschaften ist aber eines klar: Der öffentlich-rechtliche Rundfunk muss seinen Auftrag auch in Zukunft auf allen technischen Wegen umfassend erfüllen können. Und dazu gehört das Internet als neuer Verbreitungsweg nun einmal dazu. Der Gebührenzahler hat zu Recht die Erwartung, dass ihm auch im Netz öffentlich-rechtliche Informationen zur Verfügung stehen. Verbände und Organisationen wie der Deutsche Gewerkschaftsbund oder die Verbraucherzentrale vertreten auch die Interessen von Mediennutzern. Deswegen ist es ein wichtiger Schritt, dass sie im Rahmen der Drei-Stufen-Tests ebenfalls Stellungnahmen Dritter abgeben und sich für eine starke Präsenz der Öffentlich-Rechtlichen im Netz einsetzen.

Im Übrigen: Die Drei-Stufen-Tests werden nach Schätzungen von Experten allein im Jahr 2009 rund 12 Millionen Euro kosten. Für die öffentlich-rechtlichen Rundfunkanstalten bedeuten die durchzuführenden Tests eine gigantische beschäftigungstherapeutische Maßnahme. Oder ist alles doch nur ein zusätzliches Gebührenverschwendungsmodell? Man könnte schon ins Grübeln kommen, ob es nicht besser wäre, das Geld ins Programm zu stecken. Aber der Gesetzgeber hat es ja nicht anders gewollt.

Die Reaktion der Journalistengewerkschaften auf die aktuelle Medienkrise

Renate Schröder

Einleitung

Der folgende Beitrag der Europäischen Journalisten-Föderation, der regionalen Gruppe der Internationalen Journalisten-Föderation, die etwa 260.000 Journalisten in Europa repräsentiert, erörtert die Reaktionen der europäischen Journalistenorganisationen sowie ihre strategischen Ansätze angesichts der aktuellen Medienkrise, die Rundfunk, Printmedien und Online-Dienste betrifft. Auf der diesjährigen Jahrestagung diskutierte die EJF Möglichkeiten zum Umgang mit den enormen Veränderungen, die im Mediensektor stattfinden, sowie Methoden zur Wahrung eines Qualitätsjournalismus. Sie nahm die so genannte Varna-Deklaration „Journalismus an der Spitze des Wandels" an, die im Folgenden erläutert wird.

Dies ist keine kurzfristige Krise

Die dramatische Umstrukturierung in der Medienwirtschaft, weltweit und insbesondere in Europa, stellt alle Beteiligten im Journalismus und in der Medienindustrie vor ernsthafte Herausforderungen. Die Medienindustrie befindet sich in Aufruhr, und Experten diskutieren darüber, ob es um eine ernsthafte Krise oder lediglich um eine Übergangserscheinung auf dem Weg in eine Welt der Online-Medien geht. Die technischen Möglichkeiten, mit denen Menschen Inhalte generieren und verbreiten können, unterhöhlen die Medien, die im Dienst der Gesellschaft stehen. Während Online-Tagebücher und soziale Netzwerke neue Teile der Welt beleuchten, geht in anderen Teilen bei den traditionellen Medien, insbesondere den Zeitungen, das Licht aus.

Medienmärkte brechen zusammen. Die Flucht der Anzeigenkunden in das Internet und eine neue Generation von Nutzern, die weniger Zeit für Zeitungen und traditionelles Fernsehen hat, führte zu Panik in einer Branche, die Arbeitsplätze abbaut, redaktionelle Ausgaben auf Kosten eines Qualitätsjournalismus zurückschraubt und den demokratischen Pluralismus schwächt. In den vergangenen Monaten hat sich der Niedergang des Journalismus und der Medien in Europa – verursacht durch Arbeitgeber, die verzweifelt versuchen immer mehr Gewinne aus diesem Sektor herauszupressen – als Folge der jüngsten wirtschaftlichen Krise dramatisch beschleunigt. Die Medienkrise, die wir derzeit in Europa beobachten, begann allerdings schon vor Jahren und stammt aus der Zeit vor der jüngsten Rezession.

Es gibt absolut keine Sicherheit mehr, dass der mediale Pluralismus aufrechterhalten werden kann. Der private Sektor kann die Bereitstellung von Informationsdiensten, die von zentraler Bedeutung für die Wahrung und Verbesserung der demokratischen Standards in Europa sind, nicht mehr gewährleisten.

Die Landschaft des öffentlich-rechtlichen Rundfunks befindet sich in einer eigenen Krise und ist nach wie vor in vielen europäischen Ländern unangemessenem politischen Druck ausgesetzt. In diesem Zusammenhang möchte ich auf den jüngsten Bericht des Open Society Institute[1], hinweisen. Dieser Bericht zeigt, wie akut die Krise der Unabhängigkeit in Albanien, Bulgarien, der Tschechischen Republik, Italien, Litauen, Polen, der Republik Mazedonien, Rumänien und der Slowakei ist. In den Kernländern der europäischen Medien – Großbritannien, Deutschland, Frankreich und den nordischen Ländern – stehen öffentlich-rechtliche und private Medien gleichermaßen unter außerordentlichem Druck.

Dies ist keine kurzfristige Krise. Das Ausmaß des Zusammenbruchs der traditionellen Medien in den Vereinigten Staaten hat bereits sowohl bei Medienschaffenden als auch bei öffentlichen Organen eine enorme Schockwirkung gezeigt. Und es besteht wenig Zweifel, dass auch Europa – eher früher als später – die Folgen der Marktumstrukturierung spüren wird. Die europäischen Nachrichten- und Informationssysteme – kommerziell und gemeinnützig – befinden sich inmitten einer technischen Revolution, die die Nachrichten- und Informationsströme dramatisch verändern wird.

Dialog mit den europäischen Politikern: Wie kann das öffentliche Interesse an den Medien gewahrt bleiben?

Der Reporter Nick Davies, dessen Buch *Flat Earth News* im vergangenen Jahr großes Aufsehen erregte, weil es den Zustand des Journalismus in Großbritannien bloßstellte, sagt, dass Journalisten in ihrem Kampf um den Schutz der Medien vor Vernichtung in Zeiten der Wirtschaftskrise an die Öffentlichkeit treten müssen – auch über die Köpfe ihrer Vorgesetzten hinweg. „Wenn es eine öffentliche Debatte gibt, können wir vielleicht die Lösung für unsere Probleme fin-

---

[1]   Open Society Institute, Television across Europe. More Channels, Less Independence

den", sagt er. „Wir müssen Hinweisgeber in unseren eigenen Redaktionen sein. Wir müssen der Öffentlichkeit sagen, welche Auswirkungen die Streichung von Arbeitsplätzen auf die Berichterstattung hat. Die Öffentlichkeit muss wissen, dass die Unternehmen die Redaktionen übernommen und nach Gewinnen durchstöbert haben. Darum haben die Leser ihr Vertrauen in uns verloren. Wir müssen den Status der Journalisten verbessern. Man vertraut uns nicht, man mag uns nicht, weil wir mißverstanden werden. Die bekanntesten Leute im Journalismus sind Leute wie Rupert Murdoch und Paul Dacre, die uns in Verruf gebracht haben."

„Das Problem ist eindeutig ein finanzielles, aber die Lösung ist politisch. Wir müssen allen zeigen, dass sie uns brauchen. Jeder braucht zuverlässige Informationen." [2] Aus diesem Grund hat die Europäische Journalisten-Föderation in diesem Frühjahr Gespräche mit den politischen Entscheidungsträgern des Europäischen Parlaments und der Europäischen Kommission geführt. Es sollte erörtert werden, wie man die sich ändernde Medienlandschaft überwachen und analysieren kann, um einen strategischen Ansatz für Fachleute und Politiker im Hinblick auf folgende Fragen zu entwickeln:

- Welchen Informationsbedarf haben die Gesellschaften in Europa?
- Welche aktuellen Trends haben Einfluss darauf, wie der Informationsbedarf der Gesellschaft erfüllt wird?
- Welche Änderungen gewährleisten, dass der Informationsbedarf der Gesellschaft in der Zukunft besser erfüllt wird?
- Wie können Journalismus und Medien die Öffnung des öffentlichen Informationsraums in Bahnen lenken, die demokratische Werte stärken und verankern?

Um diese Fragen zu beantworten, muss man den kurz- und langfristigen Informationsbedarf der Gesellschaft identifizieren. Dies muss in erster Linie Nachrichten und Informationen „im öffentlichen Interesse" betreffen – Informationen, die den Gesellschaften und ihren Entscheidungsträgern helfen, den Herausforderungen des 21. Jahrhunderts zu begegnen.

Außerdem muss die Krise der Nachrichtenmedien, unter Einbeziehung der kommerziellen, gemeinnützigen und staatlichen Medien, angesprochen werden, um festzustellen, wie sie den heutigen Informationsbedarf erfüllen und zu analysieren, wo der Informationssektor Schwächen zeigt.

---

[2]   Beitrag zum Beschäftigungsgipfel der britischen Journalistengewerkschaft (NUJ): Blow the Whistle to Save Journalism. http://www.nuj.org.uk/innerPagenuj.html?docid=1087

Schließlich müssen wir in unserem Denken über die Informationsumgebung kreativ und innovativ sein und überlegen, was notwendig ist, um den Fluß zuverlässiger Nachrichten und Informationen im öffentlichen Interesse zu stärken. Auf welche Weise gelingt es am besten, alle europäischen Akteure einzubeziehen, um die Kraft zur Innovation in diesem Bereich zu entwickeln – unter Beteiligung des privaten, öffentlichen und gemeinnützigen Sektors?

Diese und andere Fragen müssen gemeinsam mit Medienorganisationen und Fachleuten, wenn möglich unter der Schirmherrschaft der Europäischen Kommission (Taskforce „Medien" [3]), sowie mit Mitgliedern des Europäischen Parlaments diskutiert werden.

Die EJF erhielt bei diesen Zusammenkünften positives Feedback und organisiert jetzt eine Konferenz zur Medienkrise, die Anfang 2010 im Europäischen Parlament stattfinden wird.

Die EJF hat darüber hinaus die Kooperation mit den Arbeitgeberorganisationen auf europäischer Ebene vertieft, darunter der Europäische Verband der Zeitungsverleger (European Newspaper Publishers' Association, ENPA), der Europäische Verlegerrat (European Publishers' Council, EPC), der Europäische Verband der Zeitschriftenverleger (European Federation of Magazines' Publishers, FAEP), die Europäische Rundfunkunion (European Broadcasting Union, EBU) und der Europäische Verband für Privates Fernsehen (Association of Commercial Television in Europe, ACT). Dies ist mit Sicherheit als Reaktion auf die Medienkrise zu verstehen.

Ethische Journalismus-Initiative der Europäischen Journalisten-Fellowships (EJF) / Internationalen Journalisten Föderation (IJF)

Ein wichtiger Schritt der EJF und IJF und eine Reaktion auf sinkende Standards in den Medien ist die Ethische Journalismus-Initiative.

Journalistengewerkschaften und -verbände haben 2009 die Ethische Journalismus-Initiative ins Leben gerufen, eine globale Kampagne, um Journalisten wieder zu ihrer Aufgabe zurückzuführen. Angesichts einer sich vertiefenden globalen Krise – wirtschaftlicher Abschwung, Terrorismus und Konflikte, Kli-

---

[3]   Die Taskforce „Medien" gehört zum Generaldirektorat Informationsgesellschaft und Medien der Europäischen Kommission. Ihre Aufgabe lautet: Förderung von Wachstum und Beschäftigung (die Schlüsselziele der „überarbeiteten Lissabon-Strategie") – insbesondere in der Medienindustrie – sowie Förderung von Vielfalt und Pluralismus in den Medien und Pressefreiheit.

mawandel, Armut und Krankheit – ist es noch wichtiger, dass der Journalismus die Mauern der Vorurteile, Ignoranz und Machtlosigkeit einreißt, und dass die Medien als Wächter der Regierung fungieren. Dies ist im Zeitalter des Internets nicht so einfach, wenn es ein solches Konzept lediglich für lokale Nachrichten gibt.

Die Ethische Journalismus-Initiative (EJI) sagt speziellen Bedrohungen den Kampf an, wie etwa dem Wiederaufleben des Rassismus oder kulturellen oder religiösen Konflikten. Es geht um den Ruf nach Erneuerung eines wertebasierten Journalismus im gesamten Medienbereich und um eine einfache Botschaft: Journalismus ist nicht Propaganda, und Medienprodukte haben nicht nur einen wirtschaftlichen Wert. Sie werten die Demokratie und die Lebensqualität der Menschen auf.

Folgende Erklärungen sind die wichtigsten Aspekte der EJI und müssen in jeden strategischen Ansatz zum Wandel der Medien aufgenommen werden.

1. Journalismus muss verlässlich und glaubwürdig sein. Das setzt Investitionen in Arbeitsplätze und in die Arbeit der Journalisten voraus sowie das Ausmerzen von bedenklichen sozialen und beruflichen Bedingungen. Das Recht aller Journalisten – fest angestellter oder freier – auf erträgliche Arbeitsbedingungen und auf schützende Regularien, die ihre Autorenrechte und ihren beruflicher Status untermauern, ist der Garant für Qualitätsjournalismus.

2. Es muss eine größere Verpflichtung für berufliche Aus- und Fortbildung geben – besonders in Gesellschaften, die offenere, pluralistischere und repräsentativere Regierungen anstreben.

3. Multimediales Zusammenspiel benötigt neue Aufsichtsmodelle: Presserat und Rundfunkrat sowie verschiedene Formen von Selbst- und Mitregulierung und rechtlich verbindlichen Regeln. Bestehende Strukturen werden durch die vom Internet geschaffenen Tatsachen zunehmend obsolet.

4. Die sich wandelnde Welt der Informationen erfordert Innovationen und einen neuen Weitblick, basierend auf alten und erprobten Werten. Die EJF erkennt an, dass diese Herausforderungen nicht von Journalisten und ihren Gewerkschaften allein gemeistert werden können. Wir müssen neue Verbindungen zwischen sämtlichen Interessenvertretern – Medienbesitzer, gesellschaftlichen Gruppen und Politikern auf nationaler und europäischer Ebene – schaffen, um neue Verhandlungen und Diskussionen über die Stärkung der Rolle der Medien zu ermöglichen.

Varna-Deklaration der EJF

Auf ihrer Jahrestagung im Mai in Varna (Bulgarien) haben die EJF und ihre nationalen Mitgliedsorganisationen aus über 30 europäischen Ländern Methoden zum Umgang mit den Veränderungen durch die Wahrung professioneller Standards im Journalismus erörtert und die sogenannte Varna-Deklaration, „Journalismus an der Spitze des Wandels" angenommen. [4] Folgende Handlungsvorschläge für die EJF und ihre nationalen Mitgliedsverbände wurden angenommen:

- Energisches Eintreten für einen Wandel in der europäischen Politik, um eine umfassende Untersuchung von Medien-Entwicklungen zu ermöglichen und neue Initiativen zu ermutigen, einschließlich eines europaweiten Gipfeltreffens aller Beteiligten sowie die Bildung einer Medien-Einsatzgruppe der Europäischen Union mit gewerkschaftlicher Beteiligung, um die Mitgliedstaaten durch die Unsicherheiten, die durch die Medienkrise entstanden sind, zu leiten;
- Mit Medienbesitzern und anderen Partnern die Möglichkeiten für eine Verbesserung der Dialog-Strukturen mit Politikern und Regierungen zu erforschen;
- Eingaben auf nationaler und europäischer Ebene zu unterstützen, um schnelle Hilfe für die Medien zu gewähren, und gleichzeitig darauf zu bestehen, dass jegliche Form von Unterstützung, sei es in traditioneller oder innovativer Weise, nur unter folgenden Bedingungen erfolgt:
  a. Achtung der ethischen Prinzipien der redaktionellen Unabhängigkeit und journalistischen Freiheit und Stärkung dieser Werte in der sich wandelnden Landschaft der Medienorganisation und des Journalismus;
  b. Achtung der sozialen Rechte, einschließlich der Arbeitsstandards und angemessenen Arbeitsbedingungen für Journalisten und andere Medienschaffende;
  c. Investitionen in Qualitätsjournalismus, Förderung von Vielfalt und Bestätigung des Stellenwerts öffentlicher Dienstleistungen in pluralistischen Mediensystemen;

- Die Beobachtung des Wandels fortzusetzen, der überall in der Industrie in Europa stattfindet, und über diese Entwicklungen zu berichten;
- Journalisten in ihrem Widerstand gegen rücksichtslose Kostenreduzierungs-Strategien zu unterstützen und sowohl die Entwicklung von starken EJF-

---

[4]   http://europe.ifj.org/en/pages/efj-varna-declaration Die Varna-Deklaration wurde in zwölf Sprachen übersetzt, die sich auf dieser Webseite finden.

Gewerkschaften überall in Europa sowie deren Fähigkeit, alle Gruppen der Gesellschaft, insbesondere junge Menschen, zu erreichen, zu fördern;

▪ Im Jahr 2010 eine europaweite Konferenz über die Medienkrise zu organisieren, um weitere Aktionen für die Verteidigung der journalistischen Arbeit und die Entwicklung neuer Initiativen zur Stärkung der Medien in Europa festzulegen.

IJF-Gruppe zur Zukunft des Journalismus

Die Frage, wie wir mit der Medienkrise umgehen, wie wir Strategien für die zukünftige Organisation der Gewerkschaften entwickeln und wie wir unseren Gewerkschaften helfen, die Kernaufgabe des Journalismus wiederzubeleben, stand auch im Mittelpunkt der Debatten auf dem IJF-Weltkongress in Spanien im Mai 2010. Die IJF hat eine Arbeitsgruppe zur Zukunft des Journalismus eingesetzt. [5] Die Arbeitsgruppe analysiert die Änderungen, die in der Welt des Journalismus zu beobachten sind und spricht Empfehlungen für die IJF im Hinblick auf zu ergreifende Maßnahmen aus, um die Arbeit der Journalisten-Gewerkschaften zu überprüfen, zu stärken und zu untermauern. Ein Zwischenbericht und erste Empfehlungen wurden dem IJF-Kongreß in Cadiz präsentiert.

Die Zukunftsgruppe hat den Einfluss der Veränderung in folgenden Bereichen beleuchten:

▪ Wandel der Industrie und industrielle Beziehungen,
▪ Professionalität im Journalismus,
▪ Journalismus in der Praxis.

Außerdem wurden folgende Themen einbezogen:

▪ Warum ist Journalismus wichtig, und wie können wir die journalistische Aufgabe in einer veränderten Informationsumgebung wiederbeleben?
▪ Der Bedarf an journalistischer Ausbildung, Medienkompetenz-Programmen und einem klaren Verständnis der Grundlagen des Zugangs zum Journalismus
▪ Die Rolle der Gewerkschaften bei Schutz und Verbesserung der Bedingungen der journalistischen Arbeit

---

[5]   Nähere Informationen unter: http://www.ifj.org/en/pages/ifj-future-of-journalism

Literatur

Davies, Nick, 2008: Flat Earth News. Chatto & Windus
Open Society Institute, 2008: Television Across Europe. More Channels, Less Independ-
    ence. Monitoring Report
International Federation of Journalists 2008: To Tell You The Truth. The Ethical Journal-
    ism Initiative. White, Aidan (Hrsg.)

Links:
European Federation of Journalists (2009): Monitoring Change in Journalism,
    http://www.ifj.org/en/pages/ifj-global-monitoring-change-in-journalism-2
International Federation of Journalists (2009): Ethical Journalism Initiative (EJI)
    http://ethicaljournalisminitiative.org/en
International Federation of Journalists (2009) IFJ Group on Future of Journalism:
    http://www.ifj.org/en/pages/ifj-future-of-journalism
European Commission: Task Force for the Coordination of Media Affairs
    http://ec.europa.eu/information_society/media_taskforce/index_en.htm

Verzeichnis der Tabellen und Abbildungen

1 Tabellen

2 Abbildungen

Autorinnen und Autoren

Jo Bardoel, Professor für Medienpolitik an der Universität Nijmegen und Senior Researcher an der Universität Amsterdam

Heinrich Bleicher-Nagelsmann, Bereichsleiter Kunst und Kultur beim Bundesvorstand der Dienstleistungsgewerkschaft ver.di und Präsident von UNI-MEI

Burchard Bösche, geschäftsführendes Vorstandsmitglied des Zentralverbandes deutscher Konsumgenossenschaften

Christiane Eilders, Professorin für Kommunikations- und Medienwissenschaft an der Heinrich-Heine-Universität Düsseldorf

Barbara Hemkes, Pressesprecherin im Ministerium für Arbeit, Integration und Soziales (NRW), zuvor Pressesprecherin beim DGB Nordrhein-Westfalen

Wolfgang Hoffmann-Riem, Professor (em.) für Öffentliches Recht und Verwaltungswissenschaft der Universität Hamburg und ehemaliger Richter am Bundesverfassungsgericht

Peter Humphreys, Professor für Vergleichende Europäische Politik an der Universität Manchester

Stanislaw Jedrejewski, Professor für Medien und Soziale Kommunikation an der Universität Kozminski in Warschau

Hans J. Kleinsteuber, Professor (em.) für Politische Wissenschaft/Vergleichende Politikwissenschaft und für Journalistik und Kommunikationswissenschaft der Universität Hamburg

Tina Kolbeck, Pressesprecherin beim DGB Niedersachsen – Bremen – Sachsen-Anhalt

Thomas Kupfer, war freier Radiojournalist, Publizist und Medienpädagoge. Er verstarb 2009.

Werner Meier, Senior Researcher und Lecturer an der Universität Zürich

Sabine Nehls, Kommunikationswissenschaftlerin, Journalistin und medienpolitische Beraterin

Wolfgang Schulz, Direktor des Hans-Bredow-Instituts für Medienforschung an der Universität Hamburg

Renate Schroeder, Co-Direktorin der Europäischen Journalistenorganisation EJF und der Internationalen Journalistenorganisation IJF

Wolfgang Thaenert, Europabeauftragter der Direktoren der Landesmedienanstalten und Direktor der hessischen Landesmedienanstalt

Josef Trappel, Professor für Medienpolitik und Medienökonomie an der Universität Salzburg

Marit Vochteloo, Niederländisches Ministerium für Bildung, Kultur und Wissenschaft in Den Haag

If you have any concerns about our products,
you can contact us on
ProductSafety@springernature.com

In case Publisher is established outside the EU,
the EU authorized representative is:
Springer Nature Customer Service Center GmbH
Europaplatz 3, 69115 Heidelberg, Germany

Printed by Libri Plureos GmbH
in Hamburg, Germany